治安案件办理实务手册

裁量标准·实务认定·取证要点

主　编　张　兵
副主编　锁进宏　黄　英

ZHIAN ANJIAN BANLI SHIWU SHOUCE
CAILIANG BIAOZHUN SHIWURENDING QUZHENG YAODIAN

法律出版社　LAW PRESS·CHINA
北京

图书在版编目（CIP）数据

治安案件办理实务手册：裁量标准·实务认定·取证要点 / 张兵主编；锁进宏，黄英副主编. -- 北京：法律出版社，2025. -- ISBN 978-7-5244-0414-9

Ⅰ. D922.145

中国国家版本馆 CIP 数据核字第 20259H5G44 号

治安案件办理实务手册：裁量标准·实务认定·取证要点 ZHIAN ANJIAN BANLI SHIWU SHOUCE：CAILIANG BIAOZHUN·SHIWU RENDING·QUZHENG YAODIAN	张　兵　主　编 锁进宏 黄　英　副主编	责任编辑　陈昱希 装帧设计　鲍龙卉

出版发行	法律出版社	开本	A5
编辑统筹	法规出版分社	印张 21	字数 626 千
责任校对	王晓萍	版本	2025 年 7 月第 1 版
责任印制	耿润瑜	印次	2025 年 7 月第 1 次印刷
经　　销	新华书店	印刷	天津嘉恒印务有限公司

地址：北京市丰台区莲花池西里 7 号（100073）
网址：www.lawpress.com.cn　　　　　　销售电话：010-83938349
投稿邮箱：info@lawpress.com.cn　　　　客服电话：010-83938350
举报盗版邮箱：jbwq@lawpress.com.cn　　咨询电话：010-63939796
版权所有·侵权必究

书号：ISBN 978-7-5244-0414-9　　　　　定价：68.00 元

凡购买本社图书，如有印装错误，我社负责退换。电话：010-83938349

《治安案件办理实务手册》
编辑委员会

主　编：张　兵
副主编：锁进宏　黄　英
编　委：侯文杰　李　蓉　葛明洋　王怡田
　　　　王　玥　盛蔚平　周　力

《治安案件办理实务手册》
编委简介

张　兵　安徽公安职业学院治安管理系主任、教授

锁进宏　合肥市公安局交警支队法制大队民警，刑事行政执法专家库成员

黄　英　安徽省宿州市萧县公安局指挥中心副主任

侯文杰　安徽省公安厅警察训练总队二级调研员

李　蓉　安徽省公安厅警察训练总队四级调研员

葛明洋　安徽公安职业学院治安管理系治安案件查处教研室副主任，讲师

王怡田　安徽公安职业学院治安管理系讲师

王　玥　安徽公安职业学院治安管理系讲师

盛蔚平　安徽省公安厅警察训练总队三级调研员

周　力　合肥市公安局政治部新闻中心二级警长

前　言

《中华人民共和国治安管理处罚法》(以下简称《治安管理处罚法》)一直以来都是维护社会治安秩序,保障公共安全,保护公民、法人和其他组织合法权益的重要法律规范。它明确了治安管理处罚的种类、程序和实施机关,为公安机关依法履行治安管理职责提供了坚实的法律依据;与《刑法》相互衔接,共同构成了我国违法与犯罪二元治理体系的法律基础。可以说,《治安管理处罚法》不仅是对违法行为的惩戒依据,更是引导公民自觉遵守法律法规、维护社会良好秩序的行为准则,在保障社会稳定、促进社会和谐方面发挥着不可替代的作用。

作为治安管理领域的基本法律,《治安管理处罚法》自2005年通过以来,历经两次修订,不断适应着社会不同阶段的发展需求,同时直接规范着公安机关的日常执法活动,并与人民群众的日常生活息息相关,在实践中回应了人民群众对公平正义新的期待。

随着当前社会的快速发展和治安形势的不断变化,如网络违法犯罪、高空抛物、抢夺方向盘、考试作弊等新型违反治安管理行为或问题层出不穷,给社会治安带来了新的挑战。为适应新时代社会治理需要,有效应对社会治理新挑战,更好地保障公民权益,提高执法公正性和效率,全国人大常委会对《治安管理处罚法》进行了全面修订,新修订的《治安管理处罚法》于2025年6月27日通过,这是该法自颁布实施以来最为重大的修改,不仅条文数量从原来的119条增至144条,也对条文中的多项制度进行了创新和完善。从内容来看,该法的本次修订工作在原则上坚持了问题导向，兼顾了合法与合理、质量与效率，充分体现了立法机关对社会现实的敏锐洞察和对法治建设的不懈追求，旨在通过更加完善的法律制度，有效应对各类治安问题，维护社会的长治久安。具体而言，在该法的本次修订中，重点解决了以下方面的立法需求：

一是回应社会关切，填补法律空白。新型违反社会治安管理行为的不断出现，不仅严重扰乱了社会秩序，也对公共安全构成了潜在威胁；同时，由于现行的相关法律在某些领域存在滞后性，且难以有效应对这些新兴的治安问题，故针对社会治理中出现的新问题，《治安管理处罚法》在本次修订中新增了多项违法行为类型及相关处罚规定。如第27条的新增条款中就明确了对在国家考试中实施作弊行为的处罚，第43条则将"升放携带明火的升空物体""高空抛物"等行为纳入行政处罚范畴等。可以说，将这些新型违法行为纳入处罚范围，能够帮助公民规范自身行为，增强公民的安全意识，同时这些新增或新纳入的规定也填补了法律空白，为公安机关处理新型违法行为提供了明确依据。

二是优化处罚体系，合理设定处罚措施和幅度。首先，推进治安管理处罚与当事人自行和解、人民调解委员会调解相衔接，明确对于因民间纠纷引起的打架斗殴或者损毁他人财物等情节较轻的违反治安管理行为，当事人自行和解或者经人民调解委员会调解达成协议并履行，书面申请经公安机关认可的，不予处罚。其次，增加从轻处罚规定，建立认错认罚从宽制度。再次，将6个月内曾受过治安管理处罚的从重处罚情形延长至1年；规定已满14周岁不满16周岁或者70周岁以上的违反治安管理行为人，1年内2次以上违反治安管理的，可以执行行政拘留。最后，根据经济社会发展水平适当提高罚款幅度，并重点针对非法携带枪支弹药进入公共场所、拒不整改大型群众性活动安全事故隐患、非法以社会组织名义活动、在公共场所拉客招嫖等行为加大处罚力度。

三是优化执法程序,保障公民权益。《治安管理处罚法》内容的修订与完善,使公安机关在执法过程中拥有了更多的自由裁量权,特别是部分条文中关于"并处罚款"的规定前加了"可以"二字,更有助于执法人员根据具体情况灵活处理案件,提高执法效率,从而使公安机关决定处罚的权限进一步加大、执法程序更加简化,确保基层公安机关能够更加及时、有效地处理治安案件;在询问查证时间限制的条款方面,将8小时改为12小时,则为执法人员提供了更充裕的时间进行调查取证,确保案件处理的准确性和公正性。该法在修订的同时,也始终将保障公民权益放在首位。明确了从轻、减轻处罚的情形,如情节特别轻微、主动消除或减轻违法后果等,体现了宽严相济的执法理念;针对未成年人违法案件,增设了违法记录封存制度,规定了对未成年人作出行政拘留处罚决定前应当告知听证权利等,强化了程序正义,保护了未成年人的合法权益,提升了执法公信力。

《治安管理处罚法》本次的修订,不仅将对公安机关执法工作产生深刻影响,也与社会大众的日常生活息息相关,产生多维度的社会效应。一是该法通过修订,合理设定了处罚幅度,既确保了法律的威慑力,又避免了过度惩罚,体现了法律的人文关怀。同时,公众在消费过程中,也将更加注重遵守法律法规,避免因违法行为而遭受经济损失。二是该法通过修订,明确了从轻、减轻处罚的情形,以及违法记录封存等措施,减少了非必要的社会标签化,为违法者提供了改过自新的机会。这不仅有助于违法者重新融入社会,也促进了社会的包容性与和谐性。三是该法通过新增的处罚条款直接回应了公众对公共安全的关切,有效震慑了极端行为,保障了公共交通秩序与人民群众的生命财产安全，同时提升了法律的可操作性，增强了公众的安全感与幸福感。

法律的生命在于实践。在我国新时代法治社会建设进程中，治安管理作为维护社会秩序、保障公共安全的重要基石，其法律体系的完善与执法实践的规范直接关系到人民群众的切身利益与社会的和谐稳定。《治安案件办理实务手册》的编写，正是为了应对治安管理工作日益复杂化、多样化的挑战而为各级公安机关及其执法人员提供的一部系统、全面、实用的工作指南。本书紧密围绕新修订的《治安管理处罚法》及相关法律法规，系统梳理治安案件办理的全流程，对该法修订后的法律条文逐条进行阐述，并辅以与相关法律法规之间的对比认定及配套案例，旨在帮助执法人员准确理解法律条文，规范执法行为，提高执法效能，切实维护人民群众合法权益。该书的编纂出版，不仅是对《治安管理处罚法》修订成果的全面梳理与解读，更是对基层执法实践的深度赋能，唯有通过法律与实务的深度融合，才能实现社会治理的精细化与人性化，才能助力"法治中国"建设迈上新的台阶。

该书的编写，凝聚了法律专家、一线民警、社会学者及专业编辑的心血和智慧。在编写过程中，编写团队克服时间紧、任务重等困难，结合法律条文、行业规范与多地公安机关的执法实践，逐条解析修订内容，最终以严谨的治学态度和丰富的实践经验，完成了编写任务。在此，谨向所有参与本书编写的各位同仁表示衷心感谢，感谢法律出版社对我们的信任和指导，尤其感谢法律出版社的陈昱希老师多次对书稿提出修改意见，使本书内容更加充实，也让编者获益良多。由于时间仓促、水平有限，本书难免存在不足之处，恳请广大读者批评指正。

编　者

2025 年 6 月

目　录
CONTENTS

一　办　案　篇

(一)扰乱公共秩序的行为 …………………………………… 003
　1. 扰乱单位秩序 ………………………………………… 003
　2. 扰乱公共场所秩序 …………………………………… 008
　3. 扰乱公共交通工具上的秩序 ………………………… 011
　4. 妨碍交通工具正常行驶 ……………………………… 015
　5. 破坏选举秩序 ………………………………………… 019
　6. 聚众扰乱单位秩序 …………………………………… 023
　7. 聚众扰乱公共场所秩序 ……………………………… 026
　8. 聚众扰乱公共交通工具上的秩序 …………………… 028
　9. 聚众妨碍交通工具正常行驶 ………………………… 030
　10. 聚众破坏选举秩序 ………………………………… 033
　11. 组织作弊扰乱考试秩序 …………………………… 035
　12. 为他人组织作弊提供帮助扰乱考试秩序 ………… 038
　13. 非法提供考试试题、答案扰乱考试秩序 ………… 041
　14. 代替考试扰乱考试秩序 …………………………… 043
　15. 强行进入大型活动场内 …………………………… 045
　16. 违规在大型活动场内燃放物品 …………………… 049

17. 在大型活动场内展示侮辱性物品 ……… 052
18. 围攻大型活动工作人员 ……… 055
19. 向大型活动场内投掷杂物 ……… 058
20. 其他扰乱大型活动秩序的行为 ……… 060
21. 拘留处罚后再次违反规定进入体育场馆、文艺演出场馆 ……… 063
22. 虚构事实扰乱公共秩序 ……… 065
23. 投放虚假危险物质扰乱公共秩序 ……… 069
24. 扬言实施放火、爆炸、投放危险物质扰乱公共秩序 ……… 071
25. 寻衅滋事 ……… 073
26. 组织、教唆、胁迫、诱骗、煽动从事邪教、会道门活动 ……… 077
27. 利用邪教组织、会道门、迷信活动危害社会 ……… 082
28. 冒用宗教、气功名义扰乱社会秩序 ……… 085
29. 制作、传播宣扬邪教、会道门内容的物品、信息、资料 ……… 087
30. 故意干扰无线电业务 ……… 089
31. 拒不消除有害无线电干扰 ……… 092
32. 非法设置无线电台(站)或占用频率 ……… 094
33. 非法侵入、获取数据、控制计算机信息系统 ……… 097
34. 非法改变计算机信息系统功能 ……… 101
35. 非法改变计算机信息系统数据和应用程序 ……… 104
36. 故意制作、传播计算机病毒等破坏性程序 ……… 106
37. 提供侵入、非法控制计算机信息系统程序、工具 ……… 109
38. 组织、领导传销活动 ……… 111
39. 胁迫、诱骗他人参加传销活动 ……… 114
40. 在国家举行重要活动的场所及周边管控区域,故意从事与活动主题和氛围相违背的行为 ……… 116

41. 在英雄烈士纪念设施保护范围内从事有损环境和氛围、
    侵占、破坏、污损英雄烈士纪念设施的行为 …………… 118
42. 以侮辱、诽谤或者其他方式侵害英雄烈士的人格权,损害
    社会公共利益……………………………………………… 121
43. 亵渎、否定英雄烈士事迹和精神,制作、传播、散布宣扬、
    美化侵略战争、侵略行为的言论或者物品,扰乱公共秩序…… 124
44. 在公共场所或者强制他人在公共场所穿着、佩戴宣扬、美
    化侵略战争、侵略行为的服饰、标志,造成不良社会影响 …… 126

(二)妨害公共安全的行为 …………………………………… 129
1. 非法制造、买卖、储存、运输、邮寄、携带、使用、提供、处置
   危险物质 …………………………………………………… 129
2. 危险物质被盗、被抢、丢失后不按规定报告 ……………… 133
3. 非法携带枪支、弹药、管制器具 …………………………… 136
4. 盗窃、损毁公共设施………………………………………… 142
5. 移动、损毁边境、领土、领海基点标志设施 ……………… 146
6. 非法进行影响国(边)界线走向的活动 …………………… 149
7. 非法修建有碍国(边)境管理的设施 ……………………… 151
8. 盗窃、损坏、擅自移动航空设施 …………………………… 152
9. 强行进入航空器驾驶舱 …………………………………… 154
10. 在航空器上非法使用器具、工具 ………………………… 156
11. 盗窃、损坏、擅自移动使用中的其他公共交通工具设施、
    设备 ……………………………………………………… 158
12. 以抢控驾驶操纵装置、拉扯、殴打驾驶人等方式妨碍公共
    交通工具驾驶 …………………………………………… 160
13. 盗窃、损毁、擅自移动铁路、城市轨道交通设施、设备、机
    车车辆配件、安全标志 ………………………………… 163

14. 在铁路、城市轨道交通线上放置障碍物 …… 165
15. 故意向列车投掷物品 …… 168
16. 在铁路、城市轨道交通沿线非法挖掘坑穴、采石取沙 …… 170
17. 在铁路、城市轨道交通线路上私设道口、平交过道 …… 173
18. 擅自进入铁路、城市轨道交通防护网 …… 175
19. 违法在铁路、城市轨道交通线上行走坐卧、抢越铁路、城市轨道 …… 177
20. 擅自安装、使用电网 …… 180
21. 安装、使用电网不符合安全规定 …… 182
22. 道路施工不设置安全防护设施 …… 185
23. 故意损毁、移动道路施工安全防护设施 …… 187
24. 盗窃、损毁路面公共设施 …… 189
25. 违法升放携带明火的升空物体 …… 192
26. 非法高空抛掷物品 …… 194
27. 违反规定举办大型活动 …… 195
28. 公共场所违反安全规定 …… 199
29. 飞行民用无人驾驶航空器、航空运动器材,操控模型航空器在管制空域外飞行 …… 202
30. 升放无人驾驶自由气球、系留气球等升空物体,造成危害 …… 205
31. 飞行民用无人驾驶航空器、航空运动器材,操控模型航空器非法穿越国(边)境 …… 208
32. 升放无人驾驶自由气球、系留气球等升空物体非法穿越国(边)境 …… 210

(三) 侵犯人身权利、财产权利的行为 …… 212
1. 组织、胁迫、诱骗进行恐怖、残忍表演 …… 212
2. 强迫劳动 …… 215

3. 非法限制人身自由 …… 217
4. 非法侵入住宅 …… 219
5. 非法搜查身体 …… 222
6. 组织、胁迫未成年人从事有偿陪侍活动 …… 225
7. 胁迫、诱骗、利用他人乞讨 …… 227
8. 以滋扰他人的方式乞讨 …… 229
9. 威胁人身安全 …… 232
10. 公然侮辱他人 …… 234
11. 诽谤他人 …… 237
12. 诬告陷害 …… 240
13. 威胁、侮辱、殴打、打击报复证人及其近亲属 …… 242
14. 发送信息干扰他人正常生活的 …… 245
15. 采取滋扰、纠缠、跟踪等方法干扰他人正常生活 …… 248
16. 侵犯隐私 …… 250
17. 殴打他人 …… 253
18. 故意伤害 …… 257
19. 猥亵 …… 259
20. 在公共场所故意裸露身体隐私部位 …… 263
21. 虐待 …… 265
22. 虐待被监护、看护的人 …… 267
23. 遗弃 …… 270
24. 强迫交易 …… 273
25. 煽动民族仇恨、民族歧视 …… 276
26. 刊载民族歧视、侮辱内容 …… 279
27. 非法向他人出售或者提供个人信息 …… 282
28. 非法获取个人信息 …… 285

29. 冒领、隐匿、毁弃、倒卖、私自开拆、非法检查他人邮件、快件………………………………………………………………… 287
30. 盗窃、诈骗、哄抢、抢夺或者敲诈勒索………………… 290
31. 故意损毁财物………………………………………………… 295
32. 实施学生欺凌………………………………………………… 298
33. 学校明知发生学生欺凌或者明知发生其他侵害未成年学生的犯罪，不按规定报告或者处置……………………… 299

（四）妨害社会管理的行为…………………………………… 302
1. 拒不执行紧急状态下的决定、命令………………………… 302
2. 阻碍执行职务………………………………………………… 306
3. 阻碍特种交通工具通行……………………………………… 310
4. 冲闯警戒带、警戒区、检查点……………………………… 313
5. 招摇撞骗……………………………………………………… 315
6. 伪造、变造、买卖公文、证件、证明文件、印章………… 318
7. 出租、出借公文、证件、证明文件、印章供他人非法使用… 322
8. 买卖、使用伪造、变造的公文、证件、证明文件、印章… 324
9. 伪造、变造、倒卖有价票证、凭证………………………… 329
10. 伪造、变造船舶户牌………………………………………… 333
11. 买卖或使用伪造、变造的船舶户牌………………………… 336
12. 涂改船舶发动机号码………………………………………… 339
13. 驾船擅自进入、停靠国家管制的水域、岛屿……………… 341
14. 非法以社会组织名义活动…………………………………… 345
15. 以被撤销登记或者吊销登记证书的社会组织名义活动…… 348
16. 擅自经营需公安机关许可的行业…………………………… 350
17. 煽动、策划非法集会、游行、示威………………………… 354
18. 不按规定登记住宿旅客信息………………………………… 358
19. 为身份不明、拒绝登记身份信息的人提供住宿服务……… 361

20. 不制止住宿旅客带入危险物质 …………………………… 364
21. 明知住宿旅客是犯罪嫌疑人不报告 …………………… 366
22. 明知住宿人员利用旅馆实施犯罪活动不报告 ………… 369
23. 将房屋出租给身份不明、拒绝登记身份信息的人 …… 372
24. 不按规定登记承租人信息 ……………………………… 374
25. 明知承租人利用出租屋犯罪不报告 …………………… 376
26. 娱乐场所和公章刻制、机动车修理、报废机动车回收行业经营者不依法登记信息 ……………………………… 379
27. 非法使用、提供窃听、窃照专用器材 ………………… 382
28. 违法承接典当物品 ……………………………………… 384
29. 典当业工作人员发现违法犯罪嫌疑人、赃物不报告 … 387
30. 违法收购废旧专用器材 ………………………………… 390
31. 收购赃物、有赃物嫌疑的物品 ………………………… 393
32. 收购国家禁止收购的其他物品 ………………………… 396
33. 隐藏、转移、变卖、擅自使用、损毁依法扣押、查封、冻结、扣留、先行登记保存的财物 ……………………… 399
34. 伪造、隐匿、毁灭证据 ………………………………… 402
35. 提供虚假证言 …………………………………………… 404
36. 谎报案情 ………………………………………………… 407
37. 窝藏、转移、代销赃物 ………………………………… 410
38. 违反监督管理规定 ……………………………………… 412
39. 违反人民法院刑事判决中的禁止令或者职业禁止决定 … 415
40. 拒不执行公安机关出具的禁止家庭暴力告诫书、禁止性骚扰告诫书 …………………………………………… 418
41. 违反监察机关、司法机关规定的禁止接触证人、鉴定人、被害人及其近亲属保护措施 …………………………… 420
42. 依法被关押的违法行为人脱逃 ………………………… 423

43. 故意损坏文物、名胜古迹 ………………………………… 425

44. 违法实施危及文物安全的活动 …………………………… 428

45. 偷开机动车 ………………………………………………… 430

46. 无证驾驶、偷开航空器、机动船舶 ……………………… 434

47. 破坏、污损坟墓 …………………………………………… 437

48. 毁坏、丢弃尸骨、骨灰 …………………………………… 440

49. 违法停放尸体 ……………………………………………… 443

50. 卖淫 ………………………………………………………… 447

51. 嫖娼 ………………………………………………………… 450

52. 拉客招嫖 …………………………………………………… 452

53. 引诱、容留、介绍卖淫 …………………………………… 455

54. 制作、运输、复制、出售、出租淫秽物品 ……………… 459

55. 传播淫秽信息 ……………………………………………… 463

56. 组织播放淫秽音像 ………………………………………… 467

57. 组织淫秽表演 ……………………………………………… 469

58. 进行淫秽表演 ……………………………………………… 472

59. 参与聚众淫乱 ……………………………………………… 474

60. 为淫秽活动提供条件 ……………………………………… 477

61. 为赌博提供条件 …………………………………………… 479

62. 赌博 ………………………………………………………… 482

63. 非法种植毒品原植物 ……………………………………… 486

64. 非法买卖、运输、携带、持有毒品原植物种苗 ………… 489

65. 非法运输、买卖、储存、使用罂粟壳 …………………… 492

66. 非法持有毒品 ……………………………………………… 495

67. 向他人提供毒品 …………………………………………… 497

68. 吸毒 ………………………………………………………… 500

69. 胁迫、欺骗开具麻醉药品、精神药品 …………………… 504

70. 聚众、组织吸食、注射毒品 …… 507
71. 引诱、教唆、欺骗、强迫吸毒 …… 510
72. 容留他人吸毒或介绍买卖毒品 …… 514
73. 非法生产、经营、购买、运输用于制造毒品的原料、配剂 …… 516
74. 为吸毒、赌博、卖淫、嫖娼人员通风报信或者以其他方式提供帮助 …… 519
75. 制造噪声干扰正常生活、工作和学习 …… 522
76. 饲养动物干扰正常生活 …… 526
77. 放任动物恐吓他人 …… 529
78. 违法出售、饲养烈性犬等危险动物 …… 531
79. 违法出售、饲养烈性犬等危险动物,致使动物伤害他人 …… 533
80. 未对动物采取安全措施,致使动物伤害他人 …… 536
81. 驱使动物故意伤害他人 …… 538

二 处罚篇

1. 处罚种类 …… 543
2. 查获的违禁品、工具和违法所得财物的处理 …… 545
3. 未成年人违法的处罚 …… 546
4. 精神病人违法的处罚 …… 547
5. 盲人或聋哑人违法的处罚 …… 548
6. 醉酒的人违法的处罚 …… 549
7. 有两种以上违法行为的处罚 …… 551
8. 共同违法行为的处罚 …… 552
9. 单位违法行为的处罚 …… 553
10. 制止不法侵害造成损害的处罚 …… 554
11. 从轻、减轻或者不予处罚的情形 …… 555

12. 依法从宽处理情形 557
13. 从重处罚情形 558
14. 应给予行政拘留处罚但不执行与可执行行政拘留处罚的情形 559
15. 对未成年人采取矫治教育措施的情形 562

三 程 序 篇

(一)立案 565
  1. 立案 565
  2. 违反治安管理行为追究时效 567
(二)调查 568
  1. 严禁非法取证 568
  2. 公安机关收集、调取证据的规定 570
  3. 证据转换规定 571
  4. 公安机关的保密义务 572
  5. 关于回避的规定 573
  6. 关于传唤的规定 575
  7. 传唤后询问查证时限和要求 577
  8. 询问笔录的制作要求 579
  9. 询问不满十八周岁未成年人的通知要求 581
  10. 询问地点、方式及应当遵守的程序 582
  11. 异地询问及远程询问规定 583
  12. 询问中的语言帮助 585
  13. 人身检查及提取、采集生物样本规定 586
  14. 检查程序规定 588
  15. 检查笔录的制作 590

16. 关于扣押物品的规定 …………………………………… 590

17. 鉴定 …………………………………………………… 593

18. 辨认及制作辨认笔录的规定 …………………………… 594

19. 人民警察执法取证的规定人数 ………………………… 596

(三) 决定 ………………………………………………………… 598

1. 处罚的决定机关 ………………………………………… 598

2. 行政拘留的折抵 ………………………………………… 599

3. 行为人的陈述与其他证据关系 ………………………… 601

4. 告知、陈述与申辩 ……………………………………… 602

5. 治安案件的不同处理 …………………………………… 604

6. 治安案件的法制审核 …………………………………… 606

7. 治安管理处罚决定书内容 ……………………………… 607

8. 宣告、送达 ……………………………………………… 608

9. 听证 ……………………………………………………… 610

10. 办案期限 ………………………………………………… 612

11. 当场处罚 ………………………………………………… 614

12. 当场处罚决定程序 ……………………………………… 615

13. 不服处罚提起的复议或诉讼 …………………………… 617

(四) 执行 ………………………………………………………… 618

1. 行政拘留处罚的执行或异地执行 ……………………… 618

2. 罚款的履行及当场收缴罚款的情形 …………………… 620

3. 当场收缴罚款的缴付程序和期限 ……………………… 622

4. 罚款收据 ………………………………………………… 623

5. 暂缓执行行政拘留 ……………………………………… 624

6. 暂缓执行行政拘留的担保人的条件 …………………… 626

7. 暂缓执行行政拘留的担保人的义务 …………………… 627

8. 没收保证金 ……………………………………………… 628

9. 退还保证金 ……………………………………………… 629

四 监 督 篇

1. 执法原则 ·· 633
2. 禁止行为 ·· 634
3. 监督方式 ·· 635
4. 被处罚人是需给予政务处分的公职人员的处理 ············ 637
5. 罚缴分离原则 ······································ 638
6. 违反治安管理记录(封存)的规定 ······················ 640
7. 录音录像运行安全管理的规定 ························ 641
8. 办案过程中获取的个人信息、生物样本信息保护规定 ······ 642
9. 人民警察受到行政处分、刑事处罚的情形 ··············· 643
10. 公安机关及其人民警察的赔偿责任 ··················· 648

附录

公安机关治安调解工作流程图 ·························· 650
公安机关办理治安案件流程图 ·························· 651

电子附录

中华人民共和国治安管理处罚法新旧对照
治安管理处罚法相关违法行为、对应条款及处罚标准一览表

（扫描二维码获取）

一

办案篇

一 本案篇

（一）扰乱公共秩序的行为

1. 扰乱单位秩序

法律条文

《治安管理处罚法》第26条第1款第1项　有下列行为之一的，处警告或者五百元以下罚款；情节较重的，处五日以上十日以下拘留，可以并处一千元以下罚款：

（一）扰乱机关、团体、企业、事业单位秩序，致使工作、生产、营业、医疗、教学、科研不能正常进行，尚未造成严重损失的；

裁量标准

违法行为	违法情节程度	处罚标准
扰乱机关、团体、企业、事业单位秩序，致使工作、生产、营业、医疗、教学、科研不能正常进行，尚未造成严重损失的	情节一般	处警告或者500元以下罚款
	情节较重	处5日以上10日以下拘留，可以并处1000元以下罚款

根据《公安机关对部分违反治安管理行为实施处罚的裁量指导意见》的规定，有下列情形之一的，属于"情节较重"：

(1) 以暴力、威胁等方法扰乱单位、公共场所秩序的；

(2) 扰乱单位、公共场所秩序，经执法人员劝阻拒不离开的；

(3) 造成交通拥堵、人员受伤、财物损失等危害后果或者较大社会影

响的;

(4)积极参与聚众扰乱单位、公共场所秩序的;

(5)持械扰乱单位、公共场所秩序的;

(6)其他情节较重的情形。

实务认定

1. 机关、团体、企业、事业单位范围的界定

名称	范围
机关	各级国家权力机关(立法机关)、行政机关、司法机关和军事机关,党的机关、政协机关以及上述机关的直属机构、临时协调机构
团体	人民团体和社会团体,社会团体以民政部门的登记为准
企业	公司和其他企业,以营业执照为准
事业单位	以各级人民政府编制管理机关的登记或者备案为准

2. 扰乱单位秩序行为的认定要件

侵害的客体	单位秩序
行为主体	年满14周岁且精神正常的自然人
行为表现	扰乱单位秩序的方式可以是暴力行为,也可以是非暴力行为。暴力行为有:打砸机关、团体、企业、事业单位建筑设施、办公物品、损毁文件等;追打、推搡、纠缠相关单位工作人员;扣押、堵截相关单位的来往车辆、财物等;非暴力行为有:堵门、堵路、起哄、辱骂、拉横幅、霸占相关单位办公场所等
损失认定	其指因行为人的违法行为,造成相关单位财产、声誉等方面的损失。主要分类:物质损失,包括因行为人的该违法行为而导致单位财物被损坏或被迫停产、停业等造成的既有财产损害,如建筑物、机器设备、运输工具等因违法行为受到损坏,需要花费大量资金修复或重新购置,和可得利益损失即无违法行为干扰就能实

续表

损失认定	现的利益[1]物质损失的数额以实际造成的损失数额为准。 无形损失,指无形的智力成果、社会利益、政治利益损失,如违法行为导致各政党、工会、妇联、学校、科研机构等社会组织无法工作,同时可能使其社会形象、名誉受损,产生不能精确计算的损失。判断这类损失的严重程度,可以从行为人的手段、持续时间长短、被延误的工作事项的重要性、损失能否弥补等方面分析 第三人损失,指行为人的扰乱行为使相关单位无法正常工作,导致第三人的利益受损。第三人受损程度也是衡量行为人情节是否严重的依据之一
主观方面	故意

[1]此处需注意:实务中对可得利益损失无界定可能性,因界定标准无法制定,故参考《道路交通安全法》对于事故责任划分赔偿标准,只赔偿实际维修车损,无法赔偿潜在因事故导致的折旧车损。

3. 本违法行为与聚众扰乱社会秩序罪对照

对比项	扰乱单位秩序	聚众扰乱社会秩序罪
处罚的对象	扰乱单位秩序参与者	仅限于聚众扰乱社会秩序的首要分子和积极参加者,一般扰乱单位秩序参与者通常给予治安管理处罚
构成要件	不以是否有聚众情节为构成要件	必须有"聚众"情节
危害后果	造成的危害结果是单位活动不能正常进行,但尚未造成严重损失	必须造成严重损失,主要是指聚众扰乱社会秩序的行为导致社会秩序短时间内无法恢复,或给单位、社会造成较大的经济损失,或造成严重的政治影响等情形

4. 本违法行为与过激行为对照

对比项	扰乱单位秩序	过激行为
行为主体	可以是非单位职工，也可以是单位职工	单位职工
行为方式	其行为通常采取暴力、威胁等方式	其行为通常是情绪激动下的言语冲突、短暂滞留等
扰乱情节	实际导致单位活动不能正常进行	虽然也带有扰乱单位秩序的性质，但不足以影响单位正常进行，或能及时听从劝阻
处罚情况	行为人需承担行政处罚	如果行为人停止过激行为，就不需承担行政处罚，但如果屡犯不改，经常扰乱滋事，则需承担相应处罚

5. 本违法行为与扰乱居(村)民委员会秩序行为对照

对比项	扰乱单位秩序	扰乱居(村)民委员会秩序
扰乱的对象	机关、团体、企业、事业单位等社会组织	基层群众性自治组织
处罚依据	《治安管理处罚法》第26条	根据其具体表现形式，如侮辱、诽谤、殴打他人、故意伤害、故意损毁财物等，依照《治安管理处罚法》的相关规定予以处罚

> 取证要点

1. 主体方面

主要包括违法行为人的姓名、法定年龄、责任能力、性别、民族、住址、政治面貌、历史表现，其与单位的关系，违法行为人之间的关系，是否有前科劣迹，是否具有人大代表、政协委员等特殊身份，是否为公职人员等。

2. 主观方面

主要包括违法行为人实施本行为的原因、动机和目的等。(1)原因。主要调查违法行为人实施本行为的具体原因，如是否出于薪资纠纷、职务调整、不满相关政策等。(2)动机。主要分析违法行为人实施本行为的实际动机，如是否出于发泄情绪、胁迫单位、报复特定人员等。(3)目的。主要明确违法行为人实施本行为的具体目的，如是否有经济补偿、岗位调整等具体诉求，是否存在非法目的等。

3. 客观方面

主要包括确认违法行为人实施本行为的手段方法(如堵门、破坏设备、辱骂威胁等)、时间、地点，给单位的工作秩序带来多大影响；违法行为人实施本行为是否造成直接或间接的经济损失及人身财产损害等。

【规范索引】

《治安管理处罚法》第30、50、51、58、59条；《刑法》第290、293条；《军事设施保护法》第51条

【典型案例】

朱某等人扰乱单位秩序治安处罚案

朱某等三人认为其父因拆迁未安置而自杀身亡，便身穿白色孝衣到某市政府门口上访，其间滞留59分钟，目的想找市政府领导解决拆迁安置及父亲的死亡问题。某市政府工作人员劝朱某等人去市信访局解决问题。后朱某等人以信访部门答复不合理为由，再次身穿白色孝衣到某市政府门口上访，三人排成一排找领导反映问题，其间滞留43分钟。民警到场后，劝朱某等三人离开现场，去信访局反映问题，并告知这种行为是违法的，但朱某等三人不听劝阻，民警遂将朱某等人强制带离现场并进行查处。以上事实有朱某等人陈述申辩、监控视频、证人证言等证据证实。尽管朱某等人辩称其行为并没有扰乱单位秩序，也没有致使单位工作不能正常进行。

但朱某等人的诉求,应找相关部门解决,而不应采取穿孝衣非法信访的方式(非暴力)达到给某市政府施压,制造事端,以实现自己的不满情绪,从而在某市政府门前长时间非法聚集滞留二次,此行为在事实上损害了人民政府公信力,造成了不良的社会影响,朱某等人扰乱单位秩序的违法行为成立,且属于情节较重,应从重处罚。根据《治安管理处罚法》第26条第1款第1项之规定,公安部门依法对朱某等人作出拘留10日的行政处罚。

2. 扰乱公共场所秩序

法律条文

《治安管理处罚法》第26条第1款第2项　有下列行为之一的,处警告或者五百元以下罚款;情节较重的,处五日以上十日以下拘留,可以并处一千元以下罚款:

　　(二)扰乱车站、港口、码头、机场、商场、公园、展览馆或者其他公共场所秩序的;

裁量标准

违法行为	违法情节程度	处罚标准
扰乱车站、港口、码头、机场、商场、公园、展览馆或者其他公共场所秩序的	情节一般	处警告或者500元以下罚款
	情节较重	处5日以上10日以下拘留,可以并处1000元以下罚款

根据《公安机关对部分违反治安管理行为实施处罚的裁量指导意见》,有下列情形之一的,属于"情节较重":

(1)以暴力、威胁等方法扰乱单位、公共场所秩序的;

(2)扰乱单位、公共场所秩序,经执法人员劝阻拒不离开的;

(3)造成交通拥堵、人员受伤、财物损失等危害后果或者较大社会影响的;

(4) 积极参与聚众扰乱单位、公共场所秩序的;
(5) 持械扰乱单位、公共场所秩序的;
(6) 其他情节较重的情形。

实务认定

1. 本违法行为的认定

侵害的客体	社会公共场所秩序
行为主体	达法定责任年龄、具有法定责任能力的自然人
公共场所	指人们共同活动的场所,车站、港口、码头、机场、商场、公园、展览馆或者其他需要稳定、有序的社会秩序的公共场所
行为表现	在公共场所非法集会、游行;起哄闹事;寻衅滋事;扰乱公共场所秩序,造成社会群众心理恐慌,并拒不服从执法人员劝阻等
主观方面	故意

2. 本违法行为与聚众扰乱公共场所秩序罪对照

对比项	扰乱公共场所秩序	聚众扰乱公共场所秩序罪
人数要求	不要求参与人数众多,不要求达到聚众的程度	聚众,一般是 3 人以上
情节程度	情节轻微、影响不大、损失不大	情节严重,影响程度大;损失严重,社会危害后果严重
处罚对象	单个行为人、共同违法行为人	主要针对首要分子

3. 本违法行为与寻衅滋事罪对照

对比项	扰乱公共场所秩序	寻衅滋事罪
侵害客体	公共秩序	既可能侵害人身权利,也可能侵害财产权利,或扰乱公共秩序

续表

对比项	扰乱公共场所秩序	寻衅滋事罪
被害对象	公共场所的正常活动	既可以是人,也可以是物,还可以是公共场所的正常活动
情节程度	情节轻微,没有造成社会秩序严重混乱,不属于犯罪	情节严重或造成公共秩序严重混乱,属于犯罪
目的	为了实现个人某种不合理的政治要求或者经济利益,或者为了达到报复、要挟、敲诈等的目的	出于对社会公序良俗的公然挑衅,即逞强耍狠以及寻求精神刺激的动机

4. 本违法行为与一般违反公共场所管理制度行为对比

前者没有造成严重的危害结果,但必然造成公共场所秩序混乱;后者违反了管理制度,造成了局部不良秩序影响,但未达到造成秩序混乱。

取证要点

1. 主体方面

主要包括违法行为人的姓名、法定年龄、责任能力、性别、民族、住址、政治面貌、历史表现,是否有前科劣迹,违法行为人之间的关系,是否具有人大代表、政协委员、外国人、无国籍人员等特殊身份,是否为公职人员等。

2. 主观方面

主要包括违法行为人实施本行为的原因、目的等。(1)原因。主要调查违法行为人实施本行为的具体原因,如是否受人指使,是否出于个人情绪失控、精神疾病发作、维权诉求等。(2)目的。主要明确违法行为人实施本行为的具体目的,如是否因发泄个人情绪、迫使相关方满足其诉求、希望通过闹事引发媒体或政府重视等。

3. 客观方面

主要包括确认违法行为人实施本行为的手段方法(如堵门、破坏设施、辱骂、散布谣言、煽动他人参与等）；违法行为人实施本行为是否造成直接或间接的经济损失及人身财物损害，是否引发不同程度的影响，是否导致正在进行的社会活动中断等。

规范索引

《治安管理处罚法》第30条；《刑法》第291、293条

典型案例

刘某扰乱公共场所秩序治安处罚案

某日上午，刘某到某公园正门处，采取喊叫、帮腔、助威、滞留等方式在非信访接待场所反映问题，意图通过此方式制造社会影响、引起关注、给相关部门施压来解决诉求，造成某公园门口处有大量人员围观，严重扰乱该处正常秩序。以上事实有刘某的陈述和申辩、证人证言、视听资料、书证等证据证实。尽管刘某辩称其是路过某公园门口，看见老太太倒在地上掏兜里的药，较为困难，便上前帮忙拿药，帮老太太喂完药，便离开了，并没有扰乱社会秩序，也未违反《治安管理处罚法》第26条的规定。但公安部门认为，刘某违法的行为有证据支撑，且案发地点非信访接待场所，刘某在多次经历信访、明知信访规定，且被公安机关告知信访提示信息和途径的情况下，仍在某公园门前长时间滞留，其间存在多次喊叫等行为，严重扰乱该处正常秩序，严重违反了《治安管理处罚法》第26条第1款第2项规定，最终对刘某作出行政拘留7日的处罚。

3. 扰乱公共交通工具上的秩序

法律条文

《治安管理处罚法》第26条第1款第3项　有下列行为之一的，处警告或者五百元以下罚款；情节较重的，处五日以上十日以下拘留，可以并处一千元以下罚款：

　　（三）扰乱公共汽车、电车、城市轨道交通车辆、火车、船舶、航空器或者其他公共交通工具上的秩序的；

> 裁量标准

违法行为	违法情节程度	处罚标准
扰乱公共汽车、电车、城市轨道交通车辆、火车、船舶、航空器或者其他公共交通工具上的秩序的	情节一般	处警告或者500元以下罚款
	情节较重	处5日以上10日以下拘留,可以并处1000元以下罚款

根据《公安机关对部分违反治安管理行为实施处罚的裁量指导意见》,有下列情形之一的,属于"情节较重":

(1)在公共交通工具上无理取闹,严重影响公共交通工具运行秩序的;

(2)在非停靠站点强行下车,或者拉扯驾驶员、乘务员,致使公共交通工具减速或者停行的;

(3)造成交通拥堵、人员受伤、财物损失等危害后果或者较大社会影响的;

(4)积极参与聚众扰乱公共交通工具上的秩序的;

(5)积极参与聚众实施妨碍交通工具正常行驶行为的;

(6)其他情节较重的情形。

公共交通工具,是指从事旅客运输的各种公共汽车、大、中型出租车、火车、城市轨道交通车辆、轮船、飞机等,不含小型出租车、低空无人驾驶航空器。对虽不具有营业执照,但实际从事旅客运输的大、中型交通工具,以及单位班车、校车等交通工具,可以认定为公共交通工具。

> 实务认定

1. 本违法行为的认定

侵害的客体	公共交通工具上的秩序
行为主体	达法定责任年龄、具有法定责任能力的自然人

续表

公共交通工具	指正在运营的公共汽车、电车、城市轨道交通车辆、火车、船舶、航空器或者其他公共交通工具,不包括停放库房、停止使用的公共交通工具,也不包括供私人使用(非营运)的交通工具
行为表现	如不遵守有关公共交通工具管理制度,打闹、肆意喧哗;殴打乘客、司机等人员;不服从管理,干扰公共交通工具正常运行;在公共交通工具上吸烟;在公共交通工具上携带易燃易爆违禁品,等等
主观方面	故意

2. 本违法行为与聚众扰乱交通秩序罪对照

对比项	扰乱公共交通工具上的秩序	聚众扰乱交通秩序罪
处罚对象	处罚的是个人或共同行为人	处罚的是首要分子和积极参与人员
侵害客体	公共交通工具上的秩序	侵害客体的是整个交通秩序
发生地	发生在公共交通工具上	主要发生在车站、码头、公路、铁路上
后果	尚未造成严重后果	情节严重,致使交通秩序受到严重破坏

3. 本违法行为与破坏交通工具罪对照

对比项	扰乱公共交通工具上的秩序	破坏交通工具罪
侵害客体	公共交通工具上的秩序	交通安全
后果	扰乱公共交通工具上的秩序,影响交通正常运行,尚未造成严重后果	破坏交通工具足以使交通工具发生倾覆、沉没、坠毁的危险

4. 本违法行为与殴打他人行为、妨碍公共交通工具驾驶行为、以危险方法危害公共安全罪对照

对比项	扰乱公共交通工具上的秩序	殴打他人行为	妨碍公共交通工具驾驶行为	以危险方法危害公共安全罪
侵害客体	侵害的是公共交通工具上的秩序	侵害的是他人的身体健康	侵害的是行车安全和车内人员安全	侵害的是公共安全
案件类型	治安案件			刑事案件
定性关键	定性的关键是殴打公共交通工具驾驶人员或妨碍公共交通工具驾驶行为发生时,公共交通工具是否正处于运营状态			
行为表现	公共交通工具处于停驶状态,殴打行为或妨碍公共交通工具驾驶行为不会造成对公共安全的威胁时,其违法行为只构成单纯的殴打他人或扰乱公共交通工具上的秩序行为			公共交通工具处于运营状态,殴打驾驶人员或妨碍公共交通工具驾驶会造成公共交通工具发生车毁人亡的危险,则定性为"以危险方法危害公共安全"

取证要点

1. 主体方面

主要包括违法行为人的姓名、法定年龄、责任能力、性别、民族、住址、政治面貌、历史表现,是否有前科劣迹,违法行为人之间的关系,是否具有人大代表、政协委员、外国人、无国籍人员等特殊身份,是否为公职人员等。

2. 主观方面

主要包括违法行为人实施本行为的原因、目的等。(1)原因。主要调查违法行为人实施本行为的具体原因,如是否因乘车产生纠纷、与工作人员有冲突、精神疾病发作等。(2)目的。主要明确违法行为人实施本行为的具体目的，如是否因发泄个人情绪、迫使司乘等工作人员满足其诉求等。

3. 客观方面

主要包括确认违法行为人实施本行为的手段方法(如殴打司乘人员、损毁车内设施、大声喧哗、抛洒物品等)；违法行为人实施本行为造成影响如何，是否造成直接或间接的经济损失及人身财产损害，群众意见是否强烈等。

规范索引

《治安管理处罚法》第30条；《刑法》第115、116、291条；《民用航空安全保卫条例》第25条；《公共航空旅客运输飞行中安全保卫规则》第4、6、7、8、9、21、22、23、24、25条；《铁路法》第55条；《城市公共汽电车客运管理办法》第28条

4. 妨碍交通工具正常行驶

法律条文

《治安管理处罚法》第26条第1款第4项　有下列行为之一的，处警告或者五百元以下罚款；情节较重的，处五日以上十日以下拘留，可以并处一千元以下罚款：

(四)非法拦截或者强登、扒乘机动车、船舶、航空器以及其他交通工具，影响交通工具正常行驶的；

裁量标准

违法行为	违法情节程度	处罚标准
非法拦截或者强登、扒乘机动车、船舶、航空器以及其他交通工具，影响交通工具正常行驶的	情节一般	处警告或者500元以下罚款
	情节较重	处5日以上10日以下拘留，可以并处1000元以下罚款

根据《公安机关对部分违反治安管理行为实施处罚的裁量指导意见》，有下列情形之一的，属于"情节较重"：

（1）在公共交通工具上无理取闹，严重影响公共交通工具运行秩序的；

（2）在非停靠站点强行下车，或者拉扯驾驶员、乘务员，致使公共交通工具减速或者停行的；

（3）造成交通拥堵、人员受伤、财物损失等危害后果或者较大社会影响的；

（4）积极参与聚众扰乱公共交通工具上的秩序的；

（5）积极参与聚众实施妨碍交通工具正常行驶行为的；

（6）其他情节较重的情形。

公共交通工具，是指从事旅客运输的各种公共汽车、大、中型出租车、火车、城市轨道交通车辆、轮船、飞机等，不含小型出租车、低空无人驾驶航空器。对虽不具有营业执照，但实际从事旅客运输的大、中型交通工具，以及单位班车、校车等交通工具，可以认定为公共交通工具。

实务认定

1. 本违法行为的认定

侵害的客体	公共交通工具正常行驶所需要的秩序
行为主体	达法定责任年龄、具有法定责任能力的自然人
交通工具	包括公共交通工具、私人交通工具
认定标准	不需要造成实际损害后果，只要行为人有非法拦截、强登、扒乘机动车、船舶、航空器以及其他交通工具，影响交通工具正常行驶的行为即可
情节认定	主要是根据违法行为影响交通工具正常行驶所产生的危害程度，是否产生交通事故危险，以及拦截或者强登、扒乘机动车、船舶、航空器以及其他交通工具的次数等来认定
主观方面	故意

2. 本违法行为与聚众扰乱交通秩序罪对照

对比项	妨碍交通工具正常行驶	聚众扰乱交通秩序罪
行为主体	任何达到法定责任年龄和具有法定责任能力的自然人	首要分子和主犯
危害后果	未造成严重后果	使交通秩序遭到严重破坏
行为表现	只要具有非法拦截、强登、扒乘机动车、船舶、航空器以及其他交通工具，影响交通工具正常行驶的行为，即构成本违法行为	必须要求达到情节严重程度

3. 本违法行为与以危险方法危害公共安全罪对照

对比项	妨碍交通工具正常行驶	以危险方法危害公共安全罪
案件类型	治安案件	刑事案件
定性关键	定性的关键是非法拦截或者强登、扒乘机动车、船舶、航空器以及其他交通工具是否足以对公共安全产生危险	
危害情况	仅影响交通工具的正常行驶，不足以造成公共安全危险	对公共安全产生危险，或者已经造成人身、财产损失

4. 本违法行为与扰乱公共交通工具上的秩序、非法拦截机动车行为对照

对比项	妨碍交通工具正常行驶	扰乱公共交通工具上的秩序	非法拦截机动车行为
侵害的客体	公共交通工具的正常行驶秩序	公共交通工具上的秩序	道路交通安全秩序
侵害对象	主要针对交通工具，包括私人交通工具	主要针对公共交通工具	仅针对机动车，不包括船舶、航空器等其他交通工具

续表

对比项	妨碍交通工具正常行驶	扰乱公共交通工具上的秩序	非法拦截机动车行为
行为方式	非法拦截或者强登、扒乘机动车、船舶、航空器以及其他交通工具	在公共交通工具上，不遵守相关管理制度，打闹、肆意喧哗；殴打乘客或司乘人员；不服从管理，干扰公共交通工具正常运行；在飞机上吸烟；携带易燃易爆违禁品等	在道路上设置路障拦截或强行拦停机动车辆

取证要点

1. 主体方面

主要包括违法行为人的姓名、法定年龄、责任能力、性别、民族、住址、政治面貌、历史表现、是否有前科劣迹、违法行为人之间的关系、是否具有人大代表、政协委员、外国人、无国籍人员等特殊身份、是否为公职人员等。

2. 主观方面

主要包括违法行为人实施本行为的原因、目的等。（1）原因。主要调查违法行为人妨碍交通工具正常行驶的具体原因，如是否出于个人诉求未满足、精神异常、恶意制造恐慌等。（2）目的。主要明确违法行为人实施本行为的具体目的，如是否故意制造混乱、强行搭乘交通工具、拦车维权与示威等。

3. 客观方面

主要包括确认违法行为人实施本行为的手段方法（如站在道路中间拦车、设置障碍物、攀爬车体、破坏车门等）；违法行为人实施本行为对交通秩序造成多大影响，是否造成直接或间接的经济损失及人身财物损害等。

规范索引

《刑法》第290、291条;《铁路法》第55、63条

典型案例

孙某非法拦截机动车治安处罚案

某日早上,孙某以反映诉求的名义,手持横幅跪在某县某交通干道中间,非法拦截过往车辆十余辆并手举横幅向过往车辆展示,扰乱了公共秩序。直到某县城区交警发现后将其拉开,车辆才恢复正常行驶。以上事实有询问笔录、录音录像、收缴横幅等证据证实。公安部门认为,孙某在交通干道上举横幅拦截过往车辆,影响交通工具正常行驶,也极易引发交通事故,对孙某及来往人员、车辆人身财产安全造成威胁,属情节较重,在客观上已符合《治安管理处罚法》第26条第1款第4项的规定,最终对孙某作出行政拘留7日的处罚,并收缴横幅1副。

5.破坏选举秩序

法律条文

《治安管理处罚法》第26条第1款第5项 有下列行为之一的,处警告或者五百元以下罚款;情节较重的,处五日以上十日以下拘留,可以并处一千元以下罚款:

(五)破坏依法进行的选举秩序的。

裁量标准

违法行为	违法情节程度	处罚标准
破坏依法进行的选举秩序的	情节一般	处警告或者500元以下罚款
	情节较重	处5日以上10日以下拘留,可以并处1000元以下罚款

根据《公安机关对部分违反治安管理行为实施处罚的裁量指导意见》,有下列情形之一的,属于"情节较重":

(1) 使用暴力、威胁等方法干扰他人选举的;

(2) 采取撕毁他人选票、毁坏票箱或者破坏其他选举设备等行为干扰选举秩序的;

(3) 伪造选举文件的;

(4) 积极参与聚众破坏选举秩序的;

(5) 其他情节较重的情形。

依法进行的选举,是指依照《全国人民代表大会组织法》《全国人民代表大会和地方各级人民代表大会选举法》《地方各级人民代表大会和地方各级人民政府组织法》《村民委员会组织法》《城市居民委员会组织法》等法律法规进行的选举活动。

实务认定

1. 本违法行为的认定

侵害的客体	依法进行的选举秩序
行为主体	达法定责任年龄、具有法定责任能力的自然人
选举性质	依法进行的选举活动
行为表现	以暴力、威胁、欺骗、贿赂、伪造选举文件、虚报选举票数等手段,破坏选举或者妨害选民和代表自由行使选举权和被选举权
主观方面	故意

2. 本违法行为与破坏选举罪对照

对比项	破坏选举秩序	破坏选举罪
选举类型	基层选举(如居委会、村委会)	各级人大代表或国家机关领导人选举

续表

对比项	破坏选举秩序	破坏选举罪
情节程度	扰乱选举秩序,但未造成严重后果,对社会影响不大,对选举的结果程序所造成的破坏较小	手段、情节恶劣,造成的社会影响较大,对选举的程序、结果产生严重破坏,造成选举结果失效

3. 本违法行为与破坏单位内部的自发性选举活动对照

对比项	破坏选举秩序	破坏单位内部的自发性选举活动
选举类型	法定选举	单位内部民主选举
违法类型	构成行政违法	通常属于单位内部管理问题,一般不构成违法,除非伴有其他违法行为

取证要点

1. 主体方面

主要包括违法行为人的姓名、法定年龄、责任能力、性别、民族、住址、政治面貌、历史表现、是否有前科劣迹、违法行为人之间的关系,是否具有人大代表,政协委员等特殊身份,是否为公职人员等。

2. 主观方面

主要包括违法行为人实施本行为的原因、目的等。(1)原因。主要调查违法行为人破坏选举秩序的具体原因,如是否为谋求不当利益、因政治立场对立而故意破坏等。(2)目的。主要明确违法行为人实施本行为的具体目的,如是否使特定候选人当选或落选、有意破坏选举公信力等。

3. 客观方面

主要包括确认违法行为人实施本行为的行为性质(如伪造选票、威胁选民、损毁投票箱与计票设备等选举设施);违法行为人实施本行为的手段方法(如冲击投票站伪造选票、冒名投票、篡改计票结果;组织人员围堵选举场所,阻碍正常投票等);违法行为人实施本行为对选举实际造成多大影响,是否造成直接或间接的经济损失及人身财物损害,群众反应和政治影响如何等。

规范索引

《刑法》第256条;《全国人民代表大会和地方各级人民代表大会选举法》第58条;《村民委员会组织法》第17条;《城市居民委员会组织法》第8、9条

典型案例

孙某破坏选举秩序治安处罚案

某村补选村民委员会主任期间,孙某在明知石某不符合村主任参选条件情况下,伙同多人,积极联络、要求村民代表选举石某当选村主任,破坏了选举秩序。以上事实有同伙的陈述和申辩,证人韩某、孙某等人的证言等证据证实。尽管孙某辩称选举之前,其并不知石某被取消了候选人资格,且此次选举程序违反了差额选举原则。违法行为达到法律规定的程度才能认定破坏选举,其只是认为石某能为村民们办事,所以向村民代表表示自己的想法,没有法律上规定的威胁、欺骗和贿赂等行为,没有违反《治安管理处罚法》的相关规定,不构成破坏选举秩序。但公安部门认为,现有证据能够证实孙某已知石某不在候选人范围内,同时无证据能证明该选举违反法律规定。因此,孙某在明知石某被行政处罚、取消候选人资格,选举符合规定的情况下,仍联络村民为石某拉选票,在客观上已符合破坏选举秩序,违反了《治安管理处罚法》第26条第1款第5项规定,公安部门最终对孙某作出行政拘留10日的处罚。

6. 聚众扰乱单位秩序

法律条文

《治安管理处罚法》第 26 条第 1 款第 1 项 （一）扰乱机关、团体、企业、事业单位秩序，致使工作、生产、营业、医疗、教学、科研不能正常进行，尚未造成严重损失的；

第 26 条第 2 款 聚众实施前款行为的，对首要分子处十日以上十五日以下拘留，可以并处二千元以下罚款。

裁量标准

违法行为	处罚对象	处罚标准
聚众实施扰乱机关、团体、企业、事业单位秩序，致使工作、生产、营业、医疗、教学、科研不能正常进行，尚未造成严重损失的	首要分子	处 10 日以上 15 日以下拘留，可以并处 2000 元以下罚款

实务认定

1. 本违法行为的认定

行为表现	表现形式是聚众，聚众一般是指 3 人以上共同实施违法行为。主要有暴力方式和非暴力方式。采用暴力方式扰乱单位秩序主要包括打砸机关、团体、企业、事业单位的办公设施、财物、文件档案；追打、纠缠有关办公人员；采用暴力方式扣押、堵截有关单位的车辆、财物等。采用非暴力方式扰乱单位秩序主要包括堵门、堵路、起哄、辱骂、占据相关单位办公场所，等等
处罚对象	聚众扰乱单位秩序的首要分子，必须是多人扰乱单位秩序的组织、策划、指挥人
主观方面	故意

续表

损失认定	有形损失：指物质损失，包括因违法行为而停产、停业等造成的既有财产损失和可得利益损失（若无本违法行为干扰就可顺利实现的利益），物质损失的严重程度以造成损失的数额为标准 无形损失：指无形的智力成果、社会利益、政治利益损失，如各政党、工会、妇联和学校、科研机构等无法工作而造成的无法量化的损失。对于这类损失是否严重一般可从行为的手段、持续时间的长短、被延误的工作事项的重要性、损失是否可以弥补等方面把握 第三人损失：指因本违法行为致使有关单位无法正常开展工作，给第三人利益造成严重损害的；也应作为衡量行为是否情节严重的根据之一

2. 本违法行为与扰乱单位秩序对照

对比项	聚众扰乱单位秩序	扰乱单位秩序
违法人数	存在3人以上共同违法	个人或少数人实施
是否有组织性	存在该违法行为的明确组织性（如分工、指挥）	多为个人诉求，一般不具备组织性

3. 本违法行为与聚众扰乱业主委员会活动的行为对照

对比项	聚众扰乱单位秩序	聚众扰乱业主委员会活动的行为
侵害客体	机关、团体、企业、事业单位等社会组织	基层群众性自治组织
处罚依据	《治安管理处罚法》第26条	根据其具体表现形式，如侮辱、诽谤殴打他人、故意伤害、故意损毁财物等，按照共同违法行为，依照《治安管理处罚法》的相关规定予以处罚

取证要点

1. 主体方面

（1）主要包括违法行为人的姓名、法定年龄、责任能力、性别、民族、住址、政治面貌、历史表现、与单位的关系，违法行为人之间的关系，是否有前科劣迹，是否具有人大代表、政协委员等特殊身份，是否为公职人员等。

（2）违法行为人在聚众扰乱单位秩序中的作用，以及是否为组织、策划、指挥多人聚众实施扰乱单位秩序的首要分子。

2. 主观方面

主要包括违法行为人实施本行为的原因、目的等。（1）原因。主要调查违法行为人实施本行为的具体原因，如是否为施压单位满足讨薪、维权等诉求，故意破坏单位正常运作。（2）目的。主要明确违法行为人实施本行为的具体目的，如是否有拖欠工资、工伤赔偿未解决等劳资纠纷，行政或司法诉求未果等。

3. 客观方面

主要包括确认违法行为人实施本行为的行为性质（如参与人员数量、组织程度）；违法行为人实施本行为的手段方法（如静坐、堵门、拉横幅、高声喧哗、打砸办公设备、毁坏财物等）；违法行为人实施本行为对单位秩序的影响，是否造成直接或间接的经济损失及人身财物损害，单位后续经营或社会形象是否受损等。

规范索引

《刑法》第290条；《铁路法》第53条；《社会团体登记管理条例》第2~5条

7. 聚众扰乱公共场所秩序

法律条文

《治安管理处罚法》第 26 条第 1 款第 2 项 （二）扰乱车站、港口、码头、机场、商场、公园、展览馆或者其他公共场所秩序的；

第 26 条第 2 款 聚众实施前款行为的，对首要分子处十日以上十五日以下拘留，可以并处二千元以下罚款。

裁量标准

违法行为	处罚对象	处罚标准
聚众实施扰乱车站、港口、码头、机场、商场、公园、展览馆或者其他公共场所秩序的	首要分子	处 10 日以上 15 日以下拘留，可以并处 2000 元以下罚款

实务认定

1. 本违法行为的认定

场所	人们共同活动的场所，车站、港口、码头、机场、商场、公园、展览馆或者其他需要稳定、有序的社会秩序的公共场所
行为表现	聚众表现为策划、组织、指挥 3 人以上的多人共同实施扰乱公共场所秩序的行为。具体行为有在公共场所非法集会、游行；起哄闹事；寻衅滋事；扰乱公共场所秩序，拒不服从工作人员劝阻，等等
主观方面	故意
处罚对象	聚众扰乱单位秩序的首要分子，必须是多人扰乱单位秩序的组织、策划、指挥人

2. 本违法行为与聚众扰乱公共场所秩序罪对照

聚众扰乱公共场所秩序罪，是指聚众扰乱车站、码头、民用航空站、商场、公园、影剧院、展览会、运动场或者其他公共场所秩序,抗拒、阻碍国家治安管理工作人员依法执行职务,情节严重的行为。

相较于聚众扰乱公共场所秩序行为,聚众扰乱公共场所秩序罪要求必须抗拒、阻碍国家治安管理人员依法执行职务,且情节更为严重,如造成人员伤亡或者公私财物重大损失的;影响或者行为手段恶劣的等。

3. 本违法行为与一般违反公共场所管理制度行为对照

对比项	聚众扰乱公共场所秩序	一般违反公共场所管理制度行为
行为表现	往往不听劝阻,公共场所管理工作人员难以劝阻、制止	公共场所工作人员能够劝阻、制止
危害后果	没有造成严重的危害结果,但必然造成公共场所秩序混乱	仅造成局部不良秩序影响,未达到造成秩序混乱

取证要点

1. 主体方面

(1)主要包括违法行为人的姓名、法定年龄、责任能力、性别、民族、住址、政治面貌、历史表现、是否有前科劣迹、违法行为人之间的关系,是否有人大代表,政协委员等特殊身份,是否为公职人员等。

(2)违法行为人在聚众扰乱公共场所秩序中的作用,以及是否为组织、策划、指挥多人聚众实施扰乱单位秩序的首要分子。

2. 主观方面

主要包括违法行为人实施本行为的原因、目的等。(1)原因。主要调查违法行为人聚众扰乱公共场所秩序的具体原因,如是否为征地拆迁等社会矛盾、是否存在经济纠纷等。(2)目的。主要明确违法行为人实施本行为的具体目的,如制造社会影响、故意干扰正常公共事务或商业活动等。

3. 客观方面

主要包括确认违法行为人实施本行为的行为性质(如参与人员数量、

组织程度);违法行为人实施本行为的手段方法(如静坐、拉横幅、打砸公共设施、毁坏财物、与执法人员或群众冲突等);违法行为人实施本行为对公共场所秩序的影响,是否造成直接或间接的经济损失及人身财物损害,城市形象或公共安全信任度是否受损等。

规范索引

《刑法》第 291 条;《集会游行示威法》第 29 条;《民用航空法》第 198 条

8. 聚众扰乱公共交通工具上的秩序

法律条文

《治安管理处罚法》第 26 条第 1 款第 3 项　(三)扰乱公共汽车、电车、城市轨道交通车辆、火车、船舶、航空器或者其他公共交通工具上的秩序的;
第 26 条第 2 款　聚众实施前款行为的,对首要分子处十日以上十五日以下拘留,可以并处二千元以下罚款。

裁量标准

违法行为	处罚对象	处罚标准
聚众实施扰乱公共汽车、电车、城市轨道交通车辆、火车、船舶、航空器或者其他公共交通工具上的秩序的	首要分子	处 10 日以上 15 日以下拘留,可以并处 2000 元以下罚款

　　公共交通工具,是指从事旅客运输的各种公共汽车,大、中型出租车,火车,城市轨道交通车辆,轮船,飞机等,不含小型出租车。对虽不具有营业执照,但实际从事旅客运输的大、中型交通工具,以及单位班车、校车等交通工具,可以认定为公共交通工具。

实务认定

1. 本违法行为的认定

公共交通工具	指正在运营的公共汽车、电车、火车、船舶、航空器或者其他公共交通工具，不包括停放库房、停止使用的公共交通工具，也不包括供私人使用（非营运）的交通工具
行为表现	聚众是指策划、组织、指挥3人以上，共同实施扰乱公共交通工具上的秩序的行为。具体行为有不遵守有关公共交通工具管理制度、打闹、肆意喧哗；打乘客或司乘人员；不服从管理，干扰公共交通工具正常运行；在飞机上吸烟；在公共交通工具上携带易燃易爆违禁品等
处罚对象	聚众扰乱公共交通工具上的秩序的首要分子，必须是多人扰乱公共交通工具上的秩序的组织、策划、指挥者
主观方面	故意

2. 本违法行为与聚众扰乱交通秩序罪对照

对比项	聚众扰乱公共交通工具上的秩序	聚众扰乱交通秩序罪
侵害客体	侵害的是公共交通工具上的秩序	侵害的是公共交通秩序
发生地点	发生在公共交通工具上	主要发生在车站、码头、公路、铁路上
危害后果	尚未造成严重后果	情节严重，致使交通秩序受到严重破坏
构成要件		必须抗拒、阻碍国家治安管理工作人员依法执行职务，且情节严重

取证要点

1. 主体方面

（1）主要包括违法行为人的姓名、法定年龄、责任能力、性别、民族、住址、政治面貌、历史表现、是否有前科劣迹、违法行为人之间的关系、是否有人大代表、政协委员等特殊身份、是否为公职人员等。

(2) 违法行为人在聚众扰乱公共交通工具上的秩序中的作用,以及是否为组织、策划、指挥者。

2. 主观方面

主要包括违法行为人实施本行为的原因、目的等。(1) 原因。主要调查违法行为人实施本行为的具体原因,如是否为乘客间口角升级、对司乘服务不满等。(2) 目的。主要明确违法行为人实施本行为的具体目的,如是否通过扰乱行为宣泄不满、迫使司机或运营方满足要求、干扰正常安检或票务查验等。

3. 客观方面

主要包括确认违法行为人实施本行为的行为性质(如参与人员数量、交通工具类型);违法行为人实施本行为的手段方法(如辱骂司乘人员、抢夺方向盘、破坏车内设施、携带危险物品上车等);违法行为人实施本行为对公共交通工具上的秩序的影响,是否造成直接或间接的经济损失及人身财物损害,社会反响如何等。

规范索引

《治安管理处罚法》第30条;《刑法》第115、116、291条;《铁路法》第55条

9. 聚众妨碍交通工具正常行驶

法律条文

《治安管理处罚法》第26条第1款第4项 (四)非法拦截或者强登、扒乘机动车、船舶、航空器以及其他交通工具,影响交通工具正常行驶的;
第26条第2款 聚众实施前款行为的,对首要分子处十日以上十五日以下拘留,可以并处二千元以下罚款。

> 裁量标准

违法行为	处罚对象	处罚标准
聚众实施非法拦截或者强登、扒乘机动车、船舶、航空器以及其他交通工具，影响交通工具正常行驶的	首要分子	处 10 日以上 15 日以下拘留，可以并处 2000 元以下罚款

公共交通工具，是指从事旅客运输的各种公共汽车，大、中型出租车，火车，城市轨道交通车辆，轮船，飞机等，不含小型出租车。对虽不具有营业执照，但实际从事旅客运输的大、中型交通工具，以及单位班车、校车等交通工具，可以认定为公共交通工具。

> 实务认定

1. 本违法行为的认定

交通工具	包括公共交通工具、私人交通工具
行为表现	聚众是指策划、组织、指挥 3 人以上，共同实施妨碍交通工具正常行驶的行为
处罚对象	首要分子，必须是多人聚众妨碍交通工具行驶的组织、策划、指挥人
主观方面	故意

2. 本违法行为与妨碍交通工具正常行驶违法行为的对照

对比项	聚众妨碍交通工具正常行驶	妨碍交通工具正常行驶
参与人员	3 人以上共同妨碍交通工具正常行驶	单个人，或不构成聚众
处罚对象	首要分子	行为人或参加人
是否有组织	存在组织、指挥的群体	缺乏组织、指挥的个人或多人

3. 本违法行为与聚众扰乱公共交通工具上的秩序对照

对比项	聚众妨碍交通工具正常行驶	聚众扰乱公共交通工具上的秩序
侵害客体	公共交通工具正常行驶所需要的秩序	公共交通工具上的秩序
侵害对象	主要针对交通工具，包括私人交通工具	主要针对公共交通工具
行为表现	聚众非法拦截或者强登、扒乘机动车、船舶、航空器以及其他交通工具	在公共交通工具上，聚众扰乱秩序行为。如，不遵守有关管理制度，聚众打闹、肆意喧哗；聚众殴打乘客或司乘人员；不服从管理，干扰公共交通工具正常运行；聚众携带易燃易爆违禁品等

取证要点

1. 主体方面

（1）主要包括违法行为人的姓名、法定年龄、责任能力、性别、民族、住址、政治面貌、历史表现、是否有前科劣迹、违法行为人之间的关系，是否有人大代表、政协委员等特殊身份，是否为公职人员等。

（2）违法行为人在聚众违法中的作用，以及是否为组织、策划、指挥者。

2. 主观方面

主要包括违法行为人实施本行为的原因、目的等。（1）原因。主要调查违法行为人实施本行为的具体原因，如是否为劳资纠纷或运输费用争议、个人情绪宣泄、蓄意破坏、躲避检查等。（2）目的。主要明确违法行为人实施本行为的具体目的，如是否迫使交通工具停运或改变路线、强行搭乘交通工具、蓄意干扰正常交通秩序等。

3. 客观方面

主要包括确认违法行为人实施本行为的行为性质（如参与人员数量、

交通工具类型);违法行为人实施本行为的手段方法(如设置路障、攀爬车体、破坏交通设施、损毁交通工具等);违法行为人实施本行为对交通秩序的影响,是否造成直接或间接的经济损失及人身财物损害,社会反响如何等。

规范索引

《刑法》第 115、291 条;《铁路法》第 50、53 条;《道路交通安全法》第 63、69、99 条;《民用航空安全保卫条例》第 16 条

10.聚众破坏选举秩序

法律条文

《治安管理处罚法》第 26 条第 1 款第 5 项 (五)破坏依法进行的选举秩序的。第 26 条第 2 款 聚众实施前款行为的,对首要分子处十日以上十五日以下拘留,可以并处二千元以下罚款。

裁量标准

违法行为	处罚对象	处罚标准
聚众实施破坏依法进行的选举秩序的	首要分子	处 10 日以上 15 日以下拘留,可以并处 2000 元以下罚款

依法进行的选举,是指依照《全国人民代表大会组织法》《全国人民代表大会和地方各级人民代表大会选举法》《地方各级人民代表大会和地方各级人民政府组织法》《村民委员会组织法》《城市居民委员会组织法》等法律法规进行的选举活动。

实务认定

1. 本违法行为的认定

选举性质	依法进行的选举活动
行为表现	必须是有人策划、组织、指挥、参与者3人以上共同实施的违法行为。如果是多人共同实施破坏选举秩序,但是多人之间缺乏共同犯意,则不构成聚众破坏选举秩序。具体行为有以暴力、威胁、欺骗、贿赂、伪造选举文件、虚报选举票数等手段,破坏选举或者妨害选民和代表自由行使选举权和被选举权
主观方面	故意
危害程度	尚未造成严重不良影响

2. 本违法行为与破坏选举秩序对照

对比项	聚众破坏选举秩序	破坏选举秩序
行为主体	聚众型违法行为,必须是由3人以上通过策划、组织、指挥共同实施破坏选举秩序	违法行为人或者人数少于3人,或者是人数虽然多于3人,但相互之间缺乏共同犯意
处罚对象	首要分子	参与破坏选举秩序的人

取证要点

1. 主体方面

(1)主要包括违法行为人的姓名、法定年龄、责任能力、性别、民族、住址、政治面貌、历史表现、是否有前科劣迹,违法行为人之间的关系,是否有人大代表、政协委员等特殊身份、是否为公职人员等。

(2)违法行为人在聚众违法中的作用,以及是否为组织、策划、指挥者。

2. 主观方面

主要包括违法行为人实施本行为的原因、目的等。(1)原因。主要调

查违法行为人实施本行为的具体原因,如是否为政治利益冲突、对选举制度不满、个人恩怨、受他人指使等。(2)目的。主要明确违法行为人实施本行为的具体目的,如是否阻止特定候选人当选、破坏选举公信力、获取非法政治利益等。

3. 客观方面

主要包括确认违法行为人实施本行为的行为性质(如参与人员数量、选举类型);违法行为人实施本行为的手段方法(如攻击选举工作人员、抢夺或毁坏选票、散布虚假选举信息、篡改计票结果等);违法行为人实施本行为对实际选举的影响,是否造成直接或间接的经济损失及人身财物损害,政府公信力是否受损等。

规范索引

《刑法》第256条;《全国人民代表大会和地方各级人民代表大会选举法》第58条;《村民委员会组织法》第17条;《城市居民委员会组织法》第8、9条。

11. 组织作弊扰乱考试秩序

法律条文

> 《治安管理处罚法》第27条第1项　在法律、行政法规规定的国家考试中,有下列行为之一,扰乱考试秩序的,处违法所得一倍以上五倍以下罚款,没有违法所得或者违法所得不足一千元的,处一千元以上三千元以下罚款;情节较重的,处五日以上十五日以下拘留:
>   (一)组织作弊的;

裁量标准

违法行为	违法情节程度	处罚标准
在法律、行政法规规定的国家考试中,组织作弊的	情节一般	处违法所得1倍以上5倍以下罚款,没有违法所得或者违法所得不足1000元的,处1000元以上3000元以下罚款
	情节较重	处5日以上15日以下拘留

实务认定

1. 本违法行为的认定

侵害的客体	国家对考试组织的管理秩序和他人公平参与考试的权利
行为主体	自然人
主观方面	故意
组织性	策划、指挥、协调多人参与作弊,而非个人单独作弊
考试范围	法律、行政法规规定的国家考试
行为表现	一般是3人以上参与,含组织者、协助者、作弊考生等人员。通过组建作弊群、招募"枪手"、印制小抄、场外传答案、场内抄袭等分工明确的方式进行。具有营利性,如收取费用或变相利益交换

2. 本违法行为与组织考试作弊罪对照

对比项	组织作弊	组织考试作弊罪
考试类型	既包括国家统一组织的考试,也包括地方根据法律规定组织实施的考试	法律规定的国家考试,如高考、公务员考试、法律职业资格考试等
违法行为类型	违反治安管理行为	犯罪行为

续表

对比项	组织作弊	组织考试作弊罪
处罚类型	行政处罚	刑事处罚
情节程度	情节较轻	情节严重,如多次组织、违法所得数额大、性质恶劣等

取证要点

在办理组织作弊扰乱考试秩序的相关案件时,需要从主体方面、主观方面和客观方面进行全面调查和取证,并相互印证,形成完整证据链,确保证据充分及案件事实清楚,从而根据调查结果,准确适用法律相关规定,依法作出公正处理。

1. 主体方面

(1)主要包括组织者、参与者等违法行为人的姓名、法定年龄、责任能力、性别、民族、住址、政治面貌、历史表现、是否有前科劣迹、违法行为人之间的关系,是否有人大代表、政协委员等特殊身份、是否为公职人员等。

(2)违法行为人在实施本行为中的作用,以及是否为组织、策划、指挥者。

2. 主观方面

主要包括违法行为人实施本行为的动机、目的等。(1)动机。主要调查违法行为人实施本行为的具体动机,如是否为通过组织作弊牟利、帮助亲友通过考试、为提高通过率或升学率等。(2)目的。主要明确违法行为人实施本行为的具体目的,如帮助自身或特定考生通过考试、非法牟取暴利等。

3. 客观方面

主要包括确认违法行为人实施本行为的作弊手段和方法(如使用无线耳机或隐形摄像头、夹带小抄、替考、贿赂监考人员等);考试的类型;违法行为人实施本行为对考试秩序的影响,是否造成破坏考试公平性,引发公众不满以及相关经济损失等。

> 规范索引

《刑法》第 284 条之一;《教育法》第 79 条;《国家教育考试违规处理办法》;《最高人民法院、最高人民检察院关于办理组织考试作弊等刑事案件适用法律若干问题的解释》;《国家教育考试违规处理办法》

> 典型案例

高某组织作弊治安处罚案

高某系某大学文法学院学生,在研究生招生考试前,高某建立微信群"招生小车",用于考试作弊,将其同学韩某、陈某、杨某、李某、阿某及校外人员董某拉入微信群,并代为收取用于作弊的费用。在研究生招生考试期间,考生杨某与韩某分别将部分试题拍摄后将照片发到微信群内,董某通过其他方式得到该试题答案后向微信群内发送,但韩某在借助手机抄写微信群内的试题答案时被监考老师当场发现。随后,公安部门对高某等人展开调查。以上事实有证人证言、当事人陈述等证据予以佐证。尽管高某辩称在考试期间,其未利用该微信群作弊,不应当受到处罚。但是公安部门认为,高某建立"招生小车"微信群的目的是考试作弊,其客观上实施了在考试前将本无微信朋友关系的董某与其他参加考试人员结合建立微信群方便考试作弊的行为,该微信群一直存续至考试结束,在考试期间,有群成员利用微信群发送了试题及答案,考试前,高某还代为收取了用于作弊的费用,高某在共同作弊中起到了组织、协调的作用,其行为已构成组织作弊。因此,公安部门根据《治安管理处罚法》的规定,对高某处 1000 元罚款。

12. 为他人组织作弊提供帮助扰乱考试秩序

> 法律条文

《治安管理处罚法》第 27 条第 2 项 在法律、行政法规规定的国家考试中,有下列行为之一,扰乱考试秩序的,处违法所得一倍以上五倍以下罚款;没有违法所得或者违法所得不足一千元的,处一千元以上三千元以下罚款;情节较重的,处五日以上十五日以下拘留:

(二)为他人组织作弊提供作弊器材或者其他帮助的;

裁量标准

违法行为	违法情节程度	处罚标准
在法律、行政法规规定的国家考试中,为他人组织作弊提供作弊器材或者其他帮助的	情节一般	处违法所得 1 倍以上 5 倍以下罚款;没有违法所得或者违法所得不足 1000 元的,处 1000 元以上 3000 元以下罚款
	情节较重	处 5 日以上 15 日以下拘留

实务认定

1. 本违法行为的认定

侵害的客体	国家对考试组织的管理秩序和他人公平参与考试的权利
行为主体	自然人
主观方面	故意
帮助性	帮助他人作弊,非个人自己作弊
考试范围	法律、行政法规规定的国家考试
行为表现	一般是 3 人以上参与,含组织者、协助者、作弊考生等人员。具体行为有充当"中间人"联系考生与作弊组织、售卖隐形耳机、作弊眼镜、开发作弊 App、破解考场信号屏蔽、为组织作弊提供资金或场地等。可具有营利性,如收取费用或变相利益交换
认定关键	不要求作弊成功,只要行为人实施了作弊行为,即可认定
危害程度	未造成严重社会影响

2. 本违法行为与组织考试作弊罪对照

对比项	为他人组织作弊提供帮助	组织考试作弊罪
考试性质	既包括国家统一组织的考试,也包括地方根据法律规定组织实施的考试	法律规定的国家考试,如高考、公务员考试、法律职业资格考试等

续表

对比项	为他人组织作弊提供帮助	组织考试作弊罪
违法行为主体	违法行为主体为帮助者，如提供作弊器材、传递答案等辅助行为的人	组织者，即实施策划、指挥作弊行为的人
主观方向	故意	故意

取证要点

1. 主体方面

主要包括违法行为人的姓名、法定年龄、责任能力、性别、民族、住址、政治面貌、历史表现、是否有前科劣迹，违法行为人之间的关系，是否具有人大代表、政协委员等特殊身份，是否为公职人员等。

2. 主观方面

主要包括违法行为人实施本行为的动机、目的等。(1)动机。主要调查违法行为人实施本行为的具体动机，如是否为收取费用提供作弊帮助、帮助亲友或学生通过考试、被威胁或利诱参与作弊等。(2)目的。主要明确违法行为人实施本行为的具体目的，如协助特定考生作弊、收取"包过"费用、干扰考试正常进行等。

3. 客观方面

主要包括确认违法行为人实施本行为的行为手段方法（如通过无线设备发送答案、替考、伪造准考证、协助考生冒名顶替、提供作弊工具等）；考试的类型；违法行为人实施本行为对考试秩序的影响，是否造成破坏考试公信力，导致公众对教育公平性产生质疑及相关经济损失等。

规范索引

《刑法》第284条之一；《教育法》第79条；《国家教育考试违规处理办法》；《最高人民法院、最高人民检察院关于办理组织考试作弊等刑事案件

适用法律若干问题的解释》

13. 非法提供考试试题、答案扰乱考试秩序

法律条文

《治安管理处罚法》第 27 条第 3 项　在法律、行政法规规定的国家考试中,有下列行为之一,扰乱考试秩序的,处违法所得一倍以上五倍以下罚款;没有违法所得或者违法所得不足一千元的,处一千元以上三千元以下罚款;情节较重的,处五日以上十五日以下拘留:

（三）为实施考试作弊行为,向他人非法出售、提供考试试题、答案的;

裁量标准

违法行为	违法情节程度	处罚标准
在法律、行政法规规定的国家考试中,为实施考试作弊行为,向他人非法出售、提供考试试题、答案的	情节一般	处违法所得一倍以上五倍以下罚款;没有违法所得或者违法所得不足 1000 元的,处 1000 元以上 3000 元以下罚款
	情节较重	处 5 日以上 15 日以下拘留

实务认定

1. 本违法行为的认定

侵害的客体	国家对考试组织的管理秩序和他人公平参与考试的权利
行为主体	自然人
主观方面	故意
考试范围	法律、行政法规规定的国家考试

续表

行为表现	具体行为有通过网络平台售卖考试答案、以"培训资料"名义传递答案、考试相关人员向他人泄露考试真题等。具有营利性,如收取费用或变相利益交换
危害程度	未造成严重社会影响

2. 本违法行为与非法提供考试试题、答案罪对照

对比项	非法提供考试试题、答案扰乱考试秩序	非法提供考试试题、答案罪
考试种类	法律、行政法规规定的国家考试	法律规定的国家考试,如高考、公务员考试、法律职业资格考试等
行为主体	自然人	自然人,需年满16周岁并具有刑事责任能力
主观方面	故意	故意
目的	实施考试作弊,或炫耀等其他目的	实施考试作弊
处罚种类	行政处罚	刑事处罚

取证要点

1. 主体方面

主要包括违法行为人的姓名、法定年龄、责任能力、性别、民族、住址、政治面貌、历史表现、是否有前科劣迹,违法行为人之间的关系,是否具有人大代表、政协委员等特殊身份,是否为公职人员等。

2. 主观方面

主要包括违法行为人实施本行为的动机、目的等。(1)动机。主要调查违法行为人实施本行为的具体动机,如是否为通过售卖试题答案等非法牟利、帮助特定对象、炫耀技术能力等。(2)目的。主要明确违法行为人实施本行为的具体目的,如获取不正当利益、破坏考试公平性、建立非法作弊渠道等。

3. 客观方面

主要包括确认违法行为人实施本行为的作弊提供手段和方法(如考试前售卖试题及答案、网络传播未公开试题、考试中无线传输答案、入侵系统修改成绩、伪造考试成绩单等);考试的类型;违法行为人实施本行为对考试秩序的影响,是否造成考试公信力遭到严重损害及相关经济损失等。

规范索引

《刑法》第284条之一;《教育法》第79条;《国家教育考试违规处理办法》;《最高人民法院、最高人民检察院关于办理组织考试作弊等刑事案件适用法律若干问题的解释》

14. 代替考试扰乱考试秩序

法律条文

《治安管理处罚法》第27条第4项 在法律、行政法规规定的国家考试中,有下列行为之一,扰乱考试秩序的,处违法所得一倍以上五倍以下罚款;没有违法所得或者违法所得不足一千元的,处一千元以上三千元以下罚款;情节较重的,处五日以上十五日以下拘留:

(四)代替他人或者让他人代替自己参加考试的。

裁量标准

违法行为	违法情节程度	处罚标准
在法律、行政法规规定的国家考试中,代替他人或者让他人代替自己参加考试的	情节一般	处违法所得1倍以上5倍以下罚款;没有违法所得或者违法所得不足1000元的,处1000元以上3000元以下罚款
	情节较重	处5日以上15日以下拘留

实务认定

1. 本违法行为的认定

侵害的客体	国家对考试组织的管理秩序和他人公平参与考试的权利
行为主体	达到法定年龄、具有法定责任能力的自然人
主观方面	故意
考试范围	法律、行政法规规定的国家考试
行为表现	1.具体行为有使用伪造、变造的身份证件或准考证,代替他人进入考场并完成答题; 2.指使他人冒名顶替自身参加考试并完成答题。 二者均可以具有营利性,如收取费用或变相利益交换,也可以是非营利性
认定关键	不要求考试通过,只要替代者完成考试,即可认定
危害程度	未造成严重社会影响

2. 本违法行为与代替考试罪对照

对比项	代替考试	代替考试罪
考试种类	法律、行政法规规定的国家考试	法律规定的国家考试,如高考、公务员考试、法律职业资格考试等
行为主体	自然人	自然人,需年满16周岁并具有刑事责任能力
处罚种类	行政处罚	刑事处罚

取证要点

1.主体方面

主要包括替考者、被替考者、中介组织等违法行为人的姓名、法定年龄、责任能力、性别、民族、住址、政治面貌、历史表现、是否有前科劣迹,违法行为人之间的关系,是否具有人大代表、政协委员等特殊身份,是否为公职人员等。

2. 主观方面

主要包括违法行为人实施本行为的动机、目的等。(1)动机。主要调查违法行为人实施本行为的具体动机,如替考者是否为牟取经济利益、帮助亲友通过考试等;被替考者是否为规避考试、获取不正当资格等。(2)目的。主要明确违法行为人实施本行为的具体目的,如使被替考者非法获得考试成绩、破坏考试公平性等。

3. 客观方面

主要包括确认违法行为人实施本行为的替考手段方法(如伪造准考证、整容伪装、协同作弊等);考试的类型;违法行为人实施本行为对考试秩序的影响,是否造成恶劣示范效应等。

规范索引

《刑法》第284条之一;《教育法》第79条;《国家教育考试违规处理办法》;《最高人民法院、最高人民检察院关于办理组织考试作弊等刑事案件适用法律若干问题的解释》

15. 强行进入大型活动场内

法律条文

《治安管理处罚法》第28条第1款第1项 有下列行为之一,扰乱体育、文化等大型群众性活动秩序的,处警告或者五百元以下罚款;情节严重的,处五日以上十日以下拘留,可以并处一千元以下罚款:

(一)强行进入场内的;

第28条第2款 因扰乱体育比赛、文艺演出活动秩序被处以拘留处罚的,可以同时责令其六个月至一年以内不得进入体育场馆、演出场馆观看同类比赛、演出;违反规定进入体育场馆、演出场馆的,强行带离现场,可以处五日以下拘留或者一千元以下罚款。

裁量标准

违法行为	违法情节程度	处罚标准
强行进入体育、文化等大型群众性活动场内的	情节一般	处警告或者500元以下罚款
	情节较重	处5日以上10日以下拘留,可以并处1000元以下罚款。被处以拘留处罚的,可以同时责令其6个月至1年以内不得进入体育场馆、演出场馆观看同类比赛、演出

根据《公安机关对部分违反治安管理行为实施处罚的裁量指导意见》,有下列情形之一的,属于"情节严重":

(1)采取暴力、威胁等方法强行进入活动场内的;

(2)造成人员受伤、财物损失、秩序混乱等危害后果或者较大社会影响的;

(3)其他情节严重的情形。

大型群众性活动,是指法人或者其他组织面向社会公众举办的每场次预计参加人数达到1000人以上的体育比赛、演唱会、音乐会、展览、展销、游园、灯会、庙会、花会、焰火晚会、人才招聘会、彩票开奖等活动,不包含影剧院、音乐厅、公园、娱乐场所等在其日常业务范围内举办的活动。

实务认定

1.本违法行为的认定

场内含义	主要是指封闭式的场地,如音乐厅、体育馆、有围墙或栅栏的场地等,封闭的场所内属于"场内";没有围墙或栅栏的露天场所,如道路、广场、开放式公园等,活动中心区域和观众密集区域属于"场内"
侵害的客体	文化、体育等大型群众性活动的正常秩序

续表

行为主体	达到法定责任年龄、具有法定责任能力的自然人
行为表现	1. 没有门票或者入场券，不听现场工作人员劝阻，拒绝验票，强行入场观看或参加活动； 2. 有门票或入场券（包括假门票或假入场券），拒绝验票，强行入场； 3. 持有门票或入场券，拒绝安检，强行入场； 4. 持有门票或入场券，不服从入口管理人员安排或指挥，强行入场； 5. 对于不需要门票或入场券的开放式大型群众性活动，不服从入口管理人员或现场管理人员的管理或指挥，强行入场； 6. 持有门票或入场券，中途离场后再次强行入场且不服从管理人员安排或指挥的
主观方面	故意

2. 本违法行为与聚众扰乱公共场所秩序罪对照

对比项	强行进入大型活动场内	聚众扰乱公共场所秩序罪
行为主体	单个行为人或多个行为人	参与人数众多，达到聚众程度
行为表现及情节	只要具有强行进入场内的行为，即可进行治安处罚	情节严重，影响程度大；损失严重，社会危害后果严重
处罚对象	单个行为人或共同违法行为人	首要分子

3. 强行进入大型活动场内与扰乱公共场所秩序的法律适用

强行进入大型活动场内属于扰乱公共场所秩序，但根据法定主义原则，需要根据具体条款，进行处罚。因此适用《治安管理处罚法》第28条。

扰乱公共场所秩序行为中的"公共场所"主要是车站、港口、码头、商场等供不特定多数人随时出入、停留、使用的场所，适用《治安管理处罚法》第26条。

> **取证要点**

1. 主体方面

主要包括违法行为人的姓名、法定年龄、责任能力、性别、民族、住址、政治面貌、历史表现,与大型活动的关系,违法行为人之间的关系,是否有前科劣迹,是否有人大代表、政协委员等特殊身份,是否为公职人员等。

2. 主观方面

主要包括违法行为人实施本行为的原因、目的等。(1)原因。主要调查违法行为人实施本行为的具体原因,如是否为演唱会或体育赛事等无票/无证强行入场、个人情绪宣泄、追星等非理性行为等。(2)目的。主要明确违法行为人实施本行为的具体目的,如是否希望免费参与活动、制造社会影响、接近明星或政要等特定人物。

3. 客观方面

主要包括确认大型活动的性质、规模;违法行为人实施本行为的手段方法(如伪造证件、翻越围栏、破坏安检设备、冒充工作人员等);违法行为人实施本行为对活动的影响,是否造成直接或间接的经济损失及人身财物损害,公众安全感是否受损等。

> **规范索引**

《治安管理处罚法》第 30 条;《刑法》第 291 条;《大型群众性活动安全管理条例》第 2、9、18、23 条。

> **典型案例**

张某强行进入大型群众性活动场所治安处罚案

某日,某镇天地庙举行传统祈福仪式,作为祈福仪式成员的张某因迟到与负责签到的马某发生争执并拉扯、扭打在一起。在此过程中,张某抓住并咬掉马某的一缕头发,同时致马某眼部淤青,造成祈福仪式现场秩序混乱。公安部门接到报案出警并初步固定证据,进行调查。以上事实有当事人陈述、证人证言等证据材料加以证实。尽管张某辩称其既没打马某，也没有骂马某，更没有造成现场的活动秩序混乱。但根据《治安管理处罚法》中的相关规定，扰乱活动秩序并不要求实际造成严重后果，只要行为足以干扰活动正常进行即可。根据在案证据，张某因在组织活动中与他人发生口角，互相撕扯，致马某受伤，已经影响了祈福活动的正常进行，属扰乱群众活动秩序。因此，公安部门依据《治安管理处罚法》的规定，对张某处以行政拘留10日并处罚款1000元。

16. 违规在大型活动场内燃放物品

法律条文

《治安管理处罚法》第28条第1款第2项　有下列行为之一，扰乱体育、文化等大型群众性活动秩序的，处警告或者五百元以下罚款；情节严重的，处五日以上十日以下拘留，可以并处一千元以下罚款：

（二）违反规定，在场内燃放烟花爆竹或者其他物品的；

第28条第2款　因扰乱体育比赛、文艺演出活动秩序被处以拘留处罚的，可以同时责令其六个月至一年以内不得进入体育场馆、演出场馆观看同类比赛、演出；违反规定进入体育场馆、演出馆的，强行带离现场，可以处五日以下拘留或者一千元以下罚款。

裁量标准

违法行为	违法情节程度	处罚标准
违反规定，在体育、文化等大型群众性活动场内燃放烟花爆竹或者其他物品的	情节一般	处警告或者500元以下罚款
	情节较重	处5日以上10日以下拘留，可以并处1000元以下罚款；被处以拘留处罚的，可以同时责令其6个月至1年以内不得进入体育场馆、演出场馆观看同类比赛、演出

根据《公安机关对部分违反治安管理行为实施处罚的裁量指导意见》,有下列情形之一的,属于"情节严重":

(1) 不听现场安保人员或者工作人员制止的;

(2) 造成人员受伤、财物损失、秩序混乱等危害后果或者较大社会影响的;

(3) 严重影响活动正常进行的;

(4) 其他情节严重的情形。

大型群众性活动,是指法人或者其他组织面向社会公众举办的每场次预计参加人数达到 1000 人以上的体育比赛、演唱会、音乐会、展览、展销、游园、灯会、庙会、花会、焰火晚会、人才招聘会、彩票开奖等活动,不包含影剧院、音乐厅、公园、娱乐场所等在其日常业务范围内举办的活动。

▎实务认定

1. 本违法行为的认定

场内含义	主要是指封闭式的场地,如音乐厅、体育馆、有围墙或栅栏的场地等,封闭的场所内属于"场内";没有围墙或栅栏的露天场所,如道路、广场、开放式公园等,活动中心区域和观众密集区域属于"场内"
侵害的客体	文化、体育等大型群众性活动的正常秩序
行为主体	达到法定责任年龄、具有法定责任能力的自然人
行为表现	燃放鞭炮、烟花;向人群或舞台投射手持烟花;投掷自制燃烧装置或释放有色烟雾;向表演区、群众区投掷装有易燃液体的容器;等等
主观方面	故意

2. 本违法行为与失火罪的区别

本违法行为是违规在大型活动场内燃放物品,其燃放物品影响轻微,没有对秩序造成任何影响,没有造成人员伤亡、财物损失。

失火罪要求燃放物品通常造成大型活动无法正常进行,出现现场人员伤亡和重大财产损失。

3. 本违法行为与危险物品肇事罪对照

对比项	违规在大型活动场内燃放物品	危险物品肇事罪
行为主体	参加大型活动的观众	活动的承办方或现场工作人员
危害后果	危害后果轻微,没有造成人员伤亡、财产损失、对大型活动的秩序影响仅限于局部	造成严重的危害后果,出现重大人员伤亡和财产损失

取证要点

1. 主体方面

主要包括违法行为人的姓名、法定年龄、责任能力、性别、民族、住址、政治面貌、历史表现,与大型活动的关系,违法行为人之间的关系,是否有前科劣迹,是否具有人大代表、政协委员等特殊身份,是否为公职人员等。

2. 主观方面

主要包括违法行为人实施本行为的原因、目的等。(1)原因。主要调查违法行为人实施本行为的具体原因,如是否为演唱会或体育赛事等庆祝或助兴、恶作剧或博取关注、蹭流量,是否在直播或者蓄意破坏或恐怖行为等。(2)目的。主要明确违法行为人实施本行为的具体目的,如是否希望增强现场气氛、制造混乱以实施其他违法犯罪、挑战安保措施等。

3. 客观方面

主要包括确认大型活动的性质、规模;燃放物品的种类、数量;违法行为人将危险品带入的方式(如藏匿于随身物品、伪装成普通物品、工作人员违规带入、无人机空投等);违法行为人实施本行为对活动秩序的影响,是否造成直接或间接的经济损失及人身财物损害,公众对活动安全的信任度是否受损等。

规范索引

《刑法》第 115、136 条；《烟花爆竹安全管理条例》第 2、3、30、31、32 条；《大型群众性活动安全管理条例》第 2、9、23 条；《消防法》第 62、63、64 条

17. 在大型活动场内展示侮辱性物品

法律条文

《治安管理处罚法》第 28 条第 1 款第 3 项　有下列行为之一，扰乱体育、文化等大型群众性活动秩序的，处警告或者五百元以下罚款；情节严重的，处五日以上十日以下拘留，可以并处一千元以下罚款：

（三）展示侮辱性标语、条幅等物品的；

第 28 条第 2 款　因扰乱体育比赛、文艺演出活动秩序被处以拘留处罚的，可以同时责令其六个月至一年以内不得进入体育场馆、演出场馆观看同类比赛、演出；违反规定进入体育场馆、演出场馆的，强行带离现场，可以处五日以下拘留或者一千元以下罚款。

裁量标准

违法行为	违法情节程度	处罚标准
在体育、文化等大型群众性活动场所展示侮辱性标语、条幅等物品的	情节一般	处警告或者 500 元以下罚款
	情节严重	处 5 日以上 10 日以下拘留，可以并处 1000 元以下罚款；被处以拘留处罚的，可以同时责令其 6 个月至 1 年以内不得进入体育场馆、演出场馆观看同类比赛、演出

根据《公安机关对部分违反治安管理行为实施处罚的裁量指导意见》，有下列情形之一的，属于"情节严重"：

（1）不听现场安保人员或者工作人员制止的；

（2）在大型文化、体育等活动中展示侮辱国家、民族尊严的标语、条幅、画像、服装等物品的；

（3）造成人员受伤、财物损失、秩序混乱等危害后果或者较大社会影响的；

（4）引发运动员、观众及场内其他人员冲突的；

（5）严重影响活动正常进行的；

（6）其他情节严重的情形。

大型群众性活动，是指法人或者其他组织面向社会公众举办的每场次预计参加人数达到1000人以上的体育比赛、演唱会、音乐会、展览、展销、游园、灯会、庙会、花会、焰火晚会、人才招聘会、彩票开奖等活动，不包含影剧院、音乐厅、公园、娱乐场所等在其日常业务范围内举办的活动。

> 实务认定

1. 本违法行为的认定

场内含义	主要是指封闭式的场地，如音乐厅、体育馆、有围墙或栅栏的场地等，封闭的场所内属于"场内"；没有围墙或栅栏的露天场所，如道路、广场、开放式公园等，活动中心区域和观众密集区域属于"场内"
侵害的客体	文化、体育等大型群众性活动的正常秩序
行为主体	达到法定责任年龄，具有法定责任能力的自然人
行为表现	在大型活动场内，向公众出示含有对人格、名誉破坏性、侮辱性、诽谤性内容的文章、图片、漫画等条幅、标语等，让公众知晓其物品所包含的侮辱性内容
认定关键	行为人只需要具有展示侮辱性标语、条幅等物品的行为，即可认定
主观方面	故意

2. 本违法行为与侮辱罪对照

对比项	在大型活动场内展示侮辱性物品	侮辱罪
被害对象	不特定的某类群体,非特定的具体人	特定的具体的人
危害后果	情节轻微,未造成严重危害后果	情节严重或造成社会影响大,如手段恶劣造成被害人精神失常或自杀、多次侮辱等

3. 本违法行为与诽谤罪对照

对比项	在大型活动场内展示侮辱性物品	诽谤罪
被害对象	不特定的某类群体,非特定的具体人	是自然人,即特定的具体的人
行为表现	通过标语、条幅等物品公然贬损他人人格,破坏他人名誉	故意捏造并散布虚构的事实,贬损他人人格,破坏他人名誉
危害后果	情节轻微,未造成严重危害后果	情节严重,造成严重危害后果

取证要点

1. 主体方面

主要包括违法行为人的姓名、法定年龄、责任能力、性别、民族、住址、政治面貌、历史表现,其与大型活动的关系、违法行为人之间的关系,是否有前科劣迹,是否具有人大代表、政协委员等特殊身份,是否为公职人员等。

2. 主观方面

主要包括违法行为人实施本行为的原因、目的等。(1)原因。主要调查违法行为人实施本行为的具体原因,如是否为政治立场对立、文化或宗教冲突、个人恩怨等。(2)目的。主要明确违法行为人实施本行为的具体目的,如是否希望制造舆论关注、挑衅或羞辱特定对象、破坏活动氛围等。

3. 客观方面

主要包括确认大型活动的性质、规模;展示的侮辱性物品特征、数量;违法行为人将物品带入的方式(如藏匿于随身物品、伪装成合法宣传材料、工作人员违规放行、利用现场材料等)及展示的方式;违法行为人实施本行为对活动秩序的影响,社会影响是否受损等。

规范索引

《刑法》第98、246、293条;《大型群众性活动安全管理条例》第2、9、23条

18. 围攻大型活动工作人员

法律条文

《治安管理处罚法》第28条第1款第4项 有下列行为之一,扰乱体育、文化等大型群众性活动秩序的,处警告或者五百元以下罚款;情节严重的,处五日以上十日以下拘留,可以并处一千元以下罚款:

(四)围攻裁判员、运动员或者其他工作人员的;

第28条第2款 因扰乱体育比赛、文艺演出活动秩序被处以拘留处罚的,可以同时责令其六个月至一年以内不得进入体育场馆、演出场馆观看同类比赛、演出;违反规定进入体育场馆、演出场馆的,强行带离现场,可以处五日以下拘留或者一千元以下罚款。

裁量标准

违法行为	违法情节程度	处罚标准
在体育、文化等大型群众性活动场所或在活动结束后的任意情形下围攻裁判员、运动员或者其他工作人员的	情节一般	处警告或者500元以下罚款
	情节严重	处5日以上10日以下拘留,可以并处1000元以下罚款;被处以拘留处罚的,可以同时责令其6个月至1年以内不得进入体育场馆、演出场馆观看同类比赛、演出

根据《公安机关对部分违反治安管理行为实施处罚的裁量指导意见》，有下列情形之一的，属于"情节严重"：

(1) 不听现场安保人员或者工作人员制止的；

(2) 造成人员受伤、财物损失、秩序混乱等危害后果或者较大社会影响的；

(3) 引发运动员、观众及场内其他人员冲突的；

(4) 严重影响活动正常进行的；

(5) 其他情节严重的情形。

大型群众性活动，是指法人或者其他组织面向社会公众举办的每场次预计参加人数达到1000人以上的体育比赛、演唱会、音乐会、展览、展销、游园、灯会、庙会、花会、焰火晚会、人才招聘会、彩票开奖等活动，不包含影剧院、音乐厅、公园、娱乐场所等在其日常业务范围内举办的活动。

实务认定

1. 本违法行为的认定

侵害的客体	不仅侵犯体育、文化等大型群众性活动的正常秩序，还侵犯相关人员的人身权利
行为主体	达到法定责任年龄、具有法定责任能力的自然人
行为表现	特定的多人包围裁判员、运动员或者其他工作人员，并击打裁判员、运动员或者其他工作人员身体，击打的方式包括徒手击打、使用工具，如矿泉水瓶、石块、板凳、棍棒等
认定关键	围攻的关键点是攻击，即谁实施了攻击行为，就应由谁承担围攻的责任
主观方面	故意

2. 本违法行为与故意伤害罪对照

对比项	围攻大型活动工作人员	故意伤害罪
违法类型	治安违法	刑事犯罪
违法后果	被害人无人身损伤或轻伤	故意非法造成被害人达轻伤以上人身损害

取证要点

1. 主体方面

主要包括违法行为人的姓名、法定年龄、责任能力、性别、民族、住址、政治面貌、历史表现,与大型活动的关系,违法行为人之间的关系,是否有前科劣迹,是否具有人大代表、政协委员等特殊身份,是否为公职人员等。

2. 主观方面

主要包括违法行为人实施本行为的原因、目的等。(1)原因。主要调查违法行为人实施本行为的具体原因,如是否为活动管理问题、个人利益受损等。(2)目的。主要明确违法行为人实施本行为的具体目的,如是否胁迫工作人员满足诉求、制造混乱扩大影响等。

3. 客观方面

主要包括确认违法行为人的行为基本情况;被围攻工作人员情况及受伤程度;违法行为人实施本行为对活动秩序的影响,是否造成直接或间接的经济损失,社会影响是否受损等。

规范索引

《治安管理处罚法》第51条;《刑法》第234条;《大型群众性活动安全管理条例》第2、9、23条

19. 向大型活动场内投掷杂物

法律条文

《治安管理处罚法》第 28 条第 1 款第 5 项　有下列行为之一，扰乱体育、文化等大型群众性活动秩序的，处警告或者五百元以下罚款；情节严重的，处五日以上十日以下拘留，可以并处一千元以下罚款：

（五）向场内投掷杂物，不听制止的；

第 28 条第 2 款　因扰乱体育比赛、文艺演出活动秩序被处以拘留处罚的，可以同时责令其六个月至一年以内不得进入体育场馆、演出场馆观看同类比赛、演出；违反规定进入体育场馆、演出场馆的，强行带离现场，可以处五日以下拘留或者一千元以下罚款。

裁量标准

违法行为	违法情节程度	处罚标准
在体育、文化等大型群众性活动中，向场内投掷杂物，不听制止的	情节一般	处警告或者 500 元以下罚款
	情节严重	处 5 日以上 10 日以下拘留，可以并处 1000 元以下罚款；被处以拘留处罚的，可以同时责令其 6 个月至 1 年以内不得进入体育场馆、演出场馆观看同类比赛、演出

根据《公安机关对部分违反治安管理行为实施处罚的裁量指导意见》，有下列情形之一的，属于"情节严重"：

（1）造成人员受伤、财物损失、秩序混乱等危害后果或者较大社会影响的；

（2）引发运动员、观众及场内其他人员冲突的；

（3）严重影响活动正常进行的；

(4)其他情节严重的情形。

大型群众性活动,是指法人或者其他组织面向社会公众举办的每场次预计参加人数达到1000人以上的体育比赛、演唱会、音乐会、展览、展销、游园、灯会、庙会、花会、焰火晚会、人才招聘会、彩票开奖等活动,不包含影剧院、音乐厅、公园、娱乐场所等在其日常业务范围内举办的活动。

> **实务认定**

1. 本违法行为的认定

场内含义	主要是指封闭式的场地,如音乐厅、体育馆、有围墙或栅栏的场地等,封闭的场所内属于"场内";没有围墙或栅栏的露天场所,如道路、广场、开放式公园等,活动中心区域和观众密集区域属于"场内"
侵害的客体	不仅侵犯文化、体育等大型群众性活动的正常秩序,还侵犯相关人员的人身权利
行为主体	达到法定责任年龄,具有法定责任能力的自然人
行为表现	用矿泉水瓶、打火机、硬币、钥匙、手机、充电宝、鸡蛋、颜料包等物品,向大型活动场内投掷
认定关键	必须具有不听制止的情节
主观方面	故意

2. 本违法行为与故意伤害罪对照

对比项	向大型活动场内投掷杂物	故意伤害罪
违法性质	治安违法	刑事犯罪
危害后果	被害人无人身损伤或轻伤	故意非法造成被害人达轻伤以上人身损害

3. 本违法行为与围攻大型活动工作人员之间的对比

本违法行为是向大型活动场内投掷杂物,不是攻击具体的被害人;而围攻大型活动工作人员,是为了攻击具体的被害人。

取证要点

1. 主体方面

主要包括违法行为人的姓名、法定年龄、责任能力、性别、民族、住址、政治面貌、历史表现,与单位的关系,违法行为人之间的关系,是否有前科劣迹,是否有人大代表、政协委员等特殊身份,是否为公职人员等。

2. 主观方面

主要包括违法行为人实施本行为的原因、目的等。(1)原因。主要调查违法行为人实施本行为的具体原因,如对活动内容不满、受群体行为煽动等。(2)目的。主要明确违法行为人实施本行为的具体目的,如针对演出者、运动员、主办方等表达不满或抗议、支持/反对特定对象等。

3. 客观方面

主要包括确认大型活动的种类、性质;投掷行为是否造成人员身体受损;投杂物是否导致大型活动场内秩序混乱,甚至出现大型活动中断或无法继续;投掷杂物的种类、数量,以及投掷物如何带进场内等。

规范索引

《刑法》第234条;《大型群众性活动安全管理条例》第2、9、23条

20. 其他扰乱大型活动秩序的行为

法律条文

《治安管理处罚法》第28条第1款第6项 有下列行为之一,扰乱体育、文化等大型群众性活动秩序的,处警告或者五百元以下罚款;情节严重的,处五日以上十日以下拘留,可以并处一千元以下罚款:

(六)扰乱大型群众性活动秩序的其他行为。

第28条第2款 因扰乱体育比赛、文艺演出活动秩序被处以拘留处罚的,可以同时责令其六个月至一年以内不得进入体育场馆、演出场馆观看同类比赛、演出;违反规定进入体育场馆、演出场馆的,强行带离现场,可以处五日以下拘留或者一千元以下罚款。

裁量标准

违法行为	违法情节程度	处罚标准
扰乱体育、文化等大型群众性活动秩序的其他行为	情节一般	处警告或者500元以下罚款
	情节严重	处5日以上10日以下拘留,可以并处1000元以下罚款;被处以拘留处罚的,可以同时责令其6个月至1年以内不得进入体育场馆、演出场馆观看同类比赛、演出

根据《公安机关对部分违反治安管理行为实施处罚的裁量指导意见》,有下列情形之一的,属于"情节严重":

(1)不听现场安保人员或者工作人员制止的;

(2)造成人员受伤、财物损失、秩序混乱等危害后果或者较大社会影响的;

(3)引发运动员、观众及场内其他人员之间冲突的;

(4)严重影响活动正常进行的。

大型群众性活动,是指法人或者其他组织面向社会公众举办的每场次预计参加人数达到1000人以上的体育比赛、演唱会、音乐会、展览、展销、游园、灯会、庙会、花会、焰火晚会、人才招聘会、彩票开奖等活动,不包含影剧院、音乐厅、公园、娱乐场所等在其日常业务范围内举办的活动。

实务认定

1. 本违法行为的认定

侵害的客体	侵犯体育、文化等大型群众性活动的正常秩序
行为主体	达到法定责任年龄、具有法定责任能力的自然人

续表

行为表现	如，恶意抢免费礼品造成混乱；恶意鸣笛；使用激光照射工作人员；擅自翻越隔离栏/警戒线；故意堵塞安全出口等
认定关键	只要是扰乱大型活动秩序，造成大型活动现场秩序混乱，尚不够刑事处罚的行为，又不属于强行进入场内、违规在大型活动场内燃放物品、在大型活动场内展示侮辱性物品、围攻大型活动工作人员和向大型活动场内投掷杂物的，就适用本条款
主观方面	故意

2. 本违法行为与扰乱公共场所秩序的法律适用

扰乱大型群众性活动秩序的其他行为，属于扰乱公共场所秩序，但根据法定主义原则，需要根据具体条款进行处罚。因此，适用《治安管理处罚法》第 28 条。扰乱公共场所秩序，适用《治安管理处罚法》第 26 条

取证要点

1. 主体方面

主要包括违法行为人的姓名、法定年龄、责任能力、性别、民族、住址、政治面貌、历史表现，与大型活动的关系，违法行为人之间的关系，是否有前科劣迹，是否具有人大代表、政协委员等特殊身份，是否为公职人员等。

2. 主观方面

主要包括违法行为人实施本行为的原因、目的等。（1）原因。主要调查违法行为人实施本行为的具体原因，如票价或服务质量等消费权益争议、演出取消或明星缺席、对活动内容不满等。（2）目的。主要明确违法行为人实施本行为的具体目的，如迫使活动方满足特定要求、发泄不满情绪、表达政治立场或抗议政策等。

3. 客观方面

主要包括确认大型活动的种类、性质；扰乱大型活动秩序行为的方式方法；是否出现人员伤亡和财物毁损；是否有较大的不良社会影响。

> **规范索引**

《治安管理处罚法》第26条;《大型群众性活动安全管理条例》第2、9、18、23条

> **典型案例**

曾某破坏大型群众性活动秩序治安处罚案

某日下午,曾某到某县某桥酒店观看一大型综艺节目的现场录制,现场约有1600人。曾某不听现场维持秩序的民警劝阻,坐在嘉宾席第一排前面的地上观看节目,并在节目进行到尾声时,当着现场所有人的面大声说出了较多不当且过激的语言,引起现场诸多观众的强烈反应,导致节目现场录制中断和现场秩序的混乱。以上事实有询问笔录、现场视频等证据证实。尽管曾某辩称其进入录制现场后无大声喧哗、吵闹及肢体动作,只是在快结束时,用口语形式表达自己的观点,没有不配合维持现场秩序的行为,更未造成其他不良后果;是民警现场处事方法不当,才造成部分群众围观,导致录制现场节目中断。但公安部门认为,曾某在大型综艺节目录制现场的行为,导致了节目录制的中断和现场秩序的混乱,扰乱了文化大型群众性活动秩序,违反了《治安管理处罚法》第28条第1款第6项的规定,且符合"情节严重"的情形,最终对曾某作出行政拘留5日的处罚。

21. 拘留处罚后再次违反规定进入体育场馆、文艺演出场馆

> **法律条文**

> 《治安管理处罚法》第28条第2款　因扰乱体育比赛、文艺演出活动秩序被处以拘留处罚的,可以同时责令其六个月至一年以内不得进入体育场馆、演出场馆观看同类比赛、演出;违反规定进入体育场馆、演出场馆的,强行带离现场,可以处五日以下拘留或者一千元以下罚款。

裁量标准

违法行为	违法情节程度	处罚标准
其在处罚期间内再次违反规定进入体育场馆、演出场馆的	—	强行带离现场，可以处5日以下拘留或者1000元以下罚款

实务认定

本违法行为的认定

适用前提	扰乱体育比赛、文艺演出活动秩序，被处以拘留处罚
适用程度	是"可以"而非"应当"
责令要点	6个月至1年以内不得进入场馆观看同类比赛、演出。如某行为人因扰乱篮球比赛秩序而受到行政处罚，公安机关禁止其12个月以内不得进入体育场馆观看篮球比赛，但行为人可以进入体育场馆观看排球、网球等其他比赛
强制措施	1.禁止进入特定场所；2.强行带离现场

取证要点

1. 主体方面

主要包括违法行为人的姓名、法定年龄、责任能力、性别、民族、住址、政治面貌、历史表现，与大型活动的关系，违法行为人之间的关系，是否有前科劣迹，是否具有人大代表、政协委员等特殊身份，是否为公职人员等。

2. 主观方面

主要包括违法行为人实施本行为的动机等。如执意参与活动、支持特定团队或艺人、故意对抗管理规定、进行其他关联犯罪等。

3. 客观方面

主要包括确认违法行为人是否仍处于禁止期；实施本行为的行为方式

(如使用他人证件入场、贿赂工作人员、伪造电子门票等);场所活动的类型;对活动秩序的影响;是否有较大的不良社会影响和不良示范效应。

规范索引

《大型群众性活动安全管理条例》第23条;《刑法》第291条之一

22. 虚构事实扰乱公共秩序

法律条文

《治安管理处罚法》第29条第1项 有下列行为之一的,处五日以上十日以下拘留,可以并处一千元以下罚款;情节较轻的,处五日以下拘留或者一千元以下罚款:

（一）故意散布谣言,谎报险情、疫情、灾情、警情或者以其他方法故意扰乱公共秩序的;

裁量标准

违法行为	违法情节程度	处罚标准
故意散布谣言,谎报险情、疫情、灾情、警情或者以其他方法故意扰乱公共秩序的	情节较轻	处5日以下拘留或者1000元以下罚款
	情节一般	处5日以上10日以下拘留,可以并处1000元以下罚款

根据《公安机关对部分违反治安管理行为实施处罚的裁量指导意见》,有下列情形之一的,属于"情节较轻":

(1) 影响范围较小,未造成危害后果的;
(2) 虽然造成轻微危害后果,但能及时采取措施,消除不良影响的;
(3) 其他情节较轻的情形。

实务认定

1. 本违法行为的认定

侵害的客体	社会公共秩序
行为主体	达到法定责任年龄、具有法定责任能力的自然人
行为表现	散布谣言表现为向社会公众或他人传播谣言的行为。散布的谣言既可以是自己编造的谣言,也可以是来自他人的谣言;散布谣言的对象既可以是特定的他人,也可以是不特定的社会公众。 谎报险情、疫情、灾情、警情表现为明知没有险情、疫情、灾情、警情,为了扰乱社会公共秩序而故意编造虚假险情、疫情、灾情、警情向有关部门或单位报告的行为。 其他方式有召开新闻发布会、直播、制作歌谣或漫画、向国外媒体发布假消息等
认定关键	必须具有对社会秩序的扰乱结果,如果虚构事实无人听信,则不构成本违法行为
主观方面	故意

2. 本违法行为与编造、故意传播虚假恐怖信息罪对照

对比项	虚构事实	故意传播虚假恐怖信息罪
行为表现	既可以传播听来的谣言,也可以传播编造的谣言,甚至可以谎报险情、疫情、警情,这其中谣言有的是恐怖信息,有的不是恐怖信息	针对恐怖信息进行编造和传播
危害后果	造成的社会危害较小,社会影响范围小,没有造成严重社会秩序混乱	必须造成严重扰乱社会秩序的结果,其危害结果既可以是物质性的危害结果,也可以是非物质性的危害结果

3. 本违法行为与一般传播谣言行为的区别

虚构事实,造成一定程度的社会秩序影响,扰乱了正常社会生活秩序,但是未造成严重社会秩序混乱。一般传播谣言行为,仅是小范围的传播谣言。谣言没有对社会秩序构成影响。但是,如果某人基于娱乐性而制造谣言,并在朋友群中散布,被朋友信以为真面向社会散布,虽然谣言的制造者、散布者没有扰乱社会秩序的故意,但是制造、散布谣言者对社会秩序造成扰乱,制造谣言、散布谣言者都应受到相应的治安处罚。

取证要点

1. 主体方面

主要包括违法行为人的姓名、法定年龄、责任能力、性别、民族、住址、政治面貌、历史表现、是否有前科劣迹,违法行为人之间的关系,是否具有人大代表、政协委员等特殊身份,是否为公职人员等。

2. 主观方面

主要包括违法行为人实施本行为的原因、目的等。(1)原因。主要调查违法行为人实施本行为的具体原因,如谋取经济利益或商业竞争、缺乏核实信息的意识能力等。(2)目的。主要明确违法行为人实施本行为的具体目的,如制造社会恐慌、打击商业竞争对手等。

3. 客观方面

主要包括确认违法行为人虚构事实的内容;散布虚构事实的方法、途径和社会环境背景;虚构事实扰乱秩序的程度;以及产生的间接社会影响等。

规范索引

《刑法》第105、291条;《互联网信息服务管理办法》第15条;《地震预报管理条例》第19条;《重大动物疫情应急条例》第48条;《民用航空安全保卫条例》第16条;《民用航空法》第196条;《突发事件应对法》第95、97条

> 典型案例

章某故意散布谣言治安处罚案

某市政府为优化当地某广场的功能布局,提升整体环境,消除安全隐患,满足广大市民休闲、娱乐、健身、游览的需要,欲对广场改造提升,遂发布了《关于某广场改造提升的通告》,要求该广场经营户在30日内自行搬离广场,逾期未搬迁的,政府有关部门将对游乐设施和经营设施依法依规进行处置。该广场的经营户章某,认为其已在此经营了十五六年,政府下发通告限期其搬迁,无疑切断了其生活来源,但政府却告知拆除不予补偿安置,现政府已经决定要强制拆除,心中郁闷,为发泄不满情绪,给执法部门施加压力,遂在自己的微博上发帖,内容是:"和谐社会,从何谈起,明天下午××广场所有游乐园设施要被政府部门出动400余名警察夜间强行拆除,而为何不在白天正大光明地拆除呢?希望各大新闻媒体现场报道。"同时对自己发布的帖子跟帖评论称:"××政府部门通知某广场游乐场经营户一个月之内无任何赔偿和安置,政府部门动用400余人强行拆除,政府太黑暗了,希望上级部门领导来游乐场实地调查清楚再拆为谢,而且合同未到期。"此帖发出后,公安部门进行调查取证。以上事实有物证、章某自述、录音录像等证据予以证实。公安部门认为,章某发布的帖子中关于"政府部门出动400余名警察夜间强行拆除"是不存在的事实,没有事实依据,"政府太黑暗了"等用语,明显属于恶意的攻击词语,损害了政府部门及人民警察执法形象,对正常的社会秩序造成了不良影响。根据《治安管理处罚法》第29条第1项的规定,对章某处以行政拘留5日的处罚。

23. 投放虚假危险物质扰乱公共秩序

法律条文

《治安管理处罚法》第29条第2项　有下列行为之一的,处五日以上十日以下拘留,可以并处一千元以下罚款;情节较轻的,处五日以下拘留或者一千元以下罚款:

（二）投放虚假的爆炸性、毒害性、放射性、腐蚀性物质或者传染病病原体等危险物质扰乱公共秩序的;

裁量标准

违法行为	违法情节程度	处罚标准
投放虚假的爆炸性、毒害性、放射性、腐蚀性物质或者传染病病原体等危险物质扰乱公共秩序的	情节较轻	处5日以下拘留或者1000元以下罚款
	情节一般	处5日以上10日以下拘留,可以并处1000元以下罚款

根据《公安机关对部分违反治安管理行为实施处罚的裁量指导意见》,有下列情形之一的,属于"情节较轻":

（1）影响范围较小,未造成危害后果的;

（2）虽然造成轻微危害后果,但能及时采取措施,消除不良影响的;

（3）其他情节较轻的情形。

实务认定

1. 本违法行为的认定

侵害的客体	社会公共秩序
行为主体	达到法定责任年龄、具有法定责任能力的自然人
行为表现	既可以是将虚假危险物质放置公共场所,也可以是将虚假危险物质通过邮寄方式发送给其他人

续表

认定关键	必须具有对社会秩序的扰乱结果,如果既无任何损害,也无任何社会公共秩序混乱,则不构成本违法行为
主观方面	故意

2. 本违法行为与投放虚假危险物质罪的区别

投放虚假危险物质,对社会秩序造成影响,但未达到严重程度。投放虚假危险物质罪,属于严重扰乱社会秩序的行为。

3. 本违法行为与投放危险物质罪对照

对比项	投放虚假危险物质扰乱公共秩序	投放危险物质罪
主观方面	投放明知是虚假的危险物质,了解虚假危险物质不足以对公共安全产生破坏	明知自己的行为危害公共安全,且主观上认为能够造成不特定的多数人死伤或公私财产的大量损失,并希望或者放任这种结果的发生
侵害客体	造成社会恐慌破坏社会公共秩序	破坏、危害公共安全
行为与后果	不仅需要具有投放虚假危险物质的行为,还需要具有扰乱公共秩序的结果	只要行为人实施了投放危险物质的行为,足以危害公共安全的,就可以投放危险物质罪

取证要点

1. 主体方面

主要包括违法行为人的姓名、法定年龄、责任能力、性别、民族、住址、政治面貌、历史表现、是否有前科劣迹、违法行为人之间的关系,是否具有人大代表、政协委员等特殊身份,是否为公职人员等。

2. 主观方面

主要包括违法行为人实施本行为的原因、目的等。(1)原因。主要调

查违法行为人实施本行为的具体原因,如精神心理异常、受影视作品或社会事件影响等。(2)目的。主要明确违法行为人实施本行为的具体目的,如制造社会恐慌、报复特定对象等。

3. 客观方面

主要包括确认违法行为人投放虚假危险物质的种类、大小、外包装;投放虚假危险物质的地点;投放虚假物质对社会公共秩序的影响程度,以及可能产生的危害和经济损失等。

规范索引

《刑法》第114、115、291条

24. 扬言实施放火、爆炸、投放危险物质扰乱公共秩序

法律条文

《治安管理处罚法》第29条第3项 有下列行为之一的,处五日以上十日以下拘留,可以并处一千元以下罚款;情节较轻的,处五日以下拘留或者一千元以下罚款:

(三)扬言实施放火、爆炸、投放危险物质等危害公共安全犯罪行为扰乱公共秩序的。

裁量标准

违法行为	违法情节程度	处罚标准
扬言实施放火、爆炸、投放危险物质等危害公共安全犯罪行为扰乱公共秩序的	情节较轻	处5日以下拘留或者1000元以下罚款
	情节一般	处5日以上10日以下拘留,可以并处1000元以下罚款

根据《公安机关对部分违反治安管理行为实施处罚的裁量指导意见》,有下列情形之一的,属于"情节较轻":

(1)影响范围较小,未造成危害后果;

(2)虽然造成轻微危害后果,但能及时采取措施,消除不良影响的;

(3)其他情节较轻的情形。

> 实务认定

1. 本违法行为的认定

侵害的客体	社会公共秩序
行为主体	达到法定责任年龄、具有法定责任能力的自然人
行为表现	通过语言、声音,或是通过大众传媒、广播、电话等方式向公众表明自己要放火、爆炸、投放危险物质等危害公共安全犯罪行为内容
认定关键	必须造成一定程度的公共秩序影响,引起一定范围的公众心理恐慌,对社会生活的正常秩序产生一定程度的破坏
主观方面	故意

2. 本违法行为与编造、故意传播虚假恐怖信息罪的区别

扬言实施放火、爆炸、投放危险物质扰乱公共秩序的行为强调违法行为人主观上有扬言的故意,且扬言内容是自身或伙同他人将要实施放火、爆炸、投放危险物质这类严重危害公共安全的行为。编造、故意传播虚假恐怖信息罪的核心在于行为人编造或者故意传播的是与行为人、信息接收者之外的第三人已经或准备实施的恐怖行为相关的虚假信息。

> 取证要点

1. 主体方面

主要包括违法行为人的姓名、法定年龄、责任能力、性别、民族、住址、政治面貌、历史表现,违法行为人之间的关系,是否有前科劣迹,是否有人大代表、政协委员等特殊身份,是否为公职人员等。

2. 主观方面

主要包括违法行为人实施本行为的原因、目的等。(1)原因。主要调查违法行为人实施本行为的具体原因,如个人恩怨或纠纷、受他人教唆或

指使等。(2)目的。主要明确违法行为人实施本行为的具体目的,如制造社会恐慌、威胁恐吓特定对象等。

3. 客观方面

主要包括确认违法行为人扬言的内容特征、扬言的场所;违法行为人扬言实施放火、爆炸、投放危险物质对公共秩序所造成的不良影响;扬言人实施放火、爆炸、投放危险物质的违法行为能力和条件等。

规范索引

《刑法》第114、115、291条

25. 寻衅滋事

法律条文

《治安管理处罚法》第30条 有下列行为之一的,处五日以上十日以下拘留或者一千元以下罚款;情节较重的,处十日以上十五日以下拘留,可以并处二千元以下罚款:

(一)结伙斗殴或者随意殴打他人的;
(二)追逐、拦截他人的;
(三)强拿硬要或者任意损毁、占用公私财物的;
(四)其他无故侵扰他人、扰乱社会秩序的寻衅滋事行为。

裁量标准

违法行为	违法情节程度	处罚标准
结伙斗殴或者随意殴打他人的;追逐、拦截他人的;强拿硬要或者任意损毁、占用公私财物的;其他无故侵扰他人、扰乱社会秩序的寻衅滋事行为	情节一般	处5日以上10日以下拘留,或者1000元以下罚款
	情节较重	处10日以上15日以下拘留,可以并处2000元以下罚款

根据《公安机关对部分违反治安管理行为实施处罚的裁量指导意见》,有下列情形之一的,属于"情节较重":

(1)纠集多人或者多次参加寻衅滋事的;

(2)持械寻衅滋事的;

(3)造成人员受伤、公共场所秩序混乱,或者造成较大社会影响的;

(4)追逐、拦截他人并有侮辱性语言、挑逗性动作或者以暴力相威胁的;

(5)驾驶机动车、非机动车、其他交通工具,或者持械追逐、拦截他人的;

(6)强拿硬要或者任意损毁、占用公私财物价值达到有关司法解释认定构成《刑法》第293条第1款第3项规定的"情节严重"标准的50%以上的;

(7)在公共场所、公共交通工具上实施寻衅滋事行为,造成较大社会影响的;

(8)利用信息网络教唆、煽动实施扰乱公共秩序违法活动的;

(9)编造虚假信息,或者明知是编造的虚假信息,在信息网络上散布,或者组织、指使人员在信息网络上散布,起哄闹事的;

(10)一次实施两种以上寻衅滋事行为的;

(11)其他情节较重的情形。

> 实务认定

1. 本违法行为的认定

概念	本行为是指在公共场所无事生非、起哄闹事,随意殴打、追逐、拦截、辱骂、恐吓他人,或强拿硬要、任意损毁、占用公私财物,破坏社会秩序,情节恶劣或严重的行为。值得注意的是,若该行为破坏社会秩序,则构成寻衅滋事罪
侵害的客体	社会公共秩序
行为主体	达到法定责任年龄、具有法定责任能力的自然人

续表

行为表现	1. 根据《公安机关执行〈治安管理处罚法〉有关问题的解释（二）》第8条规定，结伙斗殴，是指多人（2人及以上）在公共场所或其他场所相互打斗。 2. 追逐、拦截他人表现为出于取乐、寻求精神刺激等不健康动机，无故无理追赶、拦挡他人。 3. 强拿硬要或者任意损毁、占用公私财物表现为以蛮不讲理的手段，强行索要市场、商店的商品以及他人的少量财物，或者随心所欲损坏、毁灭、占用少量公私财物。强拿硬要，必须是违法行为人没有使用暴力，往往仅表现为使用语言或肢体语言对财物所有人进行恐吓。 4. 其他寻衅滋事行为表现为行为人采用上述以外的其他寻衅滋事行为，如无理取闹、起哄闹事、自杀或自残、制造事端等造成公共场所秩序混乱，引起群众惊慌、逃离的混乱局面
认定关键	必须具有社会危害性
主观方面	故意，即行为人明知自己的行为会破坏社会秩序，仍故意实施，动机多为寻求刺激、发泄情绪、逞强耍横等

2. 本违法行为与聚众扰乱公共场所秩序罪、聚众斗殴罪对照

对比项	寻衅滋事	聚众扰乱公共场所秩序罪	聚众斗殴罪
行为主体	自然人或单位	自然人，需年满16周岁并具有刑事责任能力	自然人或单位
发生场所	不限场所，可能发生在私人或公共区域	限定于"扰乱公共场所秩序"的情形，如聚众扰乱车站、商场等场所	不限场所，可能发生在私人或公共区域
侵害客体	侵害他人人身权利	破坏公共场所管理秩序	侵害他人人身权利和公共秩序

续表

暴力程度	暴力程度较小	可以是暴力行为,也可以是非暴力行为	暴力强度较大
行为表现	发泄情绪、逞强要横或报复他人	扰乱公共秩序,如施压政府、制造群体性事件	报复、争霸、争夺势力范围,有明确的斗殴目的和对方
处罚对象	直接参与斗殴者	首要分子(组织、策划者)及积极参与者	首要分子(组织、策划者)及积极参与者

取证要点

1. 主体方面

主要包括违法行为人的姓名、法定年龄、责任能力、性别、民族、住址、政治面貌、历史表现,违法行为人之间的关系,是否有前科劣迹,是否有人大代表、政协委员等特殊身份、是否为公职人员等。

2. 主观方面

主要包括违法行为人实施本行为的动机、目的等。(1)动机。主要调查违法行为人实施本行为的具体动机,如口角升级或情感纠纷等个人恩怨、争强好胜、报复泄愤、受他人指使。(2)目的。主要明确违法行为人实施本行为的具体目的,如伤害对方身体、恐吓或侮辱他人、争夺地盘或利益等。

3. 客观方面

主要包括确认违法行为人的行为特征;造成伤害后果与程度;产生的社会影响等。

规范索引

《刑法》第292、293条;《最高人民法院关于审理未成年人刑事案件具体应用法律若干问题的解释》第7、8条;《最高人民法院、最高人民检察院关于办理寻衅滋事刑事案件适用法律若干问题的解释》;《最高人民法院、

最高人民检察院关于办理利用信息网络实施诽谤等刑事案件适用法律若干问题的解释》

> **典型案例**

陈某等人与郑某等人结伙斗殴治安处罚案

某日凌晨，郑某、安某、罗某等人到陈某开设的"方城小镇"喝酒，郑某等人酒后与陈某等人发生口角，继而双方均有主动攻击行为。陈某等人与郑某等人双方互殴，扰乱了公共场所公共秩序，造成双方当事人不同程度受伤，且参与人数达3人以上，符合结伙斗殴的客观要件。以上事实有询问笔录、视频照片、到案经过等证据佐证。尽管陈某等人辩称其行为不属于结伙斗殴行为，而是属于正当防卫行为，且其主观上无结伙斗殴的故意，与案涉其他人不存在结伙的意思联络，客观上亦未纠集人员实施斗殴行为，因此不符合《治安管理处罚法》的规定。但公安部门认为，本案双方当事人聚众斗殴的行为扰乱了公共秩序，不具备正当性和合法性，不属于正当防卫行为，而是寻衅滋事行为，违反了《治安管理处罚法》的规定，应受到治安处罚，最终对陈某、郑某等人均作出行政拘留3日的处罚。

26. 组织、教唆、胁迫、诱骗、煽动从事邪教、会道门活动

> **法律条文**

《治安管理处罚法》第31条第1项　有下列行为之一的，处十日以上十五日以下拘留，可以并处二千元以下罚款；情节较轻的，处五日以上十日以下拘留，可以并处一千元以下罚款：

（一）组织、教唆、胁迫、诱骗、煽动他人从事邪教活动、会道门活动、非法的宗教活动或者利用邪教组织、会道门、迷信活动，扰乱社会秩序、损害他人身体健康的；

裁量标准

违法行为	违法情节程度	处罚标准
组织、教唆、胁迫、诱骗、煽动他人从事邪教活动、会道门活动、非法的宗教活动，扰乱社会秩序，损害他人身体健康的	情节较轻	处5日以上10日以下拘留，可以并处1000元以下罚款
	情节一般	处10日以上15日以下拘留，可以并处2000元以下罚款

根据《公安机关对部分违反治安管理行为实施处罚的裁量指导意见》，有下列情形之一的，属于"情节较轻"：

(1)危害后果较轻，并及时改正的；

(2)违法活动涉及数量或者数额未达到有关司法解释认定构成《刑法》第300条第1款规定的"情节较轻"标准10%的；

(3)其他情节较轻的情形。

实务认定

1. 本违法行为的认定

侵害的客体	社会公共秩序
行为主体	达到法定责任年龄、具有法定责任能力的自然人
邪教、会道门、非法的宗教含义	邪教，是指冒用宗教、气功或其他名义建立、神化首要分子，利用制造、散布迷信邪说等手段蛊惑人心、蒙骗他人，发展、控制成员，危害社会的非法组织。 会道门是"会门"和"道门"的合称。"会门"有大刀会、红枪会、小刀会等，"道门"有九宫道、先天道、一贯道、归根道等。会门最初是以兵器种类命名的，偏重吞符念咒，练功习武，据地自保。道门诵经拜神，制造和传播迷信邪说，迷信色彩极为浓厚。新中国成立后，将其统称为"会道门"。 凡是违背宪法法律法规和政策规章的宗教活动都属于非法宗教活动。非法宗教活动形式多样，如未经批准在宗教活动场所外

续表

	举行的宗教活动、乱建寺庙、滥建宗教造像、私自组织朝觐、擅自接受境外宗教组织委任教职、私设聚会点、假冒宗教教职人员、承包经营寺庙、将寺庙作为资产上市、网上非法传教,以经商旅游等名义组织群众出境参加宗教活动,等等。这些非法宗教活动不仅影响正常的宗教秩序,也会对社会公共利益产生危害
行为表现	1. 组织的行为表现有召集、网罗、指挥、管理他人从事邪教活动、会道门活动、非法的宗教活动。 2. 教唆的表现行为是以劝说、利诱、授意、怂恿、收买、威胁等方法,将自己从事邪教活动、会道门活动、非法的宗教活动的意图灌输给本来没有该意图的人,致使其按教唆人的意图从事邪教活动、会道门活动、非法的宗教活动。 3. 胁迫的表现行为是为达到非法的目的,采用某种方法造成他人精神巨大压力或直接对他人肉体施加暴力强制,逼迫他人从事邪教活动、会道门活动、非法的宗教活动。 4. 诱骗的表现行为有提供虚假信息,利诱他人从事邪教活动、会道门活动、非法的宗教活动。 5. 煽动的表现行为有使用语言、文字怂恿、鼓动他人从事邪教活动、会道门活动、非法的宗教活动
主观方面	故意

2. 本违法行为与组织、利用会道门、邪教组织、利用迷信破坏法律实施罪对照

对比项	组织、教唆、胁迫、诱骗、煽动从事邪教活动、会道门活动、非法的宗教活动	组织、利用会道门、邪教组织、利用迷信破坏法律实施罪
认定关键	强调的违法行为是组织、教唆、胁迫、诱骗、煽动"从事"邪教活动、会道门活动、非法的宗教活动,而不论其从事具体活动的目的和内容	强调的是犯罪行为目的和内容,即利用会道门、邪教破坏国家法律、行政法规实施

续表

违法行为种类	治安违法行为	犯罪行为
危害后果	对社会秩序的影响较为轻微	对社会秩序的破坏更为严重

3. 邪教与宗教对照

对比项	邪教	宗教
区分关键	反社会、煽动成员仇视社会、危害社会,甚至鼓吹、煽动推翻中国共产党的领导和社会主义制度	倡导信徒融于社会,服务社会,造福人类,维护社会和谐,拥护中国共产党的领导,拥护社会主义制度
崇拜对象	崇拜教主本人	信仰和崇拜的对象是各个宗教特定的神,是固定不变的
传播内容	危言耸听的歪理邪说	宗教有自己的典籍的教义,构成了其理论学说体系
活动性质	活动诡秘,与黑社会性质组织相像。一旦加入邪教组织,精神和人身自由就会受到控制,很难摆脱出来	我国宗教有合法登记的团体组织和活动场所,信教公民的集体宗教活动在经登记的宗教活动场所由经宗教团体认定、政府宗教事务部门备案的宗教教职人员主持,按照教义教规进行
目的	利用骗术和对信徒的控制来满足其个人的私欲、讹诈群众的钱财,并企图实现控制社会	追求超越和表达终极关怀,以一种超尘脱俗的精神来推动社会发展,达到公义、道德、纯洁和圣化,使人获得一种精神境界上的升华
是否科学	打着科学的旗号反科学或明目张胆地攻击科学	接纳和认同已经过证实的科学事实,并尽力为自己的教义和教徒服务

> 取证要点

1. 主体方面

主要包括违法行为人的姓名、法定年龄、责任能力、性别、民族、住址、政治面貌、历史表现、违法行为人之间的关系,是否有前科劣迹,是否具有人大代表、政协委员等特殊身份,是否为公职人员等。

2. 主观方面

主要包括违法行为人实施本行为的动机、目的等。(1)动机。主要调查违法行为人实施本行为的具体动机,如破坏国家法律实施、通过邪教活动非法敛财、受境外势力指使从事渗透破坏等。(2)目的。主要明确违法行为人实施本行为的具体目的,如发展邪教组织成员、传播歪理邪说蛊惑群众、制造社会恐慌和混乱等。

3. 客观方面

主要包括确认违法行为人实施本行为的行为方式(如建立秘密聚会点、非法集会或游行);从事违法行为的次数;组织、教唆、胁迫、诱骗、煽动的被骗群众数量;从事何种邪教、会道门非法的宗教的活动;是否造成人身财物损害,是否产生不利或消极的社会影响。

> 规范索引

《刑法》第300条;《最高人民法院、最高人民检察院关于办理组织、利用邪教组织破坏法律实施等刑事案件适用法律若干问题的解释》第1~14条

> 典型案例

张某利用迷信活动危害社会治安处罚案

张某长期在某镇东环路西侧搭建供棚、设置有封建迷信色彩的神像,供人烧香拜佛,扰乱社会秩序,其间,该地居民王某为治疗儿子癫痫病多次到该供棚烧香拜佛。以上事实有张某陈述和申辩、证人证言、物证、视听资料等证据证实。尽管张某辩称其因没有任何住房设施,只得搭建简易棚居

住,且其看病收钱是去年以前,这一年多就没有收过钱。王某到其住处烧香拜佛纯属个人信仰,并非原告蛊惑,不符合《治安管理处罚法》的相关规定。但公安部门认为,张某长期在某镇东环路西侧搭建供棚、设置带有封建迷信色彩的神像,供人烧香拜佛,且造成王某多次到该供棚烧香拜佛,为其儿子治疗癫痫病的事实。王某虽证明张某未收其钱财,但也实际证明张某利用迷信活动危害社会的事实。公安部门在相关职能部门排查非法宗教场所时发现并报警后,出警将张某现场查获,根据《治安管理处罚法》第31条第1项规定,最终对张某作出行政拘留7日的处罚。

27. 利用邪教组织、会道门、迷信活动危害社会

法律条文

《治安管理处罚法》第31条第1项 有下列行为之一的,处十日以上十五日以下拘留,可以并处二千元以下罚款;情节较轻的,处五日以上十日以下拘留,可以并处一千元以下罚款:

(一)组织、教唆、胁迫、诱骗、煽动他人从事邪教活动、会道门活动、非法的宗教活动或者利用邪教组织、会道门、迷信活动,扰乱社会秩序、损害他人身体健康的;

裁量标准

违法行为	违法情节程度	处罚标准
利用邪教组织、会道门、迷信活动,扰乱社会秩序、损害他人身体健康的	情节较轻	处5日以上10日以下拘留,可以并处1000元以下罚款
	情节一般	处10日以上15日以下拘留,可以并处2000元以下罚款

根据《公安机关对部分违反治安管理行为实施处罚的裁量指导意见》,有下列情形之一的,属于"情节较轻":

(1)危害后果较轻,并及时改正的;

（2）违法活动涉及数量或者数额未达到有关司法解释认定构成《刑法》第 300 条第 1 款规定的"情节较轻"标准 10% 的；

（3）其他情节较轻的情形。

实务认定

1. 本违法行为的认定

侵害的客体	社会公共秩序
行为主体	达到法定责任年龄、具有法定责任能力的自然人
邪教、会道门、迷信活动的含义	邪教，是指冒用宗教、气功或其他名义建立、神化首要分子，利用制造、散布迷信邪说等手段盅惑人心、蒙骗他人，发展、控制成员，危害社会的非法组织。 会道门是"会门"和"道门"的合称。"会门"有大刀会、红枪会、小刀会等，"道门"有九宫道、先天道、一贯道、归根道等。会门最初是以兵器种类命名的，偏重吞符念咒，练功习武，据地自保。道门诵经拜神，制造和传播迷信邪说，迷信色彩极为浓厚。新中国成立后，将其统称为"会道门"。 迷信活动，是指以算命、卜卦、看相、测字以及装神弄鬼、"驱邪""捉鬼"等手段损害他人身心健康或者骗取财物，扰乱公共秩序的活动
行为表现	如，鼓吹"祷告治病"延误治疗、以"驱魔"为名体罚未成年人、精神控制他人自杀、以"消灾"为名骗取信徒财产、强占寺庙教堂传播邪教思想等
主观方面	故意

2. 本违法行为与组织、利用会道门、邪教组织、利用迷信破坏法律实施罪对照

对比项	利用邪教、会道门、迷信活动危害社会	组织、利用会道门、邪教组织、利用迷信破坏法律实施罪
侵害客体	侵害人身权利、财产权、社会秩序	利用会道门、邪教破坏国家法律、行政法规实施

续表

行为表现	利用邪教、迷信造成其他社会危害，如骗钱、致人伤亡	组织、利用邪教直接破坏法律执行，如煽动抗法、干扰执法
违法行为类型	治安违法行为	犯罪行为
危害后果	对社会秩序的影响较为轻微	对社会秩序的破坏更为严重

取证要点

1. 主体方面

主要包括违法行为人的姓名、法定年龄、责任能力、性别、民族、住址、政治面貌、历史表现、违法行为人之间的关系、是否有前科劣迹、是否具有人大代表、政协委员等特殊身份，是否为公职人员等。

2. 主观方面

主要包括违法行为人实施本行为的动机、目的等。(1)动机。主要调查违法行为人实施本行为的具体动机，如破坏国家法律实施、通过邪教活动、迷信活动非法敛财、损害人身安全等。(2)目的。主要明确违法行为人实施本行为的具体目的，如发展邪教组织成员、传播歪理邪说蛊惑群众、制造社会恐慌和混乱、鼓动信徒不纳税、不遵守防疫规定等。

3. 客观方面

主要包括确认违法行为人实施本行为的行为方式(如建立秘密聚会点、非法集会、游行、在各平台等发布的邪教、迷信内容等)；从事违法行为的次数；组织、教唆、胁迫、诱骗、煽动的被骗群众数量；从事何种邪教、会道门、迷信的活动；是否造成人身财物损害，是否产生不利或消极的社会影响。

规范索引

《刑法》第300条；《最高人民法院、最高人民检察院关于办理组织、利用邪教组织破坏法律实施等刑事案件适用法律若干问题的解释》第1~14条

28. 冒用宗教、气功名义扰乱社会秩序

法律条文

《治安管理处罚法》第 31 条第 2 项　有下列行为之一的,处十日以上十五日以下拘留,可以并处二千元以下罚款;情节较轻的,处五日以上十日以下拘留,可以并处一千元以下罚款:

(二)冒用宗教、气功名义进行扰乱社会秩序、损害他人身体健康活动的;

裁量标准

违法行为	违法情节程度	处罚标准
冒用宗教、气功名义进行扰乱社会秩序、损害他人身体健康活动的	情节较轻	处 5 日以上 10 日以下拘留,可以并处 1000 元以下罚款
	情节一般	处 10 日以上 15 日以下拘留,可以并处 2000 元以下罚款

根据《公安机关对部分违反治安管理行为实施处罚的裁量指导意见》,有下列情形之一的,属于"情节较轻":

(1)危害后果较轻,并及时改正的;

(2)违法活动涉及数量或者数额未达到有关司法解释认定构成《刑法》第 300 条第 1 款规定的"情节较轻"标准 10% 的;

(3)其他情节较轻的情形。

实务认定

1. 本违法行为的认定

侵害的客体	社会公共秩序
行为主体	达到法定责任年龄、具有法定责任能力的自然人

续表

行为表现	冒用宗教、气功名义传播迷信反动思想,攻击我国宪法确立的国家制度;冒用宗教、气功名义蛊惑群众放弃工作、生产、学习,扰乱正常社会秩序;冒用宗教、气功名义制造、散布邪说,蒙骗其成员或者其他人实施绝食、自残、自虐等行为或者阻止病人进行正常的治疗,冒用宗教、气功名义等给他人治病,损害他人身体健康,等等
认定关键	必须具有危害公共秩序的情节,但尚不够刑事处罚
主观方面	故意

2. 本违法行为与招摇撞骗行为对照

对比项	冒用宗教、气功名义扰乱社会秩序	招摇撞骗行为
冒充身份	宗教人士、气功大师身份	国家工作人员、他人或其他虚假身份
适用依据	《治安管理处罚法》第31条	《治安管理处罚法》第61条

3. 本违法行为与冒用宗教、气功少量骗取他人钱财的违法行为对照

对比项	冒用宗教、气功名义扰乱社会秩序	冒用宗教、气功少量骗取他人钱财
侵害客体	扰乱社会秩序、损害他人身体健康	骗取他人少量财物
适用依据	适用《治安管理处罚法》第31条	按照诈骗进行处罚,适用《治安管理处罚法》第58条

取证要点

1. 主体方面

主要包括违法行为人的姓名、法定年龄、责任能力、性别、民族、住址、

政治面貌、历史表现、违法行为人之间的关系,是否有前科劣迹,是否有人大代表、政协委员等特殊身份,是否为公职人员等。

2. 主观方面

主要包括违法行为人实施本行为的动机、恶性程度等。(1)动机。主要调查违法行为人实施本行为的具体动机,如通过"功德款""法器销售"等诈骗钱财、建立个人崇拜或满足权力欲等。(2)恶性程度。主要明确违法行为人实施本行为的恶性程度,如是否明知违法仍系统实施、被蒙骗被动卷入等。

3. 客观方面

主要包括确认违法行为人实施本行为的冒用形式(如篡改佛教、基督教等经典教义);从事违法行为的实施手段,是否造成人身财物损害,是否产生不利或消极的社会影响等。

规范索引

《刑法》第236、266、300条;《最高人民法院、最高人民检察院关于办理组织、利用邪教组织破坏法律实施等刑事案件适用法律若干问题的解释》第1~14条;《国务院办公厅转发国家体育总局民政部公安部关于加强健身气功活动管理有关问题意见的通知》第1~5条

29. 制作、传播宣扬邪教、会道门内容的物品、信息、资料

法律条文

《治安管理处罚法》第31条第3项 有下列行为之一的,处十日以上十五日以下拘留,可以并处二千元以下罚款;情节较轻的,处五日以上十日以下拘留,可以并处一千元以下罚款:
(三)制作、传播宣扬邪教、会道门内容的物品、信息、资料的。

裁量标准

违法行为	违法情节程度	处罚标准
制作、传播宣扬邪教、会道门内容的物品、信息、资料的	情节较轻	处 5 日以上 10 日以下拘留,可以并处 1000 元以下罚款
	情节一般	处 10 日以上 15 日以下拘留,可以并处 2000 元以下罚款

实务认定

1. 本违法行为的认定

侵害的客体	社会公共秩序
行为主体	达到法定责任年龄、具有法定责任能力的自然人
行为表现	如印刷"末日预言"手册;在微信群转发"练功治病"视频;从境外寄送邪教宣传品;制作、传播宣传邪教的书籍、音视频、图片;以传统文化名义推广邪教教义等
认定关键	必须具有危害公共秩序的情节,但尚不够刑事处罚
主观方面	故意

2. 本行为与组织、利用邪教组织破坏法律实施罪对照

对比项	制作、传播宣扬邪教、会道门内容的物品、信息、资料	组织、利用邪教组织破坏法律实施罪
目的	传播邪教思想	破坏国家法律实施
组织形式	不要求有严密组织	必须依托邪教组织实施
情节后果	尚未造成实际社会管理秩序破坏	已导致法律、行政法规不能正常执行

取证要点

1. 主体方面

主要包括违法行为人的姓名、法定年龄、责任能力、性别、民族、住址、政治面貌、历史表现,违法行为人之间的关系,是否有前科劣迹,是否有人大代表、政协委员等特殊身份,是否为公职人员等。

2. 主观方面

主要包括违法行为人实施本行为的动机。如扩大邪教组织影响力、强化信徒思想灌输、规避打击继续传播歪理邪说、通过售卖资料敛财。

3. 客观方面

主要包括确认违法行为人使用物品信息类型、制作传播手段;是否造成人身财物损害,是否产生不利或消极的社会影响等。

规范索引

《刑法》第300条;《最高人民法院、最高人民检察院关于办理组织、利用邪教组织破坏法律实施等刑事案件适用法律若干问题的解释》第1~14条

30. 故意干扰无线电业务

法律条文

《治安管理处罚法》第32条第1项 违反国家规定,有下列行为之一的,处五日以上十日以下拘留;情节严重的,处十日以上十五日以下拘留:

(一)故意干扰无线电业务正常进行的;

裁量标准

违法行为	违法情节程度	处罚标准
故意干扰无线电业务正常进行	情节一般	处5日以上10日以下拘留
	情节严重	处10日以上15日以下拘留

根据《公安机关对部分违反治安管理行为实施处罚的裁量指导意见》,有下列情形之一的,属于"情节严重":

(1)造成较重危害后果或者较大社会影响的;

(2)对事关国家安全、公共安全、国计民生的无线电业务、无线电台(站)进行干扰的;

(3)长时间故意干扰无线电业务正常进行,或者对正常运行的无线电台(站)产生有害干扰的;

(4)违法所得达到有关司法解释认定构成《刑法》第288条第1款规定的"情节严重"标准50%以上的;

(5)其他情节严重的情形。

> 实务认定

1. 本违法行为的认定

侵害的客体	国家对无线电业务的正常管理秩序
行为主体	自然人或单位
行为表现	如采取放大功率电波、占用无线电频道等方式
主观方面	故意

2. 本违法行为与扰乱无线电通讯管理秩序罪对照

对比项	故意干扰无线电业务	扰乱无线电通讯管理秩序罪
行为表现	违反国家规定,故意干扰无线电业务正常进行,尚不够刑事处罚的行为	违反国家规定,擅自设置、使用无线电台(站),或者擅自使用无线电频率,干扰无线电通讯秩序,情节严重的行为
主观方面	故意	故意

续表

危害后果	尚未造成严重后果,如未干扰重要无线电通信系统的接收造成重大误解或信息遗漏,未干扰无线电导航或其他安全系统的正常运行造成重大人员伤亡或重大公私财产损失等	造成严重后果,如干扰重要无线电通信系统的接收,造成重大误解或信息遗漏;干扰无线电导航或其他安全业务的正常进行,造成人身伤亡或财产损失等

取证要点

1. 主体方面

主要包括违法行为人的姓名、法定年龄、责任能力、性别、民族、住址、政治面貌、历史表现、违法行为人之间的关系,是否有前科劣迹,是否具有人大代表、政协委员等特殊身份,是否为公职人员等。

单位违法的,确定直接负责的主管人员和其他直接责任人员(根据《公安机关执行〈中华人民共和国治安管理处罚法〉有关问题的解释》,对单位实施《治安管理处罚法》第三章所规定的违反治安管理行为的,应当依法对其直接负责的主管人员和其他直接责任人员予以治安管理处罚)。

2. 主观方面

主要包括违法行为人实施本行为的动机、目的等。(1)动机。主要调查违法行为人实施本行为的具体动机,如商业竞争、经济利益等。(2)目的。主要明确违法行为人实施本行为的目的,如干扰同行通信以获取竞争优势、出租干扰设备或提供干扰服务以牟利等。

3. 客观方面

主要包括确认违法行为人干扰行为的具体表现;干扰的时段、次数、强度;干扰的范围;干扰的设备类型;干扰后果的严重性;造成的损失与社会影响等。

规范索引

《刑法》第 288 条;《无线电管理条例》第 73 条

31. 拒不消除有害无线电干扰

法律条文

《治安管理处罚法》第 32 条第 2 项　违反国家规定,有下列行为之一的,处五日以上十日以下拘留;情节严重的,处十日以上十五日以下拘留:

(二)对正常运行的无线电台(站)产生有害干扰,经有关主管部门指出后,拒不采取有效措施消除的;

裁量标准

违法行为	违法情节程度	处罚标准
对正常运行的无线电台(站)产生有害干扰,且拒不消除	情节一般	处 5 日以上 10 日以下拘留
	情节严重	处 10 日以上 15 日以下拘留

根据《公安机关对部分违反治安管理行为实施处罚的裁量指导意见》,有下列情形之一的,属于"情节严重":

(1)造成较重危害后果或者较大社会影响的;

(2)对事关国家安全、公共安全、国计民生的无线电业务、无线电台(站)进行干扰的;

(3)长时间故意干扰无线电业务正常进行,或者对正常运行的无线电台(站)产生有害干扰的;

(4)违法所得达到有关司法解释认定构成《刑法》第 288 条第 1 款规定的"情节严重"标准 50% 以上的;

(5)其他情节严重的情形。

实务认定

1. 本违法行为的认定

侵害的客体	正常运行的无线电(站)业务
行为主体	自然人或单位
行为表现	实施了对正常运行的无线电台(站)产生有害干扰
主观方面	故意

2. 本违法行为与破坏公用电信设施罪对照

对比项	拒不消除有害无线电干扰	破坏公用电信设施罪
侵害客体	扰乱无线电通讯管理秩序,涉及无线电(站)业务的正常进行以及社会公共安全	严重影响广播电视设施、公用电信设施的正常、安全使用,危害公共安全
主观方面	故意	故意
行为表现	表现为故意干扰无线电业务正常进行,对正常运行的无线电台(站)产生有害干扰,经主管部门指出后,拒不采取整改措施	表现为物理破坏,如盗割通信电缆、损毁基站设备、拆卸信号发射器等和技术破坏如删除或修改电信系统数据、截断通信线路等
危害后果	一般没有造成严重后果	必须足以危害公共安全,即造成或足以造成危害公共安全的严重后果,如通信中断、人员伤亡、财产损失等

取证要点

1. 主体方面

主要包括违法行为人的姓名、法定年龄、责任能力、性别、民族、住址、政治面貌、历史表现,违法行为人之间的关系,是否有前科劣迹,是否具有人大代表、政协委员等特殊身份,是否为公职人员等。

单位违法的,确定直接负责的主管人员和其他直接责任人员(根据

《公安机关执行〈中华人民共和国治安管理处罚法〉有关问题的解释》,对单位实施《治安管理处罚法》第三章所规定的违反治安管理行为的,应当依法对其直接负责的主管人员和其他直接责任人员予以治安管理处罚)。

2. 主观方面

主要包括违法行为人实施本行为的动机、目的等。(1)动机。主要调查违法行为人实施本行为的具体动机,如打压商业竞争对手、经济利益驱动等。(2)目的。主要明确违法行为人实施本行为的目的,如获取不正当利益、报复特定对象等。

3. 客观方面

主要包括确认违法行为人实施有害干扰行为;主管部门指出后的反应;干扰的时段、次数、强度、范围;干扰的设备类型;干扰后果的严重性;造成的损失与社会影响等。

规范索引

《刑法》第288条;《无线电管理条例》第73条

32. 非法设置无线电台(站)或占用频率

法律条文

《治安管理处罚法》第32条第3项　违反国家规定,有下列行为之一的,处五日以上十日以下拘留;情节严重的,处十日以上十五日以下拘留:

(三)未经批准设置无线电广播电台、通信基站等无线电台(站)的,或者非法使用、占用无线电频率,从事违法活动的。

裁量标准

违法行为	违法情节程度	处罚标准
未经批准设置无线电广播电台、通信基站等无线电台(站),或者非法使用、占用无线电频率,从事违法活动	情节一般	处5日以上10日以下拘留
	情节严重	处10日以上15日以下拘留

> 实务认定

1. 本违法行为的认定

侵害的客体	国家对无线电通信的管理秩序
行为主体	自然人或单位
行为表现	如未经批准设置、使用无线电广播电台、通信基站、卫星无线电频率、无线电干扰器等
主观方面	故意

2. 本违法行为与非法经营罪对照

对比项	非法设置无线电台（站）或占用频率	非法经营罪
侵害客体	国家对无线电通信的管理秩序	国家对特定行业的经营管理制度和市场秩序
主观方面	故意	故意
行为表现	表现为未经许可设置"黑广播""伪基站"及擅自使用卫星频率、使用无线电干扰设备等	表现为：未经许可经营专营专卖物品（如烟草、盐）、非法出版、传销等
处罚	可能构成扰乱无线电通讯管理秩序罪，情节严重的，处3年以下有期徒刑、拘役或者管制，并处或者单处罚金；情节特别严重的，处3年以上7年以下有期徒刑，并处罚金	情节严重的，处5年以下有期徒刑或者拘役，并处或者单处违法所得1倍以上5倍以下罚金；情节特别严重的，处5年以上有期徒刑，并处违法所得1倍以上5倍以下罚金或者没收财产

> 取证要点

1. 主体方面

主要包括违法行为人的姓名、法定年龄、责任能力、性别、民族、住址、政治面貌、历史表现,违法行为人之间的关系,是否有前科劣迹,是否具有人大代表、政协委员等特殊身份,是否为公职人员等。

单位违法的,确定直接负责的主管人员和其他直接责任人员(根据《公安机关执行〈中华人民共和国治安管理处罚法〉有关问题的解释》,对单位实施《治安管理处罚法》第三章所规定的违反治安管理行为的,应当依法对其直接负责的主管人员和其他直接责任人员予以治安管理处罚)。

2. 主观方面

主要包括违法行为人实施本行为的动机、目的等。(1)动机。主要调查违法行为人实施本行为的具体动机,如经济利益驱动、个人兴趣或技术炫耀等。(2)目的。主要明确违法行为人实施本行为的目的,如非法经营广播或通信服务;通过非法设置电台或占用频率,挑战技术极限或测试设备性能等。

3. 客观方面

主要包括确认违法行为人非法设置的无线电台(站)的非法设备;非法占用无线电频率;对合法无线电通信的干扰程度;干扰的时段、次数、强度、范围;具体表现;造成的后果等。

> 规范索引

《刑法》第288条;《无线电管理条例》第70条

> 典型案例

吴某非法扰乱无线电通讯秩序治安处罚案

吴某于某月中旬起,未经许可擅自在李某的养殖场院内的仓库中设置使用无线电干扰器1台,对某公司及全球定位系统(GPS)1160−1250MHz

频段信号进行干扰屏蔽,造成李某养殖场附近的基站运行异常。经公安部门对该基站进行干扰情况排查,发现吴某存在非法干扰无线电通讯行为,于是以吴某涉嫌擅自设置、使用无线电台(站),对公众通信业务造成有害干扰的行为予以立案调查。尽管吴某主张其行为并不存在主观上的故意,其并不知晓其行为会影响某公司通信业务。但是,根据在案证据显示,吴某使用了无线电干扰器等专业的干扰设备,且专门隐藏在养殖场的仓库内,很明显其明知自己的行为会干扰无线电业务正常进行,仍然追求或放任这种结果发生,由此可以认定其具备主观上的故意。因此,公安部门根据《治安管理处罚法》的规定,决定没收吴某无线电干扰器1台,并处罚款1000元的行政处罚,并责令吴某认真学习并遵守无线电管理相关法律法规。

33. 非法侵入、获取数据、控制计算机信息系统

法律条文

《治安管理处罚法》第33条第1项　有下列行为之一,造成危害的,处五日以下拘留;情节较重的,处五日以上十五日以下拘留:
　　(一)违反国家规定,侵入计算机信息系统或者采用其他技术手段,获取计算机信息系统中存储、处理或者传输的数据,或者对计算机信息系统实施非法控制的;

裁量标准

违法行为	违法情节程度	处罚标准
违反国家规定,侵入计算机信息系统或者采用其他技术手段,获取计算机信息系统中存储、处理或者传输的数据,或者对计算机信息系统实施非法控制的	情节一般	处5日以下拘留
	情节较重	处5日以上15日以下拘留

根据《公安机关对部分违反治安管理行为实施处罚的裁量指导意见》,有下列情形之一的,属于"情节较重":

(1)造成被侵入系统单位的商业秘密、公民个人信息泄露、数据丢失等较大危害的;

(2)侵入国家机关、涉密单位、防范恐怖袭击重点目标单位或者治安保卫重点单位的计算机信息系统,造成危害的;

(3)其他情节较重的情形。

> 实务认定

1. 本违法行为的认定

侵害的客体	国家法律法规对计算机信息系统的管理秩序
行为主体	自然人
计算机信息系统	由计算机及其相关的和配套的设备、设施(含网络)构成的,按照一定的应用目标和规则对信息进行采集、加工、存储、传输、检索等处理的人机系统。本违法行为侵入的计算机信息系统不包括国家事务、国防建设、尖端科学技术领域的计算机信息系统
行为表现	1. 非法侵入计算机信息系统:(1)无权访问特定信息系统的人非法侵入该计算机信息系统获取数据或非法控制计算机;(2)有权访问特定计算机信息系统的用户,未经批准、授权或者未办理手续而擅自访问该信息系统或者系统内部资源。 2. 非法获取数据:(1)攻击者通过技术手段非法侵入计算机信息系统,进而获取系统内的数据。这包括利用系统漏洞进行攻击,如SQL注入、跨站脚本攻击(XSS)等,或者通过破解密码、伪造身份等方式进入系统。(2)攻击者在不侵入计算机信息系统的情况下,通过其他技术手段获取数据。这包括截获网络传输数据,如使用抓包工具(如Wireshark)监听网络流量,获取敏感信息;或者利用电磁泄漏、声音窃听等物理手段获取数据。 3. 非法控制计算机信息系统:(1)攻击者通过技术手段非法控制

续表

	计算机信息系统,使其按照自己的意愿运行。这包括安装后门程序(如 Webshell),使攻击者能够远程控制服务器;或者利用漏洞,对系统进行远程命令执行、文件上传下载等操作。(2)攻击者通过技术手段破坏计算机信息系统的正常运行,导致系统瘫痪或数据丢失。这包括传播勒索软件(如 WannaCry),加密用户文件并索要赎金;或者植入僵尸网络(Botnet),控制大量设备进行恶意活动
认定关键	造成信息丢失、泄密等,但尚不够刑事处罚
主观方面	故意

2. 非法侵入计算机信息系统行为与非法侵入计算机信息系统罪对照

对比项	非法侵入计算机信息系统	非法侵入计算机信息系统罪
侵害对象	受我国法律法规保护的所有计算机信息系统	国家事务、国防建设、尖端科学技术领域的计算机信息系统
危害后果	属于结果犯,必须造成一定的危害结果	属于行为犯,不需要产生具体的危害后果,只要有非法侵入的行为即可

3. 非法侵入计算机信息系统行为与一般侵入计算机信息系统行为的区别

非法侵入计算机信息系统行为要求实际造成危害,而一般侵入计算机信息系统行为没有造成危害后果。

取证要点

1. 主体方面

主要包括违法行为人的姓名、法定年龄、责任能力、性别、民族、住址、政治面貌、历史表现,违法行为人之间的关系,是否有前科劣迹,是否具有人大代表、政协委员等特殊身份,是否为公职人员等。

单位违法的,确定直接负责的主管人员和其他直接责任人员(根据《公安机关执行〈中华人民共和国治安管理处罚法〉有关问题的解释》,对单位实施《治安管理处罚法》第三章所规定的违反治安管理行为的,应当依法对其直接负责的主管人员和其他直接责任人员予以治安管理处罚)。

2. 主观方面

主要包括违法行为人实施本行为的动机、目的等。(1)动机。主要调查违法行为人实施本行为的具体动机,如窃取商业机密、网络间谍活动等。(2)目的。主要明确违法行为人实施本行为的目的,如获取敏感信息、植入恶意软件、加密数据索要赎金等。

3. 客观方面

主要包括确认违法行为人非法侵入计算机信息系统的性质、种类、手段;造成何种信息丢失和泄密;实施非法侵入的计算机 IP 地址;非法侵入的时间;非法侵入的方法和途径;造成的损失情况;是否产生不利或消极的社会影响等。

规范索引

《刑法》第 285 条;《计算机信息系统安全保护条例》第 2、3、4、5、7、20条;《计算机信息网络国际联网安全保护管理办法》第 4~7、20 条;《全国人民代表大会常务委员会关于维护互联网安全的决定》第 1、3、4、6 条;《互联网上网服务营业场所管理条例》第 15、35 条

典型案例

刘某非法侵入计算机系统治安处罚案

刘某是某村村委会治保主任。某日,本村村民向其询问某退休国家领导人何时回乡探亲。同日下午,刘某凭密码登录某镇政府公务信箱发现了相关信息后,刘某在本村警民微信群中发送邮箱中涉密文件的照片,并在该群中发出"×××到某地信息不要往外传,发朋友圈,涉及机密"的信息。

随后，刘某接到群内民警电话，告知此信息涉及国家秘密，但刘某因发布信息已超时无法撤回。同时，当地公安部门调查，确认刘某非法侵入计算机系统并泄露国家机密的事件属实。以上事实有证人证言、询问笔录、当事人陈述等证据予以证实。尽管刘某主张其所登录政府邮箱是一个公用邮箱，凭密码即可登录，使用的对象包括一般村、社区、学校等和常务有关单位和部门，刘某为村治安主任，也属于被授权登录的对象，其不存在非法登录和非法侵入计算机信息系统问题。但是，公安部门认为刘某知晓邮箱密码并不意味着其访问和获取其中信息是经过合法授权的，刘某是在未经文件发送部门和接收部门合法授权的情况下，擅自通过计算机终端访问计算机系统，并对相关数据进行了接收。且其在没有获得合法授权的情况下，将该条信息发送至微信群，已经造成实际危害，构成非法侵入计算机系统。因此，依据《治安管理处罚法》的规定，对其作出行政拘留5日的处罚。

34. 非法改变计算机信息系统功能

法律条文

《治安管理处罚法》第 33 条第 2 项　有下列行为之一，造成危害的，处五日以下拘留；情节较重的，处五日以上十五日以下拘留：

（二）违反国家规定，对计算机信息系统功能进行删除、修改、增加、干扰的；

裁量标准

违法行为	违法情节程度	处罚标准
违反国家规定，对计算机信息系统功能进行删除、修改、增加、干扰的	情节一般	处 5 日以下拘留
	情节较重	处 5 日以上 15 日以下拘留

根据《公安机关对部分违反治安管理行为实施处罚的裁量指导意见》，有下列情形之一的，属于"情节较重"：

(1)违法所得或者造成的经济损失达到有关司法解释认定构成《刑法》第 286 条第 1 款规定的"后果严重"标准的 50% 以上的;

(2)破坏计算机信息系统功能,造成计算机信息系统主要软件或者硬件功能不能恢复的;

(3)虽未达到前两项规定之一的情形,但多次对计算机信息系统功能进行删除、修改、增加、干扰的;

(4)其他情节较重的情形。

实务认定

1. 本违法行为的认定

侵害的客体	国家法律法规对计算机信息系统的管理秩序
行为主体	自然人或单位
行为表现	在没有法律授权的前提下,将计算机某种功能去除,减少了计算机应有的某种功能;改变计算机原有的某种功能,使计算机的某种功能发生改变;擅自赋予计算机新的功能;对计算机的功能进行扰乱,使计算机信息系统不能正常运作
认定关键	必须具有危害后果,但尚不构成刑事处罚
主观方面	故意

2. 本违法行为与破坏计算机信息系统罪对照

对比项	非法改变计算机信息系统功能	破坏计算机信息系统罪
行为表现	违反国家规定,对计算机信息系统功能进行删除、修改、增加、干扰,造成计算机信息系统不能正常运行	除了对计算机信息系统功能进行删除、修改、增加、干扰外,还可以对计算机信息系统中存储、处理或者传输的数据和应用程序进行删除、修改、增加的操作,以及故意制作、传播计算机病毒等破坏性程序,影响计算机系统正常运行

续表

危害后果	未造成严重后果,未构成刑事处罚	造成严重后果,构成犯罪

3. 非法侵入计算机信息系统与非法改变计算机信息系统功能对照

对比项	非法侵入计算机信息系统	非法改变计算机信息系统功能
行为表现	获取系统访问权限;或获取计算机信息系统中存储、处理、传输的数据;或对计算机信息系统实施非法控制	对计算机信息系统功能进行删除、修改、增加、干扰
主观表现	未必有破坏意图	故意破坏系统功能或数据
侵犯客体	侵犯系统保密性,可能为后续犯罪做准备	直接破坏系统可用性或完整性,造成计算机信息系统不能正常运行

> 取证要点

1. 主体方面

主要包括违法行为人的姓名、法定年龄、责任能力、性别、民族、住址、政治面貌、历史表现,违法行为人之间的关系,是否有前科劣迹,是否具有人大代表、政协委员等特殊身份,是否为公职人员等。

单位违法的,确定直接负责的主管人员和其他直接责任人员(根据《公安机关执行〈中华人民共和国治安管理处罚法〉有关问题的解释》,对单位实施《治安管理处罚法》第三章所规定的违反治安管理行为的,应当依法对其直接负责的主管人员和其他直接责任人员予以治安管理处罚)。

2. 主观方面

主要包括违法行为人实施本行为的动机、目的等。(1)动机。主要调查违法行为人实施本行为的具体动机,如窃取商业机密、网络间谍活动等。

(2)目的。主要明确违法行为人实施本行为的目的,如获取用户隐私、建立僵尸网络、加密数据索要赎金等。

3. 客观方面

主要包括确认违法行为人采用何种手段改变计算机信息系统功能;改变计算机信息系统功能是否具有相关权、委托;被非法改变的计算机信息系统功能的重要性;对被非法改变功能的计算机信息系统造成了何种危害后果;是否造成其他间接经济损失;是否产生不利或消极的社会影响等。

规范索引

《刑法》第286条;《计算机信息系统安全保护条例》第2、3、4、5、7、20条;《计算机信息网络国际联网安全保护管理办法》第6、20条;《互联网上网服务营业场所管理条例》第15、35条

35. 非法改变计算机信息系统数据和应用程序

法律条文

《治安管理处罚法》第33条第3项 有下列行为之一,造成危害的,处五日以下拘留;情节较重的,处五日以上十五日以下拘留:

(三)违反国家规定,对计算机信息系统中存储、处理、传输的数据和应用程序进行删除、修改、增加的;

裁量标准

违法行为	违法情节程度	处罚标准
违反国家规定,对计算机信息系统中存储、处理、传输的数据和应用程序进行删除、修改、增加的	情节一般	处5日以下拘留
	情节较重	处5日以上15日以下拘留

根据《公安机关对部分违反治安管理行为实施处罚的裁量指导意

见》,有下列情形之一的,属于"情节较重":

(1)对5台以上计算机信息系统中存储、处理、传输的数据和应用程序进行删除、修改、增加的;

(2)违法所得或者造成的经济损失达到有关司法解释认定构成《刑法》第286条第2款规定的"后果严重"标准的50%以上的;

(3)虽未达到前两项规定之一的情形,但多次对数据和应用程序进行删除、修改、增加的;

(4)其他情节较重的情形。

实务认定

1. 本违法行为的认定

侵害的客体	计算机信息系统管理的公共秩序
行为主体	自然人
行为表现	如,非法修改数据库内容、伪造电子交易数据、破坏系统功能、非法升级/降级计算机应用程序,等等
认定关键	必须具有危害后果,但尚不构成刑事处罚
主观方面	故意

2. 本违法行为与非法改变计算机信息系统功能行为的区别

非法改变计算机信息系统数据和应用程序,改变的是计算机信息系统中存储、处理、传输的数据和应用程序。非法改变计算机信息系统功能行为,改变的是计算机信息系统功能。当对计算机应用程序的修改导致计算机系统功能发生变化,则视为对计算机信息系统功能的非法改变。

取证要点

1. 主体方面

主要包括违法行为人的姓名、法定年龄、责任能力、性别、民族、住址、

政治面貌、历史表现、违法行为人之间的关系,是否有前科劣迹,是否具有人大代表、政协委员等特殊身份,是否为公职人员等。

单位违法的,确定直接负责的主管人员和其他直接责任人员(根据《公安机关执行〈中华人民共和国治安管理处罚法〉有关问题的解释》,对单位实施《治安管理处罚法》第三章所规定的违反治安管理行为的,应当依法对其直接负责的主管人员和其他直接责任人员予以治安管理处罚)。

2. 主观方面

主要包括违法行为人实施本行为的动机、目的等。(1)动机。主要调查违法行为人实施本行为的具体动机,如篡改金融数据非法牟利、破坏关键信息系统运行等。(2)目的。主要明确违法行为人实施本行为的目的,如非法获利、破坏系统、掩盖痕迹等。

3. 客观方面

主要包括确认违法行为人采用何种手段改变计算机信息系统数据和应用程序;改变计算机信息系统数据和应用程序是否具有相关授权、委托;被非法改变的计算机信息系统数据和应用程序的重要性;对被非法改变数据和应用程序的计算机信息系统产生了何种危害后果;是否造成其他间接经济损失;是否产生不利或消极的社会影响等。

> **规范索引**

《刑法》第286条;《计算机信息系统安全保护条例》第2、3、4、5、7、20条;《计算机信息网络国际联网安全保护管理办法》第6、20条;《互联网上网服务营业场所管理条例》第15、35条

36. 故意制作、传播计算机病毒等破坏性程序

> **法律条文**

《治安管理处罚法》第33条第4项　有下列行为之一,造成危害的,处五日以下拘留;情节较重的,处五日以上十五日以下拘留:
　　(四)故意制作、传播计算机病毒等破坏性程序的;

裁量标准

违法行为	违法情节程度	处罚标准
故意制作、传播计算机病毒等破坏性程序的	情节一般	处 5 日以下拘留
	情节较重	处 5 日以上 15 日以下拘留

根据《公安机关对部分违反治安管理行为实施处罚的裁量指导意见》,有下列情形之一的,属于"情节较重":

(1)故意制作、传播计算机病毒等破坏性程序,造成 5 台以上计算机信息系统受感染的;

(2)违法所得或者造成的经济损失达到有关司法解释认定构成《刑法》第 286 条第 3 款规定的"后果严重"标准的 50% 以上的;

(3)虽未达到前两项规定之一的情形,但多次故意制作、传播计算机病毒的;

(4)其他情节较重的情形。

实务认定

1. 本违法行为的认定

侵害的客体	计算机信息系统管理的公共秩序
行为主体	自然人
行为表现	如,制作具有破坏性的计算机指令或者程序代码;利用存储设备如 U 盘、移动硬盘等将病毒代入计算机,或者通过网络下载带有病毒的文件、程序;将受病毒感染的软件安装包分享给他人,或者将含有病毒的文件发送到公共网络平台、论坛等,让其他人下载使用,等等
认定关键	必须具有危害后果,但尚不构成刑事处罚
主观方面	故意

2. 本违法行为与破坏计算机信息系统罪对照

对比项	故意制作、传播计算机破坏性程序	破坏计算机信息系统罪
行为表现	故意制作、传播计算机病毒等破坏性程序	除了对计算机信息系统中存储、处理或者传输的数据和应用程序进行删除、修改、增加的操作,还可以对计算机信息系统中存储、处理或者传输的数据和应用程序进行删除、修改、增加的操作,以及故意制作、传播计算机病毒等破坏性程序
违法类型	违反治安管理行为	犯罪行为
危害后果	影响计算机信息系统正常运行,未造成严重后果	影响计算机系统正常运行,造成严重后果

3. 故意制作、传播计算机破坏性程序与非法改变计算机信息系统功能的行为对照

对比项	故意制作、传播计算机破坏性程序	非法改变计算机信息系统功能
行为方式	制作或传播病毒、木马等破坏性程序	直接对系统功能进行删除、修改、增加、干扰
侵害对象	计算机程序或工具本身	计算机信息系统的功能或数据
危害后果	通过程序潜在破坏性威胁系统安全,或尚未实际运行	直接导致系统不能正常运行

取证要点

1. 主体方面

主要包括违法行为人的姓名、法定年龄、责任能力、性别、民族、住址、

政治面貌、历史表现、违法行为人之间的关系,是否有前科劣迹,是否具有人大代表、政协委员等特殊身份,是否为公职人员等。

单位违法的,确定直接负责的主管人员和其他直接责任人员(根据《公安机关执行〈中华人民共和国治安管理处罚法〉有关问题的解释》,对单位实施《治安管理处罚法》第三章所规定的违反治安管理行为的,应当依法对其直接负责的主管人员和其他直接责任人员予以治安管理处罚)。

2. 主观方面

主要包括违法行为人实施本行为的动机、目的等。(1)动机。主要调查违法行为人实施本行为的具体动机,如通过盗号木马非法牟利等。(2)目的。主要明确违法行为人实施本行为的目的,如删除或加密文件、信息窃取等。

3. 客观方面

主要包括计算机破坏性程序的种类、性质、内容;确认违法行为人采用何种方式制作、传播计算机破坏性程序;对计算机信息系统产生何种影响;影响的范围和计算机信息系统的数量;造成直接和间接的经济损失;是否产生不利或消极的社会影响等。

规范索引

《刑法》第286条;《计算机信息网络国际联网安全保护管理办法》第6、20条;《计算机病毒防治管理办法》第2~22条

37. 提供侵入、非法控制计算机信息系统程序、工具

法律条文

《治安管理处罚法》第33条第5项　有下列行为之一,造成危害的,处五日以下拘留;情节较重的,处五日以上十五日以下拘留:

(五)提供专门用于侵入、非法控制计算机信息系统的程序、工具,或者明知他人实施侵入、非法控制计算机信息系统的违法犯罪行为而为其提供程序、工具的。

裁量标准

违法行为	违法情节程度	处罚标准
提供专门用于侵入、非法控制计算机信息系统的程序、工具,或者明知他人实施侵入、非法控制计算机信息系统的违法犯罪行为而为其提供程序、工具的	情节一般	处 5 日以下拘留
	情节较重	处 5 日以上 15 日以下拘留

实务认定

1. 本违法行为的认定

侵害的客体	计算机信息系统管理的公共秩序
行为主体	自然人或单位
行为表现	如提供专门的入侵程序、工具;提供资金和技术支持;通过木马病毒实施远程控制;破坏系统功能逃避监管等
认定关键	必须具有危害后果,但尚不构成刑事处罚
主观方面	故意

2. 本行为与破坏计算机信息系统罪对照

对比项	为侵入、非法控制计算机信息系统提供帮助	破坏计算机信息系统罪
目的	为他人实施侵入或控制行为提供便利	直接追求系统功能破坏或数据篡改的结果
侵害对象	计算机信息系统安全防护机制	计算机信息系统的正常运行或数据完整性
危害后果	不要求实际造成系统破坏	导致系统不能正常运行

取证要点

1. 主体方面

主要包括违法行为人的姓名、法定年龄、责任能力、性别、民族、住址、政治面貌、历史表现,违法行为人之间的关系,是否有前科劣迹,是否具有人大代表、政协委员等特殊身份,是否为公职人员等。

单位违法的,确定直接负责的主管人员和其他直接责任人员(根据《公安机关执行〈中华人民共和国治安管理处罚法〉有关问题的解释》,对单位实施《治安管理处罚法》第三章所规定的违反治安管理行为的,应当依法对其直接负责的主管人员和其他直接责任人员予以治安管理处罚)。

2. 主观方面

主要包括违法行为人实施本行为的动机、目的等。如是否通过出售非法获取的数据、提供恶意软件或黑客工具、参与网络诈骗等方式获取经济利益,出于政治或社会原因,提供侵入和非法控制系统的帮助,以干扰或破坏特定机构或国家的计算机系统等。

3. 客观方面

主要包括确认违法行为人采用的技术手段、行为特征;对计算机信息系统产生何种影响;影响的范围和计算机信息系统的数量;造成直接和间接的经济损失;是否产生不利或消极的社会影响等。

规范索引

《刑法》第25~29、285条;《最高人民法院、最高人民检察院关于办理危害计算机信息系统安全刑事案件应用法律若干问题的解释》;《网络安全法》第27、63条

38. 组织、领导传销活动

法律条文

《治安管理处罚法》第34条第1款 组织、领导传销活动的,处十日以上十五日以下拘留;情节较轻的,处五日以上十日以下拘留。

裁量标准

违法行为	违法情节程度	处罚标准
组织、领导传销活动的	情节较轻	处 5 日以上 10 日以下拘留
	情节一般	处 10 日以上 15 日以下拘留

实务认定

1. 本违法行为的认定

侵害的客体	既侵犯了公民的财产所有权，又侵犯了市场经济秩序和社会管理秩序
行为主体	自然人
行为表现	组织、领导以推销商品、提供服务等经营活动为名，要求参加者以缴纳费用或者购买商品、服务等方式获得加入资格，并按照一定顺序组成层级，直接或者间接以发展人员的数量作为计酬或者返利依据，引诱、胁迫参加者继续发展他人参加，骗取财物，扰乱经济社会秩序
认定关键	必须具有危害后果，但尚不构成刑事处罚
主观方面	故意

2. 本违法行为与组织、领导传销活动罪对照

对比项	组织、领导传销活动	组织、领导传销活动罪
违法行为种类	行政处罚	刑事处罚
情节	情节不严重	情节严重，如发展人员数量、涉案金额等达到一定程度

取证要点

1. 主体方面

主要包括违法行为人的姓名、法定年龄、责任能力、性别、民族、住址、

政治面貌、历史表现、违法行为人之间的关系,是否有前科劣迹,是否具有人大代表、政协委员等特殊身份,是否为公职人员等。

2. 主观方面

主要包括违法行为人实施本行为的动机等。如是否通过发展下线获取层级收益、通过"消费返利""共享经济"等新形态伪装成合法经营等。

3. 客观方面

主要包括确认违法行为人的组织架构特征;采用的行为模式;违法行为人累计收取参与费用总额、违法所得;是否产生不利或消极的社会影响等。

规范索引

《刑法》第224条之一;《最高人民法院、最高人民检察院关于办理组织领导传销活动刑事案件适用法律若干问题的意见》;《禁止传销条例》第24、25条

典型案例

党某组织传销活动治安处罚案

某年,"××经营连锁业工程"在某市开展传销活动,后向多个地区进行扩展。"××经营连锁业工程"传销组织采取线下拉人头模式从事传销活动。某日,党某经胡某介绍参加"××经营连锁业工程"。在党某参与传销期间,其共发展王某、刘某、邓某、王某、薛某等人参加"××经营连锁业工程",并管理某小区多户房屋的传销活动,党某参加"××经营连锁业工程"以来共获利69800元。据公安部门调查,党某在到该市参加"××经营连锁业工程"前曾参加过其他传销,属再次参加传销。其加入后又介绍发展了下线并形成上下级关系。尽管党某辩称其行为属于正常的商业推广,并非属于组织传销活动。公安部门认为,《治安管理处罚法》上的组织传销活动是指行为人组织、领导以推销商品、提供服务等经营活动为名,要求参加

者以缴纳费用或者购买商品、服务等方式获得加入资格,并按照一定顺序组成层级,直接或者间接以发展人员的数量作为计酬或者返利依据,引诱、胁迫参加者继续发展他人参加,骗取财物。综合党某的一系列行为和在案证据,认定其行为构成组织传销活动。因此,根据《治安管理处罚法》的规定,责令党某停止参加"××经营连锁业工程"传销,并处15日拘留。

39. 胁迫、诱骗他人参加传销活动

法律条文

《治安管理处罚法》第34条第2款 胁迫、诱骗他人参加传销活动的,处五日以上十日以下拘留;情节较重的,处十日以上十五日以下拘留。

裁量标准

违法行为	违法情节程度	处罚标准
胁迫、诱骗他人参加传销活动的	情节一般	处5日以上10日以下拘留
	情节较重	处10日以上15日以下拘留

实务认定

1. 本违法行为的认定

侵害的客体	既侵犯了公民的人身权,又侵犯了市场经济秩序和社会管理秩序
行为主体	自然人或单位
行为表现	胁迫的表现:人身胁迫,如非法拘禁、殴打、恐吓;精神控制,如洗脑培训、切断外界联系;威胁手段,如以曝光隐私、损害名誉相要挟等。 诱骗的表现:高利诱惑、情感欺骗、虚假包装、职业伪装等。 利用上述方式,使他人产生恐惧心理,不敢拒绝参加传销活动或欺骗、诱导他人参加传销活动

续表

认定关键	必须具有危害后果,但尚不构成刑事处罚
主观方面	故意

2. 本违法行为与组织、领导传销活动罪对照

对比项	胁迫、诱骗他人参加传销活动	组织、领导传销活动罪
行为方式	通过暴力、威胁或欺骗手段迫使、诱使他人加入传销	通过建立、发展、管理传销组织层级牟取非法利益
处罚种类	行政处罚	刑事处罚

取证要点

1. 主体方面

主要包括违法行为人的姓名、法定年龄、责任能力、性别、民族、住址、政治面貌、历史表现,违法行为人之间的关系,是否有前科劣迹,是否有人大代表、政协委员等特殊身份,是否为公职人员等。

2. 主观方面

主要包括违法行为人实施本行为的动机等。如违法行为人是否以高额回报或返利为诱饵,通过虚构、夸大经营、投资、服务项目及盈利前景的方式,让参与者信以为真,相信传销活动的合法性和营利性;传销活动的组织者、领导者是否通过收取参与者的入门费、销售商品或服务的费用等,从中获取非法利益等。

3. 客观方面

主要包括确认违法行为人的组织架构特征;采用的行为模式及表现;违法行为人累计收取参与费用总额、违法所得;是否产生不利或消极的社会影响等。

> **规范索引**

《刑法》第224条之一;《最高人民法院、最高人民检察院关于办理组织领导传销活动刑事案件适用法律若干问题的意见》;《禁止传销条例》第24、25条

40. 在国家举行重要活动的场所及周边管控区域,故意从事与活动主题和氛围相违背的行为

> **法律条文**

《治安管理处罚法》第35条第1项 有下列行为之一的,处五日以上十日以下拘留或者一千元以上三千元以下罚款;情节较重的,处十日以上十五日以下拘留,可以并处五千元以下罚款:

(一)在国家举行庆祝、纪念、缅怀、公祭等重要活动的场所及周边管控区域,故意从事与活动主题和氛围相违背的行为,不听劝阻,造成不良社会影响的;

> **裁量标准**

违法行为	违法情节程度	处罚标准
在国家举行庆祝、纪念、缅怀、公祭等重要活动的场所及周边管控区域,故意从事与活动主题和氛围相违背的行为,不听劝阻,造成不良社会影响的	情节一般	处5日以上10日以下拘留或者1000元以上3000元以下罚款
	情节较重	处10日以上15日以下拘留,可以并处5000元以下罚款

> **实务认定**

1. 本违法行为的认定

侵害的客体	社会公共秩序
行为主体	自然人

续表

场所	包括但不限于天安门广场、人民大会堂等用于举办重大政治、文化、外交等活动的特定地点。周边管控区域则是根据活动的重要性和安全需要,由相关部门划定的一定范围,如重要活动场馆周边的街道、广场等
行为表现	发表与活动主题相悖的言论;做出与活动氛围不协调的举动;穿着与活动氛围不相符的服装等。如,在举办文化交流活动时,展示带有分裂国家或煽动仇恨等内容的旗帜、标语,且不听劝阻
主观方面	故意

2.本违法行为与聚众扰乱公共场所秩序罪对照

对比项	在国家举行重要活动的场所及周边管控区域,故意从事与活动主题和氛围相违背的行为	聚众扰乱公共场所秩序罪
行为场所	国家举行重要活动的场所及周边管控区域的特定场所	一般公共场所
行为主体	个体或少数人	聚众(3人以上)
行为方式	实施与活动主题明显冲突的行为,如政治性标语、噪声干扰	实施哄闹、封锁通道等行为
危害后果	未造成严重后果	造成秩序严重混乱

取证要点

1. 主体方面

主要包括违法行为人的姓名、法定年龄、责任能力、性别、民族、住址、政治面貌、历史表现,违法行为人之间的关系,是否有前科劣迹,是否具有人大代表、政协委员等特殊身份,是否为公职人员等。

2. 主观方面

主要包括违法行为人实施本行为的动机、目的等。(1)动机。主要分析违法行为人实施本行为的实际动机,如违法行为人是否出于对社会现状的不满或对特定活动的不满,试图通过制造混乱或破坏活动秩序来表达自己的不满情绪;寻求刺激或娱乐的心态,故意在重要活动场所及周边管控区域从事与活动主题和氛围相违背的行为;为了个人或团体的利益而故意从事与活动主题和氛围相违背的行为等。(2)目的。主要分析违法行为人实施本行为的目的。如是否希望引起公众关注,进而推动某种社会变革或达到某种政治目的等。

3. 客观方面

主要包括确认违法行为人的行为表现和行使手段;是否产生不利或消极的社会影响等;确认是否不听劝阻、如屡劝不听不改。

规范索引

《刑法》第291条之一、第293条;《大型群众性活动安全管理条例》第9、23条

41. 在英雄烈士纪念设施保护范围内从事有损环境和氛围、侵占、破坏、污损英雄烈士纪念设施的行为

法律条文

《治安管理处罚法》第35条第2项　有下列行为之一的,处五日以上十日以下拘留或者一千元以上三千元以下罚款;情节较重的,处十日以上十五日以下拘留,可以并处五千元以下罚款:

(二)在英雄烈士纪念设施保护范围内从事有损纪念英雄烈士环境和氛围的活动,不听劝阻的,或者侵占、破坏、污损英雄烈士纪念设施的;

裁量标准

违法行为	违法情节程度	处罚标准
在英雄烈士纪念设施保护范围内从事有损纪念英雄烈士环境和氛围的活动,不听劝阻的,或者侵占、破坏、污损英雄烈士纪念设施的	情节一般	处5日以上10日以下拘留或者1000元以上3000元以下罚款
	情节较重	处10日以上15日以下拘留,可以并处5000元以下罚款

实务认定

1. 本违法行为的认定

侵害的客体	社会公共利益
行为主体	自然人
保护范围	包括但不限于烈士陵园、纪念堂馆、纪念碑亭、烈士墓等设施本体及周边划定区域等
行为表现	从事有损纪念英雄烈士的环境和氛围的活动,在纪念设施内大声喧哗、燃放鞭炮、开展娱乐活动;擅自摆摊设点、进行广告宣传或经营性活动;未经批准的展览、演出、影视拍摄、直播活动等可能干扰纪念功能的行为等。 侵占英雄烈士纪念设施的行为有,非法占用纪念设施保护范围内的土地;擅自将纪念设施用于非纪念用途等。 破坏英雄烈士纪念设施的行为有,损毁设施结构;破坏展陈设备、损毁文物等。 污损英雄烈士纪念设施的行为有,在英雄烈士纪念设施上涂鸦、张贴广告、泼洒颜料;丢弃垃圾等
主观方面	故意

2. 本违法行为与扰乱公共场所秩序对照

对比项	在英雄烈士纪念设施保护范围内从事有损环境和氛围、侵占、破坏、污损英雄烈士纪念设施的行为	扰乱公共场所秩序
侵害对象	英雄烈士纪念设施	普通公共场所
行为方式	针对纪念设施本身的物理侵害,如涂画、污损等或精神亵渎,如侮辱性言行	实施导致公共场所秩序混乱的行为,堵门、静坐等

取证要点

1. 主体方面

主要包括违法行为人的姓名、法定年龄、责任能力、性别、民族、住址、政治面貌、历史表现,违法行为人之间的关系,是否有前科劣迹,是否具有人大代表、政协委员等特殊身份,是否为公职人员等。

2. 主观方面

主要包括违法行为人实施本行为的原因、目的等。(1)原因。主要分析违法行为人实施本行为的原因,如是否缺乏对英雄烈士纪念设施重要性的认识、试图通过侵占或破坏纪念设施来获取某种利益或满足某种需求等。(2)目的。主要分析违法行为人实施本行为的目的。如是否通过破坏纪念设施来制造混乱或破坏社会秩序等。

3. 客观方面

主要包括确认违法行为人的行为表现和手段(如在纪念设施保护范围内进行与纪念英雄烈士无关的活动、非法占用纪念设施或其周边土地用于个人或团体活动);是否产生不利或消极的社会影响(如损害社会公共利益、破坏历史传承和文化教育)等。

规范索引

《英雄烈士保护法》第 10、27 条;《刑法》第 299 条之一

42. 以侮辱、诽谤或者其他方式侵害英雄烈士的人格权,损害社会公共利益

法律条文

《治安管理处罚法》第 35 条第 3 项 有下列行为之一的,处五日以上十日以下拘留或者一千元以上三千元以下罚款;情节较重的,处十日以上十五日以下拘留,可以并处五千元以下罚款:

(三)以侮辱、诽谤或者其他方式侵害英雄烈士的姓名、肖像、名誉、荣誉,损害社会公共利益的;

裁量标准

违法行为	违法情节程度	处罚标准
以侮辱、诽谤或者其他方式侵害英雄烈士的姓名、肖像、名誉、荣誉,损害社会公共利益的	情节一般	处 5 日以上 10 日以下拘留或者 1000 元以上 3000 元以下罚款
	情节较重	处 10 日以上 15 日以下拘留,可以并处 5000 元以下罚款

实务认定

1. 本违法行为的认定

侵害的客体	英雄烈士的人格利益与社会公共利益
行为主体	自然人
英雄烈士	经依法评定的烈士,以及未评定为烈士但事迹和精神被社会公认的英雄模范人物

续表

行为表现	侮辱行为：使用暴力、贬损性词汇贬低英雄烈士；或在纪念设施内悬挂侮辱性标语等。 诽谤行为：编造虚假事迹诋毁英雄烈士；或篡改英雄烈士的真实经历等。 其他方式：擅自将英雄烈士姓名、肖像用于广告或营利活动；通过AI换脸、深度伪造技术丑化英雄烈士形象等
主观方面	故意

2. 本违法行为与侵害英雄烈士名誉、荣誉罪对照

对比项	以侮辱、诽谤或者其他方式侵害英雄烈士的人格权，损害社会公共利益	侵害英雄烈士名誉、荣誉罪
侵害客体	英雄烈士的姓名、肖像、名誉、荣誉等人格权，涵盖范围较广	侧重于侵害英雄烈士的名誉和荣誉
处罚种类	行政处罚	刑事处罚
情节程度	只要行为人实施了侮辱、诽谤等侵害英雄烈士人格权的行为，并且损害了社会公共利益，就构成本行为。对行为的情节严重程度要求相对较低	需要达到"情节严重"的程度

取证要点

1. 主体方面

主要包括违法行为人的姓名、法定年龄、责任能力、性别、民族、住址、政治面貌、历史表现，违法行为人之间的关系，是否有前科劣迹，是否具有人大代表、政协委员等特殊身份，是否为公职人员等。

2. 主观方面

主要包括违法行为人实施本行为的原因、目的等。（1）原因。主要分析违法行为人实施本行为的原因,如是否对英雄烈士的历史背景和贡献了解不足,或者受到某些错误信息的误导,从而对英雄烈士产生误解或偏见;因个人情绪、政治立场或宗教信仰等因素,对英雄烈士持有偏见,进而通过侮辱、诽谤等方式表达不满等。(2)目的。主要分析违法行为人实施本行为的目的。如是否通过侮辱英雄烈士来发泄个人情绪或对社会的不满;试图引起公众的注意,提高自己的知名度或影响力等。

3. 客观方面

主要包括确认违法行为人的行为表现和手段(如使用侮辱性语言、动作或表情对英雄烈士进行贬低、嘲笑或攻击;歪曲事实、恶意编造历史等,对英雄烈士进行不公正的评价或描述);是否产生不利或消极的社会影响(如损害社会公共利益、破坏历史传承和文化教育)等。

规范索引

《英雄烈士保护法》第22、25~26条;《刑法》第299条之一;《民法典》第185条

典型案例

刘某侵害英烈名誉治安处罚案

某日,刘某用百度贴吧账号对"新闻联播花6分钟的时间缅怀他——方×"的帖子进行回帖,回帖中使用侮辱、诽谤语言侵害方×烈士的名誉。后被公安部门网络安全监察大队发现,公安部门依法传唤刘某。经公安部门教育,刘某在公安部门的见证下对其在百度贴吧发表的有关侮辱方×烈士的帖子进行删除,并在烈士陵园向方×烈士墓敬献花圈和鲜花。同时,刘某在百度贴吧发布《致方×烈士家属的道歉信》,并将其祭拜方×烈士的照片发布在该贴吧。我国相关立法规定禁止侵害侮辱英烈名誉是为了加强对英雄烈士的法律保护,传承和弘扬英雄烈士精神、爱国主义精神。尽管刘某已经删帖并在百度贴吧及方×烈士墓碑前对方×烈士道歉,但该行

为仍不足以消除其对方×烈士名誉造成的恶劣影响,尚不足以弥补其对方×烈士及其亲属造成的情感伤害,且颠覆了广大人民群众对方×烈士的崇高敬仰之情,损害了社会公共利益,情节较为严重。因此,公安部门依据《治安管理处罚法》的规定,对刘某处以行政拘留15日的处罚。

43. 亵渎、否定英雄烈士事迹和精神,制作、传播、散布宣扬、美化侵略战争、侵略行为的言论或者物品,扰乱公共秩序

法律条文

《治安管理处罚法》第35条第4项　有下列行为之一的,处五日以上十日以下拘留或者一千元以上三千元以下罚款;情节较重的,处十日以上十五日以下拘留,可以并处五千元以下罚款:

（四）亵渎、否定英雄烈士事迹和精神,或者制作、传播、散布宣扬、美化侵略战争、侵略行为的言论或者图片、音视频等物品,扰乱公共秩序的;

裁量标准

违法行为	违法情节程度	处罚标准
亵渎、否定英雄烈士事迹和精神,或者制作、传播、散布宣扬、美化侵略战争、侵略行为的言论或者图片、音视频等物品,扰乱公共秩序的	情节一般	处5日以上10日以下拘留或者1000元以上3000元以下罚款
	情节较重	处10日以上15日以下拘留,可以并处5000元以下罚款

实务认定

1. 本违法行为的认定

侵害的客体	社会公共利益
行为主体	自然人

续表

英雄烈士	经依法评定的烈士，以及未评定为烈士但事迹和精神被社会公认的英雄模范人物
侵略战争、行为	指近代以来中国遭受的侵略战争，以及国际公认的侵略行为
行为表现	发表侮辱性言论、篡改历史事实；利用文字、图片、视频等多种形式制作和传播歪曲英雄烈士事迹和精神的内容；宣传和美化侵略战争、行为等
主观方面	故意

2. 本违法行为与扰乱公共秩序罪对照

对比项	亵渎、否定英雄烈士事迹和精神，制作、传播、散布宣扬、美化侵略战争、侵略行为的言论或者物品，扰乱公共秩序的	扰乱公共秩序罪
认定关键	为了博眼球、发泄对社会的不满，或者是出于极端的民族主义、历史虚无主义等	更侧重于扰乱公共秩序本身，而不仅仅是针对英雄烈士或特定的历史事实进行歪曲和宣扬
侵害客体	英雄烈士的名誉、荣誉以及社会公共利益	社会公共秩序
危害后果	未造成严重后果	造成社会公共秩序混乱

取证要点

1. 主体方面

主要包括违法行为人的姓名、法定年龄、责任能力、性别、民族、住址、政治面貌、历史表现，违法行为人之间的关系，是否有前科劣迹，是否具有人大代表、政协委员等特殊身份，是否为公职人员等。

2. 主观方面

主要包括违法行为人实施本行为的原因、目的等。(1)原因。主要分析违法行为人实施本行为的原因,如是否受到某些错误信息的误导,对英雄烈士的事迹和精神产生误解;未能全面、客观地认识侵略战争的罪恶本质,而盲目宣扬或美化侵略行为;基于个人立场、信仰或政治观点,对英雄烈士及其所代表的历史时期持有偏见等。(2)目的。主要分析违法行为人实施本行为的目的。如是否通过亵渎、否定英雄烈士事迹和精神来发泄个人情绪或对社会、历史的不满;试图引起公众的注意和讨论,提高自己的知名度或影响力等。

3. 客观方面

主要包括确认违法行为人的行为表现和类型;是否产生不利或消极的社会影响(如损害英雄烈士的声誉和形象,对社会的公共利益和道德风尚造成了严重冲击);是否扰乱公共秩序(如通过在网络或现实生活中发布虚假信息、煽动情绪等手段,影响社会稳定)等。

规范索引

《英雄烈士保护法》第22条;《刑法》第293、299条之一;《爱国主义教育法》第37、42条

44. 在公共场所或者强制他人在公共场所穿着、佩戴宣扬、美化侵略战争、侵略行为的服饰、标志,造成不良社会影响

法律条文

《治安管理处罚法》第35条第5项 有下列行为之一的,处五日以上十日以下拘留或者一千元以上三千元以下罚款;情节较重的,处十日以上十五日以下拘留,可以并处五千元以下罚款:

(五)在公共场所或者强制他人在公共场所穿着、佩戴宣扬、美化侵略战争、侵略行为的服饰、标志,不听劝阻,造成不良社会影响的。

裁量标准

违法行为	违法情节程度	处罚标准
在公共场所或者强制他人在公共场所穿着、佩戴宣扬、美化侵略战争、侵略行为的服饰、标志，不听劝阻，造成不良社会影响的	情节一般	处5日以上10日以下拘留或者1000元以上3000元以下罚款
	情节较重	处10日以上15日以下拘留，可以并处5000元以下罚款

实务认定

1.本违法行为的认定

侵害的客体	社会公共利益
行为主体	达到法定责任年龄、具有法定责任能力的自然人
侵略战争、行为	特指近代以来中国遭受的侵略战争，以及国际公认的侵略行为
服饰与标志	包括但不限于带有日本旭日旗、纳粹符号、"731部队"等标识的衣物、饰品或宣传品
行为表现	如在公共场所穿戴日本军服、佩戴纳粹臂章；以暴力、胁迫等方式迫使他人穿着或佩戴相关服饰等，且不听劝阻
主观方面	故意

2.本违法行为与扰乱公共秩序罪对照

对比项	在公共场所或者强制他人在公共场所穿着、佩戴宣扬、美化侵略战争、侵略行为的服饰、标志，造成不良社会影响	扰乱公共秩序罪
认定关键	对侵略行为的错误认同、对国家和民族的仇恨，或者是为了吸引眼球、制造轰动效应等	更侧重于直接扰乱公共秩序，而不一定与对侵略战争的宣扬美化有关

续表

| 侵害客体 | 社会的公序良俗、民族感情以及国家和民族的尊严 | 社会公共秩序 |

取证要点

1. 主体方面

主要包括违法行为人的姓名、法定年龄、责任能力、性别、民族、住址、政治面貌、历史表现,违法行为人之间的关系,是否有前科劣迹,是否具有人大代表、政协委员等特殊身份,是否为公职人员等。

2. 主观方面

主要包括违法行为人实施本行为的原因、目的等。(1)原因。主要分析违法行为人实施本行为的原因,如是否由于历史知识的缺乏或受到某些极端思想的影响,对侵略战争和侵略行为产生错误的认识;基于个人情感、信仰或政治立场,对特定的历史事件或人物持有偏见,进而通过穿着、佩戴宣扬侵略战争、侵略行为的服饰、标志来表达自己的立场或情感等。(2)目的。主要分析违法行为人实施本行为的目的。如是否通过穿着、佩戴宣扬侵略战争、侵略行为的服饰、标志来发泄对社会、历史或某些事件的不满情绪;试图通过这种行为来宣扬自己的极端思想或立场等。

3. 客观方面

主要包括确认违法行为人的行为表现(如是否在公共场所或强制他人在公共场所穿着、佩戴宣扬、美化侵略战争、侵略行为的服饰、标志);是否产生不利或消极的社会影响(如引发了公众的不满、恐慌或争议);是否扰乱公共秩序等;是否经提醒,拒不听劝(如反驳、继续炫耀等)。

规范索引

《英雄烈士保护法》第 27 条;《刑法》第 293、299 条之一

（二）妨害公共安全的行为

1. 非法制造、买卖、储存、运输、邮寄、携带、使用、提供、处置危险物质

法律条文

《治安管理处罚法》第36条　违反国家规定，制造、买卖、储存、运输、邮寄、携带、使用、提供、处置爆炸性、毒害性、放射性、腐蚀性物质或者传染病病原体等危险物质的，处十日以上十五日以下拘留；情节较轻的，处五日以上十日以下拘留。

裁量标准

违法行为	违法情节程度	处罚标准
违反国家规定，制造、买卖、储存、运输、邮寄、携带、使用、提供、处置爆炸性、毒害性、放射性、腐蚀性物质或者传染病病原体等危险物质的	情节较轻	处5日以上10日以下拘留
	情节一般	处10日以上15日以下拘留

根据《公安机关对部分违反治安管理行为实施处罚的裁量指导意见》，有下列情形之一的，属于"情节较轻"：

（1）违反国家规定，制造、买卖、储存、运输、携带危险物质数量较少或者未达到有关刑事立案追诉标准10%的；

（2）违反国家规定，制造、买卖、储存、运输危险物质造成直接经济损

失未达到有关刑事立案追诉标准10%的；

（3）违反国家规定，处置危险物质数量未达到有关司法解释认定构成《刑法》第338条规定的"严重污染环境"标准10%的；

（4）违反国家规定，处置危险物质违法所得或者致使公私财产损失未达到有关司法解释认定构成《刑法》第338条规定的"严重污染环境"标准10%的；

（5）其他情节较轻的情形。

实务认定

1.本违法行为的认定

侵害的客体	社会公共安全
行为主体	自然人
行为表现	未经许可生产、加工、配制危险物质；未经许可以购买、以物易物等方式买卖危险物质；超出国家有关部门批准的种类或数量购买或销售危险物质；将危险物质存放于不符合安全标准的场所，或超出许可范围储存；未取得运输许可或未采取安全措施运输危险物质，如无证运输危险物质、运输车辆不配备押运人员、不按规定悬挂和喷涂警示标志、沿途非法装卸危化品等；通过快递寄送国家禁止的危险物质；未经许可在生产、科研或日常生活中使用危险物质；向他人赠送、出借危险物质；随意倾倒、焚烧、填埋危险物质，或未经处理直接排放，以及将危险废物提供或者委托给无许可证的单位或者其他生产经营者从事经营活动等
主观方面	故意

2. 本违法行为与危害公共安全罪、破坏环境资源罪对照

对比项	非法制造、买卖、储存、运输、邮寄、携带、使用、提供、处置危险物质	危害公共安全罪	破坏环境资源罪
情节程度	情节轻微	情节恶劣	情节严重
危害后果	尚未造成严重后果	对公共安全的危险性大，或者造成了严重的危害后果	对公共安全的危险性大，或者造成了严重的危害后果
处罚种类	治安处罚	刑事处罚	刑事处罚

取证要点

1. 主体方面

主要包括违法行为人从事危险物质工作的相关资质、姓名、法定年龄、责任能力、性别、民族、住址、政治面貌、历史表现，违法行为人之间的关系，是否有前科劣迹，是否具有人大代表、政协委员等特殊身份，是否为公职人员等。

单位违法的，应看单位是否具有从事危险物质的相关活动资质；单位主管人员和其他责任人员的姓名、法定年龄、责任能力、性别、民族、住址、历史表现、身体状况，是否有前科劣迹。

2. 主观方面

主要包括违法行为人实施本行为的原因、目的等。(1)原因。主要调查违法行为人实施本行为的具体原因，如非法制造或买卖危险物质以获取高额利润、因个人兴趣或实验需求而非法获取或使用危险物质等。(2)目的。主要明确违法行为人实施本行为的具体目的，如为了转售获利、个人使用或实验等。

3. 客观方面

主要包括危险物质的种类、数量、体积、包装；违法行为的手段、方式、时间、地点、周围环境；违法行为人的违法工具；危险物质是否有泄漏、遗失；是否对环境、周围人群产生危险或危害等。

规范索引

《刑法》第114、115、125~128、130、338、339条；《民用爆炸物品安全管理条例》第2、3、14、22、23、27、31、41、44~48、50~53条；《烟花爆竹安全管理条例》第2、3、36~44条；《剧毒化学品购买和公路运输许可证件管理办法》第1~3条、20~26条；《最高人民法院、最高人民检察院关于办理非法制造、买卖、运输、储存毒鼠强等禁用剧毒化学品刑事案件具体应用法律若干问题的解释》第1~6条；《最高人民法院关于审理非法制造、买卖、运输枪支、弹药、爆炸物等刑事案件具体应用法律若干问题的解释》第1~10条

典型案例

谭某非法存放易燃物品治安处罚案

某日，谭某在某烟花爆竹销售店购买一批数量较多大类烟花爆竹，并雇车运回到某村，将烟花爆竹分别存放在不具备储存条件的自家新建房子一楼大厅内。公安部门接到匿名群众举报后组织民警前往谭某存放烟花爆竹的地点进行检查，当场查获200余件烟花爆竹，民警对查获的烟花爆竹当场依法予以扣押。经询问，谭某承认购进200多件烟花爆竹运回其住所并分别存放在自家一楼大厅的事实。以上事实有当事人陈述、现场照片等证据材料予以证实。尽管谭某声称其购买烟花爆竹不是为了经营，只是逢年过节燃放所需，并不存在违法行为。但是，公安部门认为，法律对烟花爆竹生产经营的行为规制是为了防止易燃易爆物品危害公共安全。谭某将大量烟花爆竹储存在不具备储存条件的自家新建房子一楼大厅，已经对周围的公共安全构成了严重的威胁，具有社会危害性。依据《治安管理处罚法》

之规定,对谭某处以行政拘留 12 日,并对其非法储存的烟花爆竹进行收缴。

2. 危险物质被盗、被抢、丢失后不按规定报告

法律条文

《治安管理处罚法》第 37 条　爆炸性、毒害性、放射性、腐蚀性物质或者传染病病原体等危险物质被盗、被抢或者丢失,未按规定报告的,处五日以下拘留;故意隐瞒不报的,处五日以上十日以下拘留。

裁量标准

违法行为	违法情节程度	处罚标准
爆炸性、毒害性、放射性、腐蚀性物质或者传染病病原体等危险物质被盗、被抢或者丢失	未按规定报告的	处 5 日以下拘留
	故意隐瞒不报的	处 5 日以上 10 日以下拘留

实务认定

1. 本违法行为的认定

侵害的客体	社会公共安全
行为主体	自然人或单位
危险物质	常见的爆炸性物质包括雷管、导火索、导爆管、非电导爆系统等各种起爆器材;常见的毒害性物质包括氰化物、磷化物、砷化物等;有机剧毒物品,如氯苯乙酮、苯肼化二氯、阿托品、吗啡、海洛因及其盐类化合物、部分农药。 常见的放射性物质,是指通过原子核裂变能够放出射线,发生放射性衰变的物质;常见的腐蚀性物质有硫酸、盐酸、硝酸等;传染病病原体,是指能够引起传染病发生的细菌、病毒等病原体物质

续表

未按规定报告	指未按照有关法律、法规规定的报告时间、报告方式报告危险物质的被盗、被抢或者丢失情况,或者未向应当报告的部门报告。如发现核材料丢失,单位必须立即追查原因、追回核材料,并迅速报告其上级领导部门、核工业部、国防科学技术工业委员会和国家核安全局,还必须迅速报告当地公安机关,单位未报告或及时报告的,即属于本违法行为
故意隐瞒不报	指隐瞒实际情况,不如实报告的行为
主观方面	故意

2. 本违法行为与丢失枪支不报罪对照

对比项	危险物质被盗、被抢、丢失后不按规定报告	丢失枪支不报罪
行为主体	危险物质的管理主体和相关责任人	依法配备公务用枪人员
行为客体	泛指爆炸性、毒害性、放射性、腐蚀性或传染病病原体等危险物质	专指公务用枪
危害后果	不需要具有严重危害后果	必须具有严重后果

取证要点

1. 主体方面

主要包括违法行为人的姓名、法定年龄、责任能力、性别、民族、住址、政治面貌、历史表现,违法行为人之间的关系,是否有前科劣迹,是否具有人大代表、政协委员等特殊身份,是否为公职人员等。

单位违法的,确定直接负责的主管人员和其他直接责任人员(根据《公安机关执行〈中华人民共和国治安管理处罚法〉有关问题的解释》,对单位实施《治安管理处罚法》第三章所规定的违反治安管理行为的,应当依法对其直接负责的主管人员和其他直接责任人员予以治安管理处罚)。

2. 主观方面

主要包括违法行为人实施本行为的原因、目的等。(1)原因。主要调查违法行为人实施本行为的具体原因,如可能不了解相关法规或对其理解有误,导致未能及时报告;出于逃避责任、避免处罚或保护个人利益的目的;担心报告后可能面临的法律后果或社会舆论压力等。(2)目的。主要明确违法行为人实施本行为的具体目的,如希望通过不报告来逃避可能承担的法律责任或赔偿责任;保护个人利益或所在组织的利益,避免负面影响等。

3. 客观方面

主要包括危险物质被盗、被抢、丢失的具体情况(如种类、数量、体积、外包装、时间、地点、现场环境状况);危险物质的安全保卫制度落实情况(如安全管理制度、防范措施);可能嫌疑人及人数;危险物质的可能流向等。

规范索引

《刑法》第127、129、136条;《核材料管制条例》第15、21条;《民用爆炸物品安全管理条例》第41、50条;《危险化学品安全管理条例》第79~83条;《放射性污染防治法》第33、55条;《病原微生物实验室生物安全管理条例》第2、17、62、67条

典型案例

某大学化学实验室氰化钠丢失未报告治安管理处罚案

某大学化学实验室存放有500克氰化钠(剧毒化学品),用于实验教学。某日,实验室管理员李某发现库存减少,经核查发现500克氰化钠不翼而飞,但未立即上报,而是自行寻找。3天后,校园清洁工在实验室垃圾桶内发现空氰化钠包装瓶,立即报告校保卫处,校方随后报警。以上事实有证人言证、当事人陈述等证据予以证实。尽管李某辩称其发现氰化钠丢

失后已尽力寻找。但公安部门认为，根据规定，爆炸性、毒害性、放射性、腐蚀性物质或者传染病病原体等危险物质丢失，管理人员应及时按规定报告。李某发现毒害物品丢失，未在规定时间内向公安部门和环保部门报告，而是试图内部处理的行为已违反法律规定。因此，依据《治安管理处罚法》的规定，对处10日拘留的行政处罚。

3. 非法携带枪支、弹药、管制器具

法律条文

《治安管理处罚法》第38条　非法携带枪支、弹药或者弩、匕首等国家规定的管制器具的，处五日以下拘留，可以并处一千元以下罚款；情节较轻的，处警告或者五百元以下罚款。

非法携带枪支、弹药或者弩、匕首等国家规定的管制器具进入公共场所或者公共交通工具的，处五日以上十日以下拘留，可以并处一千元以下罚款。

裁量标准

违法行为	违法情节程度	处罚标准
非法携带枪支、弹药或者弩、匕首等国家规定的管制器具的	情节较轻	处警告或者500元以下罚款
	情节一般	处5日以下拘留，可以并处1000元以下罚款
非法携带枪支、弹药或者弩、匕首等国家规定的管制器具进入公共场所或者公共交通工具的	情节一般	处5日以上10日以下拘留，可以并处1000元以下罚款

根据《公安机关对部分违反治安管理行为实施处罚的裁量指导意见》，有下列情形之一的，属于"情节较轻"：

(1)非法携带弹药，经告知，主动交出的；

(2)以收藏、留念、赠送为目的，携带属于管制刀具的各类武术刀、工

艺刀、礼品刀,未造成危害后果的;

(3)其他情节较轻的情形。

管制器具,是指弩、管制刀具、电击器以及使用火药为动力的射钉器、射网器等国家规定对社会治安秩序和公共安全构成危害,对公民合法权益和人身安全构成威胁,需要实施特别管理的物品。

实务认定

1.本违法行为的认定

侵害的客体	社会公共安全
行为主体	达到法定责任年龄、具有法定责任能力的自然人
公共场所	社会公众任意往来的场所,包括公园、商场、广场、车站、影剧院、码头等
公共交通工具	供社会公众乘坐的交通运输工具,包括公共汽车、电车、火车、渡船、游轮、航班飞机等
行为表现	违反国家法律法规,未经法律授权,擅自携带枪支、弹药或者弩、匕首等国家规定的管制器具进入公共场所或公共交通工具
主观方面	故意

2.本违法行为情节较轻和情节严重对照

对比项	情节较轻	一般情节	情节严重
行为方式	在进入公共场所、公共交通工具的前提下,没有造成社会危害	在进入公共场所、公共交通工具的前提下,尚未造成明显的社会危害后果,或者造成的危害后果相对较小	已造成社会危害后果

续表

对比项	情节较轻	一般情节	情节严重
情节	所携带的枪支、弹药或者弩、匕首等国家规定的管制器具的种类、数量少	携带的枪支、弹药或管制器具的种类和数量适中,既不是特别少以至于可以忽略不计,也不是特别多以至于构成重大威胁	所携带的枪支、弹药或者弩、匕首等国家规定的管制器具的种类多或数量多
危险性	物品现实危险性小	物品的现实危险性也处于中等水平	物品本身危险性较大
主观态度	违法行为人的认错态度好,积极配合公安机关协助调查等	违法行为人可能有一定的认错态度,但可能不如"情节较轻"中的积极配合。违法行为人可能对自己的行为有一定的认识,但并未表现出深刻的悔过或积极的改正意愿	违法行为人不听从劝阻,拒不配合等

3. 管制刀具的认定

管制的刀具范围	佩带匕首规定
匕首、三棱刀(包括机械加工用的三棱刮刀)、带有自锁装置的弹簧刀(跳刀)以及其他相类似的单刃、双刃、三棱尖刀	除中国人民解放军和人民警察作为武器、警械配备的以外,专业狩猎人员和地质、勘探等野外作业人员必须持有的,须由县以上主管单位出具证明,经县以上公安机关批准,发给《匕首佩带证》,方准持有佩带。佩带匕首人员如果不再从事原来的职业,应将匕首交还

续表

管制的刀具范围	佩带匕首规定
	配发单位,《匕首佩带证》交回原发证公安机关。机械加工使用的三棱刮刀,只限工作人员在工作场所使用,不得随意带出工作场所

4. 本行为与非法携带枪支、弹药、管制刀具、危险物品危及公共安全罪对照

对比项	非法携带枪支、弹药、管制器具等国家规定的管制器具	非法携带枪支、弹药、管制刀具、危险物品危及公共安全罪
行为客体	仅指弩、枪支、弹药、管制器具,不包括危险物品	不仅指枪支、弹药、管制器具,还包括爆炸性、毒害性、放射性、腐蚀性物质或者传染病病原体等危险物品
主观方面	故意	故意
情节及后果	情节轻微,未造成公共安全的危害后果	情节严重

相关链接:根据公安部《关于公安机关管辖的刑事案件立案追诉标准的规定(一)》第7条,非法携带枪支、弹药、管制刀具、危险物品危及公共安全罪的立案追诉标准如下:

1. 携带枪支、弹药类:

携带枪支一支以上,或者手榴弹、炸弹、地雷、手雷等具有杀伤性弹药一枚以上的,应予立案追诉。

2. 携带爆炸装置类:

携带爆炸装置一套以上的,应予立案追诉。

3. 携带爆炸物类:

携带炸药、发射药、黑火药五百克以上,或者烟火药一千克以上、雷管二十枚以上,或者导火索、导爆索二十米以上的,应予立案追诉。

虽未达到上述数量标准,但拒不交出的,也应予立案追诉。

4. 发生爆炸或燃烧:

携带的弹药、爆炸物在公共场所或者公共交通工具上发生爆炸或者燃烧,尚未造成严重后果的,应予立案追诉。

5. 携带管制刀具类:

携带管制刀具二十把以上的,应予立案追诉。

虽未达到上述数量标准,但拒不交出,或者用来进行违法活动尚未构成其他犯罪的,也应予立案追诉。

6. 危险物品泄漏、遗洒类:

携带的爆炸性、易燃性、放射性、毒害性、腐蚀性物品在公共场所或者公共交通工具上发生泄漏、遗洒,尚未造成严重后果的,应予立案追诉。

7. 其他情节严重的情形:

包括但不限于携带上述物品进入重要公共场所、在人员密集时段携带、多次携带等情节严重的情形,也应予立案追诉。

5. 关于少数民族佩带刀具乘坐火车的处理

针对部分少数民族有长期佩戴刀具的习惯,根据2001年《公安部关于对少数民族人员佩带刀具乘坐火车如何处理问题的批复》规定,少数民族人员只能在民族自治地区佩带、销售和使用藏刀、腰刀、靴刀等民族刀具;在非民族自治地区,只要少数民族人员所携带的刀具属于管制刀具范围,公安机关就应当严格按照相应规定予以管理。凡公安工作中涉及的此类有关少数民族的政策、法律规定,各级公安机关应当积极采取多种形式广泛宣传,特别是要加大在车站等人员稠密的公共场所及公共交通工具上的宣传力度。少数民族人员违反《铁路法》和《铁路运输安全保护条例》携带管制刀具进入车站、乘坐火车的,由公安机关依法予以没收,但在本少数民族自治地区携带具有特别纪念意义或者比较珍贵的民族刀具进入车站的,可以由携带人交其亲友带回或者交由车站派出所暂时保存并出具相应手续,携带人返回时领回;对不服从管理,构成违反治安管理行为的,依法予以治安处罚;构成犯罪的,依法追究其刑事责任。

取证要点

1. 主体方面

主要包括违法行为人的姓名、法定年龄、责任能力、性别、民族、住址、政治面貌、历史表现,违法行为人之间的关系,是否有前科劣迹,是否具有人大代表、政协委员等特殊身份,是否为公职人员等。

2. 主观方面

主要包括违法行为人实施本行为的原因、动机和目的等。(1)原因。主要调查违法行为人实施本行为的原因,如是否出于自卫、收藏或威胁他人等。(2)动机。主要分析违法行为人实施本行为的实际动机,如是否出于故意犯罪、威胁他人安全、危害社会安全等。(3)目的。主要明确违法行为人的实施本行为目的,如是否用于实施犯罪、炫耀、贩卖等。

3. 客观方面

主要包括确认违法行为人携带的管制器具的具体种类(如枪支、弹药或者弩、匕首等)及数量;记录违法行为人被查获时的具体环境(如是否在公共场所、交通工具上)或情形(如是否正在实施其他违法行为);调查相关行为人是否持有携带管制器具的合法资质或证明(如持枪证、特殊行业许可等);追查管制器具的来源(如购买、自制、他人赠予等),确认来源是否合法;判断违法行为人是否存在实施其他违法犯罪的可能性(如抢劫、故意伤害等)。

规范索引

《刑法》第130条;《铁路法》第48、60条;《最高人民法院关于审理非法制造、买卖、运输枪支、弹药、爆炸物等刑事案件具体应用法律若干问题的解释》第6条;《民用航空法》第193条;《民用航空安全保卫条例》第32条;《集会游行示威法》第5、29条;《营业性演出管理条例》第22条

> 典型案例

于某非法携带管制刀具治安处罚案

某日,于某携带管制器具进入某集市,巡逻人员发现于某可能在裤兜内携带可疑物品,现场民警对其进行搜查,查出刀具一把。某市公安部门对涉案刀具进行鉴定,确认于某携带的刀具为管制刀具。以上事实有鉴定意见通知书、现场录像、物证等证据予以证实。尽管于某声称,其携带的是一把折叠水果刀,刀头4公分左右,并非管制刀具。但是根据相关法律规定,凡符合下列标准之一的,可以认定为管制刀具:……3.带有自锁装置的弹簧刀(跳刀):刀身展开或弹出后,可被刀柄内的弹簧或卡锁固定自锁的折叠刀具。结合于某对涉案刀具的指认照片,符合法律规定的管制刀具标准,可以认定涉案刀具为管制刀具。于某非法携带管制刀具外出,具有一定的人身危险性。根据《治安管理处罚法》的规定,决定对于某处以行政拘留7日的行政处罚,并收缴折叠刀一把。

4. 盗窃、损毁公共设施

> 法律条文

《治安管理处罚法》第39条第1项　有下列行为之一的,处十日以上十五日以下拘留;情节较轻的,处五日以下拘留:

(一)盗窃、损毁油气管道设施、电力电信设施、广播电视设施、水利工程设施、公共供水设施、公路及附属设施或者水文监测、测量、气象测报、生态环境监测、地质监测、地震监测等公共设施,危及公共安全的;

裁量标准

违法行为	违法情节程度	处罚标准
盗窃、损毁油气管道设施、电力电信设施、广播电视设施、水利工程设施、公共供水设施、公路及附属设施或者水文监测、测量、气象测报、生态环境监测、地质监测、地震监测等公共设施，危及公共安全的	情节一般	处 10 日以上 15 日以下拘留
	情节较轻	处 5 日以下拘留

实务认定

1. 本违法行为的认定

侵害的客体	社会公共安全
行为主体	自然人
认定关键	盗窃，是指以非法占有为目的，秘密窃取公私财物的行为。 损毁，是指破坏物品、设施的完整性，使其失去正常的使用价值和功能的行为。 油气管道设施包括石油、天然气、煤气管道设施等。电力设施包括发电、供电和变电设备以及输电线路等电力设施。电信设施包括电报设施、电话设施和互联网络设施。电报设施，是指邮政部门发送电报的设施；电话设施，是指公用电话的电话交换设备、通讯线路等设备；互联网络设施，是指传递国际互联网络信息的各种设施，包括光缆、网线等。广播电视设施，是指广播电台、电视台、电视转播台等节目的发射设施、节目传送设施、节目监测设施等。水利防汛工程设施包括堤防、水闸、护岸、抽水站、排水渠等防洪工程。水文监测、测量、气象测报、生态环境监测、地质监测、地震监测设施包括水文监测站的各种设备、设施，气象测报的气象探测设施、气象信息专用传输设施、大型气象专用技术装备等。 本行为的后果危及公共安全，但尚未造成严重后果
主观方面	故意，有时是为了变卖获利，也有时是为了发泄不满

2.治安处罚与刑事处罚的界限

相关犯罪包括：破坏易燃易爆设备罪、过失损坏易燃易爆设备罪、破坏电力设备罪、过失损坏电力设备罪、破坏广播电视设施、公用电信设施罪、过失损坏广播电视设施、公用电信设施罪等。

盗窃、损毁公共设施的违法行为，盗窃和损毁后公共设施主体仍能正常运行，未严重危及公共安全且尚未造成严重后果。而上述相关犯罪，盗窃、损毁后，导致公共设施被破坏或损坏，使公共设施不能发挥正常作用，严重危及公共安全或造成严重后果，如致他人重伤、死亡或者致使公私财产遭受重大损失，公共生产、生活秩序受到严重破坏。

3.本违法行为与盗窃、毁损路面公共设施行为的区别

盗窃、损毁公共设施违法行为的盗窃对象是油气管道设施、电力电信设施、广播电视设施、水利防汛工程设施或者水文监测、测量、气象测报、生态环境监测、地质监测、地震监测等公共设施。盗窃、毁损路面公共设施行为的盗窃对象是路面井盖、照明等公共设施。

取证要点

1.主体方面

主要包括违法行为人的姓名、法定年龄、责任能力、性别、民族、住址、政治面貌、历史表现，违法行为人之间的关系，是否有前科劣迹，是否具有人大代表、政协委员等特殊身份，是否为公职人员等。

单位违法的，确定直接负责的主管人员和其他直接责任人员（根据《公安机关执行〈中华人民共和国治安管理处罚法〉有关问题的解释》，对单位实施《治安管理处罚法》第三章所规定的违反治安管理行为的，应当依法对其直接负责的主管人员和其他直接责任人员予以治安管理处罚）。

2.主观方面

主要包括违法行为人实施本行为的原因、目的等。(1)原因。主要调查违法行为人实施本行为的具体原因，如对公共设施价值认识不足、通过

盗窃公共设施获取经济利益、报复社会或发泄情绪等。(2)目的。主要分析违法行为人实施本行为的目的,如盗窃电缆、井盖等公共设施进行变卖获利、发泄不满等。

3.客观方面

主要包括确认盗窃、损毁公共设施的时间、地点、次数;被盗窃、损毁的种类、数量,以及被盗窃、损毁公共设施的名称、功能、作用价值;被盗窃、毁损的公共设施的功能和作用;是否因为公共设施被盗窃、毁损而相应产生其他不良影响或导致生产、工作中断;损毁行为造成的直接、间接经济损失等。

规范索引

《刑法》第118、119、124、264、275条;《水法》第72、73条;《防洪法》第60条;《电力设施保护条例》第4、14~19、27~30条;《最高人民法院关于办理盗窃油气、破坏油气设备等刑事案件适用法律若干问题的意见》;《石油天然气管道保护法》第21条

典型案例

黄某非法损毁水文监测公共设施治安处罚案

某水文站于1980年开始建站时就在河道两边设立浮标断面桩,浮标断面桩属于水文站的配套设施,主要用于中、高水位下洪水文流量测验,是水文站收集中、高水位流量的重要依据,是水文监测必备设备。某日,黄某驾驶一辆三轮摩托车来到该水文站对面的公路边,发现其嫂子覃某的宗地前面安装有一根水文站设置的浮标断面桩,黄某便上前将浮标断面桩拔出来,并把浮标断面桩丢下河里。该水文站工作人员发现后向公安部门报案,经公安部门查处后,黄某到公安部门投案,称有一根浮标断面桩侵占了自家宅基地的地皮,即上前将浮标断面桩拔出来,并把浮标断面桩丢下河里。公安部门经调查取证后,确认情节属实。以上事实有询问笔录、当事

人陈述、视频录音录像等证据加以证实。尽管黄某主张涉案土地系该宗住宅用地实现其住房功能所必须具备的道路用地,其享有合法的使用权,移动涉案杆是为了免受非法侵占土地合法权益而采取的制止行为,属于正常维权行为。但是,公安部门认为,针对土地权属的纠纷黄某可以通过诉讼、仲裁等方式维权,而不是直接破坏公共设施。设桩浮标断面桩系某水文站设立的,是用来进行水文监测和测验提供参照的水文监测设备,黄某私自移动的行为构成了公共设施的毁损,应当受到处罚。因此,依据《治安管理处罚法》的规定,对黄某作出行政拘留10日处罚。

5. 移动、损毁边境、领土、领海基点标志设施

法律条文

《治安管理处罚法》第39条第2项　有下列行为之一的,处十日以上十五日以下拘留;情节较轻的,处五日以下拘留:

　　(二)移动、损毁国家边境的界碑、界桩以及其他边境标志、边境设施或者领土、领海基点标志设施的;

裁量标准

违法行为	违法情节程度	处罚标准
移动、损毁国家边境的界碑、界桩以及其他边境标志、边境设施或者领土、领海基线标志设施的	情节一般	处10日以上15日以下拘留
	情节较轻	处5日以下拘留

实务认定

1. 本违法行为的认定

侵害的客体	国家边境的正常秩序
行为主体	自然人

续表

行为表现	移动界碑、界桩等边境标志设施至非原定位置,导致国界线走向失真;通过砸毁、焚烧、掩埋等方式破坏边境标志物等。如某地村民因界碑影响耕地使用,用推土机推毁中缅边境界碑 移动,是指将界碑、界桩从其本来的位置移至其他位置,从而改变边境线的走向。 损毁,是指将界碑、界桩砸毁、拆除、挖掉、盗走,或者改变原样,从而使其失去原有的意义和作用。 界碑、界桩,是指我国政府与邻国按照条约规定或者历史上实际形成的管辖范围,在陆地接壤地区埋设的指示边境分界及走向的标志物。 其他边境标志、边境设施,是指边境的地名标志、指示标志、铁丝网等。 领土、领海基点标志设施,是指为了保护领土、领海不被风雨等自然因素损毁、吞噬而修建的设施。
主观方面	故意或过失

2. 本违法行为与破坏界碑、界桩罪和破坏永久性测量标志罪对照

对比项	移动、损毁边境、领土、领海标志设施	破坏界碑、界桩罪	破坏永久性测量标志罪
主观方向	故意或过失	故意	
行为表现	未使边境标志、设施丧失或改变其应有功能,仅对其功能的使用造成一定影响	破坏行为,主要指捣毁、盗窃、拆除、损坏、使国家边境的界碑、界桩或者永久性测量标志丧失或者改变其应有功能	
危害后果	未造成国境领土纠纷	造成国境领土纠纷,产生过激领土争端	

3. 损毁军事设施的处理

《军事设施保护法》第45条规定援引《治安管理处罚法》处罚。对《军事设施保护法》第45条规定的毁坏边防、海防管控设施以及军事禁区、军

事管理区的围墙、铁丝网、界限标志或者其他军事设施的,违法行为名称表述为"损毁公共设施",法律依据适用《治安管理处罚法》第39条第2项。

取证要点

1. 主体方面

主要包括违法行为人的姓名、法定年龄、责任能力、性别、民族、住址、政治面貌、历史表现,违法行为人之间的关系,是否有前科劣迹,是否具有人大代表、政协委员等特殊身份,是否为公职人员等。

单位违法的,确定直接负责的主管人员和其他直接责任人员(根据《公安机关执行〈中华人民共和国治安管理处罚法〉有关问题的解释》,对单位实施《治安管理处罚法》第三章所规定的违反治安管理行为的,应当依法对其直接负责的主管人员和其他直接责任人员予以治安管理处罚)。

2. 主观方面

主要包括违法行为人实施本行为的原因、目的等。(1)原因。主要调查违法行为人实施本行为的具体原因,如获取非法利益、制造领土争端或表达政治诉求等。(2)目的。主要分析违法行为人实施本行为的目的,如实现非法入境或越界、制造领土争端、表达对政府政策等的不满或抗议等。

3. 客观方面

主要包括被移动、损毁的边境、领土、领海标志设施的时间、地理位置、种类、数量、作用;因为移动、损毁边境、领土、领海标志设施所产生的不良社会影响(如损害国家主权和领土完整、破坏边境秩序和安全、影响国际关系)。

规范索引

《刑法》第323条;《公安部关于妨害国(边)境管理犯罪案件立案标准及有关问题的通知》第1条第7、8项;《海上交通安全法》第27条;《测绘法》第41~45、64条;《军事设施保护法》

6. 非法进行影响国(边)界线走向的活动

法律条文

《治安管理处罚法》第39条第3项 有下列行为之一的,处十日以上十五日以下拘留;情节较轻的,处5日以下拘留:

(三)非法进行影响国(边)界线走向的活动或者修建有碍国(边)境管理的设施的;

裁量标准

违法行为	违法情节程度	处罚标准
非法进行影响国(边)界线走向的活动	情节一般	处10日以上15日以下拘留
	情节较轻	处5日以下拘留

实务认定

1. 本违法行为的认定

侵害的客体	国家边境的正常管理秩序
行为主体	自然人或单位
行为表现	侵犯对象是国家的国(边)界线,非法进行影响国(边)界线走向的活动,如,擅自在国(边)界线旁边、界江(河、湖)岸边非法进行采矿、挖沙、爆破、砍伐树木、挖沙取石等活动,导致国界自然环境的面貌发生改变,影响国(边)界线走向
主观方面	故意

2. 非法进行影响国(边)界线走向的活动的情节认定

情节认定因素:行为次数、内容恶劣程度、是否造成严重后果,如引发边界争端、影响国际关系,以及行为人是否曾受处罚等。

取证要点

1. 主体方面

主要包括违法行为人的姓名、法定年龄、责任能力、性别、民族、住址、政治面貌、历史表现,违法行为人之间的关系,是否有前科劣迹,是否具有人大代表、政协委员等特殊身份,是否为公职人员等。

单位违法的,确定直接负责的主管人员和其他直接责任人员(根据《公安机关执行〈中华人民共和国治安管理处罚法〉有关问题的解释》,对单位实施《治安管理处罚法》第三章所规定的违反治安管理行为的,应当依法对其直接负责的主管人员和其他直接责任人员予以治安管理处罚)。

2. 主观方面

主要包括违法行为人实施本行为的原因、目的等。(1)原因。主要调查违法行为人实施本行为的具体原因,如出于经济利益试图非法改变国(边)界线走向、制造领土争端等政治目的。(2)目的。主要分析违法行为人实施本行为的目的,如试图获取更多的土地资源、矿产资源等非法利益;引发国际冲突或外交摩擦;挑战国家权威,表达对政府政策或领土主张的不满等。

3. 客观方面

主要包括非法影响国(边)界线走向的活动的时间、地点;方式、方法,如在接近国(边)界线的区域内进行挖掘沙土、开垦土地等活动,从而实际改变国(边)界线的既定路线或方向;国(边)界线的原始状况与被非法改变后的状况;国(边)界线被改变的程度;非法改变国(边)界线对国际关系的可能影响,如引发国际争端、破坏国际关系、影响地区稳定。

规范索引

《陆地国界法》;《内蒙古自治区边境管理条例》第7~8、15~18条

7. 非法修建有碍国(边)境管理的设施

法律条文

《治安管理处罚法》第 39 条第 3 项　有下列行为之一的,处十日以上十五日以下拘留;情节较轻的,处五日以下拘留:

(三)非法进行影响国(边)界线走向的活动或者修建有碍国(边)境管理的设施的。

裁量标准

违法行为	违法情节程度	处罚标准
非法修建有碍国(边)境管理的设施的	情节一般	处 10 日以上 15 日以下拘留
	情节较轻	处 5 日以下拘留

实务认定

1. 本违法行为的认定

侵害的客体	国家边境的正常管理秩序
行为主体	自然人或单位
行为表现	非法修建有碍国(边)境管理的设施,如越线修路、架桥;未经批准在边境地区修建跨界铁路、输油管道等
主观方面	故意

2. 非法修建有碍国(边)境管理的设施的情节认定

情节认定因素:行为次数、内容恶劣程度、是否造成严重后果,如引发边界争端、影响国际关系,以及行为人是否曾受处罚等。

取证要点

1. 主体方面

主要包括违法行为人的姓名、法定年龄、责任能力、性别、民族、住址、

政治面貌、历史表现、违法行为人之间的关系,是否有前科劣迹,是否具有人大代表、政协委员等特殊身份,是否为公职人员等。

单位违法的,确定直接负责的主管人员和其他直接责任人员(根据《公安机关执行〈中华人民共和国治安管理处罚法〉有关问题的解释》,对单位实施《治安管理处罚法》第三章所规定的违反治安管理行为的,应当依法对其直接负责的主管人员和其他直接责任人员予以治安管理处罚)。

2. 主观方面

主要包括违法行为人实施本行为的原因、目的等。(1)原因。主要调查违法行为人实施本行为的具体原因,如扩大耕地面积以获取更多的经济利益;缺乏法律意识;逃避边境管理部门的监管,掩盖其非法活动。(2)目的。主要分析违法行为人实施本行为的目的,如试图获取更多的土地资源、开发机会等非法利益;出于破坏边境管理秩序的目的等。

3. 客观方面

主要包括该违法行为于何时、何地实施;非法修建有碍国(边)境管理的设施的方位、规模;非法修建的设施对国(边)境的不良影响(如影响边境管理秩序、危害国家安全、破坏生态环境、影响国际关系)。

规范索引

《内蒙古自治区边境管理条例》第7、8、15~18条

8. 盗窃、损坏、擅自移动航空设施

法律条文

《治安管理处罚法》第40条第1款　盗窃、损坏、擅自移动使用中的航空设施,或者强行进入航空器驾驶舱的,处十日以上十五日以下拘留。

裁量标准

违法行为	违法情节程度	处罚标准
盗窃、损坏、擅自移动使用中的航空设施	情节一般	处10日以上15日以下拘留

实务认定

1.本违法行为的认定

侵害的客体	社会公共安全
行为主体	自然人或单位
使用中	包括正在使用、准备使用以及备用的航空设施
行为表现	如偷取飞机救生衣、氧气瓶、灭火瓶等关键设备；盗窃机场跑道灯、信标台设备等导航设施；盗窃航空燃油或飞机引擎部件；在飞机机身打孔、破坏舱门或机翼结构；在飞机跑道上故意倾倒障碍物，或破坏跑道等
主观方面	故意

2.本违法行为与破坏交通设施罪的区别

盗窃、损坏、擅自移动航空设施，不需要产生危害后果，或者危害后果不足以使航空器产生倾倒、毁坏危险。而破坏交通设施罪，必须具有足以使火车、汽车、电车、船只、航空器发生倾倒、毁坏危险的犯罪情节。

取证要点

1.主体方面

主要包括违法行为人的姓名、法定年龄、责任能力、性别、民族、住址、政治面貌、历史表现，违法行为人之间的关系，是否有前科劣迹，是否具有人大代表、政协委员等特殊身份，是否为公职人员等。

单位违法的，确定直接负责的主管人员和其他直接责任人员（根据

《公安机关执行〈中华人民共和国治安管理处罚法〉有关问题的解释》,对单位实施《治安管理处罚法》第三章所规定的违反治安管理行为的,应当依法对其直接负责的主管人员和其他直接责任人员予以治安管理处罚)。

2. 主观方面

主要包括违法行为人实施本行为的原因、目的等。(1)原因。主要调查违法行为人实施本行为的具体原因,如盗窃航空设施中的贵重部件或材料以获取某种经济利益等。(2)目的。主要分析违法行为人实施本行为的目的,如旨在干扰航空器的正常运行和安全等。

3. 客观方面

主要包括实施盗窃、损坏、擅自移动航空设施的时间、地点;被盗窃、损坏、擅自移动航空设施的种类、型号、功能、数量及总价值;盗窃、损坏、擅自移动的航空设施的工作状态;是否对航空飞行产生不良影响(如影响航空安全、经济损失)。

规范索引

《刑法》第117、119条;《民用航空法》第58、197条

9. 强行进入航空器驾驶舱

法律条文

《治安管理处罚法》第40条第1款　盗窃、损坏、擅自移动使用中的航空设施,或者强行进入航空器驾驶舱的,处十日以上十五日以下拘留。

裁量标准

违法行为	违法情节程度	处罚标准
强行进入航空器驾驶舱的	情节一般	处10日以上15日以下拘留

实务认定

1. 本违法行为的认定

侵害的客体	社会公共安全
行为主体	达到法定责任年龄、具有法定责任能力的自然人
行为表现	不听从他人制止或者不服从管理,采用强力方式进入航空器驾驶舱
主观方面	故意

2. 本违法行为与劫持航空器罪对照

对比项	强行进入航空器驾驶舱	劫持航空器罪
目的	寻衅滋事;扰乱航空秩序,干扰飞机起飞等目的	为了劫持航空器
后果	没有造成严重的飞行安全影响	严重威胁飞行安全

取证要点

1. 主体方面

主要包括违法行为人的姓名、法定年龄、责任能力、性别、民族、住址、政治面貌、历史表现,违法行为人之间的关系,是否有前科劣迹,是否具有人大代表、政协委员等特殊身份,是否为公职人员等。

2. 主观方面

主要包括违法行为人实施本行为的原因、目的等。(1)原因。主要调查违法行为人实施本行为的具体原因,如因航班延误、赔偿问题等原因与航空公司产生纠纷,进而采取过激行为,试图通过强行进入驾驶舱来解决问题或获取经济利益;因个人情绪失控、心理压力过大等原因,产生冲动行为,试图通过进入驾驶舱来发泄情绪或引起关注等。(2)目的。主要分析违法行为人实施本行为的目的,如试图通过强行进入驾驶舱来与机组人员直接沟通,解决航班延误、赔偿等问题;发泄不满或焦虑情绪等。

3. 客观方面

主要包括强行进入航空器驾驶舱的人员身份、工作单位;强行进入航空器驾驶舱的方式(如冲击驾驶舱门、殴打机组人员等)、方法、时间;是否不听从他人制止或劝阻;是否造成人员受伤、财产损失;航空器的使用状态;强行进入驾驶舱是否对航空器飞行安全构成不良影响(如干扰飞行员驾驶、导致操作失误或系统损坏)等。

规范索引

《刑法》第 121、122、123 条;《民用航空法》第 191、192、198 条

10. 在航空器上非法使用器具、工具

法律条文

《治安管理处罚法》第 40 条第 2 款　在使用中的航空器上使用可能影响导航系统正常功能的器具、工具,不听劝阻的,处五日以下拘留或者一千元以下罚款。

裁量标准

违法行为	违法情节程度	处罚标准
在使用中的航空器上使用可能影响导航系统正常功能的器具、工具,不听劝阻的	情节一般	处 5 日以下拘留或者 1000 元以下罚款

实务认定

1. 本违法行为的认定

侵害的客体	社会公共安全
行为主体	达到法定责任年龄、具有法定责任能力的自然人

续表

器具、工具	指能够对飞行无线电引导构成威胁的器具、工具,主要包括手机、笔记本计算机、电子游戏机、GPS等能够对航空器导航系统产生无线电干扰的器具、工具
行为表现	在航空器处于飞行前、飞行中以及飞行停止前,不听航空乘务人员的劝阻,执意使用影响飞行安全的器具、工具
主观方面	故意

2. 本违法行为与破坏交通工具罪的区别

本违法行为是在航空器上非法使用器具、工具,没有对飞行安全构成威胁。破坏交通工具罪,是在飞机上使用器具、工具,使飞机受到严重干扰,足以使其发生倾覆、毁坏危险,产生飞行安全事故。

取证要点

1. 主体方面

主要包括违法行为人的姓名、法定年龄、责任能力、性别、民族、住址、政治面貌、历史表现,违法行为人之间的关系,是否有前科劣迹,是否具有人大代表、政协委员等特殊身份,是否为公职人员等。

2. 主观方面

主要包括违法行为人实施本行为的原因、目的等。(1)原因。主要调查违法行为人实施本行为的具体原因,如误认为某些器具或工具在航空器上可以使用;出于好奇,试图在航空器上测试某些器具或工具的功能等。(2)目的。主要分析违法行为人实施本行为的目的,如满足个人需求、试图通过非法使用器具或工具来干扰航空器的正常运行或破坏航空器等。

3. 客观方面

主要包括航空器的起飞班次、时间、地点;在航空器上非法使用器具、工具的时间、器具(或工具)的种类;可能对航空器飞行安全构成的不良影响(如干扰飞行员的操控和通信;破坏航空器的结构或系统;引发乘客恐慌和混乱;增加机组人员的工作压力和负担);是否有人对其非法使用器具工具进行劝阻:是否不听劝阻等。

规范索引

《刑法》第 116、119 条

典型案例

张某在航空器上非法使用手机治安处罚案

张某于某日晚乘坐飞机。在飞机起飞前,广播播放了禁止在航空器上使用可能影响导航系统正常功能的器具、工具等内容。在飞机起飞后,经该航班上的安保人员劝阻后张某仍然未关闭手机,后经飞机乘务长再次劝阻后张某才关闭手机,同时飞机上的工作人员报警。以上事实有航班机组报警单、机上案件移交单、证人亲笔证词等证据材料予以证实。尽管张某辩称其不知道在飞机上不能使用手机,且其后来已经听取劝阻并关闭手机,并未对飞行造成损害,不应当对其进行处罚。但是公安部门认为,我国民航安全规定较为严格,且民航安全事关国家社会及他人的重大利益,乘坐飞机的乘客均负有严格履行并维护民航安全义务,张某与航空公司是客运合同关系,张某作为一名乘客有遵守安全规则的义务,不能以不知道民航或者法律的规定,或者没有听到相应的广播为由而不去遵守应当履行的义务。张某不听劝阻未及时关闭手机的行为,扰乱了航空器秩序,侵害了民航运输管理秩序。因此,依据《治安管理处罚法》之规定,给予张某行政罚款 1000 元的处罚。

11. 盗窃、损坏、擅自移动使用中的其他公共交通工具设施、设备

法律条文

《治安管理处罚法》第 40 条第 3 款　盗窃、损坏、擅自移动使用中的其他公共交通工具设施、设备,或者以抢控驾驶操纵装置、拉扯、殴打驾驶人员等方式,干扰公共交通工具正常行驶的,处五日以下拘留或者一千元以下罚款;情节较重的,处五日以上十日以下拘留。

裁量标准

违法行为	违法情节程度	处罚标准
盗窃、损坏、擅自移动使用中的其他公共交通工具设施、设备的	情节一般	处5日以下拘留或者1000元以下罚款
	情节较重	处5日以上10日以下拘留

实务认定

1. 本违法行为的认定

侵害的客体	社会公共安全
行为主体	达到法定责任年龄、具有法定责任能力的自然人
其他公共交通工具	除非航空器以外的公共交通工具。如公交车,大、中型出租车,火车,列车,地铁,客船,飞机等
行为表现	如偷取公交车安全锤、灭火器,或轮船上的救生艇、救生衣;砸毁地铁站台屏蔽门;拆卸公交座椅、地铁扶手、轮船救生筏固定装置;移动铁路道岔、公路指示牌、航道浮标等
主观方面	故意

2. 本违法行为与破坏交通工具罪对照

对比项	盗窃、损坏、擅自移动使用中的其他公共交通工具设施、设备	破坏交通工具罪
侵害对象	公共交通工具的附属设施或设备,如盗窃、损坏或擅自移动,如盗窃井盖、损坏站牌等	正在使用中的交通工具本身
主观方面	故意	故意
后果	可能影响公共秩序或造成财产损失,但不一定直接危害公共安全	足以使交通工具发生倾覆、毁坏危险,危害公共安全

取证要点

1. 主体方面

主要包括违法行为人的姓名、法定年龄、责任能力、性别、民族、住址、政治面貌、历史表现,违法行为人之间的关系,是否有前科劣迹,是否具有人大代表、政协委员等特殊身份,是否为公职人员等。

2. 主观方面

主要包括违法行为人实施本行为的原因、目的等。(1)原因。主要调查违法行为人实施本行为的具体原因,如盗取公共交通设施中的金属部件(如铁轨、电缆等)进行变卖;对公共交通系统或相关管理部门不满,出于报复心理而损坏或擅自移动设施等。(2)目的。主要分析违法行为人实施本行为的目的,如通过盗取或损坏公共设施来获取金钱或其他物质利益;为了满足自己的好奇心或进行恶作剧,而擅自移动或损坏公共设施等。

3. 客观方面

主要包括公共交通工具设施种类与重要性;盗窃、损坏行为的性质;后果(如盗窃铁路设施可能导致列车脱轨或相撞;损坏交通信号灯可能导致交通事故频发;擅自移动护栏可能引发车辆失控);形成的不良影响(如损害了公共交通系统的正常运行,对社会秩序和公共安全造成了严重威胁,导致公众对公共交通系统的信任度降低)等。

规范索引

《刑法》第 117、264、275 条;《城市公共交通条例》第 38 条

12. 以抢控驾驶操纵装置、拉扯、殴打驾驶人等方式妨碍公共交通工具驾驶

法律条文

《治安管理处罚法》第 40 条第 3 款 盗窃、损坏、擅自移动使用中的其他公共交通工具设施、设备,或者以抢控驾驶操纵装置、拉扯、殴打驾驶人员等方式,干扰公共交通工具正常行驶的,处五日以下拘留或者一千元以下罚款;情节较重的,处五日以上十日以下拘留。

裁量标准

违法行为	违法情节程度	处罚标准
以抢控驾驶操纵装置、拉扯、殴打驾驶人员等方式，干扰公共交通工具正常行驶的	情节一般	处 5 日以下拘留或者 1000 元以下罚款
	情节较重	处 5 日以上 10 日以下拘留

实务认定

1. 本违法行为的认定

侵害的客体	社会公共安全
行为主体	达到法定责任年龄、具有法定责任能力的自然人
公共交通工具	供社会公众乘坐的交通运输工具，包括公共汽车、电车、火车、渡船、游轮、航班飞机等
行为表现	如直接抢夺方向盘、变速杆、刹车踏板等核心装置；拉扯、拳击踢打驾驶人面部或身体，导致其失去驾驶能力；以"跳车""自杀"等极端言论干扰驾驶人注意力；等等
主观方面	故意

2. 本违法行为与妨碍公共交通工具正常行驶、和以危险方法危害公共安全罪对照

对比项	以抢控驾驶操纵装置、拉扯、殴打驾驶人员等方式妨碍公共交通工具正常行驶	妨碍公共交通工具正常行驶	以危险方法危害公共安全罪
行为方式	对行驶中的公共交通工具的驾驶人员使用暴力或抢控驾驶装置[1]	非法拦截、强登、扒乘交通工具，以外部干扰为主	除放火、决水、爆炸、投放危险物质等传统危险方法之外，其他足以危害公共安全的行为

续表

侵害对象	驾驶人、驾驶操作	正在使用中的交通工具	公共安全,即不特定多数人的生命、健康或重大公私财产的安全

[1]只要司机在驾驶过程中乘客有抢方向盘的这种行为,在没有造成危害后果的情况下,依法按照《治安管理处罚法》,对乘客进行行政拘留或罚款。如果情节严重,有可能涉嫌以危险方法危害公共安全罪。从抢夺方向盘的行为定性看,其在一定程度上既危害到车辆上其他乘客的安全,也危及道路上行人以及其他车辆的正常驾驶安全。

取证要点

1. 主体方面

主要包括违法行为人的姓名、法定年龄、责任能力、性别、民族、住址、政治面貌、历史表现,违法行为人之间的关系,是否有前科劣迹,是否具有人大代表、政协委员等特殊身份,是否为公职人员等。

2. 主观方面

主要包括违法行为人实施本行为的原因、目的等。(1)原因。主要调查违法行为人实施本行为的具体原因,如个人情绪失控、无理要求被拒绝等。(2)目的。主要分析违法行为人实施本行为的目的,如通过妨碍驾驶的行为来发泄个人情绪;通过抢控驾驶操纵装置、拉扯驾驶人等方式,迫使公共交通工具停车,以满足其个人需求等。

3. 客观方面

主要包括违法行为人的行为表现;对社会秩序和公共安全造成的威胁(如导致公共交通工具失控,引发交通事故,危及乘客、行人和其他车辆的安全;干扰公共交通的正常运行,影响其他乘客的出行)等。

规范索引

《刑法》第133条之二

13. 盗窃、损毁、擅自移动铁路、城市轨道交通设施、设备、机车车辆配件、安全标志

法律条文

《治安管理处罚法》第41条第1项　有下列行为之一的,处五日以上十日以下拘留,可以并处一千元以下罚款;情节较轻的,处五日以下拘留或者一千元以下罚款:

　　(一)盗窃、损毁、擅自移动铁路、城市轨道交通设施、设备、机车车辆配件或者安全标志的;

裁量标准

违法行为	违法情节程度	处罚标准
盗窃、损毁、擅自移动铁路、城市轨道交通设施、设备、机车车辆配件或者安全标志的	情节较轻	处5日以下拘留,或者1000元以下罚款
	情节一般	处5日以上10日以下拘留,可以并处1000元以下罚款

根据《公安机关对部分违反治安管理行为实施处罚的裁量指导意见》,有下列情形之一的,属于"情节较轻":

(1)及时采取补救措施,尚未造成危害后果的;

(2)盗窃、损毁设施、设备的价值较小,且不足以造成危害后果的;

(3)其他情节较轻的情形。

实务认定

1. 本违法行为的认定

侵害的客体	社会公共安全
行为主体	达到法定责任年龄、具有法定责任能力的自然人

续表

行为表现	如盗割铁路供电电缆、拆卸钢轨、夹板、扣件;破坏铁路供电系统、拆卸机车车辆蓄电池;非紧急状态下按压地铁紧急停车按钮、开启安全门等
主观方面	故意

2. 本违法行为与破坏交通设施罪对照

对比项	盗窃、损毁、擅自移动铁路、城市轨道交通设施、设备、机车车辆配件、安全标志	破坏交通设施罪
危险后果	不足以造成火车、列车等发生倾覆、毁坏危险	对铁路设施、设备、机车车辆配件、安全标志的盗窃、损毁、擅自移动足以造成火车、列车等发生倾覆、毁坏危险

3. 本违法行为与盗窃行为的区别

盗窃、损毁、擅自移动铁路、城市轨道交通设施、设备、机车车辆配件、安全标志违法行为的行为对象是正在使用中的铁路设施、设备、机车车辆配件、安全标志,而盗窃行为的行为对象是非使用中的设施、物品,如仓库中存放的设施、物品;废弃的设施、物品。

◆ 取证要点

1. 主体方面

主要包括违法行为人的姓名、法定年龄、责任能力、性别、民族、住址、政治面貌、历史表现,违法行为人之间的关系,是否有前科劣迹,是否具有人大代表、政协委员等特殊身份,是否为公职人员等。

2. 主观方面

主要包括违法行为人实施本行为的原因、目的等。(1)原因。主要调

查违法行为人实施本行为的具体原因,如希望通过盗窃、损毁或移动这些设施、设备、配件来换取金钱或获取其他形式的利益;对铁路设施的重要性缺乏了解,或出于好奇心,擅自移动或破坏这些设施等。(2)目的。主要分析违法行为人实施本行为的目的,如通过盗窃铁路设施、设备、配件,将其出售或自用,以获取经济利益;对社会的不满或报复心理,故意破坏铁路设施等。

3. 客观方面

主要包括盗窃、损毁、擅自移动铁路设施、设备、机车车辆配件、安全标志的时间、地点;违法行为的手段、方法;盗窃、损毁、擅自移动铁路设施、设备、机车车辆配件、安全标志的种类、数量、价值、对铁路运输安全的作用;盗窃、损毁、擅自移动铁路设施、设备、机车车辆配件、安全标志对铁路运输安全构成的威胁和影响(如破坏铁路设施导致列车运行异常,增加事故风险;导致公众对铁路安全的担忧,损害铁路部门的形象和信誉)等。

规范索引

《刑法》第117、119条;《铁路法》第61、62条;《铁路安全管理条例》

14. 在铁路、城市轨道交通线上放置障碍物

法律条文

《治安管理处罚法》第41条第2项　有下列行为之一的,处五日以上十日以下拘留,可以并处一千元以下罚款;情节较轻的,处五日以下拘留或者一千元以下罚款:

(二)在铁路、城市轨道交通线路上放置障碍物,或者故意向列车投掷物品的;

> 裁量标准

违法行为	违法情节程度	处罚标准
在铁路、城市轨道交通线路上放置障碍物的	情节较轻	处 5 日以下拘留或者 1000 元以下罚款
	情节一般	处 5 日以上 10 日以下拘留,可以并处 1000 元以下罚款

根据《公安机关对部分违反治安管理行为实施处罚的裁量指导意见》,有下列情形之一的,属于"情节较轻":

(1)在火车到来前及时采取补救措施,危害后果没有发生的;

(2)不足以对行车安全和旅客人身安全造成影响的;

(3)其他情节较轻的情形。

> 实务认定

1. 本违法行为的认定

侵害的客体	社会公共安全
行为主体	达到法定责任年龄、具有法定责任能力的自然人
行为表现	在铁路、城市轨道交通线上放置障碍物,如在轨道上放置石块、木头、金属等重物;在轨道上倾倒油污、水泥浆等液体物质;在铁路或城市轨道交通的平交道口放置大型的路墩、铁链等路障,等等
认定关键	只要在铁路、城市轨道交通线路上放置的物品能够成为铁路、城市轨道交通的障碍,就构成本违法行为,不需要出现具体的危害后果
主观方面	故意

2. 本违法行为与破坏交通设施罪的区别

本违法行为在铁路、城市轨道交通线上放置障碍物,不足以造成火车、列车等发生倾覆、毁坏危险。破坏交通设施罪中,在铁路、城市轨道交通线上放置障碍物要求产生足以使火车发生倾覆、毁坏危险。

取证要点

1. 主体方面

主要包括违法行为人的姓名、法定年龄、责任能力、性别、民族、住址、政治面貌、历史表现,违法行为人之间的关系,是否有前科劣迹,是否具有人大代表、政协委员等特殊身份,是否为公职人员等。

2. 主观方面

主要包括违法行为人实施本行为的原因、目的等。(1)原因。主要调查违法行为人实施本行为的具体原因,如出于无知或好奇,不了解这种行为可能带来的严重后果;个人恩怨、报复社会等。(2)目的。主要分析违法行为人实施本行为的目的,如为了制造混乱、干扰交通或出于某种特定的个人目的;希望通过这种行为来引起注意、发泄情绪或达到其他个人目标等。

3. 客观方面

主要包括在铁路、城市轨道交通线上放置障碍物的时间、地点;被放置的障碍物的大小;在铁轨的位置以及可能对铁路运输安全构成的威胁(如导致列车运行异常,从而危及乘客和工作人员的生命安全);障碍物对铁路运输安全可能产生的危害后果(如延误列车时间,造成经济损失;导致列车脱轨、车毁人亡)等。

规范索引

《刑法》第117、119条;《铁路法》第61条;《铁路安全管理条例》第29、32、77、88、94、95、105条

15. 故意向列车投掷物品

法律条文

《治安管理处罚法》第41条第2项　有下列行为之一的,处五日以上十日以下拘留,可以并处一千元以下罚款;情节较轻的,处五日以下拘留或者一千元以下罚款:

(二)在铁路、城市轨道交通线路上放置障碍物,或者故意向列车投掷物品的;

裁量标准

违法行为	违法情节程度	处罚标准
故意向列车投掷物品的	情节较轻	处5日以下拘留或者1000元以下罚款
	情节一般	处5日以上10日以下拘留,可以并处1000元以下罚款

根据《公安机关对部分违反治安管理行为实施处罚的裁量指导意见》,有下列情形之一的,属于"情节较轻":

(1)不足以对行车安全和旅客人身安全造成影响的;

(2)未造成机车车辆损坏、旅客人身伤害的;

(3)其他情节较轻的情形。

实务认定

1. 本违法行为的认定

侵害的客体	社会公共安全
行为主体	达到法定责任年龄、具有法定责任能力的自然人

续表

认定关键	只要实施了故意向列车投掷物品,未造成严重人身伤亡或列车运行事故,即构成该违法行为,不以出现安全事故为必要条件
主观方面	故意

2. 本违法行为与以其他危险方法危害公共安全罪的区别

故意向列车投掷物品,没有出现人身伤亡。以其他危险方法危害公共安全罪,造成列车内乘客等人人身伤亡。

3. 本违法行为与破坏交通工具罪的区别

故意向列车投掷物品,未导致列车颠覆、倾覆、出轨。破坏交通工具罪,会造成列车颠覆、倾覆、出轨等严重结果。

取证要点

1. 主体方面

主要包括违法行为人的姓名、法定年龄、责任能力、性别、民族、住址、政治面貌、历史表现,违法行为人之间的关系,是否有前科劣迹,是否具有人大代表、政协委员等特殊身份,是否为公职人员等。

2. 主观方面

主要包括违法行为人实施本行为的原因、目的等。(1)原因。主要调查违法行为人实施本行为的具体原因,如出于报复社会、发泄不满;挑衅他人或寻求刺激等。(2)目的。主要分析违法行为人实施本行为的目的,如试图吸引他人的注意,以达到某种目的;因个人情绪问题,而向列车投掷物品以发泄不满或愤怒;故意向列车投掷物品,以干扰列车的正常运行,制造混乱等。

3. 客观方面

主要包括向列车投掷物品行为的时间、地点;向列车投掷的物品的种类、数量以及对列车的安全构成的威胁(如投掷的物品是易燃、易爆或有毒物质,可能会引发列车火灾、爆炸等严重后果);故意向列车投掷物品是否造成现实危害后果(如被投掷的物品可能直接击中列车,导致车身、车窗或部件受损;导致列车紧急制动、脱轨等运行异常,危及乘客和工作人员的生命安全)等。

规范索引

《刑法》第115、119条;《铁路法》第50条;《铁路安全管理条例》第77、95、105条

16. 在铁路、城市轨道交通沿线非法挖掘坑穴、采石取沙

法律条文

《治安管理处罚法》第41条第3项 有下列行为之一的,处五日以上十日以下拘留,可以并处一千元以下罚款;情节较轻的,处五日以下拘留或者一千元以下罚款:

(三)在铁路、城市轨道交通线路、桥梁、隧道、涵洞处挖掘坑穴、采石取沙的;

裁量标准

违法行为	违法情节程度	处罚标准
在铁路、城市轨道交通线路、桥梁、隧道、涵洞处挖掘坑穴、采石取沙的	情节较轻	处5日以下拘留或者1000元以下罚款
	情节一般	处5日以上10日以下拘留,可以并处1000元以下罚款

根据《公安机关对部分违反治安管理行为实施处罚的裁量指导意见》,有下列情形之一的,属于"情节较轻":
(1)及时采取补救措施,尚未造成危害后果的;
(2)不足以影响铁路路基稳定或者危害铁路桥梁、涵洞安全的;
(3)其他情节较轻的情形。

实务认定

1. 本违法行为的认定

侵害的客体	社会公共安全
行为主体	自然人或单位
认定关键	只要实施了在铁路线路、城市轨道交通沿线非法挖掘坑穴、采石取沙的行为,即构成该违法行为,不以出现安全事故为必要条件
主观方面	故意

2. 本违法行为与破坏交通设施罪的区别

在铁路、城市轨道交通沿线非法挖掘坑穴、采石取沙,未导致列车颠覆、倾覆、出轨。破坏交通工具罪,会造成列车颠覆、倾覆、出轨等严重结果。

3. 本违法行为的事后处置

《铁路法》第46条规定,在铁路线路和铁路桥梁、涵洞两侧一定距离内,修建山塘、水库、堤坝,开挖河道、干渠,采石挖砂,打井取水,影响铁路路基稳定或者危害铁路桥梁、涵洞安全的,由县级以上地方人民政府责令停止建设或者采挖、打井等活动,限期恢复原状或者责令采取必要的安全防护措施。

取证要点

1. 主体方面

主要包括违法行为人的姓名、法定年龄、责任能力、性别、民族、住址、政治面貌、历史表现,违法行为人之间的关系,是否有前科劣迹,是否具有人大代表、政协委员等特殊身份,是否为公职人员等。

单位违法的,确定直接负责的主管人员和其他直接责任人员(根据《公安机关执行〈中华人民共和国治安管理处罚法〉有关问题的解释》,对单位实施《治安管理处罚法》第三章所规定的违反治安管理行为的,应当依法对其直接负责的主管人员和其他直接责任人员予以治安管理处罚)。

2. 主观方面

主要包括违法行为人实施本行为的原因、目的等。(1)原因。主要调查违法行为人实施本行为的具体原因,如经济利益驱动、非法挖掘铁路沿线的土地和资源以获取所需材料等。(2)目的。主要分析违法行为人实施本行为的目的,如获取建筑材料、填充材料;为了平整土地或进行其他建设活动、满足个人需求等。

3. 客观方面

主要包括在铁路、城市轨道交通沿线非法挖掘坑穴、采石取沙的时间、地点、违法行为工具、违法行为次数;非法挖掘坑穴、采石取沙的数量;对铁路路基安全的不良影响(如导致路基松动、变形甚至塌陷,从而影响列车的正常运行和安全);是否造成铁路运行的安全事故(如挖掘产生的坑穴可能使列车在行驶过程中发生颠簸甚至脱轨;挖掘过程中产生的石块、沙土等杂物也可能被列车卷入,对列车和乘客造成损害)等。

▍规范索引

《刑法》第117、119条;《铁路法》第46条;《铁路安全管理条例》第27、30、34~39、51、95、105条

▍典型案例

黄某在桥梁附近非法采砂治安处罚案

某日,黄某在未经政府部门审批许可的情况下,擅自于凌晨驾驶涉案车辆在某桥梁附近的河边采砂。在运输过程中,黄某发现公安部门在该路口设卡检查,为了躲避检查,其驾驶涉案车辆逃离现场,在公安部门执法人员表明身份并要求其停车接受检查时,黄某并未停车接受检查,在途中翻车后,仍不接受检查,而是弃车逃离。执法人员为此对停放在路沟的涉案车辆进行拍照取证,并将涉案车辆运回派出所停放,同时对涉案车辆作出扣留决定。以上事实有询问笔录、当事人陈述、录音录像等证据予以证实。

尽管黄某辩称其在桥梁附近采砂并没有侵犯附近铁路线路的行车安全且其在主观上并没有故意妨害铁路线路行车安全的目的。但是,公安部门认为黄某未经审批许可擅自在桥梁附近取砂已经涉嫌违反河道采砂相关禁止性规定,河道属于国家所有,任何单位和个人未经许可不得开采,黄某的行为即使没有造成实质性的危害事故,但是已经产生了危害铁路安全的可能,造成了群众恐慌,且根据其拒绝执法人员检查,弃车而逃的行为可以认定其主观上存在实施不法行为的故意。因此,根据《治安管理处罚法》的规定,依法对黄某行政拘留10日并处罚款1000元。

17. 在铁路、城市轨道交通线路上私设道口、平交过道

法律条文

《治安管理处罚法》第41条第4项 有下列行为之一的,处五日以上十日以下拘留,可以并处一千元以下罚款;情节较轻的,处五日以下拘留或者一千元以下罚款:
(四)在铁路、城市轨道交通线路上私设道口或者平交过道的。

裁量标准

违法行为	违法情节程度	处罚标准
在铁路、城市轨道交通线路上私设道口或者平交过道的	情节较轻	处5日以下拘留或者1000元以下罚款
	情节一般	处5日以上10日以下拘留,可以并处1000元以下罚款

根据《公安机关对部分违反治安管理行为实施处罚的裁量指导意见》,有下列情形之一的,属于"情节较轻":
(1)<u>及时采取补救措施,尚未造成危害后果的</u>;
(2)<u>不足以对行车安全造成影响的</u>;

(3)其他情节较轻的情形。

> **实务认定**

1.本违法行为的认定

侵害的客体	社会公共安全
行为主体	自然人或单位
行为表现	私设,是指没有经过有关部门批准而擅自在铁路线路、城市轨道交通线路上设立道口或平交过道。擅自拆除铁路或城市轨道交通沿线的防护设施,如栅栏、围墙等,在轨道上直接开辟道口或平交过道;未经许可,在铁路或城市轨道交通线路规划范围外,自行修建连接线路与周边道路的通道,形成私设的道口或平交过道,等等
认定关键	只要在铁路线路上私设道口、平交过道,就构成本违法行为
主观方面	故意

2.本违法行为与破坏交通设施罪的区别

本违法行为是在铁路、城市轨道交通线路上私设道口、平交过道,不会导致列车颠覆、倾覆、出轨。破坏交通工具罪,会造成列车颠覆、倾覆、出轨等严重结果。

> **取证要点**

1.主体方面

主要包括违法行为人的姓名、法定年龄、责任能力、性别、民族、住址、政治面貌、历史表现,违法行为人之间的关系,是否有前科劣迹,是否具有人大代表、政协委员等特殊身份,是否为公职人员等。

单位违法的,确定直接负责的主管人员和其他直接责任人员(根据《公安机关执行〈中华人民共和国治安管理处罚法〉有关问题的解释》,对单位实施《治安管理处罚法》第三章所规定的违反治安管理行为的,应当依法对其直接负责的主管人员和其他直接责任人员予以治安管理处罚)。

2. 主观方面

主要包括违法行为人实施本行为的原因、目的等。(1)原因。主要调查违法行为人实施本行为的具体原因,如一些单位或个人为了机动车、非机动车和行人的通行便利以减少绕行距离和时间;为了开设商店、工厂等需要方便运输,而选择在铁路线路上私设道口等。(2)目的。主要分析违法行为人实施本行为的目的,如希望通过私设道口或平交过道,使机动车、非机动车和行人能够快速、便捷地穿越铁路线路,提高通行效率等。

3. 客观方面

主要包括在铁路、城市轨道交通线路上私设道口、平交过道的时间、地点;私设道口、平交过道的规模以及存在时间;对铁路运输安全是否构成威胁(如导致列车与机动车、非机动车或行人发生碰撞事故,造成人员伤亡和财产损失);是否造成铁路运输安全事故等。

规范索引

《刑法》第117、119条;《铁路法》第47条;《铁路安全管理条例》第46、47、77、95、105条

18.擅自进入铁路、城市轨道交通防护网

法律条文

《治安管理处罚法》第42条 擅自进入铁路、城市轨道交通防护网或者火车、城市轨道交通列车来临时在铁路、城市轨道交通线路上行走坐卧,抢越铁路、城市轨道,影响行车安全的,处警告或者五百元以下罚款。

裁量标准

违法行为	违法情节程度	处罚标准
擅自进入铁路、城市轨道交通防护网	情节一般	处警告或者500元以下罚款

实务认定

1. 本违法行为的认定

侵害的客体	行车安全
行为主体	达到法定责任年龄、具有法定责任能力的自然人
认定关键	只要擅自进入铁路、城市轨道交通防护网即构成本违法行为
主观方面	故意

2. 本违法行为与妨碍交通工具正常行驶的区别

擅自进入铁路、城市轨道交通防护网，行为方式是擅自进入铁路、城市轨道交通防护网。妨碍交通工具正常行驶，行为方式是非法拦截或者强登、扒乘机动车、火车、列车等。

取证要点

1. 主体方面

主要包括违法行为人的姓名、法定年龄、责任能力、性别、民族、住址、政治面貌、历史表现，违法行为人之间的关系，是否有前科劣迹，是否具有人大代表、政协委员等特殊身份，是否为公职人员等。

2. 主观方面

主要包括违法行为人实施本行为的原因、目的等。(1)原因。主要调查违法行为人实施本行为的具体原因，如出于好奇心，想要近距离观察火车运行或铁路设施；试图通过进入铁路防护网来逃避安全检查；追求刺激或冒险等。(2)目的。主要分析违法行为人实施本行为的目的，如近距离观察火车、铁路设施或铁路沿线的风景;捡拾废品、拍摄独特照片出售等。

3. 客观方面

主要包括违法行为人擅自进入铁路、城市轨道交通防护网的时间、地点;防护网是否存在破损或缺失;是否造成铁路运输安全事故(如导致火车与行人相撞、火车脱轨等严重的铁路运输安全事故)等。

> 规范索引

《治安管理处罚法》第 26 条;《铁路法》第 51、52 条;《铁路安全管理条例》第 77、95、105 条

19. 违法在铁路、城市轨道交通线上行走坐卧、抢越铁路、城市轨道

> 法律条文

《治安管理处罚法》第 42 条 擅自进入铁路、城市轨道交通防护网或者火车、城市轨道交通列车来临时在铁路、城市轨道交通线路上行走坐卧,抢越铁路、城市轨道,影响行车安全的,处警告或者五百元以下罚款。

> 裁量标准

违法行为	违法情节程度	处罚标准
火车、城市轨道交通列车来临时在铁路、城市轨道交通线路上行走坐卧,抢越铁路、城市轨道,影响行车安全的	情节一般	处警告或者 500 元以下罚款

实务认定

1. 本违法行为的认定

侵害的客体	行车安全
行为主体	达到法定责任年龄、具有法定责任能力的自然人
行为前提	火车、列车来临时
认定关键	擅自在铁路、城市轨道交通线上行走坐卧、抢越铁路、城市轨道,要求影响行车安全的构成本违法行为
主观方面	故意,其中临时在铁路线路上坐卧,有可能是无意实施的或过失

2. 本违法行为与交通肇事罪的区别

本违法行为,是违法在铁路、城市轨道交通线上行走坐卧、抢越的,未发生严重后果。交通肇事罪,是发生严重后果,即重大交通事故,致人伤亡或使公私财产遭受重大损失的。

取证要点

1. 主体方面

主要包括违法行为人的姓名、法定年龄、责任能力、性别、民族、住址、政治面貌、历史表现,违法行为人之间的关系,是否有前科劣迹,是否具有人大代表、政协委员等特殊身份,是否为公职人员等。

2. 主观方面

主要包括违法行为人实施本行为的原因、目的等。(1)原因。主要调查违法行为人实施本行为的具体原因,如忽视铁路和城市轨道交通的安全规定,认为自己的行为不会对行车安全构成威胁;穿越铁路到达对面、捡拾废品、拍照留念;自杀等个人目的等或行为人主观上是否有侥幸心理。(2)目的。主要分析违法行为人实施本行为的目的,如为了节省时间或缩短行走距离,选择直接穿越铁路或城市轨道交通线;试图通过违法穿越铁路来逃避安全检查或其他监管措施等。

3.客观方面

主要包括违法行为人违法在铁路、城市轨道交通线上行走坐卧、抢越铁路的时间、地点;是否影响列车行车安全;是否出现列车运输安全事故(如导致列车紧急制动,甚至引发脱轨、相撞等严重事故)等。

规范索引

《刑法》第133条;《铁路法》第51、52条;《铁路安全管理条例》第77、95、105条

典型案例

郭某与李某在铁路线上行走坐卧治安处罚案

郭某是某影楼摄影师。某日,为了拍出"文艺范"照片,郭某自作主张带着大学生李某来到铁路上,通过坐、卧、跨越铁轨、在铁轨边与正在通行的火车合影等方式拍照,并将相关照片传至网上吸引客户,以提升影楼的竞争力。经群众举报,公安部门依法对郭某、李某传唤并调查。以上事实有双方陈述、网页照片、视频等证据予以证实。尽管郭某和李某辩称,其不知道在铁轨摆拍是违法行为,且该行为未造成危险后果。但公安部门认为,非法在铁路、城市轨道交通线上行走坐卧、穿越铁路、城市轨道不以造成危害后果为判定依据,只要当事人有上述危险且违法的行为,就应当依据相关法律规定进行处罚。因此,根据《治安管理处罚法》的规定,公安部门依法对郭某处以拘留2日、对李某罚款100元的行政处罚,并责令立即删除相关影像资料。

20. 擅自安装、使用电网

法律条文

《治安管理处罚法》第 43 条第 1 项　有下列行为之一的,处五日以下拘留或者一千元以下罚款;情节严重的,处十日以上十五日以下拘留,可以并处一千元以下罚款:

（一）未经批准,安装、使用电网的,或者安装、使用电网不符合安全规定的;

裁量标准

违法行为	违法情节程度	处罚标准
未经批准,安装、使用电网的	情节一般	处 5 日以下拘留或者 1000 元以下罚款
	情节严重	处 10 日以上 15 日以下拘留,可以并处 1000 元以下罚款

根据《公安机关对部分违反治安管理行为实施处罚的裁量指导意见》,有下列情形之一的,属于"情节严重":

（1）在人畜活动较多的区域或者存储易燃易爆危险物品的场所附近安装、使用电网的;

（2）造成人员受伤或者财物损失等危害后果的;

（3）其他情节严重的情形。

实务认定

1. 本违法行为的认定

侵害的客体	社会公共安全
行为主体	自然人或单位

续表

认定关键	只要出现擅自安装和使用电网即可构成本违法行为,不需要出现具体的危害后果
主观方面	故意

2. 本违法行为与以危险方法危害公共安全罪的区别

本违法行为是擅自安装、使用电网,未出现严重危害后果。以危险方法危害公共安全罪,直接威胁不特定多数人的生命健康安全,要求产生严重的危害后果,出现人员伤亡和财产损失。

取证要点

1. 主体方面

主要包括违法行为人的姓名、法定年龄、责任能力、性别、民族、住址、政治面貌、历史表现、违法行为人之间的关系、是否有前科劣迹、是不是人大代表,政协委员等特殊身份、是不是公职人员等。

单位违法的,确定直接负责的主管人员和其他直接责任人员(根据《公安机关执行〈中华人民共和国治安管理处罚法〉有关问题的解释》,对单位实施《治安管理处罚法》第三章所规定的违反治安管理行为的,应当依法对其直接负责的主管人员和其他直接责任人员予以治安管理处罚)。

2. 主观方面

主要包括违法行为人实施本行为的原因、目的等。(1)原因。主要调查违法行为人实施本行为的具体原因,如出于防盗、防野兽等安全需求,擅自安装电网以起到威慑和防护作用;单位或个人可能出于经济考虑,选择擅自安装电网而不是聘请专业的安保公司或购买其他安防设备等。(2)目的。主要分析违法行为人实施本行为的目的,如防止人或动物进入特定区域;方便管理人员对进出区域的人员和动物进行控制等。

3. 客观方面

主要包括违法行为人擅自安装、使用电网的时间、地点;电网的结构、设置以及对公共安全的威胁性(如电网可能因老化、损坏等原因引发火灾等安全隐患);擅自安装、使用电网是否造成人员伤亡或财产损失等。

规范索引

《刑法》第114、115条;《水利电力部、公安部关于严禁在农村安装电网的通告》

典型案例

郁某私设电网治安处罚案

某日,在相应批准部门未批准的情况下,郁某在与邻居范某家中间的院子护栏上(护栏为郁某所有),擅自安装了电子灭鼠器并通电使用,致使邻居范某在次月某日的除草过程中不慎将铁锄头碰到院子护栏触电。以上事实有询问笔录、证人证言、现场照片等证据证实。尽管郁某辩称其在自家院内安装的电子灭鼠器是正规产品,是国家允许生产、销售的电子产品,是"电猫"而不是"电网",且其行为未造成损害后果,不符合《治安管理处罚法》的规定。但公安部门认为,"电网"是指用金属线连接,用以使电流通过的拦截物。郁某用电子灭鼠器连接钉刺铁丝通电的行为符合"电网"解释;且安装"电网"应到相应管理部门进行审批,并要定期进行检查。郁某在未经批准的情况下,在自家院子护栏上擅自安装电子灭鼠器并通电使用,致使范某在除草中触电,其行为具有社会危害性,违反了《治安管理处罚法》的规定,且符合情节严重规定,对郁某作出行政拘留15日的处罚。

21. 安装、使用电网不符合安全规定

法律条文

《治安管理处罚法》第43条第1项　有下列行为之一的,处五日以下拘留或者一千元以下罚款;情节严重的,处十日以上十五日以下拘留,可以并处一千元以下罚款:

(一)未经批准,安装、使用电网的,或者安装、使用电网不符合安全规定的;

裁量标准

违法行为	违法情节程度	处罚标准
安装、使用电网不符合安全规定的	情节一般	处5日以下拘留或者1000元以下罚款
	情节严重	处10日以上15日以下拘留,可以并处1000元以下罚款

实务认定

1.本违法行为的认定

侵害的客体	社会公共安全
行为主体	自然人或单位
行为表现	经批准安装、使用电网的单位,不按照安全规定正确安装、使用电网
认定关键	只要出现安装、使用电网不符合安全规定的,就构成本违法行为
主观方面	故意

2.本违法行为与重大责任事故罪对照

对比项	安装、使用电网不符合安全规定	重大责任事故罪
行为对象	单位或个人	特殊主体,即工厂、矿山、林场、建筑企业或其他企业事业单位直接从事生产、科研和指挥生产的人员
危害后果	不需要具体的危害结果,未出现重大人身伤亡或财产损失	必须具有严重人身伤亡或财产损失的危害结果

取证要点

1. 主体方面

主要包括违法行为人的姓名、法定年龄、责任能力、性别、民族、住址、政治面貌、历史表现,违法行为人之间的关系,是否有前科劣迹,是否具有人大代表、政协委员等特殊身份,是否为公职人员等。

单位违法的,确定直接负责的主管人员和其他直接责任人员(根据《公安机关执行〈中华人民共和国治安管理处罚法〉有关问题的解释》,对单位实施《治安管理处罚法》第三章所规定的违反治安管理行为的,应当依法对其直接负责的主管人员和其他直接责任人员予以治安管理处罚)。

2. 主观方面

主要包括违法行为人实施本行为的原因、目的等。(1)原因。主要调查违法行为人实施本行为的具体原因,如部分单位或个人忽视电网安装和使用的安全规定,认为自己的安装和使用方式不会引发安全问题;为了节约成本,一些单位或个人省略必要的安全措施等。(2)目的。主要分析违法行为人实施本行为的目的,如认为通过某些不符合规定的安装和使用方式可以提高电网的防护效果;简化操作流程等。

3. 客观方面

主要包括违法行为人安装、使用电网的批准文件;电网的安装、使用的设计图;不符合安全规定的具体指标、细节(如电压过高、材料不符合标准);安装、使用电网不符合安全规定是否出现安全事故、产生不良社会影响(如导致人员伤亡和财产损失,可能引发社会恐慌和不满情绪)等。

规范索引

《刑法》第134条;《水利电力部、公安部关于严禁在农村安装电网的通告》

22. 道路施工不设置安全防护设施

法律条文

《治安管理处罚法》第 43 条第 2 项　有下列行为之一的,处五日以下拘留或者一千元以下罚款;情节严重的,处十日以上十五日以下拘留,可以并处一千元以下罚款:
　　(二)在车辆、行人通行的地方施工,对沟井坎穴不设覆盖物、防围和警示标志的,或者故意损毁、移动覆盖物、防围和警示标志的;

裁量标准

违法行为	违法情节程度	处罚标准
在车辆、行人通行的地方施工,对沟井坎穴不设覆盖物、防围和警示标志的	情节一般	处 5 日以下拘留或者 1000 元以下罚款
	情节严重	处 10 日以上 15 日以下拘留,可以并处 1000 元以下罚款

　　根据《公安机关对部分违反治安管理行为实施处罚的裁量指导意见》,有下列情形之一的,属于"情节严重":
　　(1)造成人员受伤或者财物损失等危害后果的;
　　(2)多次实施,或者对多个沟井坎穴不设覆盖物、防围和警示标志;
　　(3)其他情节严重的情形。

实务认定

1. 本违法行为的认定

侵害的客体	社会公共安全
行为主体	自然人或单位

续表

认定关键	不需要出现具体的危害后果,只要是在车辆、行人通行的地方施工,对沟井坎穴不设覆盖物、防围和警示标志,即构成本违法行为。覆盖物、防围,是指在道路施工中为防止非机动车、行人跌落,用于遮盖沟井坎穴所设的铁板、护栏、帆布等
主观方面	故意

2. 本违法行为与重大责任事故罪的区别

道路施工不设置安全防护设施,未出现重大人身伤亡或财产损失。重大责任事故罪,发生重大伤亡或财产损失事故,造成严重后果。

3. 本违法行为与破坏交通设施罪的区别

本违法行为是指道路施工不设置安全防护设施,未造成严重后果。破坏交通设施罪,施工单位或个人未取得道路主管部门的同意,或在影响交通安全的情况下,未取得公安机关交通管理部门的同意,擅自在道路施工,造成严重后果。

取证要点

1. 主体方面

主要包括违法行为人的姓名、法定年龄、责任能力、性别、民族、住址、政治面貌、历史表现,违法行为人之间的关系,是否有前科劣迹,是否具有人大代表、政协委员等特殊身份,是否为公职人员等。

单位违法的,确定直接负责的主管人员和其他直接责任人员(根据《公安机关执行〈中华人民共和国治安管理处罚法〉有关问题的解释》,对单位实施《治安管理处罚法》第三章所规定的违反治安管理行为的,应当依法对其直接负责的主管人员和其他直接责任人员予以治安管理处罚)。

2. 主观方面

主要包括违法行为人实施本行为的原因、目的等。(1)原因。主要调查违法行为人实施本行为的具体原因,如施工单位或施工人员可能缺乏必要的安全意识,没有充分认识到设置安全防护设施的重要性;为了节省成本,部分施工单位可能会忽视安全防护设施的设置;施工单位为了赶进度而忽视安全防护措施等。(2)目的。主要分析违法行为人实施本行为的目的,如出于节省成本、加快施工进度等。

3. 客观方面

主要包括违法行为人是否具有道路施工许可;不设置安全防护设施的时间、地点;是否对道路交通安全构成不良影响(如导致车辆、行人误入施工区域,从而引发交通事故;施工区域可能存在的机械设备、材料堆放等潜在危险因素,如果没有有效的隔离措施或警示标志,也容易引发交通事故);是否因不设置安全防护设施已经出现交通安全事故等。

规范索引

《刑法》第117、118、119、134条;《民法典》第1258条;《道路交通安全法》第32、105条

23. 故意损毁、移动道路施工安全防护设施

法律条文

《治安管理处罚法》第43条第2项　有下列行为之一的,处五日以下拘留或者一千元以下罚款;情节严重的,处十日以上十五日以下拘留,可以并处一千元以下罚款:
　　(二)在车辆、行人通行的地方施工,对沟井坎穴不设覆盖物、防围和警示标志的,或者故意损毁、移动覆盖物、防围和警示标志的;

裁量标准

违法行为	违法情节程度	处罚标准
故意损毁、移动覆盖物、防围和警示标志的	情节一般	处5日以下拘留或者1000元以下罚款
	情节严重	处10日以上15日以下拘留,可以并处1000元以下罚款

根据《公安机关对部分违反治安管理行为实施处罚的裁量指导意见》，有下列情形之一的，属于"情节严重"：

(1)造成人员受伤或者财物损失等危害后果的；

(2)损毁、移动多个设施、标志的；

(3)其他情节严重的情形。

实务认定

1. 本违法行为的认定

侵害的客体	社会公共安全
行为主体	自然人或单位
行为表现	将用于覆盖道路施工中沟井坎穴的铁板、木板等覆盖物砸坏、锯断；将围挡的板材拆毁、推倒，或者将围栏的栏杆弄弯、弄断；将设置在施工路口的警示牌移到旁边的非施工区域，导致过往车辆和行人无法及时获得施工警示信息，等等
主观方面	故意

2. 本违法行为与破坏交通设施罪的区别

本违法行为是故意损毁、移动道路施工安全防护设施，未造成严重后果。破坏交通设施罪，是施工单位或个人未取得道路主管部门的同意，或在影响交通安全的情况下，未取得公安机关交通管理部门的同意，故意破坏轨道、桥梁、隧道、公路、机场等或者进行其他破坏活动，足以使火车、汽车、电车等发生倾覆、毁坏危险，造成严重后果。

取证要点

1. 主体方面

主要包括违法行为人的姓名、法定年龄、责任能力、性别、民族、住址、政治面貌、历史表现，违法行为人之间的关系，是否有前科劣迹，是否具有人大代表、政协委员等特殊身份，是否为公职人员等。

单位违法的,确定直接负责的主管人员和其他直接责任人员(根据《公安机关执行〈中华人民共和国治安管理处罚法〉有关问题的解释》,对单位实施《治安管理处罚法》第三章所规定的违反治安管理行为的,应当依法对其直接负责的主管人员和其他直接责任人员予以治安管理处罚)。

2. 主观方面

主要包括违法行为人实施本行为的原因、目的等。(1)原因。主要调查违法行为人实施本行为的具体原因,如由于疏忽大意,误将道路施工安全防护设施视为障碍物而随意损毁或移动;为了方便通行、停车或进行其他活动等个人利益而损毁或移动安全防护设施等。(2)目的。主要分析违法行为人实施本行为的目的,如为绕过施工区域或缩短通行时间以创造更便捷的通道;将施工区域变为停车场或进行其他商业活动,从而实现个人利益最大化等。

3. 客观方面

主要包括违法行为人损毁、移动道路施工安全防护设施的时间、地点;被毁损、移动的道路施工安全防护设施的价值、作用以及对道路安全状况的影响程度(如降低施工区域的安全性,增加交通事故的风险;导致交通秩序混乱,增加交通事故的可能性);是否存在因为损毁、移动道路施工安全防护设施所导致的道路交通安全事故(如驾驶员或行人未能及时注意到施工区域而误入危险区域,导致碰撞、摔倒等伤害)等。

> 规范索引

《刑法》第117~119、134条;《道路交通安全法》第32、105条

24. 盗窃、损毁路面公共设施

> 法律条文

《治安管理处罚法》第43条第3项 有下列行为之一的,处五日以下拘留或者一千元以下罚款;情节严重的,处十日以上十五日以下拘留,可以并处一千元以下罚款:

(三)盗窃、损毁路面井盖、照明等公共设施的;

裁量标准

违法行为	违法情节程度	处罚标准
盗窃、损毁路面井盖、照明等公共设施的	情节一般	处5日以下拘留或者1000元以下罚款
	情节严重	处10日以上15日以下拘留,可以并处1000元以下罚款

根据《公安机关对部分违反治安管理行为实施处罚的裁量指导意见》,有下列情形之一的,属于"情节严重":

(1)造成人员受伤或者财物损失等危害后果的;

(2)盗窃、损毁多个设施的;

(3)其他情节严重的情形。

实务认定

1. 本违法行为的认定

侵害的客体	社会公共安全
行为主体	达到法定责任年龄、具有法定责任能力的自然人
认定关键	未造成严重危害后果,尚不够刑事处罚的行为
主观方面	故意

2. 本违法行为与盗窃、损毁公共设施及盗窃、故意损毁财物的区别

盗窃、损毁路面公共设施行为的盗窃、损毁对象是正在使用的路面公共设施,如盗窃、损毁路面井盖、路灯等。盗窃、损毁公共设施盗窃、损毁对象是正在使用的公共设施,如盗窃、损毁油气管道设施、电力电信设施、广播电视设施、水利防汛设施等。盗窃、故意损毁财物对象是所有公私财物,包括但不限于个人物品、企业财产、公共财物(除特定公共设施外)等。

3.本违法行为与破坏交通设施罪对照表

对比项	盗窃、损毁路面公共设施	破坏交通设施罪
行为对象	正在使用的路面公共设施,如路面盗窃、损毁井盖、路灯等	正在使用中的交通设施,如,破坏道路标志标线、交通信号控制系统、高速公路隔离栅
危害后果	未造成严重危害后果	造成严重危害后果或盗窃路面井盖数量巨大

取证要点

1.主体方面

主要包括违法行为人的姓名、法定年龄、责任能力、性别、民族、住址、政治面貌、历史表现,违法行为人之间的关系,是否有前科劣迹,是否具有人大代表、政协委员等特殊身份,是否为公职人员等。

2.主观方面

主要包括违法行为人实施本行为的原因、目的等。(1)原因。主要调查违法行为人实施本行为的具体原因,如选择盗窃公共设施中的金属部件(如井盖中的金属材质)进行变卖;发泄情绪或报复社会等。(2)目的。主要分析违法行为人实施本行为的目的,如非法占有、非法获取经济利益等。

3.客观方面

主要包括违法行为人盗窃、损毁行为的时间、地点;盗窃、损毁路面公共设施的物品种类、型号,对道路交通、市政管理的不良影响(如严重影响道路交通的安全和顺畅、增加市政管理的难度和成本);盗窃、损毁路面公共设施的次数;被盗、被毁路面公共设施的总价值;是否存在路面公共设施因为被盗、被毁而导致的行人、车辆的事故(如井盖被盗导致的坑洞可能引发车辆倾覆或行人摔伤;路灯损坏则可能导致夜间行车视线不清,引发交通事故)等。

规范索引

《刑法》第 117~119 条

25. 违法升放携带明火的升空物体

法律条文

《治安管理处罚法》第 43 条第 4 项　有下列行为之一的,处五日以下拘留或者一千元以下罚款;情节严重的,处十日以上十五日以下拘留,可以并处一千元以下罚款:

（四）违反有关法律法规规定,升放携带明火的升空物体,有发生火灾事故危险,不听劝阻的;

裁量标准

违法行为	违法情节程度	处罚标准
违反有关法律法规规定,升放携带明火的升空物体,有发生火灾事故危险,不听劝阻的	情节一般	处 5 日以下拘留或者 1000 元以下罚款
	情节严重	处 10 日以上 15 日以下拘留,可以并处 1000 元以下罚款

实务认定

1. 本违法行为的认定

侵害的客体	社会公共安全
行为主体	自然人或单位
行为表现	在禁止燃放携带明火的升空物体的区域内升放携带明火的升空物体,且在相关人员劝阻时不予理会;单位在开业庆典或楼盘促销活动中,组织人员升放携带明火的升空物体等
主观方面	故意

2. 本违法行为与失火罪对照

对比项	非法升放携带明火的升空物体	失火罪
主观方面	故意	过失
后果	未造成严重后果	已造成严重后果
处罚类别	行政处罚	刑事处罚

> **取证要点**

1. 主体方面

主要包括违法行为人的姓名、法定年龄、责任能力、性别、民族、住址、政治面貌、历史表现,违法行为人之间的关系,是否有前科劣迹,是否具有人大代表、政协委员等特殊身份,是否为公职人员等。

2. 主观方面

主要包括违法行为人实施本行为的原因、目的等。(1)原因。主要调查违法行为人实施本行为的具体原因,如文化习俗影响、对孔明灯的安全隐患认识不足等。(2)目的。主要分析违法行为人实施本行为的目的,如祈福许愿、庆祝纪念、娱乐消遣等。

3. 客观方面

主要包括违法行为人实施本行为带来的安全隐患(如携带的明火可能引发火灾,对公共安全构成严重威胁;对航空安全造成影响,干扰飞行器的正常运行);环境影响(如该升空物体的燃烧过程还可能产生有害气体和颗粒物,对环境造成污染);不利的社会影响(如引发社会舆论的谴责和不满,损害城市形象和文明程度)等。

> **规范索引**

《消防法》第63条;《民用航空法》第58条;《大型群众性活动安全管理条例》第21条;《民法典》第1165条

26. 非法高空抛掷物品

法律条文

《治安管理处罚法》第 43 条第 5 项　有下列行为之一的,处五日以下拘留或者一千元以下罚款;情节严重的,处十日以上十五日以下拘留,可以并处一千元以下罚款:

(五)从建筑物或者其他高空抛掷物品,有危害他人人身安全、公私财产安全或者公共安全危险的。

裁量标准

违法行为	违法情节程度	处罚标准
从建筑物或者其他高空抛掷物品,有危害他人人身安全、公私财产安全或者公共安全危险的	情节一般	处 5 日以下拘留或者 1000 元以下罚款
	情节严重	处 10 日以上 15 日以下拘留,可以并处 1000 元以下罚款

实务认定

1. 本违法行为的认定

侵害的客体	社会公共安全
行为主体	达到法定责任年龄、具有法定责任能力的自然人
行为表现	如从高楼抛掷菜刀、酒瓶、砖石、晾衣竿、花盆等物,砸中行人或车辆;从高空抛下未熄灭的烟头、爆竹等易燃物品,引发火情等
主观方面	故意

2. 本违法行为与高空抛物罪的区别

非法高空抛掷物品行为未造成严重后果。高空抛物罪要求情节严重,造成人员伤亡、重大财产损失或足以危害公共安全。

取证要点

1. 主体方面

主要包括违法行为人的姓名、法定年龄、责任能力、性别、民族、住址、政治面貌、历史表现,违法行为人之间的关系,是否有前科劣迹,是否具有人大代表、政协委员等特殊身份,是否为公职人员等。

2. 主观方面

主要包括违法行为人实施本行为的原因、目的等。(1)原因。主要调查违法行为人实施本行为的具体原因,如发泄情绪;缺乏安全意识,不了解高空抛物的危害性和可能引发的后果;图方便或懒惰等。(2)目的。主要分析违法行为人实施本行为的目的,如缓解心理压力;引起他人的注意以达到某种特定的目的;逃避处理废弃物的责任等。

3. 客观方面

主要包括违法行为人实施本行为带来的安全隐患(如造成人员伤害、残疾甚至死亡;对公共安全造成危害);不利的社会影响(如破坏社会的和谐稳定,损害公共利益和道德风尚;引发社会舆论的谴责和不满)等。

规范索引

《刑法》第291条之二;《民法典》第1254条;《最高人民法院关于依法妥善审理高空抛物、坠物案件的意见》

27. 违反规定举办大型活动

法律条文

《治安管理处罚法》第44条 举办体育、文化等大型群众性活动,违反有关规定,有发生安全事故危险,经公安机关责令改正而拒不改正或者无法改正的,责令停止活动,立即疏散;对其直接负责的主管人员和其他直接责任人员处五日以上十日以下拘留,并处一千元以上三千元以下罚款;情节较重的,处十日以上十五日以下拘留,并处三千元以上五千元以下罚款,可以同时责令六个月至一年以内不得举办大型群众性活动。

裁量标准

违法行为	违法情节程度	处罚标准
举办体育、文化等大型群众性活动,违反有关规定,有发生安全事故危险,经公安机关责令改正而拒不改正或者无法改正的	情节一般	责令停止活动,立即疏散;对其直接负责的主管人员和其他直接责任人员处5日以上10日以下拘留,并处1000元以上3000元以下罚款
	情节较重	责令停止活动,立即疏散;处10日以上15日以下拘留,并处3000元以上5000元以下罚款,可以同时责令6个月至1年以内不得举办大型群众性活动

根据《公安机关对部分违反治安管理行为实施处罚的裁量指导意见》,有下列情形之一的,属于"情节较轻":

(1)存在安全隐患,经公安机关指出及时采取措施消除的;

(2)发现安全隐患后,主动停止活动、积极组织疏散,未造成危害后果的;

(3)其他情节较轻的情形。

实务认定

1. 本违法行为的认定

侵害的客体	社会公共安全
行为主体	举办大型活动的组织者
行为表现	活动场地的建筑存在墙体裂缝、屋顶漏水、地面不平整等问题,可能导致人员摔倒、建筑物局部坍塌等事故;未按规定配备足够数量的灭火器,或灭火器过期、损坏无法正常使用;为举办活动搭建的舞台、看台、展架等临时设施,没有按照相关标准进行设计、施工和搭建,稳定性差,存在倒塌风险;等等

续表

认定关键	即违法行为以存在发生安全事故危险为必要条件。如果没有发生危险事故的危险，不构成此行为，或者已经发生危险事故，也不构成此行为
主观方面	故意或过失

2. 本违法行为与重大劳动安全事故罪对照

对比项	违反规定举办大型活动	重大劳动安全事故罪
主体	活动承办方、场所管理者	企业、工厂等用人单位的安全生产责任主体(负责人或直接责任人)
主观方向	故意或过失	过失
问题原因	非安全设施问题	安全设施不符合国家规定而引发
后果情况	未产生严重后果	引发的重大伤亡事故或者其他严重后果

3. 本违法行为与消防责任事故罪的区别

违反规定举办大型活动，应当未发生消防责任事故。消防责任事故罪要求造成人员严重伤亡或者造成直接经济损失100万元以上。

取证要点

1. 主体方面

主要包括违法行为人的姓名、法定年龄、责任能力、性别、民族、住址、政治面貌、历史表现、违法行为人之间的关系，是否有前科劣迹，是否具有人大代表、政协委员等特殊身份，是否为公职人员等。

单位违法的，确定直接负责的主管人员和其他直接责任人员(根据《公安机关执行〈中华人民共和国治安管理处罚法〉有关问题的解释》，对单位实施《治安管理处罚法》第三章所规定的违反治安管理行为的，应当依法对其直接负责的主管人员和其他直接责任人员予以治安管理处罚)。

2. 主观方面

主要包括违法行为人实施本行为的原因、目的等。(1)原因。主要调查违法行为人实施本行为的具体原因,如经济利益驱动;法规意识淡薄;侥幸心理作祟等。(2)目的。主要分析违法行为人实施本行为的目的,如希望能够吸引更多人的关注和参与;促进不同领域、不同行业之间的交流与合作;实现经济收益等。

3. 客观方面

主要包括违法行为人违反规定举办的大型活动的种类、性质、规模;应属于何种管理审批程序;存在何种违反安全管理的风险隐患和具体安全隐患的细节(如在体育赛事中,可能存在观众席坍塌、运动员受伤等风险;在演唱会中,可能存在舞台倒塌、音响设备故障等问题;在展览中,可能存在展品被盗或损坏);是否已经发生安全事故等。

规范索引

《刑法》第135、139条;《消防法》第16、20、58条;《营业性演出管理条例》;《大型群众性活动安全管理条例》第8、11、12、20、21条

典型案例

詹某违法举办大型群众性活动治安处罚案

詹某作为××巡回演唱会主办方法人代表及现场组织者,在明知公安机关不予许可、此次活动安全责任不明确,措施无效,场地及附属设施不符合安全标准,有发生安全事故危险的情况下,未采取有效措施,仍在某馆举办大型群众性活动。以上事实有询问笔录、现场照片、书证等证据证实。尽管詹某辩称其系主办单位的法人代表,非本次活动承办方与责任主体,在得知不予许可后,已通知整改,并再次报送,且之前已有其他员工报送材料,公安部门均未予以受理,增加其损失。此外现场照片能证明现场井然

有序,不存在安全危险。但公安部门认为,根据主办方与承办方协议,由主办方对活动期间出现的非承办方原因发生的各类安全问题及事故承担全部责任,主办方组织实施现场安全工作。演唱会总负责人詹某在公安机关不予许可情况下仍举办演唱会,存在发生安全事故的危险,违反了《治安管理处罚法》的规定,最终对詹某作出行政拘留5日的处罚。

28. 公共场所违反安全规定

法律条文

《治安管理处罚法》第45条 旅馆、饭店、影剧院、娱乐场、体育场馆、展览馆或者其他供社会公众活动的场所违反安全规定,致使该场所有发生安全事故危险,经公安机关责令改正而拒不改正的,对其直接负责的主管人员和其他直接责任人员处五日以下拘留;情节较重的,处五日以上十日以下拘留。

裁量标准

违法行为	违法情节程度	处罚标准
旅馆、饭店、影剧院、娱乐场、体育场馆、展览馆或者其他供社会公众活动的场所违反安全规定,致使该场所有发生安全事故危险,经公安机关责令改正而拒不改正的	情节一般	对其直接负责的主管人员和其他直接责任人员处5日以下拘留
	情节较重	对其直接负责的主管人员和其他直接责任人员处5日以上10日以下拘留

实务认定

1. 本违法行为的认定

侵害的客体	社会公共安全
行为主体	旅馆、饭店、影剧院、娱乐场、体育场馆、展览馆或者其他供社会公众活动的场所的经营管理人员

行为表现	疏散通道、安全出口被杂物、货物堆积堵塞,或者在通道上设置障碍物,如桌椅、柜台等,导致通道宽度不足,无法保证人员在紧急情况下快速、安全地疏散;未按规定配备足够数量且有效的灭火器、消火栓等消防器材,或消防设施老化、过期未及时更换维修,如灭火器压力不足、消防水带破损;对顾客携带的危险物品未进行检查和管理;等等
认定关键	经公安机关责令改正,经营者拒不改正的,构成本违法行为。如果经营者根据公安机关要求,对相关安全问题进行改正,则不构成本违法行为
主观方面	故意

2.本违法行为与重大劳动安全事故罪对照

对比项	公共场所经营管理人员违反安全规定	重大劳动安全事故罪
主体	商场、酒店、影院等公共场所的经营管理者	企业、工厂等用人单位的安全生产责任人员
主观方面	故意	过失
场所	群众性活动场所	生产、作业场所
后果	存在安全隐患即可处罚,无需实际事故发生	造成重大伤亡事故或其他严重后果

3.本违法行为与消防责任事故罪的区别

公共场所经营管理人员违反安全规定,应当未发生消防责任事故。消防责任事故罪是发生消防责任事故的。

4. 本违法行为与阻碍执行职务对照表

对比项	公共场所经营管理人员违反安全规定	阻碍执行职务
侵害对象	妨碍社会公众聚集场所的安全管理义务	阻碍正在依法执行职务中的国家工作人员
行为表现	未履行法定安全义务，如消防通道堵塞、设备缺失	以暴力、威胁或其他手段阻碍执法，如抗拒检查、辱骂推搡执法人员

> **取证要点**

1. 主体方面

主要包括通过工商营业执照、行业经营许可证、已经公安机关的备案登记调查场所单位的所有者、经营者、主要负责人的身份信息，确定经营管理者的姓名、法定年龄、责任能力、性别、民族、住址、政治面貌、历史表现，违法行为人之间的关系，是否有前科劣迹，是否具有人大代表、政协委员等特殊身份，是否为公职人员等。

2. 主观方面

主要包括调查经营管理者的认错态度、整改力度和进度等。（1）认错态度。主要调查经营管理者认错态度。如是否主动承认管理疏漏；事发后是否第一时间向社会或监管部门说明情况；是否仅表面认错，还是能具体分析管理漏洞）等。（2）整改力度和进度。主要调查经营管理者整改力度和进度。如是否提出即时补救措施；是否制定书面整改计划；是否制定改进措施、修订安全管理制度、组织员工强化责任意识、是否引入专业机构对整改效果进行审计或认证；整改时效性如何等。

3. 客观方面

主要包括调查公共场所存在的公共安全风险等级、危险程度、危险源，公共场所经营管理人员的基本工作程序和工作方法；违反公共场所安全管理相关法律法规的具体细节等。

> **规范索引**

《刑法》第135、139条;《消防法》第16、58条;《旅馆业治安管理办法》第2、3、5条;《娱乐场所管理条例》第2、3、20、21条;《营业性演出管理条例》第2、19~24条;《互联网上网服务营业场所管理条例》第2、8、24条;《民法典》第1198条

> **典型案例**

方某出租房违反安全规定治安处罚案

某年某月,某县公安及消防大队多次对方某经营的出租房进行消防检查,并口头提出整改意见,但方某仅在各承租户的门外张贴另寻房源通知。次月,某县公安及消防大队再次对方某出租房进行消防检查后,发现仍不符合规定。以上事实有询问笔录、现场照片等证据证实。尽管方某辩称其用于出租的房屋并非供社会公众活动的场所,不符合《治安管理处罚法》的规定;且方某已经按照整改意见,着手实施整改。但公安部门认为,方某出租房内未按要求配置逃生用口罩等消防设施,方某对存在的消防安全隐患在指定期限内不能及时消除,致使场所有发生安全事故的危险,且出租房构成与旅馆类似的具有一定开放性的公共活动场所,符合《治安管理处罚法》的规定,对方某作出行政拘留3日的处罚。

29. 飞行民用无人驾驶航空器、航空运动器材,操控模型航空器在管制空域外飞行

> **法律条文**

《治安管理处罚法》第46条第1款 违反有关法律法规关于飞行空域管理规定,飞行民用无人驾驶航空器、航空运动器材,或者升放无人驾驶自由气球、系留气球等升空物体,情节较重的,处五日以上十日以下拘留。

裁量标准

违法行为	违法情节程度	处罚标准
违反飞行空域管理规定,飞行民用无人驾驶航空器、航空运动器材	情节较重	处五日以上十日以下拘留

实务认定

1. 本违法行为的认定

侵害的客体	社会公共管理秩序
行为主体	自然人
行为表现	如无人机爱好者为了拍摄到独特的风景或画面,未经许可进入特定区域飞行;单位为了尽快完成任务,在未申请飞行许可的情况下使用无人机进行测绘;在机场净空保护区附近,无视禁止飞行的警示,操控无人机飞行;等等
违法有关规定	指违反《通用航空飞行管理条例》《民用无人驾驶航空器运行安全管理规则》《无人驾驶航空器飞行管理暂行条例》等规定
主观方面	故意

2. 管制空域外飞行的认定

管制空域定义	真高120米以上空域、空中禁区、空中限制区以及周边空域、军用航空超低空飞行空域、机场及周边一定范围的区域、军事禁区、重要革命纪念地等区域设为管制空域
适飞空域范围	管制空域范围以外的空域为微型、轻型、小型无人驾驶航空器的适飞空域

续表

管制空域外飞行规定	组织微型、轻型、小型无人驾驶航空器在适飞空域内的飞行活动,如存在通过通信基站或者互联网进行无人驾驶航空器中继飞行、运载危险品或者投放物品(常规农用无人驾驶航空器作业飞行活动除外)、飞越集会人群上空、在移动的交通工具上操控无人驾驶航空器、实施分布式操作或者集群飞行等5种情形的,应当提出飞行活动申请

3. 无人驾驶航空器的定义和分类

根据《无人驾驶航空器飞行管理暂行条例》第2条的规定,无人驾驶航空器,是指没有机载驾驶员、自备动力系统的航空器。无人驾驶航空器按照性能指标分为微型、轻型、小型、中型和大型。航空体育运动所用的航空器应按民航适航管理有关规定进行适航许可,办理必需相关证照。无人驾驶自由气球,指无动力驱动、无人操纵、轻于空气、总质量大于4千克自由漂移的充气物体。系留气球是使用缆绳将其拴在地面绞车上并可控制其在大气中飘浮高度的气球。升空高度2千米以下,主要应用于大气边界层探测。

> 取证要点

1. 主体方面

主要包括违法行为人的姓名、法定年龄、责任能力、性别、民族、住址、政治面貌、历史表现,是否取得飞行执照,是否进行实名认证,违法行为人之间的关系,是否有前科劣迹,是否具有人大代表、政协委员等特殊身份,是否为公职人员等。

2. 主观方面

主要包括违法行为人实施本行为的原因、目的等。(1)原因。主要调查违法行为人实施本行为的具体原因,如不知情或误解规定;对飞行高度限制认识不清,导致违规;为节省时间或避免审批流程,故意不申请空域或飞行计划等。(2)目的。主要分析违法行为人实施本行为的目的,如航拍、测绘、物流测试等商业用途;个人娱乐等。

3. 客观方面

主要包括违法行为人飞行民用无人驾驶航空器、航空运动器材,操控模型航空器在管制空域外飞行的时间与地点;航空器操作合规性;安全措施与违规行为;有无造成安全隐患、引发事故;是否履行了报批手续等。

规范索引

《无人驾驶航空器飞行管理暂行条例》第12、19、21条;《民用航空法》第58条;《民用机场管理条例》第49条;《刑法》第131条

30.升放无人驾驶自由气球、系留气球等升空物体,造成危害

法律条文

《治安管理处罚法》第46条第1款　违反有关法律法规关于飞行空域管理规定,飞行民用无人驾驶航空器、航空运动器材,或者升放无人驾驶自由气球、系留气球等升空物体,情节较重的,处五日以上十日以下拘留。

裁量标准

违法行为	违法情节程度	处罚标准
违反飞行空域管理规定,升放无人驾驶自由气球、系留气球等升空物体	情节较重	处5日以上10日以下拘留

实务认定

1. 本违法行为的认定

侵害的客体	社会公共管理秩序
行为主体	自然人
行为表现	如未按照规定向气象主管机构或者有关部门提出申请并获得批准,就私自升放无人驾驶自由气球或系留气球;在依法划设的机场范围内和机场净空保护区域、军事管理区、国家重点机构和敏感区域等禁止升放的区域内升放无人驾驶自由气球或系留气球;等等,且造成危害的
主观方面	故意

2. 本违法行为与以危险方法危害公共安全罪对照

对比项	升放无人驾驶自由气球、系留气球等升空物体,造成危害	以危险方法危害公共安全罪
行为表现	未经批准擅自升放或未按规定升放无人驾驶自由气球、系留气球等升空物体	不仅包括升放无人驾驶自由气球、系留气球等升空物体,还包括使用与放火、决水、爆炸、投放危险物质等危险性相当的其他危险方法
主观方面	故意	故意
后果	实际发生航空干扰或人员损害、财产损失,但不严重	造成不特定多数人死伤或重大财产损失,危害公共安全

取证要点

1. 主体方面

主要包括违法行为人的姓名、法定年龄、责任能力、性别、民族、住址、政治面貌、历史表现,违法行为人之间的关系,是否有前科劣迹,是否具有

人大代表、政协委员等特殊身份,是否为公职人员等。

2. 主观方面

主要包括违法行为人实施本行为的原因、目的等。(1)原因。主要调查违法行为人实施本行为的具体原因,如未充分认识气球升空的潜在风险;未按规定申请空域或报备;为商业宣传或活动效果等。(2)目的。主要分析违法行为人实施本行为的目的,如商业用途、科研或气象探测、娱乐或实验等。

3. 客观方面

主要包括违法行为人气球类型与升放方式;使用气体类型;升放环境与条件;安全措施是否到位;有无造成安全隐患、引发事故等。

规范索引

《通用航空飞行管制条例》第33、43条;《民用航空法》第207条;《民法典》第1254条

典型案例

某庆典公司非法升放无人驾驶气球治安处罚案

某日,某市公安人员在日常执法过程中,发现该市某庆典公司在未经审批的情况下,擅自在该市施放无人驾驶自由气球。该公安人员当场制止了某庆典公司的行为并对其依法进行了拍照等调查询问。以上事实有录音录像、勘验笔录、询问笔录等证据予以证实。尽管某庆典公司主张施放无人驾驶自由气球的行为一经发生就被公安人员制止,并未造成任何的安全事故。根据相关法律规定,升放无人驾驶自由气球活动,必须经有关部门批准,但某庆典公司未履行相关手续,更未经任何部门批准。公安部门认为,非法升放无人驾驶自由气球并不要求造成实质性的危害结果,某庆典公司未经审批擅自施放无人驾驶自由气球,事实上已经违反了法律的禁止性规定,应当受到处罚。因此,依据《治安管理处罚法》的规定,对某庆

典公司作出的 1000 元的处罚。

31. 飞行民用无人驾驶航空器、航空运动器材,操控模型航空器非法穿越国(边)境

法律条文

《治安管理处罚法》第 46 条 违反有关法律法规关于飞行空域管理规定,飞行民用无人驾驶航空器、航空运动器材,或者升放无人驾驶自由气球、系留气球等升空物体,情节较重的,处五日以上十日以下拘留。

飞行、升放前款规定的物体非法穿越国(边)境的,处十日以上十五日以下拘留。

裁量标准

违法行为	违法情节程度	处罚标准
违反飞行空域管理规定,飞行民用无人驾驶航空器、航空运动器材,非法穿越国(边)境的	情节一般	处 10 日以上 15 日以下拘留

实务认定

1. 本违法行为的认定

侵害的客体	社会公共管理秩序
行为主体	自然人
行为表现	如未经相关部门批准,擅自驾驶民用无人驾驶航空器、航空运动器材或操控模型航空器穿越国(边)境;由于操控者疏忽大意,没有准确掌握飞行路线和位置,或者因航空器的导航、控制等技术问题,导致意外进入国(边)境地区;等等
主观方面	故意

2. 本违法行为与危害国家安全罪对照

对比项	行民用无人驾驶航空器、航空运动器材,操控模型航空器非法穿越国(边)境	危害国家安全罪
行为表现	未经批准在陆地国界附近操控无人驾驶航空器、模型航空器等飞行	危害国家主权、领土完整和安全,分裂国家、颠覆人民民主专政的政权和推翻社会主义制度的行为
主观方面	故意	故意
后果	未造成重大事故或严重后果	足以危害国家安全

取证要点

1. 主体方面

主要包括违法行为人的姓名、法定年龄、责任能力、性别、民族、住址、政治面貌、历史表现,是否取得飞行执照,是否进行实名认证,违法行为人之间的关系,是否有前科劣迹,是否具有人大代表、政协委员等特殊身份,是否为公职人员等。

2. 主观方面

主要包括违法行为人实施本行为的原因、目的等。(1)原因。主要调查违法行为人实施本行为的具体原因,如涉及走私、间谍活动等非法行为逃避监管或法律制裁;GPS信号干扰或定位错误,导致误入他国领空;科研项目需要跨境飞行,但未办理合法手续等。(2)目的。主要分析违法行为人实施本行为的目的,如非法运输、情报搜集、追求刺激或技术验证等。

3. 客观方面

主要包括违法行为人使用的飞行器类型与越境方式;越境路径与环境;是否造成实际危害(如引发国与国之间的冲突、引发安全事件);是否履行了飞行报批手续;等等。

> **规范索引**

《出境入境管理法》第82条;《刑法》第322条;《无人驾驶航空器飞行管理暂行条例》第47条

32. 升放无人驾驶自由气球、系留气球等升空物体非法穿越国(边)境

> **法律条文**

《治安管理处罚法》第46条 违反有关法律法规关于飞行空域管理规定,飞行民用无人驾驶航空器、航空运动器材,或者升放无人驾驶自由气球、系留气球等升空物体,情节较重的,处五日以上十日以下拘留。

飞行、升放前款规定的物体非法穿越国(边)境的,处十日以上十五日以下拘留。

> **裁量标准**

违法行为	违法情节程度	处罚标准
违反飞行空域管理规定,升放无人驾驶自由气球、系留气球等升空物体非法穿越国(边)境的	情节一般	处10日以上15日以下拘留

> **实务认定**

1. 本违法行为的认定

侵害的客体	社会公共管理秩序
行为主体	自然人
行为表现	如未经相关部门批准,擅自升放气球、系留气球;由于升放者疏忽大意,没有准确计算气球的飞行轨迹和落点,或者因气球的控制系统、气象条件等因素导致失控,意外进入国(边)境地区;等等
主观方面	故意

2. 本违法行为与危害国家安全罪对照

对比项	升放无人驾驶自由气球、系留气球等升空物体非法穿越国(边)境	危害国家安全罪
行为表现	未经批准擅自升放或未按规定升放无人驾驶自由气球、系留气球等升空物体非法穿越国(边)境	危害国家主权、领土完整和安全,分裂国家、颠覆人民民主专政的政权和推翻社会主义制度的行为
主观方面	故意	故意
危害后果	未造成重大事故或严重后果	足以危害国家安全

取证要点

1. 主体方面

主要包括违法行为人的姓名、法定年龄、责任能力、性别、民族、住址、政治面貌、历史表现,违法行为人之间的关系,是否有前科劣迹,是否具有人大代表、政协委员等特殊身份,是否为公职人员等。

2. 主观方面

主要包括违法行为人实施本行为的原因、目的等。(1)原因。主要调查违法行为人实施本行为的具体原因,如对风向、风速等气象条件判断失误;系留装置失效或控制不当;气球失控或定位系统失灵等。(2)目的。主要分析违法行为人实施本行为的目的,如跨境投送宣传资料;运输轻量高值违禁品等。

3. 客观方面

主要包括违法行为人升放无人驾驶自由气球、系留气球的特性、越境特征;是否造成实际危害(如干扰民航航线、坠落物伤人毁物、引发国家间紧张关系、造成社会不安定)等。

规范索引

《出境入境管理法》第 82 条;《刑法》第 322 条;《通用航空飞行管制条例》第 33 条

(三)侵犯人身权利、财产权利的行为

1.组织、胁迫、诱骗进行恐怖、残忍表演

法律条文

《治安管理处罚法》第 47 条第 1 项 有下列行为之一的,处十日以上十五日以下拘留,并处一千元以上二千元以下罚款;情节较轻的,处五日以上十日以下拘留,并处一千元以下罚款:

(一)组织、胁迫、诱骗不满十六周岁的人或者残疾人进行恐怖、残忍表演的;

裁量标准

违法行为	违法情节程度	处罚标准
组织、胁迫、诱骗不满 16 周岁的人或者残疾人进行恐怖、残忍表演的	情节较轻	处 5 日以上 10 日以下拘留,并处 1000 元以下罚款
	情节一般	处 10 日以上 15 日以下拘留,并处 1000 元以上 2000 元以下罚款

根据《公安机关对部分违反治安管理行为实施处罚的裁量指导意见》,有下列情形之一的,属于"情节较轻":

(1)未使用暴力方法,且对他人身心健康影响较小的,但将相关表演视频在信息网络上散布的除外;

(2)经被侵害人要求或者他人劝阻及时停止,且后果轻微的;

(3)其他情节较轻的情形。

《残疾人保护法》第 2 条规定:"残疾人是指在心理、生理、人体结构上,某种组织、功能丧失或者不正常,全部或者部分丧失以正常方式从事某种活动能力的人。"

实务认定

1. 本违法行为的认定

侵害的客体	未成年人或残疾人的人身权
行为主体	自然人或单位
恐怖表演、残忍表演	恐怖表演,是指有关凶杀暴力的表演,包括但不限于表演"碎尸万段"、刀劈活人、大卸人体组织等有关凶杀、暴力的表演。残忍表演,是指对人的身体进行残酷折磨的表演,如吞宝剑、吞铁球、人吃活蛇、汽车过人、油锤贯顶、铁钉刺鼻等对人的身体进行残酷折磨的表演
组织、胁迫、诱骗	组织,是指行为人招募、雇用行为。胁迫,是指行为人以实施暴力或者其他有损身心健康的行为,强迫他人按照其要求进行恐怖、残忍表演的行为,如以冻饿、罚跪等手段相要挟。诱骗,是指行为人以许诺、诱惑、欺骗等手段诱使他人进行恐怖、残忍表演的行为
主观方面	故意

2. 本违法行为与雇用童工从事危重劳动罪对照

对比项	组织、胁迫、诱骗进行恐怖、残忍表演	雇用童工从事危重劳动罪
侵害对象	未满16周岁的人或残疾人	未满16周岁的人
行为	不属于危重劳动	超强度体力劳动或危险劳动

取证要点

1. 主体方面

主要包括违法行为人的姓名、法定年龄、责任能力、性别、民族、住址、政治面貌、历史表现,违法行为人之间的关系,是否有前科劣迹,是否具有人大代表、政协委员等特殊身份,是否为公职人员等。

单位违法的,确定直接负责的主管人员和其他直接责任人员(根据《公安机关执行〈中华人民共和国治安管理处罚法〉有关问题的解释》,对单位实施《治安管理处罚法》第三章所规定的违反治安管理行为的,应当依法对其直接负责的主管人员和其他直接责任人员予以治安管理处罚)。

2. 主观方面

主要包括违法行为人实施本行为的原因、目的等。(1)原因。主要调查违法行为人实施本行为的具体原因,如出于经济利益驱动,利用未成年人、残疾人的弱势地位,通过组织恐怖、残忍表演来获取观众的关注和金钱收益等。(2)目的。主要分析违法行为人实施本行为的目的,如通过组织此类表演,吸引观众并获取门票收入、赞助费或其他形式的金钱回报;抱有炫耀、满足个人私欲等。

3. 客观方面

主要包括从事表演的未成年人、残疾人的数量、表演的内容;未成年人、残疾人从事表演的组织经营结构;未成年人、残疾人参加表演的原因(如部分未成年人、残疾人可能因家庭经济困难、缺乏教育机会或受到组织者的欺骗和胁迫而参加表演)、目的(如对于部分未成年人、残疾人来说,参加表演可能是为了赚取生活费、补贴家用或满足个人兴趣爱好);未成年人、残疾人参加表演是否存在被胁迫、诱骗;是否存在虐待、残害、摧残未成年人、残疾人的行为等。

规范索引

《刑法》第 234、235、244 条;《营业性演出管理条例》第 2、5、15、16、18、26、27、36、37、38、46、56 条;《未成年人保护法》第 2、3、38、41、68、71 条;《劳动法》第 15 条;《禁止使用童工规定》第 2、3、5、6、7、9、13 条

2. 强迫劳动

法律条文

《治安管理处罚法》第 47 条第 2 项 有下列行为之一的,处十日以上十五日以下拘留,并处一千元以上二千元以下罚款;情节较轻的,处五日以上十日以下拘留,并处一千元以下罚款:

(二)以暴力、威胁或者其他手段强迫他人劳动的;

裁量标准

违法行为	违法情节程度	处罚标准
以暴力、威胁或者其他手段强迫他人劳动的	情节较轻	处 5 日以上 10 日以下拘留,并处 1000 元以下罚款
	情节一般	处 10 日以上 15 日以下拘留,并处 1000 元以上 2000 元以下罚款

根据《公安机关对部分违反治安管理行为实施处罚的裁量指导意见》,有下列情形之一的,属于"情节较轻":

(1)经被侵害人要求或者他人劝阻及时停止,且后果轻微的;
(2)强迫他人劳动系以劳务抵偿合法债务,且劳动强度较低的;
(3)其他情节较轻的情形。

实务认定

1.本违法行为的认定

侵害的客体	公民的人身自由权和劳动权
行为主体	自然人或单位
行为表现	利用暴力殴打、威胁、限制人身自由、冻饿、不让休息,以没收押金、集资款为威胁等方式,违背劳动者的意识或使劳动者丧失对劳动的选择权,强迫他人劳动
主观方面	故意

2.本违法行为与强迫职工劳动罪的区别

强迫劳动应当未造成严重后果,未导致劳动安全事故。强迫职工劳动罪属于长时间无偿强迫他人劳动的;强迫多人无偿劳动的;因强迫劳动致使发生重大劳动安全事故的;采用暴力、胁迫、侮辱等手段非法限制他人人身自由强迫劳动等严重情节。

取证要点

1.主体方面

主要包括违法行为人的姓名、法定年龄、责任能力、性别、民族、住址、政治面貌、历史表现,违法行为人之间的关系,是否有前科劣迹,是否具有人大代表、政协委员等特殊身份,是否为公职人员等。

单位违法的,确定直接负责的主管人员和其他直接责任人员(根据《公安机关执行〈中华人民共和国治安管理处罚法〉有关问题的解释》,对单位实施《治安管理处罚法》第三章所规定的违反治安管理行为的,应当依法对其直接负责的主管人员和其他直接责任人员予以治安管理处罚)。

2.主观方面

主要包括违法行为人实施本行为的原因、目的等。(1)原因。主要调查违法行为人实施本行为的具体原因,如通过强迫劳动以降低成本、提高生产效率或获取更多的利润;出于报复、惩罚等不正当动机,对劳动者进行强迫劳动等。(2)目的。主要分析违法行为人实施本行为的目的,如满足雇主或组织者的经济利益需求;被用作一种控制手段,以维持雇主对劳动者的权威和支配地位等。

3. 客观方面

主要包括强迫劳动的方式、手段(如暴力威胁、限制人身自由、扣押身份证件、经济剥削);被强迫劳动的人数、时间以及被强迫劳动者的年龄、责任能力、健康状况等;被强迫劳动者的工作场所、工作环境、生活状况;是否存在平等、协商的劳动合同关系;是否存在殴打、杀害、拘禁被强迫劳动者的行为等。

规范索引

《刑法》第244条;《劳动法》第3、32、36~44、96、97条;《禁止使用童工规定》第11条;《劳动合同法》第37、38、88条

3. 非法限制人身自由

法律条文

《治安管理处罚法》第47条第3项 有下列行为之一的,处十日以上十五日以下拘留,并处一千元以上二千元以下罚款;情节较轻的,处五日以上十日以下拘留,并处一千元以下罚款:

(三)非法限制他人人身自由、非法侵入他人住宅或者非法搜查他人身体的。

裁量标准

违法行为	违法情节程度	处罚标准
非法限制他人人身自由	情节较轻	处5日以上10日以下拘留,并处1000元以下罚款
	情节一般	处10日以上15日以下拘留,并处1000元以上2000元以下罚款

根据《公安机关对部分违反治安管理行为实施处罚的裁量指导意见》,非法限制他人人身自由,未使用殴打、捆绑、侮辱等恶劣手段,且未造成人身伤害或者其他较重危害后果,取得被侵害人谅解的,属于"情节较轻"。

> 实务认定

1. 本违法行为的认定

侵害的客体	公民的人身自由权
行为主体	自然人或单位
行为表现	未经法律授权,对他人的人身自由进行限制,被限制者仍然具有部分人身自由。人身自由,是指公民在法律范围内按照自己的意志决定自己身体的自由。如扣留身份证件,限制他人活动区域等
主观方面	故意

2. 非法限制自由与非法拘禁罪的区别

非法限制自由行为,属于情节显著轻微或一般,危害不大,未造成人身伤亡等严重后果。非法拘禁罪,属于情节严重。如,非法拘禁他人时间较长的;非法拘禁他人具有殴打、侮辱等情节的;多次非法拘禁他人或者非法拘禁多人,造成恶劣社会影响的;非法拘禁致使他人精神失常或自杀的;非法拘禁致人重伤、死亡等。此外对于公职人员利用职权非法拘禁他人的,按刑法从重处罚。

> 取证要点

1. 主体方面

主要包括违法行为人的姓名、法定年龄、责任能力、性别、民族、住址、政治面貌、历史表现,违法行为人之间的关系,是否有前科劣迹,是否具有人大代表、政协委员等特殊身份,是否为公职人员,是否利用职权等。

单位违法的,确定直接负责的主管人员和其他直接责任人员(根据

《公安机关执行〈中华人民共和国治安管理处罚法〉有关问题的解释》，对单位实施《治安管理处罚法》第三章所规定的违反治安管理行为的，应当依法对其直接负责的主管人员和其他直接责任人员予以治安管理处罚）。

2. 主观方面

主要包括违法行为人实施本行为的原因、目的等。(1)原因。主要调查违法行为人实施本行为的具体原因，如索债、出于报复、惩罚、控制或防止信息泄露等。(2)目的。主要分析违法行为人实施本行为的目的，如为剥夺或限制他人的行动自由，以达到控制、威胁、惩罚或获取某种利益的目的等。

3. 客观方面

主要包括非法限制人身自由的方法、手段（如暴力、胁迫、关押、拘禁、捆绑、隔离）；非法限制人身自由的时间、地点；被非法限制人身自由的被害人的身体是否存在伤害（如被限制人可能遭受殴打、虐待、饥饿、寒冷等折磨，导致身体受伤或健康状况恶化）等。

规范索引

《宪法》第37条；《刑法》第238条；《最高人民检察院关于人民检察院直接受理立案侦查案件立案标准的规定》第3条；最高人民法院等《关于办理实施"软暴力"的刑事案件若干问题的意见》

4. 非法侵入住宅

法律条文

《治安管理处罚法》第47条第3项　有下列行为之一的，处十日以上十五日以下拘留，并处一千元以上二千元以下罚款；情节较轻的，处五日以上十日以下拘留，并处一千元以下罚款：

（三）非法限制他人人身自由、非法侵入他人住宅或者非法搜查他人身体的；

> 裁量标准

违法行为	违法情节程度	处罚标准
非法侵入他人住宅	情节较轻	处 5 日以上 10 日以下拘留,并处 1000 元以下罚款
	情节一般	处 10 日以上 15 日以下拘留,并处 1000 元以上 2000 元以下罚款

根据《公安机关对部分违反治安管理行为实施处罚的裁量指导意见》,有下列情形之一的,属于"情节较轻":

(1)因债务纠纷、邻里纠纷侵入他人住宅,经劝阻及时退出,且未造成危害后果的;

(2)非法侵入他人住宅,自行退出,且未造成危害后果的;

(3)其他情节较轻的情形。

> 实务认定

1. 本违法行为的认定

侵害的客体	公民住宅不受侵犯的权利
行为主体	达到法定责任年龄、具备法定责任能力的自然人
行为表现	违背住宅内成员的意愿或者无授权,进入公民住宅,或进入公民住宅后经要求退出而拒不退出。 非法侵入尚未分配、出售或出租,无人居住的住宅,不构成本行为
主观方面	故意

2. 本违法行为与非法侵入他人住宅罪的区别

非法侵入住宅行为可能没有危害后果或危害后果极小。非法侵入他人住宅罪,情节恶劣,对被害人的正常生活秩序造成严重破坏,对被害人的精神状况产生严重影响,甚至对被害人的财物造成损毁。

3. 本违法行为与误入他人住宅的行为对照

对比项	非法侵入住宅	误入他人住宅的行为
主观方面	故意	过失
行为表现	被告知、劝阻、制止后,仍然不离开他人住宅	当被告知、劝阻制止后及时退出他人住宅

取证要点

1. 主体方面

主要包括违法行为人的姓名、法定年龄、责任能力、性别、民族、住址、政治面貌、历史表现,其与住宅的关系(如为所有权人、承租人、借用人等),违法行为人之间的关系,是否有前科劣迹,是否具有人大代表、政协委员等特殊身份,是否为公职人员等。

2. 主观方面

主要包括违法行为人实施本行为的原因、目的等。(1)原因。主要调查违法行为人实施本行为的具体原因,如寻找某人、窃取财物、破坏财产、实施恐吓或报复等。(2)目的。主要分析违法行为人实施本行为的目的,如窃取财物、破坏住宅内的财产或设施、满足好奇心或窥探欲等。

3. 客观方面

主要包括非法侵入住宅的行为时间、地点、被害人;违法行为人、被害人与被侵入的住宅的关系;违法行为人进入被害人住宅的方式、方法(如强行闯入、秘密潜入、欺骗或诱骗);被害人是否要求违法行为人离开被害人的住宅;非法侵入住宅是否造成被害人的正常生活秩序受到破坏、人身和财产是否受到伤害或损害等。

规范索引

《宪法》第 39 条;《刑法》第 245 条;《最高人民检察院关于人民检察院

直接受理立案侦查案件立案标准的规定》第 3 条;《刑事诉讼法》第 134~138 条

典型案例

高某非法侵入他人住宅治安处罚案

高某与前妻曹某因小孩抚养问题发生矛盾纠纷。高某先后两次非法侵入曹某现任丈夫王某父母的家中,并对王某父母及其家人进行恐吓、威胁,给他人生活造成严重影响。民警到场后,告知高某的行为属于违法行为,经多次劝说和警告,要求高某停止违法行为,离开现场,但高某拒绝离开。以上事实有询问笔录、现场勘验笔录、现场照片、现场草图等证据证实。尽管高某辩称其进入前妻家是为了解决问题,事情未处理不愿离开,其本意并非影响前妻生活,仅希望民警帮助处理矛盾。但公安部门认为,与他人发生纠纷,应以合法手段解决,高某非法侵入他人住宅的行为,干扰了他人的生活,侵犯他人的居住安宁权,在客观上已对他人构成侵害,违反了《治安管理处罚法》的规定,最终对高某作出行政拘留 12 日,并处罚 1000 元的决定。

5. 非法搜查身体

法律条文

《治安管理处罚法》第 47 条第 3 项　有下列行为之一的,处十日以上十五日以下拘留,并处一千元以上二千元以下罚款;情节较轻的,处五日以上十日以下拘留,并处一千元以下罚款:

(三)非法限制他人人身自由、非法侵入他人住宅或者非法搜查他人身体的;

裁量标准

违法行为	违法情节程度	处罚标准
非法搜查他人身体	情节较轻	处5日以上10日以下拘留,并处1000元以下罚款
	情节一般	处10日以上15日以下拘留,并处1000元以上2000元以下罚款

根据《公安机关对部分违反治安管理行为实施处罚的裁量指导意见》,有下列情形之一的,属于"情节较轻":

(1)经被侵害人要求或者他人劝阻及时停止,且未造成人身伤害或者其他危害后果的;

(2)未使用暴力或者未以暴力相威胁的;

(3)其他情节较轻的情形。

实务认定

1. 本违法行为的认定

侵害的客体	他人身体的隐私权
行为主体	达到法定责任年龄、具备法定责任能力的自然人
行为表现	无搜查权的机关、团体、单位的工作人员或其他个人,为了寻找失物、有关人或达到其他目的而对他人的身体进行的搜查;有搜查权的人员,未经合法批准或授权,滥用权力,非法进行的搜查;有搜查权的机关和人员不按照法定的程序、手续进行的搜查;等等
主观方面	故意

2. 本违法行为与非法搜查罪的区别

非法搜查身体的行为,应当情节轻微或一般、没有危害后果或后果极小,对被害人没有产生较大的影响。非法搜查罪,应当情节恶劣、后果严重,如造成被害人精神失常、自杀,或非法搜查采用暴力、威胁等恶劣手段,多次搜查他人,造成被搜查人财产损失严重等。

3. 本违法行为与猥亵行为对照

对比项	非法搜查身体	猥亵行为
目的	为了查找藏匿在身体上、衣服里的物品或证据	为了获得性欲满足
行为对象	一般自然人	男性和女性

取证要点

1. 主体方面

主要包括违法行为人的姓名、法定年龄、责任能力、性别、民族、住址、政治面貌、历史表现,违法行为人之间的关系,是否有前科劣迹,是否具有人大代表、政协委员等特殊身份,是否为公职人员等。

2. 主观方面

主要包括违法行为人实施本行为的原因、目的等。(1)原因。主要调查违法行为人实施本行为的具体原因,如因个人恩怨或矛盾,对特定个体进行报复或惩罚;为收集证据或调查情况,而对他人的身体进行搜查;为寻找自己或他人丢失的财物,而擅自对他人进行身体搜查等。(2)目的。主要分析违法行为人实施本行为的目的,如获取被害人的个人信息、物品或证据,以满足自己的需求;对被害人实施恐吓或报复行为,以彰显自己的权威或满足个人情绪等。

3. 客观方面

主要包括非法搜查的时间、地点;被害人的性别、年龄、民族等身份信息;非法搜查的方式、方法(如直接搜查、使用工具、利用职权);在非法搜查中是否存在其他违法行为(如殴打、侮辱、威胁);被害人的人身、财产是否受到侵害等。

规范索引

《宪法》第 37 条;《刑法》第 245 条;《最高人民检察院关于人民检察院直接受理立案侦查案件立案标准的规定》第 3 条;《刑事诉讼法》第 134~138 条

6. 组织、胁迫未成年人从事有偿陪侍活动

法律条文

《治安管理处罚法》第 48 条 组织、胁迫未成年人在不适宜未成年人活动的经营场所从事陪酒、陪唱等有偿陪侍活动的,处十日以上十五日以下拘留,并处五千元以下罚款;情节较轻的,处五日以下拘留或者五千元以下罚款。

裁量标准

违法行为	违法情节程度	处罚标准
组织、胁迫未成年人在不适宜未成年人活动的经营场所从事陪酒、陪唱等有偿陪侍活动	情节较轻	处 5 日以下拘留或者 5000 元以下罚款
	情节一般	处 10 日以上 15 日以下拘留,并处 5000 元以下罚款

实务认定

1. 本违法行为的认定

侵害的客体	未成年人的身心健康权和社会管理秩序
行为主体	具有法定责任能力,符合法定责任年龄的自然人
行为表现	如以营利为目的,招募、引诱、容留未成年人,在娱乐场所提供陪酒、陪唱、陪玩等服务;通过暴力、威胁、精神控制等手段,强迫未成年人从事有偿陪侍活动;为未成年人从事有偿陪侍活动提供场所、工具、资金等条件;等等
主观方面	故意

2. 本违法行为与组织未成年人进行违反治安管理活动罪、强迫劳动罪对照

对比项	组织、胁迫未成年人从事有偿陪侍活动行为	组织未成年人进行违反治安管理活动罪	强迫劳动罪
行为方式	组织未成年人到娱乐场所提供陪酒、陪唱、陪玩等有偿服务，或通过暴力、威胁等手段强迫未成年人从事上述活动	组织未成年人进行盗窃、诈骗、抢夺、敲诈勒索等违反治安管理活动，或组织未成年人进行有偿陪侍等被视为违反治安管理活动的行为	以暴力、威胁或者限制人身自由的方法强迫他人劳动
主观方面	故意	故意	故意
处罚	可能构成组织未成年人进行违反治安管理活动罪（若被认定为违反治安管理活动），或构成其他相关犯罪（如强迫劳动罪等）	处3年以下有期徒刑或者拘役，并处罚金；情节严重的，处3年以上7年以下有期徒刑，并处罚金	处3年以下有期徒刑或者拘役，并处罚金；情节严重的，处3年以上10年以下有期徒刑，并处罚金

取证要点

1. 主体方面

主要包括违法行为人的姓名、法定年龄、责任能力、性别、民族、住址、政治面貌、历史表现，违法行为人之间的关系，是否有前科劣迹，是否为公职人员等。

2. 主观方面

主要包括违法行为人实施本行为的动机、目的等。（1）动机。主要调查违法行为人实施本行为的具体动机，如追求高额利润、恶性竞争等。（2）目的。主要明确违法行为人实施本行为的目的，如获取经济利益、满足特定客户需求等。

3. 客观方面

主要包括确认违法行为人实施本行为的组织行为、胁迫行为；实施有偿陪侍活动的类型及非法服务；未成年人的数量；有偿陪侍活动的持续时间；违法所得金额；造成的后果等。

规范索引

《刑法》第 62 条；《未成年人保护法》第 58 条

7. 胁迫、诱骗、利用他人乞讨

法律条文

《治安管理处罚法》第 49 条第 1 款　胁迫、诱骗或者利用他人乞讨的，处十日以上十五日以下拘留，可以并处二千元以下罚款。

裁量标准

违法行为	违法情节程度	处罚标准
胁迫、诱骗或者利用他人乞讨的	情节一般	处 10 日以上 15 日以下拘留，可以并处 2000 元以下罚款

实务认定

1. 本违法行为的认定

侵害的客体	公民的人身权和财产权
行为主体	达到法定责任年龄、具备法定责任能力的自然人
行为表现	胁迫，是通过暴力或者非暴力手段对被害人进行威胁、吓，迫使其进行乞讨；诱骗是行为人以许诺、诱惑、欺骗等手段诱使他人进行乞讨；利用，是通过租借儿童、雇佣残疾人等，为其家属或者监护人支付一定的金钱，然后利用未成年人、残疾人进行乞讨谋取非法利益
主观方面	故意

2.本违法行为与组织残疾人、儿童乞讨罪对照

对比项	胁迫、诱骗、利用他人乞讨	组织残疾人、儿童乞讨罪
侵害对象	任何人,并非专指残疾人或者未成年人	残疾人或者不满14周岁的未成年人
行为主体	所有实施了胁迫、诱骗或者利用他人乞讨的行为人	只限于组织者
采用手段	胁迫、诱骗、利用他人乞讨的行为	暴力、胁迫手段

3.本违法行为与一般乞讨的区别

胁迫、诱骗、利用他人乞讨行为的乞讨者是受到他人胁迫、诱骗或被他人利用,非自愿。一般乞讨的乞讨者是自愿的。

取证要点

1.主体方面

主要包括违法行为人的姓名、法定年龄、责任能力、性别、民族、住址、政治面貌、历史表现,违法行为人之间的关系,是否有前科劣迹,是否具有人大代表、政协委员等特殊身份,是否为公职人员等。

2.主观方面

主要包括违法行为人实施本行为的原因、目的等。(1)原因。主要调查违法行为人实施本行为的具体原因,如自身经济困难,希望通过控制他人乞讨来获取一定的经济利益;将乞讨视为一种赚钱手段,通过胁迫、诱骗或利用他人进行乞讨,从中获取不法利益等。(2)目的。主要分析违法行为人实施本行为的目的,如获取乞讨所得的金钱或财物;实现对他人的控制,以满足自己的权力欲或控制欲;利用他人进行乞讨,以掩盖自己的不法行为或逃避法律责任等。

3.客观方面

主要包括胁迫、诱骗、利用他人乞讨的手段、方法(如暴力威胁、诱骗

欺骗、利用与被利用人之间的某种关系);胁迫、诱骗、利用他人乞讨的次数、被害人的年龄和身体状况、所造成的身心伤害(如身体疲劳、疾病伤害;感到自卑、无助、绝望);是否存在对被害人、被利用人的身体摧残、伤害;被害人或被利用人是否属于未成年人、残疾人等。

规范索引

《刑法》第 262 条;《未成年人保护法》第 41、71 条;《关于进一步加强城市街头流浪乞讨人员救助管理和流浪未成年人解救保护工作的通知》

8.以滋扰他人的方式乞讨

法律条文

《治安管理处罚法》第 49 条第 2 款　反复纠缠、强行讨要或者以其他滋扰他人的方式乞讨的,处五日以下拘留或者警告。

裁量标准

违法行为	违法情节程度	处罚标准
反复纠缠、强行讨要或者以其他滋扰他人的方式乞讨的	情节一般	处 5 日以下拘留或者警告

实务认定

1.本违法行为的认定

侵害的客体	既侵害了他人的人身权,也侵害了社会公共秩序
行为主体	达到法定责任年龄、具备法定责任能力的自然人
行为表现	反复纠缠,是指一次又一次、不断地缠着他人进行乞讨的行为,具体表现为拽衣服、抱腿、不给钱就不松手等方式纠缠路人; 强行讨要,是指以蛮不讲理的方式,向他人乞讨,致使他人不得不满足其乞讨要求的行为;

续表

	其他滋扰他人的方式,是指采用除反复纠缠、强行讨要以外的其他方式进行乞讨的行为,如通过言语或行为暗示可能会对他人造成不利影响,迫使他人给钱等
主观方面	故意

2. 本违法行为与抢劫罪、抢夺罪对照

对比项	以滋扰他人的方式乞讨	抢劫罪	抢夺罪
行为表现	通过滋扰方式让他人给予乞讨者少量钱财	直接当场实施暴力或者持械抢夺他人财物	乘人不备,当场夺取他人财物
行为类别	违反治安管理行为	犯罪行为	

3. 本违法行为与一般乞讨行为的区别

以滋扰他人的方式乞讨,是以反复纠缠他人或强行讨要的方式,迫使他人给予乞讨者钱财。一般乞讨行为,是通过乞讨者表现出的悲惨状况,引发他人怜悯而主动给予乞讨者钱财。

取证要点

1. 主体方面

主要包括违法行为人的姓名、法定年龄、责任能力、性别、民族、住址、政治面貌、历史表现,违法行为人之间的关系,是否有前科劣迹,是否具有人大代表、政协委员等特殊身份,是否为公职人员等。

2. 主观方面

主要包括违法行为人实施本行为的原因、目的等。(1)原因。主要调查违法行为人实施本行为的具体原因,如经济困难或生活无着落;因长期乞讨而形成心理依赖等。(2)目的。主要分析违法行为人实施本行为的目的,如引起他人注意并获得施舍,以满足其基本生活需求;通过滋扰他人的方式发泄情绪或表达不满等。

3. 客观方面

主要包括乞讨的方式、手段(反复纠缠;强行讨要;卖花、卖唱、开车门、拎包等行为变相乞讨);乞讨人属于未成年人的,应调查是否存在组织者;以滋扰他人的方式乞讨的时间、地点、次数;社会影响(如侵犯他人的合法权益和正常生活秩序,引发社会不满和矛盾);是否存在其他违法行为等。

规范索引

《刑法》第263、267条;《城市生活无着的流浪乞讨人员救助管理办法》;《关于进一步加强城市街头流浪乞讨人员救助管理和流浪未成年人解救保护工作的通知》

典型案例

奚某以滋扰他人方式乞讨治安处罚案

某日,奚某在某地铁自助售票处主动搭讪正在购票的旅客李某,向其讨要零钱,在李某未予理睬的情况下,奚某仍继续纠缠李某讨要零钱,在实施过程中被执勤民警查获。以上事实有询问笔录、证人证言等证据证实。尽管奚某辩称其当天是帮助其他乘客购买地铁票,从未向他人讨要钱款,更无纠缠、滋扰情形。但公安部门认为,奚某长期混迹于地铁站,多次采取阻拦、拉扯等令人反感的方式对购买地铁票的旅客进行乞讨,侵犯了公共交通站点的秩序以及旅客的人身权利。公安部门有证实奚某纠缠乞讨行为的证据,即旅客李某及目击证人徐某明确指证奚某对李某有"搭讪、要钱、拉住、干扰、纠缠"等行为。根据《治安管理处罚法》的规定,对奚某作出行政拘留3日的处罚。

9. 威胁人身安全

法律条文

《治安管理处罚法》第50条第1款第1项　有下列行为之一的,处五日以下拘留或者一千元以下罚款;情节较重的,处五日以上十日以下拘留,可以并处一千元以下罚款:

(一)写恐吓信或者以其他方法威胁他人人身安全的;

裁量标准

违法行为	违法情节程度	处罚标准
写恐吓信或者以其他方法威胁他人人身安全的	情节一般	处5日以下拘留或者1000元以下罚款
	情节较重	处5日以上10日以下拘留,可以并处1000元以下罚款

根据《公安机关对部分违反治安管理行为实施处罚的裁量指导意见》,有下列情形之一的,属于"情节较重":

(1)给他人正常工作、生活、身心健康造成较大影响的;

(2)经劝阻仍不停止的;

(3)针对多人实施的;

(4)采取多种方式和手段威胁他人人身安全的;

(5)其他情节较重的情形。

实务认定

1.本违法行为的认定

侵害的客体	公民的人身安全
行为主体	达到法定责任年龄、具备法定责任能力的自然人

续表

行为表现	写恐吓信,打恐吓电话,由第三者传话,向他人门口涂油漆,向他人院子投掷石块等
认定关键	只要实施了威胁他人人身安全的行为,即构成本违法行为
主观方面	故意

2. 本违法行为与相关犯罪的区别

威胁人身安全行为应当未造成严重危害后果。相关犯罪有打击报复会计、统计人员罪,侮辱罪,敲诈勒索罪等,这些犯罪往往威胁人身安全造成严重危害后果,如被害人精神失常、自杀、社会影响较大、手段恶劣、侵占财产数额较大等。

3. 本违法行为与敲诈勒索行为的区别

威胁人身安全行为侵害的是公民的人身安全权。敲诈勒索行为侵害的是公民的财产权。

> 取证要点

1. 主体方面

主要包括违法行为人的姓名、法定年龄、责任能力、性别、民族、住址、政治面貌、历史表现,违法行为人之间的关系,是否有前科劣迹,是否具有人大代表、政协委员等特殊身份,是否为公职人员等。

2. 主观方面

主要包括违法行为人实施本行为的原因、目的等。(1)原因。主要调查违法行为人实施本行为的具体原因,如因情感纠纷、工作矛盾等产生的个人仇恨;为获取某种经济利益;因政治立场、宗教信仰等不同而产生的对立和冲突等。(2)目的。主要分析违法行为人实施本行为的目的,如通过威胁来制造恐惧感,使受害人屈服于行为人的要求;以威胁为手段,迫使受害人交出财物等。

3. 客观方面

主要包括受害人的身份信息;违法行为人威胁他人人身安全的手段、方法;威胁人身安全的言行证据(信件、短信、电话等)、威胁人身安全行为的时间、次数;对受害人造成的不良影响(如心理创伤、生活困扰、社会关系受损)等。

规范索引

《刑法》第274、308条;《信访工作条例》第26、47条;《民法典》第120、178、187、1165~1172、1179~1183、1194~1197条

10. 公然侮辱他人

法律条文

《治安管理处罚法》第50条第1款第2项　有下列行为之一的,处五日以下拘留或者一千元以下罚款;情节较重的,处五日以上十日以下拘留,可以并处一千元以下罚款:

(二)公然侮辱他人或者捏造事实诽谤他人的;

裁量标准

违法行为	违法情节程度	处罚标准
公然侮辱他人	情节一般	处5日以下拘留或者1000元以下罚款
	情节较重	处5日以上10日以下拘留,可以并处1000元以下罚款

根据《公安机关对部分违反治安管理行为实施处罚的裁量指导意见》,有下列情形之一的,属于"情节较重":

(1)使用恶劣手段、方式的;
(2)给他人正常工作、生活、身心健康、名誉造成较大影响的;

(3)经劝阻仍不停止的;
(4)利用信息网络公然侮辱、诽谤、诬告陷害他人的;
(5)针对多人实施的;
(6)其他情节较重的情形。

> **实务认定**

1.本违法行为的认定

侵害的客体	公民的人格尊严和名誉权
行为主体	达到法定责任年龄、具备法定责任能力的自然人
行为表现	使用暴力、言语、文字或其他方法,公然贬低、损害他人人格、破坏他人名誉
认定关键	进行侮辱时必须公然进行,能够让公众看到或听到。对被害人进行侮辱时,被害人是否在现场,不影响本行为的成立
主观方面	故意

2.本违法行为与侮辱罪的区别

公然侮辱他人行为应当未造成严重后果。侮辱罪,属于情节严重,危害后果大,如造成被害人精神失常、自杀,社会影响恶劣等。

3.本违法行为与一般性传播流言蜚语行为对照

对比项	公然侮辱他人	侮辱(民事侵权)
目的	为了侵害他人的名誉权、人格权	为了取乐,显示本领,人云亦云
行为方式	公然实施侮辱行为	具有非公然性,是一对一的侮辱
危害程度	危害较大	危害无轻重之分,但对被害人名誉、人格产生较大影响,也会构成侮辱行为

4. 公然侮辱他人中"公然"的认定

所谓"公然"侮辱他人,是指当众或者利用能够使多人听到或看到的方式,对他人进行侮辱,公然侮辱并不一定要求被侵害人在场。如果行为人仅仅针对被侵害人进行侮辱,没有第三人在场,也不可能被第三者知悉,则不构成本行为,因为只有他人在场,被害人的名誉才会受到伤害。

取证要点

1. 主体方面

主要包括违法行为人的姓名、法定年龄、责任能力、性别、民族、住址、政治面貌、历史表现,违法行为人之间的关系,是否有前科劣迹,是否具有人大代表、政协委员等特殊身份,是否为公职人员等。

2. 主观方面

主要包括违法行为人实施本行为的原因、目的等。(1)原因。主要调查违法行为人实施本行为的具体原因,如个人恩怨、利益冲突、嫉妒心理、偏见或歧视等。(2)目的。主要分析违法行为人实施本行为的目的,如通常是在精神层面上降低某人的社会地位,或是为了发泄个人情绪、满足某种心理需求等。

3. 客观方面

主要包括违法行为人侮辱的手段、方法(如暴力侮辱、言语侮辱、文字侮辱);时间、地点,给受害人造成的不良影响(如给受害人带来严重的精神痛苦和心理创伤,导致其社会评价降低,甚至影响其工作、生活和人际关系);被侮辱人的身份信息;被人的精神状况、生活现状;被侮辱人是否受到身体伤害、财产损失等。

规范索引

《刑法》第 246 条;《残疾人保障法》第 3、62、65 条;《教师法》第 35、37 条;《民法典》第 120、178、179、187、1166~1172、1179~1183 条

典型案例

秦某非法公然侮辱他人治安处罚案

秦某妻子吴某因其儿子打牌输钱在其家门前的路上大声谩骂,同日18时许,曾与其儿子打过牌的王某到其家责问吴某,后两人发生争吵并相互厮打。王某长子赶到现场后与王某一起对吴某拳打脚踢,秦某遂上前与王某理论,接着王某、王某长子、王某次子一起殴打秦某,秦某全程对王某等人进行辱骂。民警到场后,制止了殴打行为,并依照法定程序进行调查取证。以上事实有询问笔录、现场勘验笔录、证人证言等证据材料加以证实。尽管秦某主张是王某等人打人在先,其只是与王某等人理论,但是根据已有证据证明秦某存在在公共场所辱骂、贬低他人的行为,秦某的行为具备公然性和主观恶意性。至于王某等人殴打他人的行为已经另案处罚,且此并不构成秦某公然侮辱他人的合法事由,秦某完全可以通过诉讼、仲裁等其他方式维护自身合法权益。由于秦某事实上实施了公然辱骂他人的违法行为,侵犯了他人的人身权益,造成了不良的社会影响。因此,公安部门依据《治安管理处罚法》的规定,给予秦某罚款1000元的行政处罚。

11. 诽谤他人

法律条文

《治安管理处罚法》第50条第1款第2项　有下列行为之一的,处五日以下拘留或者一千元以下罚款;情节较重的,处五日以上十日以下拘留,可以并处一千元以下罚款:
　　(二)公然侮辱他人或者捏造事实诽谤他人的;

> 裁量标准

违法行为	违法情节程度	处罚标准
捏造事实诽谤他人的	情节一般	处5日以下拘留或者1000元以下罚款
	情节较重	处5日以上10日以下拘留,可以并处1000元以下罚款

根据《公安机关对部分违反治安管理行为实施处罚的裁量指导意见》,有下列情形之一的,属于"情节较重":
(1)使用恶劣手段、方式的;
(2)给他人正常工作、生活、身心健康、名誉造成较大影响的;
(3)经劝阻仍不停止的;
(4)利用信息网络公然侮辱、诽谤、诬告陷害他人的;
(5)针对多人实施的;
(6)其他情节较重的情形。

> 实务认定

1. 本违法行为的认定

侵害的客体	公民的人格权和名誉权
行为主体	达到法定责任年龄、具备法定责任能力的自然人
行为表现	捏造某种虚构的事实,通过口头、文字图画或视频等方式在社会公开扩散
认定关键	散布的虚假事实足以贬损他人人格、破坏他人名誉。如果不可能损害他人的人格、名誉,或无损于他人的人格、名誉,则不构成诽谤。诽谤行为必须是针对特定的人进行的,但不一定要指名道姓,只要从诽谤的内容上知道被害人是谁,就可以构成诽谤
主观方面	故意

2. 本违法行为与诽谤罪的区别

诽谤行为情节轻微,危害后果较小。诽谤罪情节严重,危害后果大。

3. 本违法行为与诬告陷害罪对照

对比项	诽谤	诬告陷害罪
侵害的客体	公民的人格权、名誉权	公民的人身权和司法机关的正常活动
目的	为了贬损他人人格、名誉	为了使他人受到刑事追究
行为方式	将捏造的事实向社会散布	将捏造的事实向司法机关、国家机关等告发

取证要点

1. 主体方面

主要包括违法行为人的姓名、法定年龄、责任能力、性别、民族、住址、政治面貌、历史表现,违法行为人之间的关系,是否有前科劣迹,是否具有人大代表、政协委员等特殊身份,是否为公职人员等。

2. 主观方面

主要包括违法行为人实施本行为的原因、目的等。(1)原因。主要调查违法行为人实施本行为的具体原因,如个人恩怨、利益冲突、嫉妒心理、报复欲望或单纯的恶意等。(2)目的。主要分析违法行为人实施本行为的目的,如降低受害人的社会评价,破坏其名誉,或出于报复、陷害等恶意动机等。

3. 客观方面

主要包括违法行为人诽谤的手段、方法(如口头传播、书面文字、网络发布);时间、地点,造成的不良影响(如社会评价的降低、人际关系的恶化、职业发展的受阻);受害人的身份信息;受害人的精神状况、生活现状;受害人是否受到身体伤害、财产损失等。

规范索引

《刑法》第 243、246 条;《妇女权益保障法》第 42 条;《老年人权益保障法》第 3、77 条;《民法典》第 120、178、179、187、1166~1172、1179~1183 条

12. 诬告陷害

法律条文

《治安管理处罚法》第 50 条第 1 款第 3 项 有下列行为之一的,处五日以下拘留或者一千元以下罚款;情节较重的,处五日以上十日以下拘留,可以并处一千元以下罚款:

(三)捏造事实诬告陷害他人,企图使他人受到刑事追究或者受到治安管理处罚的;

裁量标准

违法行为	违法情节程度	处罚标准
捏造事实诬告陷害他人,企图使他人受到刑事追究或者受到治安管理处罚的	情节一般	处 5 日以下拘留或者 1000 元以下罚款
	情节较重	处 5 日以上 10 日以下拘留,可以并处 1000 元以下罚款

根据《公安机关对部分违反治安管理行为实施处罚的裁量指导意见》,有下列情形之一的,属于"情节较重":

(1)使用恶劣手段、方式的;

(2)给他人正常工作、生活、身心健康、名誉造成较大影响的;

(3)经劝阻仍不停止的;

(4)利用信息网络公然侮辱、诽谤、诬告陷害他人的;

(5)针对多人实施的;

(6)其他情节较重的情形。

实务认定

1. 本违法行为的认定

侵害的客体	公民的人身权利和国家司法、行政机关的正常活动
行为主体	达到法定责任年龄、具备法定责任能力的自然人
行为表现	先无中生有,虚构他人违法犯罪事实,再向国家有关机关、部门告发,诬告陷害他人,企图使他人受到刑事追究或者受到治安管理处罚。如写匿名举报信,寄给公安机关,谎称某人长期从事贩毒活动,并附上一些伪造的交易记录和所谓的"证人"信息等
主观方面	故意

2. 本违法行为与诬告陷害罪对照

项目	诬告陷害	诬告陷害罪
目的	为了使他人受到刑事处罚或治安管理处罚	为了使他人受到刑事处罚
情节程度	情节较轻、危害后果较小	情节、后果严重,如造成他人被错误拘留、逮捕、判刑;造成他人精神受到极大刺激而失常或致精神病;不堪陷害而自杀等

3. 本违法行为与错告、检举失实对照

项目	诬告陷害	错告、检举失实
行为区别	故意捏造事实,作虚假告发	由于情况不明,或者认识片面而在控告、检举中发生差错
目的	利用国家司法、行政对他人合法人身权益进行侵害,使他人受到错误的刑事追究或者受到治安管理处罚	伸张正义和公正

取证要点

1. 主体方面

主要包括违法行为人的姓名、法定年龄、责任能力、性别、民族、住址、政治面貌、历史表现,违法行为人之间的关系,是否有前科劣迹,是否具有人大代表、政协委员等特殊身份,是否为公职人员等。

2. 主观方面

主要包括违法行为人实施本行为的原因、目的等。(1)原因。主要调查违法行为人实施本行为的具体原因,如个人私愤、嫉妒心,或是为了达到某种非法目的等。(2)目的。主要分析违法行为人实施本行为的目的,如让被举报对象受到纪律或法律追究以及名誉损失等。

3. 客观方面

主要包括违法行为人诬告陷害的行为手段、方法(如捏造事实、夸大事实、隐瞒真相、伪造证据);诬告陷害所捏造的事实;造成的不良影响(如被诬告者个人遭受名誉损失、职业受损、精神压力等负面影响;破坏组织内部的团结和信任,影响组织的正常运转和发展);受害人的身份信息;受害人受到的错误处理;受害人因为诬告陷害所遭受的人身、财产损失;受害人的精神状况、生活现状等。

规范索引

《刑法》第243条;《信访工作条例》第47条

13. 威胁、侮辱、殴打、打击报复证人及其近亲属

法律条文

《治安管理处罚法》第50条第1款第4项　有下列行为之一的,处五日以下拘留或者一千元以下罚款;情节较重的,处五日以上十日以下拘留,可以并处一千元以下罚款:

(四)对证人及其近亲属进行威胁、侮辱、殴打或者打击报复的;

裁量标准

违法行为	违法情节程度	处罚标准
对证人及其近亲属进行威胁、侮辱、殴打或者打击报复的	情节一般	处5日以下拘留或者1000元以下罚款
	情节较重	处5日以上10日以下拘留,可以并处1000元以下罚款

根据《公安机关对部分违反治安管理行为实施处罚的裁量指导意见》,有下列情形之一的,属于"情节较重":

(1)使用恶劣手段、方式的;

(2)给他人正常工作、生活、身心健康、名誉造成较大影响的;

(3)造成人身伤害的;

(4)针对多人实施的;

(5)其他情节较重的情形。

实务认定

1. 本违法行为的认定

侵害的客体	既侵害了公民的人身权利,也侵害了司法机关的正常活动
行为主体	达到法定责任年龄、具备法定责任能力的自然人
近亲属范围	包括配偶、父母、子女、祖父母、外祖父母、孙子女、外孙子女、兄弟姐妹
时间	既可以是发生在诉讼、调查活动进行之中,也可以发生在诉讼、调查活动结束之后
主观方面	故意

2. 本违法行为与打击报复证人罪的区别

威胁、侮辱、殴打、打击报复证人及其近亲属,应当情节显著轻微,危害不大。打击报复证人罪要求情节严重,造成严重后果。

3. 本违法行为与报复陷害罪对照

项目	威胁、侮辱、殴打、打击报复证人及其近亲属	报复陷害罪
侵害对象	侵害的是司法机关的正常活动以及公民的人身权	侵害的是公民的民主权利,即公民的控告权、申诉权、批评权、举报权
实施主体	一般主体,不限于国家机关工作人员	特殊主体,限于国家机关工作人员,非国家机关工作人员不能构成本罪
是否利用职权	非利用职权行为	行为人必须利用职权,假公济私,进行报复陷害

取证要点

1. 主体方面

主要包括违法行为人的姓名、法定年龄、责任能力、性别、民族、住址、政治面貌、历史表现、违法行为人之间的关系,是否有前科劣迹,是否具有人大代表、政协委员等特殊身份,是否为公职人员等。

2. 主观方面

主要包括违法行为人实施本行为的原因、目的等。(1)原因。主要调查违法行为人实施本行为的具体原因,如证人或其近亲属在司法程序中提供了不利于行为人的证言,或者因为行为人认为证人或其近亲属知晓对其不利的证据等。(2)目的。主要分析违法行为人实施本行为的目的,如希望通过威胁、侮辱、殴打或打击报复等手段,迫使证人改变证言、阻止证人作证,或者惩罚证人及其近亲属以发泄私愤等。

3. 客观方面

主要包括违法行为人威胁、侮辱、殴打、打击报复证人及其近亲属的手段、方法(如口头威胁、书面恐吓、身体暴力、精神折磨);时间、地点、次数,造成的不良社会影响(如导致证人不敢做证,从而影响案件的公正审理;引发社会恐慌和不安定因素,破坏社会的和谐与稳定);受害人的身份信息;受害人的精神状况、生活现状;受害人是否受到身体伤害、财产损失;受害人身体受到伤害的程度等。

规范索引

《刑法》第254、308条;《民法典》第120、178、179、187、1166~1172、1179~1183条;《刑事诉讼法》第61条

14.发送信息干扰他人正常生活的

法律条文

《治安管理处罚法》第50条第1款第5项　有下列行为之一的,处五日以下拘留或者一千元以下罚款;情节较重的,处五日以上十日以下拘留,可以并处一千元以下罚款:

(五)多次发送淫秽、侮辱、恐吓等信息或者采取滋扰、纠缠、跟踪等方法,干扰他人正常生活的;

裁量标准

违法行为	违法情节程度	处罚标准
多次发送淫秽、侮辱、恐吓等信息,干扰他人正常生活的	情节一般	处5日以下拘留或者1000元以下罚款
	情节较重	处5日以上10日以下拘留,可以并处1000元以下罚款

根据《公安机关对部分违反治安管理行为实施处罚的裁量指导意见》,有下列情形之一的,属于"情节较重":

(1)给他人正常工作、生活、身心健康、名誉造成较大影响的;

(2)向多人发送的;

(3)经被侵害人制止仍不停止的;
(4)其他情节较重的情形。

> **实务认定**

1. 本违法行为的认定

侵害的客体	公民的人身权
行为主体	达到法定责任年龄、具备法定责任能力的自然人
行为表现	行为人多次即3次及以上向他人发送淫秽、侮辱、恐吓等信息,干扰他人正常生活状态。淫秽信息,是指具体描绘性行为或者露骨宣扬色情的淫秽性信息;侮辱信息,是指含有恶意攻击、谩骂、羞辱等有损他人人格尊严的信息;恐吓信息,是指以威胁、恐吓等手段向他人传达不良意图或施加心理压力,使他人心里感到畏怖恐慌的信息
主观方面	故意

2. 本违法行为与传播淫秽信息对照

对比项	发送信息干扰他人正常生活	传播淫秽信息
目的	干扰他人正常生活	宣传传播诲淫性信息
侵犯对象	公民的人身权	社会公共秩序
行为方式	针对特定人的多次发送信息	向不特定的多人或多次发送淫秽信息

3. 本违法行为与侮辱、诽谤行为对照

对比项	发送信息干扰他人正常生活	侮辱、诽谤行为
行为方式	向被害人传输不利于被害人正常生活的信息	将比例与被害人人格、名誉的信息向社会公众公开宣布
目的	干扰被害人的正常生活	贬损被害人人格和名誉

取证要点

1. 主体方面

主要包括违法行为人的姓名、法定年龄、责任能力、性别、民族、住址、政治面貌、历史表现、违法行为人之间的关系,是否有前科劣迹,是否具有人大代表、政协委员等特殊身份,是否为公职人员等。

2. 主观方面

主要包括违法行为人实施本行为的原因、目的等。(1)原因。主要调查违法行为人实施本行为的具体原因,如与受害人存在矛盾或纠纷;出于无聊、寻求刺激或满足某种扭曲的心理需求等。(2)目的。主要分析违法行为人实施本行为的目的,如通过发送骚扰信息来报复对方;企图勒索受害人的钱财或达到其他非法目的;宣扬其个人偏见或仇恨情绪等。

3. 客观方面

主要包括违法行为人发送信息干扰正常生活的手段、方法(如利用手机短信、电子邮件、社交媒体等通讯工具,向受害人发送大量骚扰信息);时间、次数、信息内容、造成的不良影响(如受害人可能因频繁接收骚扰信息而感到焦虑、不安甚至恐惧,进而影响其日常生活和工作效率);受害人的身份信息;受害人的精神状况、生活现状;受害人是否因为被干扰而导致身体受到伤害、财产损失等。

规范索引

《刑法》第246、308条;《民法典》第120、178、179、187、1166～1172、1179～1183、1194～1197条;《最高人民法院关于确定民事侵权精神损害赔偿责任若干问题的解释》第1～12条

15. 采取滋扰、纠缠、跟踪等方法干扰他人正常生活

法律条文

《治安管理处罚法》第 50 条第 1 款第 5 项　有下列行为之一的,处五日以下拘留或者一千元以下罚款;情节较重的,处五日以上十日以下拘留,可以并处一千元以下罚款:

（五）多次发送淫秽、侮辱、恐吓等信息或者采取滋扰、纠缠、跟踪等方法,干扰他人正常生活的;

第 50 条第 2 款　有前款第五项规定的滋扰、纠缠、跟踪行为的,除依照前款规定给予处罚外,经公安机关负责人批准,可以责令其一定期限内禁止接触被侵害人。对违反禁止接触规定的,处五日以上十日以下拘留,可以并处一千元以下罚款。

裁量标准

违法行为	违法情节程度	处罚标准
采取滋扰、纠缠、跟踪等方法,干扰他人正常生活的	情节一般	处 5 日以下拘留或者 1000 元以下罚款;可以责令其一定期限内禁止接触被侵害人;对违反禁止接触规定的,处 5 日以上 10 日以下拘留,可以并处 1000 元以下罚款
	情节较重	处 5 日以上 10 日以下拘留,可以并处 1000 元以下罚款;可以责令其一定期限内禁止接触被侵害人;对违反禁止接触规定的,处 5 日以上 10 日以下拘留,可以并处 1000 元以下罚款

实务认定

1. 本违法行为的认定

侵害的客体	公民的人身权
行为主体	达到法定责任年龄、具备法定责任能力的自然人
行为表现	滋扰指通过言语、行为、技术手段方式,对他人进行骚扰,如借助电话、短信、网络等通讯工具,频繁地给他人发送骚扰信息或拨打骚扰电话。纠缠指反复请求、长期纠缠,如不断地向他人提出各种要求,如借钱、帮忙办事等,即使对方已经明确拒绝,仍然不依不饶,持续纠缠。跟踪有近距离跟踪、远距离跟踪和网络跟踪,如通过社交媒体、定位软件等获取他人的行踪信息,等等
主观方面	故意

2. 本违法行为与发送信息干扰他人正常生活对照

对比项	采取滋扰、纠缠、跟踪等方法干扰他人正常生活	发送信息干扰他人正常生活
行为表现	物理空间接触,如蹲守住宅、尾随出行等	虚拟空间接触,如短信轰炸、恶意App通知等
危害情况	直接威胁被害人的人身安全,造成其心理压迫	对被害人持续性精神侵扰,使其有隐私泄露风险

取证要点

1. 主体方面

主要包括违法行为人的姓名、法定年龄、责任能力、性别、民族、住址、政治面貌、历史表现,违法行为人之间的关系,是否有前科劣迹,是否具有人大代表、政协委员等特殊身份,是否为公职人员等。

2. 主观方面

主要包括违法行为人实施本行为的原因、目的等。(1)原因。主要调

查违法行为人实施本行为的具体原因,如个人恩怨、精神或心理问题、利益驱动等。(2)目的。主要分析违法行为人实施本行为的目的,如迫使对方屈服、控制或监视、通过持续骚扰逼迫对方社会性死亡等。

3. 客观方面

主要包括违法行为人滋扰行为的实施方式(如通讯骚扰、公开滋扰);时间、次数、造成的不良影响(如受害者受到心理创伤,承担人身安全风险);受害人的身份信息;受害人的精神状况、生活现状;受害人是否因为被干扰而导致身体受到伤害、财产损失等。

规范索引

《刑法》第253条之一、第293条;《反家庭暴力法》第2、34条;《未成年人保护法》第102条

16. 侵犯隐私

法律条文

《治安管理处罚法》第50条第1款第6项 有下列行为之一的,处五日以下拘留或者一千元以下罚款;情节较重的,处五日以上十日以下拘留,可以并处一千元以下罚款:

(六)偷窥、偷拍、窃听、散布他人隐私的。

裁量标准

违法行为	违法情节程度	处罚标准
偷窥、偷拍、窃听、散布他人隐私的	情节一般	处5日以下拘留或者1000元以下罚款
	情节较重	处5日以上10日以下拘留,可以并处1000元以下罚款

根据《公安机关对部分违反治安管理行为实施处罚的裁量指导意

见》,有下列情形之一的,属于"情节较重":

(1)给他人正常工作、生活、身心健康、名誉造成较大影响的;

(2)利用信息网络散布他人隐私的;

(3)多次侵犯他人隐私或者侵犯多人隐私的;

(4)其他情节较重的情形。

> **实务认定**

1.本违法行为的认定

侵害的客体	公民的隐私权
行为主体	达到法定责任年龄、具备法定责任能力的自然人
隐私	指不愿意让人知晓,属于个人的生活的隐私范畴,如身体的隐秘部位、两性关系、个人的行踪、个人信息等
行为表现	采取偷窥、偷拍、窃听、散布等手段,侵犯他人隐私
主观方面	故意

2.本违法行为与猥亵行为对照

对比项	侵犯隐私	猥亵行为
是否要接触	无须与被害人进行直接的身体接触	不以身体接触为要件(比如言语猥亵)
侵害对象	被害人的隐私	被害人的人格尊严
行为方式	偷窥、偷拍、窃听	亲吻、抠摸、搂抱、手淫等

3.本违法行为与正常新闻拍摄对照

对比项	侵犯隐私	正常新闻拍摄
行为方式	秘密、暗中,被害人往往毫不知情	不论公开还是秘密拍摄,最后都会征求被采集者的意见,或者是在相关新闻单位的许可下进行拍摄

续表

性质	具有违法性	具有公益性,如果涉及公民的隐私必须进行删减、遮挡、声音掩饰等

取证要点

1. 主体方面

主要包括违法行为人的姓名、法定年龄、责任能力、性别、民族、住址、政治面貌、历史表现,违法行为人之间的关系,是否有前科劣迹,是否具有人大代表、政协委员等特殊身份,是否为公职人员等。

2. 主观方面

主要包括违法行为人实施本行为的原因、目的等。(1)原因。主要调查违法行为人实施本行为的具体原因,如出于满足自身好奇心的需求;利益驱动;满足自己的控制欲或权力欲等。(2)目的。主要分析违法行为人实施本行为的目的,如获取受害人的个人信息;制造受害人的恐惧或不安情绪,以达到某种目的;破坏受害人名誉或社会关系,给受害人带来精神上的痛苦等。

3. 客观方面

主要包括违法行为人侵犯隐私行为的手段、方法(如非法获取个人信息、监视与跟踪);时间、地点、次数,造成的不良影响(如受害人可能因隐私被侵犯而感到极度不安、焦虑和恐惧,影响其心理健康;导致受害人的名誉受损,影响其社会关系和职业发展);受害人的身份信息;受害人的精神状况、生活现状;受害人是否因为侵犯隐私而导致身体受到伤害、财产损失等。

规范索引

《刑法》第246条;《民法典》第120、178、179、187、1166~1172、1179~1183、1226条

17.殴打他人

法律条文

《治安管理处罚法》第 51 条　殴打他人的,或者故意伤害他人身体的,处五日以上十日以下拘留,并处五百元以上一千元以下罚款;情节较轻的,处五日以下拘留或者一千元以下罚款。

有下列情形之一的,处十日以上十五日以下拘留,并处一千元以上二千元以下罚款:

(一)结伙殴打、伤害他人的;

(二)殴打、伤害残疾人、孕妇、不满十四周岁的人或者七十周岁以上的人的;

(三)多次殴打、伤害他人或者一次殴打、伤害多人的。

裁量标准

违法行为	违法情节程度	处罚标准
殴打他人的	情节较轻	处 5 日以下拘留或者 1000 元以下罚款
	情节一般	处 5 日以上 10 日以下拘留,并处 500 元以上 1000 元以下罚款
结伙殴打、伤害他人的;殴打、伤害残疾人、孕妇、不满 14 周岁的人或者 70 周岁以上的人的;多次殴打、伤害他人或者一次殴打、伤害多人的	情节一般	处 10 日以上 15 日以下拘留,并处 1000 元以上 2000 元以下罚款

根据《公安机关对部分违反治安管理行为实施处罚的裁量指导意见》,有下列情形之一的,属于"情节较轻":

(1)被侵害方有过错,且伤害后果较轻的;

（2）亲友、邻里或者同事之间因琐事发生纠纷,双方均有过错,且伤害后果较轻的;

（3）已满十四周岁未成年在校学生初次殴打他人、故意伤害他人身体,悔过态度较好且伤害后果较轻的;

（4）因民间纠纷引发且行为人主动赔偿合理费用,伤害后果较轻的;

（5）其他情节较轻的情形。

> **实务认定**

1. 本违法行为的认定

侵害的客体	公民的身体健康
行为主体	达到法定责任年龄、具备法定责任能力的自然人
行为表现	主要是通过徒手殴打、使用器具进行殴打
认定关键	只要实施了殴打行为,即可构成本违法行为
主观方面	故意

2. 殴打他人情节较轻的认定要点

认定要点	在认定殴打他人行为是否情节较轻时,应全面审查案件的所有情节,包括殴打行为的起因、过程、后果,以及行为人的主观恶性、悔过态度等
	情节较轻的认定应基于殴打行为的社会危害性较小,即行为未造成严重的社会影响或危害后果
	在认定情节较轻时,还应结合地方性法规和司法实践中的具体标准,确保认定的准确性和一致性

3. 本违法行为与故意伤害罪的区别

殴打他人行为应当是造成轻微伤及以下伤害程度。故意伤害罪要求造成轻伤及以上伤害程度。

4. 本违法行为与寻衅滋事中的结伙斗殴对照

对比项	殴打他人	寻衅滋事中的结伙斗殴
侵害对象	特定的人	非特定的人
侵害的客体	侵害的是特定人的人身权利	公然向社会挑战,侵害的是社会公共秩序和人身权利
目的	对特定人的身体实施伤害	不仅追求对侵害对象的身体伤害,还通过结伙斗殴,破坏社会规范,显示自己对国家法律和社会公德的藐视
行为人数量	对行为人数量没有限制,双方都可以是1人或数人	一般是双方至少2人以上结成帮伙

5. 本违法行为殴打特定对象的处罚认定问题

《治安管理处罚法》第 51 条第 2 款第 2 项中殴打特定对象的认定标准,不要求行为人主观上必须明知殴打、伤害的对象为残疾人、孕妇、不满 14 周岁的人或者 60 周岁以上的人。只要被殴打、伤害的对象属于上述对象,就认定行为人符合这条规定。

6. 关于"结伙""多次""多人"的认定问题

结伙指 2 人(含 2 人)以上;多次指 3 次(含 3 次)以上;多人指 3 人(含 3 人)以上。

> 取证要点

1. 主体方面

主要包括违法行为人的姓名、法定年龄、责任能力、性别、民族、住址、政治面貌、历史表现,违法行为人之间的关系,是否有前科劣迹,是否具有人大代表、政协委员等特殊身份,是否为公职人员等;被殴打者的年龄、性别、身体状况等。

2. 主观方面

主要包括违法行为人实施本行为的原因、目的等。(1)原因。主要调查违法行为人实施本行为的具体原因，如个人情感、纠纷、利益冲突、报复心理、逞强斗狠、寻求刺激等。(2)目的。主要分析违法行为人实施本行为的目的，如使被害人的身体健康受到一定程度的损害，或者为了向被害人或社会展示某种力量、权威或挑衅等。

3. 客观方面

主要包括违法行为人殴打他人的手段、方法（如拳打脚踢、扇耳光、使用器械）；时间、地点；殴打的身体部位和致伤程度（如轻微伤、重伤）；受害人的身份信息；受害人因殴打而造成的财产损失等。

规范索引

《刑法》第234、235条；《公安机关办理伤害案件规定》；《民法典》第120、178、179、187、1166～1167、1179～1183条。

典型案例

王某非法殴打残疾人治安处罚案

某日，王某骑车在某路边与李某（系肢体二级残疾人）相遇后，二人发生言语冲突。在王某驶离时，李某将镰刀扔向王某，为此，王某下车殴打李某。经鉴定，李某的身体所受损伤程度属于轻微伤。以上事实有证人证言、询问笔录、鉴定书等证据材料证实。尽管王某主张李某的行为极具危险性，其将镰刀砸向王某，并且"行凶"行为一直在持续，王某的行为应当认定为正当的防卫行为。但是，正当防卫中的防卫行为应当与侵害的强度、危险性相当，根据王某违法行为的性质，结合李某在案发时已满60周岁且系残疾人等情节，可以推断王某与李某在力量对比上存在较大悬殊，李某行为的危险性并未达到以暴力进行反击的程度，面对李某的侵害王某完全可以回避冲突来进行自我保护，王某殴打李某导致其轻微伤已经超出了必要限度,不具有正当性。王某的行为构成了对他人的人身伤害,具有一定社会危害性。因此,依照《治安管理处罚法》的规定,决定给予王某行政拘留10日并处罚款人民币1000元的处罚。

18. 故意伤害

法律条文

《治安管理处罚法》第51条　殴打他人的,或者故意伤害他人身体的,处五日以上十日以下拘留,并处五百元以上一千元以下罚款;情节较轻的,处五日以下拘留或者一千元以下罚款。

有下列情形之一的,处十日以上十五日以下拘留,并处一千元以上二千元以下罚款:

(一)结伙殴打、伤害他人的;
(二)殴打、伤害残疾人、孕妇、不满十四周岁的人或者七十周岁以上的人的;
(三)多次殴打、伤害他人或者一次殴打、伤害多人的。

裁量标准

违法行为	违法情节程度	处罚标准
故意伤害他人身体的	情节较轻	处5日以下拘留或者1000元以下罚款
	情节一般	处5日以上10日以下拘留,可以并处1000元以下罚款
结伙殴打、伤害他人的; 殴打、伤害残疾人、孕妇、不满14周岁的人或者70周岁以上的人的; 多次殴打、伤害他人或者一次殴打、伤害多人的	情节一般	处10日以上15日以下拘留,并处1000元以上2000元以下罚款

根据《公安机关对部分违反治安管理行为实施处罚的裁量指导意见》,有下列情形之一的,属于"情节较轻":

(1)被侵害方有过错,且伤害后果较轻的;

(2)亲友、邻里或者同事之间因琐事发生纠纷,双方均有过错,且伤害后果较轻的;

(3)已满十四周岁未成年在校学生初次殴打他人、故意伤害他人身体,悔过态度较好且伤害后果较轻的;

(4)因民间纠纷引发且行为人主动赔偿合理费用,伤害后果较轻的;

(5)其他情节较轻的情形。

实务认定

1. 本违法行为的认定

侵害的客体	公民的身体健康
行为主体	达到法定责任年龄、具备法定责任能力的自然人
行为表现	违法行为人借助他人或其他工具实施的伤害行为。如电击、开水烫、放狗咬、机械撞击、指使他人殴打等
主观方面	故意

2. 本违法行为与故意伤害罪的区别

因有专门的殴打他人行为的条款定性,故故意伤害行为不包括以殴打的方式实施的故意伤害,且故意伤害他人身体,受伤程度必须是轻微伤及以下。故意伤害罪要求受伤程度必须是轻伤及以上。

3. 殴打他人与故意伤害的区别

(1)手段不同。殴打他人,相对而言手段轻微,如拳打脚踢,但未使用器械。故意伤害,蓄意性强、可能使用工具,如刀具、棍棒等。(2)目的不同。殴打他人,往往与行为人的动机、情绪状态及具体情境紧密相关。故意伤害,为意图使他人身体受到伤害。

取证要点

1. 主体方面

主要包括违法行为人的姓名、法定年龄、责任能力、性别、民族、住址、政治面貌、历史表现、违法行为人之间的关系、是否有前科劣迹、是否具有人大代表、政协委员等特殊身份、是否为公职人员等；被殴打者的年龄、性别、身体情况等。

2. 主观方面

主要包括违法行为人实施本行为的原因、目的等。(1)原因。主要调查违法行为人实施本行为的具体原因，如个人恩怨、利益冲突、情绪失控、报复心理、挑衅行为、嫉妒或仇恨等。(2)目的。主要分析违法行为人实施本行为的目的，如以伤害他人身体健康；通过伤害行为来报复、惩罚、恐吓或控制受害人等。

3. 客观方面

主要包括违法行为人故意伤害他人身体的手段、方法(如拳打脚踢、棍棒伤害、使用刀具、斧头等凶器，以及驾车冲撞、放火等危险行为)；时间、地点；造成身体受伤部位和受伤程度(如重伤、轻伤和轻微伤)；受害人的身份信息；受害人因为身体受到伤害而导致的财产损失(如医疗费用、误工费、护理费、营养费、交通费以及因伤害导致的其他直接和间接经济损失)等。

规范索引

《刑法》第234、235条；《公安机关办理伤害案件规定》；《民法典》第120、178、179、187、1166~1167、1179~1183条

19.猥亵

法律条文

《治安管理处罚法》第52条第1款　猥亵他人的，处五日以上十日以下拘留；猥亵精神病人、智力残疾人、不满十四周岁的人或者有其他严重情节的，处十日以上十五日以下拘留。

裁量标准

违法行为	违法情节程度	处罚标准
猥亵他人的	情节一般	处 5 日以上 10 日以下拘留
猥亵精神病人、智力残疾人、不满 14 周岁的人或者有其他严重情节的	情节严重	处 10 日以上 15 日以下拘留

根据《公安机关对部分违反治安管理行为实施处罚的裁量指导意见》,有下列情形之一的,属于"有其他严重情节":

(1)在公共场所猥亵他人的;

(2)猥亵多人的;

(3)其他情节严重的情形。

实务认定

1. 本违法行为的认定

概念	猥亵他人,是指以强制或者非强制的方法,违背对方意志实施正常性接触以外能够满足行为人淫秽下流欲望的行为,主要包括以抠摸、指奸、鸡奸等淫秽下流手段对他人身体的性接触行为,侵犯了他人的人格尊严。猥亵行为通常涉及对他人身体或心理的侵犯,违背他人意愿,以满足行为人自身的性刺激或性欲望
侵害的客体	他人的人格尊严
行为主体	达到法定责任年龄、具备法定责任能力的自然人
行为表现	除奸淫行为外,如抠摸、舌舔、吸吮、亲吻、搂抱、口交、手淫、顶蹭等行为。猥亵的对象既可以是异性,也可以是同性
主观方面	故意,为了刺激、满足行为人或第三人的性欲

2. 本违法行为与强制猥亵、侮辱罪，猥亵儿童罪对照

对比项	猥亵他人	强制猥亵、侮辱罪	猥亵儿童罪
侵犯对象	非特定对象，任何人	年满14周岁的人	儿童
情节后果	行为情节轻微、危害后果较小	即以暴力、胁迫或其他手段强制猥亵的，使其不敢反抗或不能反抗，造成被害人身体、心理受损	手段恶劣，后果严重，如对1人多次猥亵，或者对多人进行猥亵，或者造成儿童身心健康受损，精神失常，社会影响恶劣等

3. 本违法行为与性骚扰的区别

猥亵他人不以身体接触为必要要件，单纯的语言文字不构成猥亵。性骚扰形式多样，既可以通过文字、语言、行为，也可以通过环境设施来实施性骚扰。

4. 本违法行为与侮辱他人行为对照

对比项	猥亵他人	侮辱他人
侵害的客体	侵害的是他人的人格尊严	侵害的是公民的名誉、人格权
目的	满足或引起性欲	贬损受害人人格或名誉
行为方式	不是必须有动作，只有单纯的语言一般不能构成	既可以用动作也可以用言语、文字，以后者居多
受害人是否在场	受害人必须在场，不在场时难以构成猥亵行为	受害人是否在场，不影响行为构成

取证要点

1. 主体方面

主要包括违法行为人的姓名、法定年龄、责任能力、性别、民族、住址、

政治面貌、历史表现、违法行为人之间的关系,是否有前科劣迹,是否具有人大代表、政协委员等特殊身份,是否为公职人员等。

2. 主观方面

主要包括违法行为人实施本行为的原因、目的等。(1)原因。主要调查违法行为人实施本行为的具体原因,如性冲动或性欲满足;心理扭曲或病态心理等。(2)目的。主要分析违法行为人实施本行为的目的,如满足性欲或性冲动;展示权力或控制欲等。

3. 客观方面

主要包括违法行为人猥亵他人的手段、方法(如暴力手段、胁迫手段、利用他人状态);时间、地点,造成的不良社会影响(如导致受害人产生恐惧、焦虑、自卑等负面情绪;破坏了社会的公序良俗和道德底线,损害了社会的整体形象和声誉);受害人的身份信息;受害人的精神状况、生活现状;受害人是否受到身体伤害或财产损害等。

`规范索引`

《刑法》第237条;《妇女权益保障法》第4、58条;《未成年人保护法》

`典型案例`

霍某猥亵他人治安处罚案

某日晚,霍某和朋友在某地聚餐,霍某取酒返回时与冰激凌机前的李某只隔有将近一人身位的空间,其在看到李某在冰激凌机前正在取冰激凌的情况下,在经过对方身边前将两瓶啤酒都放在左手,右手腾空并将右手臂下垂,在经过对方左侧时弯腰并将身体稍倾向对方,路过李某的时霍某的右手手背碰了李某的右侧臀部一下,李某以为霍某是不小心的,之后继续打冰激凌,但是霍某拿完东西回来从李某身边再次路过,停在李某身边然后弯腰,头冲李某,然后用手碰了李某的左侧臀部一下。同时,李某在霍某经过其身边时当即作出了强烈反应,与霍某发生争吵并当场报警。民警到场后依法对事实进行调查,结合监控录像和当事人的反映,认定霍某有猥亵他人的行为,并对其作出处罚。以上事实有被侵害人陈述、证人证言、到案经过、视听资料、鉴定意见等证据证实。尽管霍某主张其经过李某时没有任何停留,也未使用强行等手段,只因为当天喝了几瓶啤酒走路可能不太稳,并没有碰到李某,就算触碰到李某也只是一瞬间,其行为达不到构成猥亵的标准。但是,治安管理处罚法中的猥亵行为只要求行为人故意侵害他人性尊严或身体权利,不要求达到"暴力、胁迫或其他强制手段"的程度,根据现场监控记录可以证实霍某存在侵犯他人身体的行为且已经达到猥亵标准。霍某的行为严重侵害了妇女的合法权益,且霍某系在公共场所猥亵他人,情节严重,因此,依据《治安管理处罚法》第52条规定,对其作出行政拘留10日的处罚决定。

20. 在公共场所故意裸露身体隐私部位

法律条文

《治安管理处罚法》第52条第2款 在公共场所故意裸露身体隐私部位的,处警告或者五百元以下罚款;情节恶劣的,处五日以上十日以下拘留。

裁量标准

违法行为	违法情节程度	处罚标准
在公共场所故意裸露身体隐私部位的	情节一般	处警告或者500元以下罚款
	情节恶劣	处5日以上10日以下拘留

根据《公安机关对部分违反治安管理行为实施处罚的裁量指导意见》,有下列情形之一的,属于"情节恶劣":

(1)造成现场秩序混乱等危害后果或者较大社会影响的;

(2)在有多名异性或者未成年人的公共场所故意裸露身体的;

(3)经制止拒不改正的;

(4) 伴随挑逗性语言或者动作的；

(5) 其他情节恶劣的情形。

实务认定

1. 本违法行为的认定

侵害的客体	社会风俗
行为主体	达到法定责任年龄、具备法定责任能力的自然人
公共场所	指社会公众可以任意达到、活动的场所，如大街、广场、商店、车站、码头、影剧院、体育馆等
主观方面	故意

2. 本违法行为与强制猥亵罪对照

对比项	在公共场所故意裸露身体隐私部位	强制猥亵罪
侵害的客体	侵害的是良好的社会风俗	侵害的是他人的性自主权
违法行为	违反治安管理行为	犯罪行为
目的	寻求刺激、炫耀、挑衅或其他目的	以刺激或满足性欲为目的或达到其他不正当目的
是否强制	一般无暴力、胁迫等强制手段	一般伴随暴力、胁迫等强制手段

取证要点

1. 主体方面

主要包括违法行为人的姓名、法定年龄、责任能力、性别、民族、住址、政治面貌、历史表现，违法行为人之间的关系，是否有前科劣迹，是否具有人大代表、政协委员等特殊身份，是否为公职人员等。

2. 主观方面

主要包括违法行为人实施本行为的原因、目的等。(1) 原因。主要调查违法行为人实施本行为的具体原因,如心理疾病或精神障碍;寻求刺激或关注等。(2)目的。主要分析违法行为人实施本行为的目的,如满足自己的心理需求;表达对社会、政府或他人的不满或抗议等。

3. 客观方面

主要包括违法行为人在公共场所故意裸露身体隐私部位的方式、方法(如通过直接裸露身体隐私部位、穿着暴露的衣物或利用其他物品来遮挡部分身体但故意露出隐私部位等方式来实施裸露行为);时间、地点、次数,造成的不良社会影响(如引发公众的恐慌和不安情绪;损害了社会的整体形象和声誉)等。

规范索引

《未成年人保护法》第58条;《刑法》第237条;《网络信息内容生态治理规定》第21条

21. 虐待

法律条文

《治安管理处罚法》第53条第1项 有下列行为之一的,处五日以下拘留或者警告;情节较重的,处五日以上十日以下拘留,可以并处一千元以下罚款:

(一)虐待家庭成员,被虐待人或者其监护人要求处理的;

裁量标准

违法行为	违法情节程度	处罚标准
虐待家庭成员,被虐待人或者其监护人要求处理的	情节一般	处5日以下拘留或者警告
	情节较重	处5日以上10日以下拘留,可以并处1000元以下罚款

实务认定

1. 本违法行为的认定

侵害的客体	家庭成员在家庭生活中的平等权利与被虐待人的人身权利
行为主体	达到法定责任年龄、具备法定责任能力的自然人
家庭成员	指在一起生活的配偶、父母、子女、兄弟姐妹、养子女,以及具有养关系的被抚养人
行为表现	对共同生活的家庭成员,经常以打骂、冻饿、禁闭、强迫过度劳动、有病不给治疗、限制自由、侮辱、咒骂、讽刺、不让参加社会活动、凌辱人格等手段,从肉体上和精神上进行摧残、折磨等虐待行为的方式。行为方式既可以是作为,也可以是不作为
认定关键	虐待行为必须具有经常性、一贯性的特点。被虐待人或者其监护人要求公安机关对虐待行为进行处理,这是本违法行为成立的必要条件
主观方面	故意

2. 本违法行为与虐待罪对照

对比项	虐待家庭成员	虐待罪
情节程度	情节轻微	情节恶劣,如虐待动机卑鄙、手段残酷、持续时间较长、屡教不改,被虐待人年幼、年老或者是病残者、孕妇、产妇等
后果	未造成严重后果	造成严重后果,如被虐待人不堪虐待自杀、因虐待致死等

取证要点

1. 主体方面

主要包括违法行为人的姓名、法定年龄、责任能力、性别、民族、住址、政治面貌、历史表现、违法行为人之间的关系,是否有前科劣迹,是否具有人大代表、政协委员等特殊身份,是否为公职人员等。

2. 主观方面

主要包括违法行为人实施本行为的原因、目的等。(1)原因。主要调查违法行为人实施本行为的具体原因,如个人性格缺陷、心理疾病、经济压力、家庭矛盾等。(2)目的。主要分析违法行为人实施本行为的目的,如通过虐待行为来控制家庭成员,满足自己的控制欲和权力欲;因为家庭矛盾或经济压力而情绪失控,将虐待行为作为一种发泄方式等。

3. 客观方面

主要包括违法行为人虐待的手段、方法(如打骂、冻饿、强迫劳动、限制自由、侮辱人格);时间、地点、次数;被虐待人的身份信息、家庭亲属关系;被虐待人的性别、年龄身体状况、精神状况、生活现状;被虐待人是否受到身体伤害及受伤程度(如导致轻微的身体伤害或严重的身体伤害);监护人的基本信息;被虐待人及其监护人要求对虐待人处理的意见等。

规范索引

《刑法》第260条;《民法典》第1072、1091条;《妇女权益保障法》第2、38、40条;《残疾人保障法》第9、49、65条;《老年人权益保障法》第3、77条;《未成年人保护法》第10、41条

22. 虐待被监护、看护的人

法律条文

《治安管理处罚法》第53条第2项 有下列行为之一的,处五日以下拘留或者警告;情节较重的,处五日以上十日以下拘留,可以并处一千元以下罚款:

(二)对未成年人、老年人、患病的人、残疾人等负有监护、看护职责的人虐待被监护、看护的人的;

裁量标准

违法行为	违法情节程度	处罚标准
对未成年人、老年人、患病的人、残疾人等负有监护、看护职责的人虐待被监护、看护的人的	情节一般	处 5 日以下拘留或者警告
	情节较重	处 5 日以上 10 日以下拘留,可以并处 1000 元以下罚款

实务认定

1. 本违法行为的认定

侵害的客体	被监护、看护的人在家庭、学校等日常生活中的平等权利与人身权利
行为主体	达到法定责任年龄、具备法定责任能力的自然人
被监护、看护的人	指未满 18 周岁的公民;无民事行为能力的成年人;限制民事行为能力的成年人
行为表现	使用暴力手段、强迫体力劳动、限制被监护人的行动自由、不按时给被监护人吃饭、穿衣等方式虐待被害人身体;使用言语辱骂、威胁恐吓、孤立冷落等方式虐待被害人精神;需要注意的是,此种行为受害人伤情构不成轻伤,达不到故意伤害罪的刑事立案标准
认定关键	虐待行为必须具有经常性、一贯性的特点
主观方面	故意

2. 本违法行为与父母管教子女方法不当对照

对比项	虐待被监护、看护的人	父母管教子女方法不当
特点	具有一贯性和经常性	具有偶然性,一般发生在子女没有达到父母的期望或要求时,或是子女犯错时
目的	为了折磨、摧残被虐待人	望子成龙

3. 本违法行为与负有照护职责人员性侵罪对照

对比项	虐待被监护、看护的人	负有照护职责人员性侵罪
行为人	对未成年人、老年人、患病的人、残疾人等负有监护、看护职责的人或单位,且与被监护人、看护人无家庭成员关系	对已满十四周岁不满十六周岁的未成年女性负有监护、收养、看护、教育、医疗等特殊职责的人员
行为方式	通过打骂、捆绑、冻饿、限制自由、凌辱人格、强迫吃安眠药、不进行必要的看护或救助等方式,从肉体或精神上摧残迫害被监护人、看护人	与该未成年女性发生性关系,无论对方是否同意
特点	具有经常性、一贯性,偶尔行为不一定构成犯罪	即使未成年女性同意,也构成犯罪

4. 违反治安管理的虐待行为与虐待罪的辨析

虐待罪是指经常以打骂、禁闭、捆绑、冻饿、有病不给治疗、强迫过度体力劳动等方式,对共同生活的家庭成员实施肉体上、精神上的摧残、折磨,情节恶劣,从而构成的犯罪。二者主要区别在于虐待情节是否恶劣,而恶劣与否可以根据行为持续时间、虐待次数、手段后果是否严重等几个方面来认定。

取证要点

1. 主体方面

主要包括违法行为人的姓名、法定年龄、责任能力、性别、民族、住址、政治面貌、历史表现,违法行为人之间的关系,是否有前科劣迹,是否具有人大代表、政协委员等特殊身份、是否为公职人员等。

2. 主观方面

主要包括违法行为人实施本行为的原因、目的等。(1)原因。主要调

查违法行为人实施本行为的具体原因,如个人性格与心理问题;经济利益驱动;家庭或工作压力等。(2)目的。主要分析违法行为人实施本行为的目的,如满足自己的控制欲和权力欲;作为发泄情绪的方式;获取经济利益等。

3. 客观方面

主要包括违法行为人虐待的手段、方法(如打骂、捆绑、冻饿、限制自由、凌辱人格、强迫劳动);时间、地点、次数;被虐待人的身份信息、与虐待人之间的关系;被虐待人的身体状况、精神状况、生活现状;被虐待人是否受到身体伤害及受伤程度(如导致轻微的身体伤害或严重的身体伤害)等。

规范索引

《刑法》第260条;《老年人权益保障法》第75、77条;《未成年人保护法》第10、62条

23. 遗弃

法律条文

《治安管理处罚法》第53条第3项 有下列行为之一的,处五日以下拘留或者警告;情节较重的,处五日以上十日以下拘留,可以并处一千元以下罚款:
(三)遗弃没有独立生活能力的被扶养人的。

裁量标准

违法行为	违法情节程度	处罚标准
遗弃没有独立生活能力的被扶养人的	情节一般	处5日以下拘留或者警告
	情节较重	处5日以上10日以下拘留,可以并处1000元以下罚款

实务认定

1. 本违法行为的认定

侵害的客体	家庭成员之间相互扶养的权利义务关系
行为主体	对被遗弃者负有法律上的抚养义务而且具有抚养能力的人
没有独立生活能力的被抚养人	因年老、伤残、疾病等,丧失劳动能力,没有生活来源的家庭成员; 虽有生活来源,但因病、老、伤残,生活不能自理的家庭成员; 因年幼或智力低下等,没有独立生活能力的家庭成员
行为表现	行为人对于年老、年幼、патients病或者其他没有独立生活能力的人,负有扶养义务,有扶养能力而拒绝扶养的,如将年幼的孩子留在无人看管的马路边、河边等危险地带,或者将患病生活不能自理的老人遗弃在荒郊野外等
主观方面	故意

2. 本违法行为与遗弃罪的区别

违反治安管理的遗弃行为的情节轻微。遗弃罪的情节恶劣,如由于遗弃而致被害人重伤、死亡的;被害人因被遗弃而生活无着,流离失所,被迫沿街乞讨;因遗弃而使被害人走投无路被迫自杀;行为人屡经教育,拒绝改正而使被害人的生活陷入危难境地;遗弃手段十分恶劣等。

3. 本违法行为与故意杀人罪对照

对比项	遗弃没有独立生活 能力的被抚养人	故意杀人罪
目的	为了逃避或向他人转嫁由自己承担的扶养义务	为了剥夺他人的生命

续表

行为方式	将被害人遗弃于能够获得救助的场所，如他人家门口、车站、码头、街口等	将婴儿或行动困难的老人放置于不能获得救助的地方，如将婴儿遗弃在深山沟内；将神志不清、行动困难的老人遗弃在野兽出没、人迹罕至的荒野等

取证要点

1. 主体方面

主要包括违法行为人的姓名、法定年龄、责任能力、性别、民族、住址、历史表现、身体情况、家庭收入状况，是否有前科劣迹等。

2. 主观方面

主要包括违法行为人实施本行为的原因、目的等。(1)原因。主要调查违法行为人实施本行为的具体原因，如经济压力、家庭矛盾、社会压力等。(2)目的。主要分析违法行为人实施本行为的目的，如减轻自己的负担或逃避责任；摆脱经济、心理或社会上的压力等。

3. 客观方面

主要包括违法行为人遗弃的手段、方法(如将被扶养人置于无人看管的环境中；不提供必要的生活照料和医疗费用)；时间、地点、周围环境以及次数；受害人的身份信息、身体状况、精神状况、生活现状；遗弃人与受害人之间的关系；对受害人有抚养义务的亲属关系等。

规范索引

《刑法》第261条；《民法典》第1091条；《妇女权益保障法》第2、38、40条；《老年人权益保障法》第3、19、25、75条；《未成年人保护法》第10、60条

典型案例

朱某某遗弃无独立生活能力的被扶养人治安处罚案

某日,朱某某在明知其前妻阮某人在外地无人照顾孩子的情况下,将二人的儿子朱某(12岁,没有独立生活能力)遗弃在某小区门口后离开。经群众报案后,某派出所于当日立案,并传唤了朱某某。经调查,朱某某与阮某在婚姻存续期间共同生育一子朱某,后双方协议离婚。离婚协议书约定朱某由阮某抚养。朱某患有癫痫、智障重度二级。自2019年9月起双方协商轮流照顾朱某。在案件调查过程中,民警要求朱某某领回朱某抚养,遭到朱某某拒绝。以上事实有当事人陈述和辩解、证人证言、朱某出生证明、民警现场执法音视频等证据材料予以证实。尽管朱某某主张遗弃者必须是对被遗弃者负有法定抚养义务且具有抚养能力的人。其与阮某已经协议约定朱某由阮某抚养,其本人并不是法定抚养人且朱某某已承担离婚后该承担的责任与义务,并不是遗弃的主体。对此朱某某还提供了离婚协议作为证明。但是,公安部门认为,朱某某作为朱某父亲,有固定居所和收入,具备扶养能力,朱某尚未成年且智力残疾,没有独立生活能力。朱某某虽与阮某协议约定,但其对朱某的法定抚养义务并不能通过约定而免除。朱某某遗弃朱某并在公安机关的敦促下仍拒绝履行抚养义务,已构成违反治安管理的遗弃行为,应当予以治安管理处罚。因此,依据《治安管理处罚法》的规定,对朱某某作出拘留3日的处罚决定。

24. 强迫交易

法律条文

《治安管理处罚法》第54条 强买强卖商品,强迫他人提供服务或者强迫他人接受服务的,处五日以上十日以下拘留,并处三千元以上五千元以下罚款;情节较轻的,处五日以下拘留或者一千元以下罚款。

裁量标准

违法行为	违法情节程度	处罚标准
强买强卖商品,强迫他人提供服务或者强迫他人接受服务的	情节较轻	处 5 日以下拘留或者 1000 元以下罚款
	情节一般	处 5 日以上 10 日以下拘留,并处 3000 元以上 5000 元以下罚款

根据《公安机关对部分违反治安管理行为实施处罚的裁量指导意见》,有下列情形之一的,属于"情节较轻":

(1)强迫交易造成直接经济损失未达到有关刑事立案追诉标准 10%的;

(2)强迫交易数额或者违法所得未达到有关刑事立案追诉标准 10%的;

(3)强迫他人购买伪劣商品数额或者违法所得未达到有关刑事立案追诉标准 10%的;

(4)事后主动返还财物或者支付有关费用,取得被侵害人谅解的;

(5)其他情节较轻的情形。

实务认定

1.本违法行为的认定

侵害的客体	交易相对方的合法权益,同时侵害了商品交易市场秩序
行为主体	自然人或单位
服务	指合法的营利性的服务,如住宿、运输、餐饮、维修、打扫卫生、送灌煤气、托运家具、提供钟点工等
行为表现	提供商品者、提供服务者或购买商品者、接受服务者,以暴力、威胁手段强迫他人买卖商品、接受或提供服务

续表

认定关键	对于强迫他人出卖商品或者提供服务,他人一般应是从事商品的出卖或营利性服务的工作。如果他人并未从事这种营利性的工作,而强迫他人将自己所有的某种商品如祖传之物卖给自己或者强迫没有从事搬送煤气的人为自己搬送煤气,或者强迫未从事饮食、住宿的人提供饮食、住宿,则不能构成本违法行为
主观方面	故意

2. 本违法行为与强迫交易罪的区别

强迫交易罪,是指以暴力、威胁手段强买强卖商品,强迫他人提供服务或者强迫他人接受服务,情节严重的行为。对于强迫他人参与或者退出投标、拍卖的;强迫他人转让或者收购公司、企业的股份、债券或者其他资产的;强迫他人参与或者退出特定的经营活动的行为,情节严重构成强迫交易罪。

强迫交易行为应当情节不严重;强迫交易罪要求情节严重,如造成被害人轻微伤的;造成直接经济损失 2000 元以上的;强迫交易 3 次以上或者强迫 3 人以上交易的;强迫交易数额 1 万元以上,或者违法所得数额 2000 元以上的;强迫他人购买伪劣商品数额 5000 元以上,或者违法所得数额 1000 元以上的;其他情节严重的情形。

3. 本违法行为与敲诈勒索对照

对比项	强迫交易	敲诈勒索
交易特点	交易存在	交易存在虚假,表面上是交易,实质上是非法占有他人财物
行为方式	对于行为人以极不合理的低价强迫他人提供服务	以揭发、张扬被害人违法行为、隐私或毁坏其财物等相威胁,迫使被害人以极不合理的高价购买商品或接受服务,或以极不合理的低价销售商品

取证要点

1. 主体方面

主要包括违法行为人的姓名、法定年龄、责任能力、性别、民族、住址、政治面貌、历史表现、违法行为人之间的关系,是否有前科劣迹,是否具有人大代表、政协委员等特殊身份,是否为公职人员等。

单位违法的,应掌握单位主管人员和其他责任人员的以上情况。

2. 主观方面

主要包括违法行为人实施本行为的原因、目的等。(1)原因。主要调查违法行为人实施本行为的具体原因,如谋取不正当利益、实现特定目的等。(2)目的。主要分析违法行为人实施本行为的目的,如强买强卖商品、强迫提供服务或接受服务、控制或影响经营活动等。

3. 客观方面

主要包括违法行为人强迫交易的手段、方法(如对被强迫人的人身或财产进行实际强制或打击)、次数、对象;时间、地点、造成的不良影响(如侵犯交易相对方的合法权益,严重破坏商品交易市场秩序;违背市场交易中的自愿与公平原则,导致交易双方无法基于平等和自愿的原则进行交易);受害人的身份信息;受害人是否受到身体伤害、财产损失等。

规范索引

《刑法》第226、231条;《消费者权益保护法》第4、7~14条

25. 煽动民族仇恨、民族歧视

法律条文

《治安管理处罚法》第55条　煽动民族仇恨、民族歧视,或者在出版物、信息网络中刊载民族歧视、侮辱内容的,处十日以上十五日以下拘留,可以并处三千元以下罚款;情节较轻的,处五日以下拘留或者三千元以下罚款。

裁量标准

违法行为	违法情节程度	处罚标准
煽动民族仇恨、民族歧视	情节较轻	处 5 日以下拘留或者 3000 元以下罚款
	情节一般	处 10 日以上 15 日以下拘留,可以并处 3000 元以下罚款

实务认定

1. 本违法行为的认定

侵害的客体	民族平等和民族团结
行为主体	自然人
行为表现	以语言、文字、视频等形式,公然宣传有关歧视、排斥、限制、仇恨、敌对意图损害其他民族平等地位以及其他合法权益的内容。 煽动不是针对特定个人实施,是针对一定地区内某民族或几个民族实施
主观方面	故意

2. 本违法行为与煽动民族仇恨、民族歧视罪对照

对比项	煽动民族仇恨、民族歧视	煽动民族仇恨、民族歧视罪
情节程度	情节不严重	情节严重,手段恶劣,如使用侮辱、造谣等方式
后果	未造成严重后果	造成严重后果或者影响恶劣;煽动群众人数较多,多次煽动;煽动性大;引起公愤,严重破坏民族感情、尊严

3. 本违法行为与侵犯少数民族风俗习惯罪对照

对比项	煽动民族仇恨、民族歧视	侵犯少数民族风俗习惯罪
主体	任何人	特殊主体,即只有具有国家机关工作人员身份的自然人才能构成此罪
侵害的客体	各民族的平等权利和民族团结	我国少数民族保持或者改革本民族风俗习惯的权利
行为方式	煽动民族仇恨、民族歧视的行为,如用书写、张贴、散发标语、传单、印刷、散发非法刊物;录制、播放录音、录像;发表演讲、呼喊口号等方式制造民族矛盾,使不同民族之间相互为敌或相互歧视	非法侵犯少数民族风俗习惯的行为,如采用暴力、胁迫等手段,破坏少数民族风俗习惯等

取证要点

1. 主体方面

主要包括违法行为人的姓名、法定年龄、责任能力、性别、民族、住址、政治面貌、历史表现,违法行为人之间的关系,是否有前科劣迹,是否具有人大代表、政协委员等特殊身份,是否为公职人员等。

2. 主观方面

主要包括违法行为人实施本行为的原因、目的等。(1)原因。主要调查违法行为人实施本行为的具体原因,如个人偏见、极端思想、政治目的或经济利益;出于对历史、文化、宗教或地域差异的不理解和偏见,对特定民族产生敌视和仇恨情绪等。(2)目的。主要分析违法行为人实施本行为的目的,如激起民族间的对立和冲突,破坏民族团结和社会稳定;通过煽动手段引发民族间的仇恨和歧视,从而制造社会动荡和不安定因素等。

3. 客观方面

主要包括违法行为人煽动民族仇恨、民族歧视的手段、内容、方法(如散发、公开陈列、张贴、放映或以其他方式使他人获得鼓吹暴力或种族仇恨的文书、影像);时间、地点、次数,以及违法行为的工具、造成的不良社会影响(如破坏民族团结和社会稳定,加剧民族间的对立和冲突;引发社会动荡和不安定因素,对国家的安全和稳定构成威胁);是否存在其他违法问题、是否同案犯等。

规范索引

《刑法》第249条;《全国人民代表大会常务委员会关于维护互联网安全的决定》第2、6条;《互联网新闻信息服务管理规定》第19、20、27条;《娱乐场所管理条例》第13、47条

典型案例

陈某煽动民族歧视治安处罚案

某日晚,陈某在微信群发布侮辱回族群众的言论,并被大量转发。经群众举报,公安部门依法展开调查,查明是陈某所为。以上事实有陈某陈述、微信信息、照片视频等证据予以证实。尽管陈某辩称其只是为了博人眼球,并没有故意侮辱回族的意思。但公安部门认为,陈某在微信群发布侮辱回族群众的言论,引起大量网民关注并大量转发,已造成不良影响,其行为存在煽动民族仇恨、民族歧视的客观事实。因此,依据《治安管理处罚法》之规定,给予陈某行政拘留15日,并处罚款1000元处罚,并责令陈某公开对发表侮辱言论的行为表示忏悔,并向回族群众表示道歉。

26. 刊载民族歧视、侮辱内容

法律条文

《治安管理处罚法》第55条 煽动民族仇恨、民族歧视,或者在出版物、信息网络中刊载民族歧视、侮辱内容的,处十日以上十五日以下拘留,可以并处三千元以下罚款;情节较轻的,处五日以下拘留或者三千元以下罚款。

裁量标准

违法行为	违法情节程度	处罚标准
在出版物、信息网络中刊载民族歧视、侮辱内容的	情节较轻	处5日以下拘留或者3000元以下罚款
	情节一般	处10日以上15日以下拘留,可以并处3000元以下罚款

实务认定

1. 本违法行为的认定

侵害的客体	民族平等和民族团结
行为主体	自然人或单位
刊载	指出版物的出版、印刷或者复制、发行。刊载的表现形式,则既可以是文字、漫画,也可以是录像带、录音带、光盘中的言语,等等
行为表现	在出版物中对其他民族的来源、历史、风俗习惯等予以贬低、蔑视或丑化、嘲讽、辱骂等
主观方面	故意

2. 本违法行为与出版歧视、侮辱少数民族作品罪对照

对比项	刊载民族歧视、侮辱内容	出版歧视、侮辱少数民族作品罪
情节程度	情节不严重	情节严重,如行为人动机卑鄙,刊载的内容歪曲了历史或纯粹是谣言,刊载的内容污秽恶毒,或是多次刊载歧视、侮辱少数民族内容等情形

续表

后果	未造成严重后果	造成严重后果,主要是指造成恶劣的政治影响、在少数民族群众中引起强烈反响、引发骚乱、致使民族矛盾激化、引起民族冲突等

3. 本违法行为与侮辱对照

对比项	刊载民族歧视、侮辱内容	侮辱
侵害对象	作为群体的少数民族	特定的人
侵害的客体	侵害的是作为群体的少数民族的合法权利,主要是保持或者改革本民族风俗习惯的权利	侵害的是公民个人的人格和名誉
行为方式	在出版物中刊载歧视、侮辱少数民族作品	可以采取出版作品等文字方式,还可以采取口头、动作等方式
行为主体	单位或自然人	自然人

取证要点

1. 主体方面

主要包括违法行为人的姓名、法定年龄、责任能力、性别、民族、住址、政治面貌、历史表现,违法行为人之间的关系,是否有前科劣迹,是否具有人大代表、政协委员等特殊身份,是否为公职人员等。

单位违法的,掌握单位主管人员和其他责任人员以上信息。

2. 主观方面

主要包括违法行为人实施本行为的原因、目的等。(1)原因。主要调查违法行为人实施本行为的具体原因,如个人偏见、无知或极端思想;吸引公众关注、制造话题等。(2)目的。主要分析违法行为人实施本行为的目的,如传播偏见、煽动民族矛盾或达到某种不正当目的;破坏民族团结和社会稳定等。

3. 客观方面

主要包括违法行为人刊载民族歧视、侮辱内容的手段、方法(如通过书籍、杂志、报纸、音像制品、电子出版物等传统媒体,以及互联网、社交媒体等新媒体进行传播);时间,刊载的刊物、刊载的内容、造成的不良社会影响(如加剧民族间的对立和冲突;影响国家的国际地位和外交关系;引发社会动荡和不安定因素)等。

规范索引

《刑法》第250条;《出版管理条例》第9、25、26、40、62条;《全国人民代表大会常务委员会关于维护互联网安全的决定》第2、6条;《互联网新闻信息服务管理规定》第19、20、27条;《娱乐场所管理条例》第13、47条

27. 非法向他人出售或者提供个人信息

法律条文

《治安管理处罚法》第56条第1款 违反国家有关规定,向他人出售或者提供个人信息的,处十日以上十五日以下拘留;情节较轻的,处五日以下拘留。

裁量标准

违法行为	违法情节程度	处罚标准
向他人出售或者提供个人信息的	情节较轻	处5日以下拘留
	情节一般	处10日以上15日以下拘留

实务认定

1. 本违法行为的认定

侵害的客体	公民个人信息的安全和公民身份管理秩序
行为主体	自然人或单位
行为表现	如利用职务之便获得的公民个人信息,出售或者非法提供给他人;通过网络技术手段窃取个人信息后非法出售或提供;通过欺骗、利诱等手段骗取他人的个人信息,然后将其出售或提供给第三方;等等
个人信息	个人信息,是指以电子或者其他方式记录的能够单独或者与其他信息结合识别特定自然人身份或者反映特定自然人活动情况的各种信息,包括姓名、身份证号码、通讯联系方式、住址、账号密码、财产状况、行踪轨迹、车辆信息、医疗信息等。个人信息的处理包括收集、存储、使用、加工、传输、提供、公开、删除等
主观方面	故意

2. 本违法行为与侵犯公民个人信息罪对照

侵犯公民个人信息罪,是指向他人出售或者提供公民个人信息,情节严重的行为,或者是将在履行职责或者提供服务过程中获得的公民个人信息,出售或者提供给他人的行为。

非法向他人出售或提供个人信息行为是情节轻微,没有造成严重后果;侵犯公民个人信息罪要求情节严重,如(1)出售或者提供行踪轨迹信息,被他人用于犯罪的;(2)知道或者应当知道他人利用公民个人信息实施犯罪,向其出售或者提供的;(3)非法获取、出售或者提供行踪轨迹信息、通信内容、征信信息、财产信息50条以上的;(4)非法获取、出售或者提供住宿信息、通信记录、健康生理信息、交易信息等其他可能影响人身、财产安全的公民个人信息500条以上的;(5)非法获取、出售或者提供(3)、(4)项规定以外的公民个人信息5000条以上的;(6)数量未达到(3)~(5)

项规定标准,但是按相应比例合计达到有关数量标准的;(7)违法所得5000元以上的;(8)将在履行职责或者提供服务过程中获得的公民个人信息出售或者提供给他人,数量或者数额达到(3)~(7)项规定标准一半以上的;(9)曾因侵犯公民个人信息受过刑事处罚或者2年内受过行政处罚,又非法获取、出售或者提供公民个人信息的;(10)其他情节严重的情形。

取证要点

1. 主体方面

主要包括违法行为人的姓名、法定年龄、责任能力、性别、民族、住址、政治面貌、历史表现、违法行为人之间的关系,是否有前科劣迹,是否具有人大代表、政协委员等特殊身份,是否为公职人员等。

2. 主观方面

主要包括违法行为人实施本行为的原因、目的等。(1)原因。主要调查违法行为人实施本行为的具体原因,如利益驱动、法律意识淡薄、行业内部竞争等。(2)目的。主要分析违法行为人实施本行为的目的,如获取经济利益、打击竞争对手、满足特定需求等。

3. 客观方面

主要包括违法行为人非法向他人出售或者提供个人信息的手段与方法;个人信息保护意识;法律法规的完善程度;相关部门监管力度等。

规范索引

《刑法》第253条之一;《网络安全法》第44、64条;《民法典》第1034、1038条;《最高人民法院、最高人民检察院关于办理侵犯公民个人信息刑事案件适用法律若干问题的解释》

典型案例

陈某非法出售他人信息治安处罚案

朱某与吴某系亲属关系。吴某在与朱某发生矛盾后多次向陈某提及此事,陈某提出可以通过获取朱某个人信息并在网上发负面帖子抹黑朱某。吴某遂向陈某提供了朱某的身份证信息,以便查询朱某的个人信息。数日后,吴某以人民币1315元的价格向陈某购买了包含朱某的住宿记录、民航、铁路行程信息,以及其他与朱某相关的上百条信息。随后,吴某利用上述信息撰写帖文,将诋毁朱某的不实帖文以多个吸引流量的夸张标题在知名网络发布。朱某报案后,公安部门进行调查。上述事实有受害人陈述、证人言证、吴某与陈某微信留言和转账记录、图片等证据予以证实。公安部门认为,根据已有证据,陈某非法出售他人信息的行为属实,不实帖文在网上迅速扩散,阅读、转发及跟帖回复人数较多,已对朱某的生活和工作造成较大困扰。因此,根据《治安管理处罚法》的规定,对陈某作出行政拘留10日的处罚。吴某的违法行为已另案处理。

28. 非法获取个人信息

法律条文

《治安管理处罚法》第56条第2款 窃取或者以其他方法非法获取个人信息的,依照前款的规定处罚。

裁量标准

违法行为	违法情节程度	处罚标准
窃取或者以其他方法非法获取个人信息的	情节较轻	处5日以下拘留
	情节一般	处10日以上15日以下拘留

实务认定

本违法行为的认定

侵害的客体	公民个人信息的安全和公民身份管理秩序
行为主体	自然人或单位

续表

行为表现	如线上通过木马病毒、钓鱼网站、渗透工具、网络爬虫等黑客技术盗取公民个人信息;通过收买或交换的方式获取公民个人信息;工作人员利用职务便利非法泄露公民个人信息;App、机顶盒、手机、智能手表等供应链厂商利用其产品非法采集公民个人信息;等等
主观方面	故意

取证要点

1. 主体方面

主要包括违法行为人的姓名、法定年龄、责任能力、性别、民族、住址、政治面貌、历史表现,违法行为人之间的关系,是否有前科劣迹,是否具有人大代表、政协委员等特殊身份,是否为公职人员等。

2. 主观方面

主要包括违法行为人实施本行为的原因、目的等。(1)原因。主要调查违法行为人实施本行为的具体原因,如经济利益驱动;个人兴趣或好奇心等。(2)目的。主要分析违法行为人实施本行为的目的,如出售获利;用于电信诈骗、网络诈骗、身份盗窃等其他非法活动等。

3. 客观方面

主要包括违法行为人获取个人信息的非法行为(如通过秘密手段获取他人的个人信息;通过金钱或其他财物换取他人的个人信息);技术手段;信息来源等。

规范索引

《刑法》第253条之一;《网络安全法》第44条

29. 冒领、隐匿、毁弃、倒卖、私自开拆、非法检查他人邮件、快件

法律条文

《治安管理处罚法》第 57 条　冒领、隐匿、毁弃、倒卖、私自开拆或者非法检查他人邮件、快件的，处警告或者一千元以下罚款；情节较重的，处五日以上十日以下拘留。

裁量标准

违法行为	违法情节程度	处罚标准
冒领、隐匿、毁弃、倒卖、私自开拆或者非法检查他人邮件、快件的	情节一般	处警告或者 1000 元以下罚款
	情节较重	处 5 日以上 10 日以下拘留

实务认定

1. 本违法行为的认定

侵害的客体	公民的通信自由和通信秘密的权利
行为主体	自然人或单位
邮件、快件	邮件，包括电报、信函等文字邮件，也包括汇款、包裹、书籍纸包等邮件，还包括通过专用网或互联网发送的电子邮件。这里的邮件必须是涉及公民个人的邮件，即不仅包括公民彼此私人间的邮件，还包括国家机关、企事业单位、社会团体、组织等发给公民个人的邮件。 快件，是指快递企业递送的包裹、信件等物品。这里的邮件必须是涉及公民个人的快件
认定关键	只要实施了冒领、隐匿、毁弃、私自开拆或者非法检查这几种行为方式中的一种，且情节轻微的，即构成本违法行为
主观方面	故意

2. 本违法行为与私自开拆、隐匿、毁弃邮件、电报罪对照

对比项	冒领、隐匿、毁弃、倒卖、私自开拆、非法检查他人邮件、快件	私自开拆、隐匿、毁弃邮件、电报罪
行为主体	一般主体	特殊主体，即邮政工作人员
情节程度	情节较轻	情节严重，如隐匿、毁弃、非法开拆他人信件次数较多、数量较大的，或非法开拆他人信件，涂改信中的内容，侮辱他人人格等
后果	未造成严重后果	造成严重后果，如致使他人工作、生活受到严重妨害，或身体、精神受到严重损害以及家庭不睦、夫妻离异等

3. 本违法行为与学校教育、家庭教育过程中管教方法不当对照

对比项	冒领、隐匿、毁弃、倒卖、私自开拆、非法检查他人邮件、快件	学校教育、家庭教育过程中管教方法不当
主观方面	故意	主观是出于善意，没有侵犯他人通信自由、通信秘密的直接故意
处罚种类	行政处罚	以批评、教育为主

取证要点

1. 主体方面

主要包括违法行为人的姓名、法定年龄、责任能力、性别、民族、住址、政治面貌、历史表现，违法行为人之间的关系，是否有前科劣迹，是否具有人大代表、政协委员等特殊身份，是否为公职人员等。

通过工商营业执照、行业经营许可证、已经公安机关的备案登记等调查单位的所有者、经营者、主要负责人的身份信息，确定经营管理者的姓

名、性别、年龄、住址、历史表现等。

2. 主观方面

主要包括违法行为人实施本行为的目的、动机等。(1)目的。主要分析违法行为人实施本行为的目的,如窃取邮件中的财物;出于好奇心、窥探欲等个人私欲等。(2)动机。主要调查违法行为人实施本行为的动机,如贪图邮件中的财物或有价值的信息;对他人隐私的好奇等。

3. 客观方面

主要包括违法行为人冒领、隐匿、毁弃、私自开拆、非法检查他人邮件的次数、数量,造成的后果(如侵犯公民的通信自由权利;给受害者造成了直接的财产损失;破坏社会的信任基础,使人们对邮政系统的安全性和可靠性产生怀疑)等。

规范索引

《刑法》第252、253条;《宪法》第40条;《刑事诉讼法》第141条;《全国人民代表大会常务委员会关于维护互联网安全的决定》第4条;《邮政法》第3、25、35、36、61、71条

典型案例

李某私自拆开、隐匿他人信件治安处罚案

某日,投递员王某在进行投递工作中存在失误,其以为所得邮件是李某的信件,于是将其交给李某,李某明知邮件不属于自己的情况下,仍接受并私自拆开,拆开后发现该邮件是钟某的后未将该邮件归还钟某,而是在30天后委托他人将邮件从门缝塞进钟某的房间。钟某认为,李某私自领取并拆开钟某的有关法院判决书的法院专递邮件,直到李某把邮件丢进钟某的房间,已经足足藏匿了30天,由此致使钟某的案件已超过上诉期限,导致钟某造成一定的时间损失和经济损失。于是钟某报警。虽然李某辩称其不知道邮件是钟某的,并已经归还邮件,主观上不存在非法检查他人

信件的故意。但公安部门认为,李某冒领、非法私拆钟某的邮件的行为属实,其隐匿他人邮件属于主观上的故意,其行为已经违反了相应的法律规定,应当受到相应的处罚。因此,根据《治安管理处罚法》的规定,对李某处 1000 元罚款。

30. 盗窃、诈骗、哄抢、抢夺或者敲诈勒索

法律条文

《治安管理处罚法》第 58 条 盗窃、诈骗、哄抢、抢夺或者敲诈勒索的,处五日以上十日以下拘留或者二千元以下罚款;情节较重的,处十日以上十五日以下拘留,可以并处三千以下罚款。

裁量标准

违法行为	违法情节程度	处罚标准
盗窃、诈骗、哄抢、抢夺或者敲诈勒索的	情节一般	处 5 日以上 10 日以下拘留或者 2000 元以下罚款
	情节较重	处 10 日以上 15 日以下拘留,可以并处 3000 元以下罚款

根据《公安机关对部分违反治安管理行为实施处罚的裁量指导意见》,盗窃的,有下列情形之一的,属于"情节较重":

(1)盗窃财物价值达到有关司法解释认定构成《刑法》第 264 条规定的"数额较大"标准的 50% 以上的;

(2)盗窃防灾、救灾、救济等特定财物的;

(3)在医院盗窃病人或者其亲友财物的;

(4)采用破坏性手段盗窃的;

(5)组织、控制未成年人、残疾人、孕妇或者哺乳期妇女盗窃的;

(6)其他情节较重的情形。

诈骗的,有下列情形之一的,属于"情节较重":

(1)诈骗财物价值达到有关司法解释认定构成《刑法》第266条规定的"数额较大"标准的50%以上的;

(2)诈骗防灾、救灾、救济等特定财物的;

(3)在公共场所或者公共交通工具上设局行骗的;

(4)以开展慈善活动名义实施诈骗的;

(5)其他情节较重的情形。

哄抢的,有下列情形之一的,属于"情节较重":

(1)哄抢防灾、救灾、救济、军用等特定财物的;

(2)在自然灾害、交通事故等现场趁机哄抢,不听劝阻的;

(3)造成人员受伤或者财物损失较大的;

(4)其他情节较重的情形。

抢夺的,有下列情形之一的,属于"情节较重":

(1)抢夺财物价值达到有关司法解释认定构成《刑法》第267条规定的"数额较大"标准的50%以上的;

(2)抢夺防灾、救灾、救济等特定财物的;

(3)造成人员受伤或者财物损坏的;

(4)抢夺多人财物的;

(5)驾驶机动车、非机动车或者其他交通工具实施抢夺的;

(6)其他情节较重的情形。

敲诈勒索的,有下列情形之一的,属于"情节较重":

(1)敲诈勒索数额达到有关司法解释认定构成《刑法》第274条规定的"数额较大"标准的50%以上的;

(2)利用或者冒充国家机关工作人员、军人、新闻工作者等特殊身份敲诈勒索的;

(3)敲诈勒索多人的;

(4)其他情节较重的情形。

实务认定

1. 本违法行为的认定

侵害的客体	公私财物的所有权和他人的人身权利
行为主体	达到法定年龄、具有法定责任能力的自然人
行为表现	盗窃:行为人采取自以为不会被财物所有人发现的方法,秘密地将公私财物非法占为己有的行为。 诈骗:行为人故意以欺骗的方法,使公私财物所有人、管理人信以为真,从而"自愿"地将公私财物交给行为人。这种"自愿"是上当受骗的结果,而不是财物所有人、保管人的真实意思表示。诈骗一般有两种,一是虚构事实,即故意编造虚假情况,骗取被害人的信任,如伪造、涂改单据,虚报冒领。二是隐瞒真相,即对被害人掩盖客观上的事实,使被害人对事实产生错误认识。 哄抢:3人以上的不特定多数人起哄,蜂拥而上,乘混乱之机,夺取公私财物。如果行为人没有参加起哄但在混乱中实施了夺取公私财物的行为,也属于哄抢。 抢夺:行为人认为公私财物所有人或保管人存在"不备"(疏忽或疏漏)的情况下公然夺取公私财物。公然夺取财物时必须是没有使用暴力或暴力威胁等侵犯被害人人身的手段行为,只能是当着财物所有人或保管人的面,在其不备的前提下,强行夺取公私财物 敲诈勒索:行为人以对被害人实施威胁或者要挟的方法,迫使其交付少量公私财物的行为。所实施的威胁或要挟,既可以当面进行,也可以通过第三者转达;既可以是口头方式,也可以是书面方式;既可以明示,也可以暗示;在取得财物的时间上,既可以迫其当场交出,也可以限期令其交出
认定关键	以"非法占有"为目的,不仅包括为自己占有,也包括为第三者或集体占有。如果行为人不是以"非法占有"为目的,则不构成本违法行为
主观方面	故意

2. 本违法行为与敲诈勒索罪对照

对比项	盗窃、诈骗、哄抢、抢夺或者敲诈勒索	敲诈勒索罪
行为方式	以非法占有为目的,通过秘密窃取、虚构事实或隐瞒真相、多人共同对某一财物直接进行抢夺、骗取等	不仅以非法占有为目的,还对公私财物的所有人、管理人实施威胁或要挟的方法,多次强行索取公私财物或索取数额较大的公私财物。这种行为通常涉及对被害人的人身安全或其他利益的威胁
被害人主观意愿	被害人不知情或无法表达其意愿	被害人是被强迫的

取证要点

1. 主体方面

主要包括违法行为人的姓名、法定年龄、责任能力、性别、民族、住址、政治面貌、历史表现,违法行为人之间的关系,是否有前科劣迹,是否具有人大代表、政协委员等特殊身份,是否为公职人员等。

2. 主观方面

主要包括违法行为人实施本行为的原因、目的等。(1)原因。主要分析违法行为人实施本行为的原因,如贫困、物质享受、嫉妒;受到某种刺激或诱惑;对财物的非法占有欲望等。(2)目的。主要调查违法行为人实施本行为的目的,如将他人的财物据为己有等。

3. 客观方面

主要包括违法行为人盗窃、诈骗、哄抢、抢夺或者敲诈勒索的行为手段、方式(如秘密窃取他人的财物;采取伪装身份、编造谎言等欺骗手段;多人共同对某一财物进行抢夺;乘人不备,公然夺取他人的财物;对被害人实施威胁或要挟);造成的社会影响等。

规范索引

《刑法》第196、210、253、263~269、274、287、300条;《最高人民法院、最高人民检察院关于办理盗窃刑事案件适用法律若干问题的解释》;《最高人民法院、最高人民检察院关于办理诈骗刑事案件具体应用法律若干问题的解释》;《最高人民法院、最高人民检察院关于办理抢夺刑事案件适用法律若干问题的解释》;《最高人民法院、最高人民检察院关于办理敲诈勒索刑事案件适用法律若干问题的解释》;《最高人民法院、最高人民检察院关于办理与盗窃、抢劫、诈骗、抢夺机动车相关刑事案件具体应用法律若干问题的解释》第1~6条;《铁路法》第64条

典型案例

黄某非法盗窃治安处罚案

黄某系某县一名警察。某日,其在当地某酒楼参加完战友的生日晚宴后,闲逛至该酒楼所在楼房的一楼储物间、负一层停车场,将属田某所有的两副羽毛球拍、两盒羽毛球、两把螺丝刀、两个废旧电插板、一把老虎钳等物品盗走。公安部门接到田某的报警后受案调查。以上事实有报案材料、监控录像、涉案财物等物证证明材料予以证实。尽管黄某主张其当时处于醉酒状态,将相关物品判断为抛弃物、无主物,因此在使用工具后未及时将工具放回,其并没有非法占有的目的,也无秘密窃取物品的主观动机,不能认定为盗窃。但是,公安部门认为,行为人的主观动机不是判定盗窃的唯一要件。盗窃的法律特征主要有:行为人具有非法占有公私财物的目的;行为人实施了秘密窃取公私财物的行为(秘密窃取,是指采用不易被财物所有人、保管人或者其他人发现的方法,将公私财物占为己有的行为)。黄某未经涉案财物权利人同意和许可,肆意搜寻他人财物,客观上采用自认为不会被他人发现的方法,将涉案物品据为己有。后将涉案物品带离转移,将他人物品作为自己物品进行支配,排除了权利人对涉案物品的占有,

其行为符合盗窃的基本要件;且现有的在案证据已经足以证明其具备非法占有他人财物的主观故意。因此,综合黄某人民警察的身份和具体情节,依据《治安管理处罚法》的规定给予黄某行政拘留5日的处罚决定。

31.故意损毁财物

法律条文

《治安管理处罚法》第59条 故意损毁公私财物的,处五日以下拘留或者一千元以下罚款;情节较重的,处五日以上十日以下拘留,可以并处三千元以下罚款。

裁量标准

违法行为	违法情节程度	处罚标准
故意损毁公私财物的	情节一般	处5日以下拘留或者1000元以下罚款
故意损毁公私财物的	情节较重	处5日以上10日以下拘留,可以并处3000元以下罚款

根据《公安机关对部分违反治安管理行为实施处罚的裁量指导意见》,有下列情形之一的,属于"情节较重":

(1)故意损毁财物价值达到有关刑事立案追诉标准百分之五十以上的;

(2)故意损毁防灾、救灾、救济等特定财物的;

(3)故意损毁财物,对被侵害人生产、生活影响较大的;

(4)损毁多人财物的;

(5)其他情节较重的情形。

实务认定

1. 本违法行为的认定

侵害的客体	公私财物的所有权
行为主体	达到法定年龄、具有法定责任能力的自然人
行为表现	故意毁灭或者损坏公私财物,如使他人财物的价值或者使用价值全部丧失,或使他人财物受到破坏,从而部分地丧失其价值或使用价值
认定关键	故意损毁公私财物的行为必须是非法行为,如果行为人由于紧急避险而造成对公私财物的损坏,则不构成本违法行为
主观方面	故意

2. 本违法行为与故意毁坏财物罪对照

对比项	故意损毁公私财物	故意毁坏财物罪
违反行为	违反治安管理行为	犯罪行为
后果	数额较小,未造成严重后果	数额较大或者有其他严重情节

取证要点

1. 主体方面

主要包括违法行为人的姓名、法定年龄、责任能力、性别、民族、住址、政治面貌、历史表现,违法行为人之间的关系,是否有前科劣迹,是否具有人大代表、政协委员等特殊身份,是否为公职人员等。

2. 主观方面

主要包括违法行为人实施本行为的原因、目的等。(1)原因。主要分析违法行为人实施本行为的原因,如与他人存在矛盾或纷争;羡慕或嫉妒他人的财富或物品;以损毁他人财物为乐;在犯罪行为后,为掩盖罪行或转移注意力等。(2)目的。主要调查违法行为人实施本行为的目的,如将财物损坏,使其丧失或部分丧失原有价值或使用价值等。

3. 客观方面

主要包括违法行为人故意损毁公私财物的行为方式、手段(如焚烧、摔砸、刻画);时间、地点、次数;造成的公私财产损失;造成的不良社会影响(如引起社会秩序管理的混乱;造成社会民众的恐慌)等。

规范索引

《刑法》第275条

典型案例

张某非法毁损公私财物治安处罚案

某日,孙某开铲车将自家的旧瓷砖倒在张某家门前南面的空地上,张某知晓后,驾驶自家的三轮车阻挡孙某的铲车,孙某遂将铲车停放在现场后离开,张某趁此砸碎孙某的铲车玻璃并将孙某倒放在其家门口的旧瓷砖全部摔破。孙某知晓后当即报警。以上事实有询问笔录、视频资料、当事人身份证明等证据材料在案证实。尽管张某主张称孙某强行在其家门口堆放瓷砖影响通行及排水,并且系孙某开铲车强行撞上三轮车并造成铲车损坏,并非张某砸坏铲车的玻璃,孙某存在重大过错。但张某并未举证证明上述事实,且孙某存在过错并不构成张某故意损害财物的正当理由。二人系相邻关系,双方在行使自己相关权利时应以不影响相邻人合法权益为原则。双方如认为对涉诉空地存在权属争议,应当采取合理协商、基层调解、民事诉讼或仲裁等理性正当途径予以解决,而非通过毁损他人财物等非法手段。张某实施的损害他人财物的行为,事实上侵害了他人的合法权益,造成了他人财产损失。因此,公安局依据《治安管理处罚法》,对张某行政拘留5日。

32. 实施学生欺凌

法律条文

《治安管理处罚法》第 60 条第 1 款　以殴打、侮辱、恐吓等方式实施学生欺凌,违反治安管理的,公安机关应当依照本法、《中华人民共和国预防未成年人犯罪法》的规定,给予治安管理处罚、采取相应矫治教育等措施。

裁量标准

违法行为	违法情节程度	处罚标准
以殴打、侮辱、恐吓等方式实施学生欺凌,且违反治安管理	情节一般	依照本法及《中华人民共和国预防未成年人犯罪法》的规定,给予治安管理处罚、采取相应矫治教育等措施

实务认定

本违法行为的认定

侵害的客体	被欺凌者的合法权益和学校管理秩序
行为主体	直接实施欺凌的学生、协助或参与欺凌的学生或校外人员
行为表现	如殴打、推搡绊倒、抢夺财物等通过肢体或借用器械工具实施的身体攻击行为;辱骂讥讽、嘲笑恫吓、起侮辱性绰号等言语性攻击行为
主观方面	故意

取证要点

1. 主体方面

主要包括违法行为人的姓名、法定年龄、责任能力、性别、民族、住址、政治面貌、历史表现,违法行为人之间的关系,是否有前科劣迹等。

2. 主观方面

主要包括学生实施欺凌行为的主观动机、目的等。(1)主观动机。主要分析违法行为人实施本行为的主观动机,如发泄情绪、展示自身"权威"等。(2)目的。主要明确违法行为人实施本行为的目的,如通过欺凌行为获得快感、成就感或满足感;迫使他人服从自己的意愿等。

3. 客观方面

主要包括违法行为人实施欺凌行为的次数、持续的时间长度、涉及的人数;实施欺凌行为的具体表现;实施欺凌行为的后果及造成的影响等。

规范索引

《未成年人保护法》第16、39、130条;《预防未成年人犯罪法》第20、31、41条;《刑法》第17条;《民法典》第1179、1183、1188条

33. 学校明知发生学生欺凌或者明知发生其他侵害未成年学生的犯罪,不按规定报告或者处置

法律条文

《治安管理处罚法》第60条第2款 学校违反有关法律法规规定,明知发生严重的学生欺凌或者明知发生其他侵害未成年学生的犯罪,不按规定报告或者处置的,责令改正,对其直接负责的主管人员和其他直接责任人员,建议有关部门依法予以处分。

裁量标准

违法行为	违法情节程度	处罚标准
学校违反有关法律法规规定,明知发生严重的学生欺凌或者明知发生其他侵害未成年学生的犯罪,不按规定报告或者处置的	情节一般	责令改正,对其直接负责的主管人员和其他直接责任人员,建议有关部门依法予以处分

实务认定

本违法行为的认定

侵害的客体	学校的管理秩序、教育职能和未成年学生的人身权利
行为主体	学校,如幼儿园、普通中小学、特殊教育学校、中等职业学校、专门学校等
明确知晓	学校通过教职工报告、学生反映、监控视频、家长告知等途径,直接了解到学生欺凌或其他侵害未成年学生的犯罪行为
应当知晓	根据学校的管理制度和正常职责范围,学校本应发现相关事件,但因疏忽、懈怠等原因未能及时发现,如学校规定教师要定期关注学生的身体和心理状况,若学生身上有明显伤痕、情绪异常,教师却未察觉,这些情况足以提示可能存在学生欺凌或其他侵害行为,可认定学校应当知晓
未报告	没有按照规定向公安机关、教育行政部门等相关部门报告,或者故意拖延报告时间,导致事件未能及时得到处理
未处置或处置不当	学校未采取任何措施制止正在发生的学生欺凌或其他侵害行为,或没有按照规定开展调查、通知家长、对学生进行教育辅导和关爱帮扶等工作
欺凌	学生欺凌,是指发生在学生之间,一方蓄意或者恶意通过肢体、语言及网络等手段实施欺压、侮辱,造成另一方人身伤害、财产损失或者精神损害的行为。实践中,常见的校园欺凌有以下几种行为:(1)殴打、脚踢、掌掴、抓咬、推搡、拉扯等侵犯他人身体或者恐吓威胁他人;(2)以辱骂、讥讽、嘲弄、挖苦、起侮辱性绰号等方式侵犯他人人格尊严;(3)抢夺、强拿硬要或者故意毁坏他人财物;(4)恶意排斥、孤立他人,影响他人参加学校活动或者社会交往;(5)通过网络或者其他信息传播方式捏造事实诽谤他人、散布谣言或者错误信息诋毁他人、恶意传播他人隐私
主观方面	故意

取证要点

1. 主体方面

主要是未成年人所在的学校,如幼儿园、普通中小学、特殊教育学校、中等职业学校、专门学校等。

2. 主观方面

主要包括学校实施本行为的过错形式、主观动机等。(1)过错形式。主要调查学校实施本行为的过错形式,如为"维护声誉"刻意隐瞒;管理人员因人情关系包庇加害方;未建立畅通的举报渠道,导致欺凌未被发现等。(2)主观动机。主要分析违法行为人实施本行为的主观动机,如消极应对、畏惧追责、利益驱动等。

3. 客观方面

主要包括学校未履行法定义务的行为表现;未采取必要处置措施;造成的消极或不利影响(如对受害者的影响、对校园安全的危害、引发舆情或群体性事件)及其严重程度等。

规范索引

《未成年人保护法》第39、117条;《预防未成年人犯罪法》第20条;《未成年人学校保护规定》第36、48条;《刑法》第310、397条

典型案例

××小学校长秦某未报告校内侵害事件治安处罚案

某小学的一名学生在学校遭到性侵后,该小学校长秦某在得知学生被性侵后隐瞒不报,既未及时上报教育主管部门,也未向公安部门报案,直至该学生父母向公安部门报案才案发。以上事实有受害人陈述、证人证言、微信信息等证据予以证实。尽管秦某辩称,想先查清事实再上报,其主观上并无隐瞒的故意。但公安部门认为,学校明知发生学生欺凌或者明知发生其他侵害未成年学生的犯罪时,应当履行强制报告义务,按照规定,及时向上级部门和公安部门报告。秦某延迟报案的行为属实,依据《治安管理

处罚法》的规定,对秦某作出警告。有关部门对其作出撤销党内职务、政务撤职、专业技术岗位等级降级的处罚。

（四）妨害社会管理的行为

1. 拒不执行紧急状态下的决定、命令

法律条文

《治安管理处罚法》第61条第1款第1项　有下列行为之一的,处警告或者五百元以下罚款;情节严重的,处五日以上十日以下拘留,可以并处一千元以下罚款:
（一）拒不执行人民政府在紧急状态情况下依法发布的决定、命令的;

裁量标准

违法行为	违法情节程度	处罚标准
拒不执行人民政府在紧急状态情况下依法发布的决定、命令的	情节一般	处警告或者500元以下罚款
	情节严重	处5日以上10日以下拘留,可以并处1000元以下罚款

根据《公安机关对部分违反治安管理行为实施处罚的裁量指导意见》,有下列情形之一的,属于"情节严重":
（1）不听执法人员劝阻的;
（2）造成人员受伤、财产损失等危害后果的;
（3）其他情节严重的情形。

> 实务认定

1. 本违法行为的认定

侵害的客体	国家机关的正常管理活动以及人民政府在紧急状态情况下对社会的管理秩序
行为主体	达到法定年龄、具有法定责任能力的自然人
紧急状态	紧急状态,是指发生或者即将发生特别重大突发事件,需要国家机关行使紧急权力予以控制、消除其社会危害和威胁时,有关国家机关按照宪法、法律规定的权限决定并宣布局部地区或者全国实行的一种临时性的严重危急状态。 紧急状态涵盖的范围很广,一般可分为两类:一类是政治性紧急状态,如骚乱、动乱、叛乱、恐怖袭击等;另一类是社会性紧急状态,如重大自然灾害、重大技术事故、重大公共安全事件。 紧急状态具有以下特征:(1)必须是现实的或者是肯定要发生的;(2)威胁到人民群众生命、财产安全;(3)必须采取特殊措施才能恢复秩序;(4)影响了国家机关正常行使权力等
拒不执行	有能力执行而不执行
行为表现	行为人以非暴力的方式,故意以不作为的方式违反、不服从管理,消极抵抗、抵制,不接受命令,不配合履行政府发布的决定、命令,如行为人不服从强制疏散、转移、隔离、封锁等措施,或者无理取闹、威胁等
主观方面	故意

2. 本违法行为与妨害公务罪对照

对比项	拒不执行紧急状态下的决定、命令	妨害公务罪
侵害的客体	人民政府在紧急状态下的管理制度,对人民政府的工作人员人身权利不构成危害	包括国家机关、人民代表大会、红十字会、国家安全机关以及公安机关的公务活动,也包括其工作人员的人身权利

续表

行为方式	以非暴力的方式,故意不作为,违反、不服从管理,消极抵抗、抵制,不接受命令,不配合履行政府发布的决定、命令等	以暴力、威胁的方法,如对正在依法执行职务的国家机关工作人员、人大代表、正在依法履行职责的红十字会工作人员实施殴打、捆绑或其他人身强制行为,致使其不能正常执行职务或履行职责;对前述工作人员进行精神强制以使其屈服,像杀害、伤害、毁坏财产、破坏名誉、扣押人质、揭露犯罪或隐私等方法对正在依法执行职务的前述工作人员进行威逼、胁迫,迫使其放弃执行职务或使其无法履行职责;以及虽然没有使用暴力、威胁方法,但造成严重后果的行为
违法行为指向的对象	人民政府在紧急状态下依法发布的决定、命令	国家机关工作人员、人大代表、红十字会工作人员依法正在执行的公务
发生时间	在某种紧急状态下,人民政府已经发布相应的决定、命令之后发生	发生在国家机关工作人员、人大代表、红十字会工作人员依法在具体执行公务的时候,有可能是在紧急状态下,也有可能不在紧急状态下
危害程度	危害后果较轻	危害后果较重

3. 本违法行为与拒不执行判决、裁定罪对照

对比项	拒不执行紧急状态下的决定、命令	拒不执行判决、裁定罪
拒不执行的对象	人民政府在紧急状态下依法发布的决定、命令	人民法院依法作出的判决、裁定

续表

行为主体	一般主体,即年满14周岁、具有法定责任能力的自然人	负有执行人民法院依法作出的判决、裁定义务的自然人
情节后果	没有违法行为情节和后果的要求,只要行为人实施了拒不执行人民政府在紧急状态下依法发布的决定、命令的行为尚不构成刑事处罚的,即构成本违法行为	必须具有严重情节的,才构成本罪

取证要点

1. 主体方面

主要包括违法行为人的姓名、法定年龄、责任能力、性别、民族、住址、政治面貌、历史表现、违法行为人之间的关系,是否有前科劣迹,是否具有人大代表、政协委员等特殊身份,是否为公职人员等。

2. 主观方面

主要包括违法行为人实施本行为的目的、动机等。(1)目的。主要调查违法行为人实施本行为的目的,如显示违法行为人主观上的恶意和对抗性等。(2)动机。主要调查违法行为人实施本行为的动机,如对紧急状态下的决定、命令的不理解、不认同或忽视;出于个人利益、便利或其他原因的考虑等。

3. 客观方面

主要包括决定、命令是否在紧急状态下发布;违法行为人拒不执行紧急状态下的决定、命令的手段、方法(如隐瞒、欺骗、抗拒、阻挠);造成的后果;造成的社会影响(如破坏了政府的权威性和公信力,削弱了人民群众对政府的信任和支持;引发社会恐慌和不安定因素,对社会的和谐稳定造成威胁)等。

规范索引

《刑法》第 277、313 条;《突发公共卫生事件应急条例》第 51 条;《破坏性地震应急条例》第 37 条;《突发事件应对法》第 66、69 条

2. 阻碍执行职务

法律条文

《治安管理处罚法》第 61 条第 1 款第 2 项　有下列行为之一的,处警告或者五百元以下罚款;情节严重的,处五日以上十日以下拘留,可以并处一千元以下罚款:

(二)阻碍国家机关工作人员依法执行职务的;

第 60 条第 2 款　阻碍人民警察依法执行职务的,从重处罚。

裁量标准

违法行为	违法情节程度	处罚标准
阻碍国家机关工作人员依法执行职务	情节一般	处警告或者 500 元以下罚款
	情节严重	处 5 日以上 10 日以下拘留,可以并处 1000 元以下罚款
	阻碍人民警察依法执行职务的	从重处罚

根据《公安机关对部分违反治安管理行为实施处罚的裁量指导意见》,有下列情形之一的,属于"情节严重":

(1)不听执法人员制止的;

(2)造成人员受伤、财物损失等危害后果的;

(3)在公共场所或者公共交通工具上阻碍执行职务的;

(4)以驾驶机动车冲闯检查卡点等危险方法阻碍执行任务的;

(5)其他情节严重的情形。

> 实务认定

1. 本违法行为的认定

侵害的客体	国家机关的正常管理活动
行为主体	达到法定年龄、具有法定责任能力的自然人
行为表现	以主动、非暴力的方式(必须是未使用暴力、威胁方法)妨碍国家机关工作人员顺利执行职务,一般表现为无理纠缠、吵闹、谩骂等
主观方面	故意

2. 本违法行为与妨害公务罪对照

对比项	阻碍执行职务	妨害公务罪
侵害的客体	国家机关的正常管理活动,不构成对相关国家机关工作人员的人身权利的危害	既包括国家机关的正常管理活动,也包括国家机关工作人员的人身权利
侵害对象	国家机关工作人员	不仅包括国家机关工作人员,还包括人大代表、红十字会工作人员等
行为方式	以非暴力的方式	含有暴力、威胁方法的阻碍,以及虽然没有使用暴力、威胁方法,但造成严重后果的行为
后果	未造成严重后果	造成严重后果

3. 本违法行为与人民群众抵制国家机关工作人员违法乱纪行为,或者因人民群众提出合理要求不被认可,或者因人民群众对政策不理解,或者因人民群众态度强硬等而与国家机关工作人员发生争吵、围攻顶撞、纠缠等行为对照

对比项	阻碍执行职务	人民群众抵制国家机关工作人员违法乱纪行为,或者因人民群众提出合理要求不被认可,或者因人民群众对政策不理解,或者因人民群众态度强硬等而与国家机关工作人员发生争吵、围攻顶撞、纠缠等行为
主观方面	故意	虽然也妨害了国家机关工作人员执行公务,但因其主观方面并不存在阻碍执行职务的故意
处罚依据	以违反治安管理中的阻碍执行职务论处	不能以违反治安管理中的阻碍执行职务论处,而要以行为人具体不当行为论处,如行为人在与国家机关工作人员发生争吵过程中伴有扰乱单位秩序的,以违反治安管理中的扰乱公共秩序论处
行为方式	以非暴力的方式	以暴力、威胁的方法
后果	未造成严重后果	造成严重后果

4. 本违法行为与袭警罪对照

对比项	阻碍执行职务	袭警罪
侵害对象	阻碍国家机关工作人员依法执行职务	暴力袭击正在依法执行职务的人民警察
主观方面	故意	故意
行为方式	非暴力手段	必须为暴力手段,且通常达到一定严重程度

取证要点

1. 主体方面

主要包括违法行为人的姓名、法定年龄、责任能力、性别、民族、住址、政治面貌、历史表现,违法行为人之间的关系,是否有前科劣迹,是否具有人大代表、政协委员等特殊身份,是否为公职人员等。

2. 主观方面

主要包括违法行为人实施本行为的原因、目的等。(1)原因。主要调查违法行为人实施本行为的原因,如对执法行为的不理解、不认同,对执法结果的预期不满;个人利益、情绪发泄等。(2)目的。主要调查违法行为人实施本行为的目的,如逃避法律制裁、维护个人利益、挑战执法权威或发泄个人情绪等。

3. 客观方面

主要包括国家机关工作人员是否正在依法执行职务;行为人阻碍执行职务的手段、方法(如拒绝配合、阻挠、扰乱执行秩序),是否使用暴力或者威胁手段,情节如何;造成的后果和社会影响(如破坏了社会的法治氛围和公平正义原则,削弱了人民群众对法律的信任和尊重;引发社会恐慌和不安定因素,对社会的和谐稳定造成威胁)等。

规范索引

《刑法》第277、278条;《人民警察法》第35条;《红十字会法》第15条;《消费者权益保护法》第60条;《电力法》第70条

典型案例

王某阻碍国家工作人员依法执行职务治安处罚案

某日,某地公安局对刘某以涉嫌盗(滥)伐某林业局林场林木立案侦查,扣押了被盗(滥)伐林木。数日后,某林场两名工作人员邵某、武某及两名外雇司机在装运刘某涉案滥伐木材时,王某以木材是他的、刘某还欠

他钱为由,到现场站在钩机前阻止装运。王某一直跟着装运木材工作人员,看着他们是否装车,持续到下午2点多,林场工作人员无法装车,遂将已装上车的部分木材卸下车。林场工作人员遂向公安部门报案。以上事实有刘某滥伐林木刑事卷宗中扣押决定书、扣押清单、登记保存清单等相关证据为证。尽管王某辩称其对木材享有所有权,其也规劝不让来路不明的人装运自己的林木,因此不能构成阻碍国家机关工作人员依法执行职务。但是,公安部门认为,林地林木权属问题与王某是否构成阻碍国家工作人员依法执行职务行为并无关联,其对林地林木权属的争议应通过诉讼、仲裁等其他救济途径主张。王某所阻止装运的是刑事侦查阶段扣押的财物,任何单位和个人不得挪用或者自行处理,不管王某是否明知,仍改变不了其阻碍国家工作人员执行职务的违法事实。因此,依据《治安管理处罚法》的规定,决定给予王某行政拘留5日的处罚。

3. 阻碍特种交通工具通行

法律条文

《治安管理处罚法》第 61 条第 1 款第 3 项　有下列行为之一的,处警告或者五百元以下罚款;情节严重的,处五日以上十日以下拘留,可以并处一千元以下罚款:
　　(三)阻碍执行紧急任务的消防车、救护车、工程抢险车、警车或者执行上述紧急任务的专用船舶通行的;

裁量标准

违法行为	违法情节程度	处罚标准
阻碍执行紧急任务的消防车、救护车、工程抢险车、警车或者执行上述紧急任务的专用船舶通行的	情节一般	处警告或者500元以下罚款
	情节严重	处5日以上10日以下拘留,可以并处1000元以下罚款

根据《公安机关对部分违反治安管理行为实施处罚的裁量指导意

见》,有下列情形之一的,属于"情节严重":

(1)不听执法人员制止的;

(2)造成人员受伤、财物损失等危害后果的;

(3)其他情节严重的情形。

实务认定

1. 本违法行为的认定

侵害的客体	特种交通工具的优先通行权
行为主体	达到法定年龄、具有法定责任能力的自然人
紧急任务	如出现火灾、水灾、地震、塌方、疫情等危险情形或者抢救伤员、缉捕犯罪分子等时效性强、相关专业人员必须迅速赶到现场执行任务
行为表现	如故意在通行的道路上,以人或者以物设置障碍,或者挖断道路,或者破坏正在行驶中的特种交通工具使其无法正常行驶,或者故意穿插、超越、阻碍正在行驶的特种交通工具,影响特种交通工具正常行驶等
主观方面	故意

2. 本违法行为与妨害公务罪对照

对比项	阻碍特种交通工具通行	妨害公务罪
侵害的客体	特种交通工具的优先通行权,不涉及国家机关工作人员的人身权利	既包括国家机关的正常管理活动,也包括国家机关工作人员的人身权利
行为方式	故意阻碍正在执行紧急任务的特种交通工具通行,尚不够刑事处罚的行为,且该行为不含有暴力、威胁	含有暴力、威胁方法的阻碍,以及虽然没有使用暴力、威胁方法,但造成严重后果的行为
危害性	对社会危害性较小	对社会的危害性较大

取证要点

1. 主体方面

主要包括违法行为人的姓名、法定年龄、责任能力、性别、民族、住址、政治面貌、历史表现,违法行为人之间的关系,是否有前科劣迹,是否具有人大代表、政协委员等特殊身份,是否为公职人员等。

2. 主观方面

主要包括违法行为人实施本行为的原因、目的等。(1)原因。主要调查违法行为人实施本行为的原因,如对特种车辆执行紧急任务的不理解、对交通规则的无知、出于个人利益或情绪的考虑等。(2)目的。主要调查违法行为人实施本行为的目的,如维护个人利益、发泄情绪或挑战法律权威等。

3. 客观方面

主要包括被阻碍通行的交通工具是不是特种交通工具(如是否为执行紧急任务的消防车、救护车、工程抢险车、警车、船舶等);行为人阻碍特种交通工具通行的手段、方法(如在特种车辆通行的路面上设置障碍、挖掘壕沟、故意穿插、超越、压慢行驶速度);是否使用暴力或者威胁手段,情节如何;造成的后果如何,造成的社会影响有多大,包括特种交通工具的阻碍通行情况以及阻碍特种交通工具通行造成的社会影响(如破坏了社会的法治氛围和公平正义原则,削弱了人民群众对法律的信任和尊重;特种交通工具在执行紧急任务时受阻可能损害其声誉和形象,降低公众对其的信任度)等。

规范索引

《刑法》第 277、278 条;《警察法》第 35 条;《电力法》第 70 条;《消防法》第 47 条;《道路交通安全法》第 53 条

4. 冲闯警戒带、警戒区、检查点

法律条文

《治安管理处罚法》第61条第1款第4项 有下列行为之一的,处警告或者五百元以下罚款;情节严重的,处五日以上十日以下拘留,可以并处一千元以下罚款:

(四)强行冲闯公安机关设置的警戒带、警戒区或者检查点的;

裁量标准

违法行为	违法情节程度	处罚标准
强行冲闯公安机关设置的警戒带、警戒区或者检查点	情节一般	处警告或者500元以下罚款
	情节严重	处5日以上10日以下拘留,可以并处1000元以下罚款

根据《公安机关对部分违反治安管理行为实施处罚的裁量指导意见》,有下列情形之一的,属于"情节严重":

(1)<u>不听执法人员制止的</u>;
(2)造成人员受伤、财物损失等危害后果的;
(3)其他情节严重的情形。

实务认定

1. 本违法行为的认定

侵害的客体	公安机关的职务活动
行为主体	达到法定年龄、具有法定责任能力的自然人
警戒带、警戒区或者检查点	警戒带、警戒区,是指公安机关依法或者依职权,对警卫对象、警卫区域或者案件、事故现场,以画线、围绳、圈带、树立标牌或标识等方式,划定一定的范围,实行封闭式管理,禁止无关人员进入的区域;

续表

	检查点,是指公安机关在特定地点设置的用于对人员、车辆、物品等进行检查的固定或临时场所
主观方面	故意

2. 本违法行为与妨害公务罪对照

对比项	冲闯警戒带、警戒区、检查点	妨害公务罪
行为方式	强行冲公安机关设置的警戒带、警戒区、检查点行为方式较为单一	使用暴力、威胁的方法,以及虽然没有使用暴力、威胁方法,但造成严重后果的行为
侵害的客体	公安机关的职务活动	既包括国家机关的正常管理活动,也包括国家机关工作人员的人身权利
危害程度	社会危害性较小	社会危害性较大

取证要点

1. 主体方面

主要包括违法行为人的姓名、法定年龄、责任能力、性别、民族、住址、政治面貌、历史表现,违法行为人之间的关系,是否有前科劣迹,是否具有人大代表、政协委员等特殊身份,是否为公职人员等。

2. 主观方面

主要包括违法行为人实施本行为的原因、目的等。(1)原因。主要调查违法行为人实施本行为的原因,如出于好奇;试图取回被警戒区域隔离的个人财物;发泄个人情绪等。(2)目的。主要调查违法行为人实施本行为的目的,如满足个人需求或挑战社会秩序等。

3. 客观方面

主要包括警戒带、警戒区、检查点是不是公安机关依法设置的警戒带、警戒区;行为人强行冲闯的方式(如强行跨越警戒带、破坏警戒设施、推搡或殴打执法人员);强行冲闯造成的后果(如破坏现场秩序、干扰公安机关的执法活动、危及公共安全)等。

> 规范索引

《刑法》第 277、278 条;《警察法》第 17、18、20 条;《交通警察道路执勤执法工作规范》第 33~64 条;《公安机关警戒带使用管理办法》

5. 招摇撞骗

> 法律条文

《治安管理处罚法》第 62 条　冒充国家机关工作人员招摇撞骗的,处十日以上十五日以下拘留,可以并处一千元以下罚款;情节较轻的,处五日以上十日以下拘留。

冒充军警人员招摇撞骗的,从重处罚。

盗用、冒用个人、组织的身份、名义或者以其他虚假身份招摇撞骗的,处五日以下拘留或者一千元以下罚款;情节较重的,处五日以上十日以下拘留,可以并处一千元以下罚款。

> 裁量标准

违法行为	违法情节程度	处罚标准
冒充国家机关工作人员招摇撞骗的	情节较轻	处 5 日以上 10 日以下拘留
	情节一般	处 10 日以上 15 日以下拘留,可以并处 1000 元以下罚款
	冒充军警人员招摇撞骗	从重处罚
盗用、冒用个人、组织的身份、名义或者以其他虚假身份招摇撞骗的	情节一般	处 5 日以下拘留或者 1000 元以下罚款
	情节较重	处 5 日以上 10 日以下拘留,可以并处 1000 元以下罚款

根据《公安机关对部分违反治安管理行为实施处罚的裁量指导意见》,有下列情形之一的,属于"情节较轻":

(1)社会影响较小,未取得实际利益的;

(2)未造成当事人财物损失或者其他危害后果的;

(3)其他情节较轻的情形。

实务认定

1. 本违法行为的认定

侵害的客体	社会管理秩序
行为主体	达到法定年龄、具有法定责任能力的自然人
行为表现	假冒国家机关工作人员、军警人员、个人、组织身份、名义或其他虚假身份进行招摇撞骗,骗取非法利益。非法利益包括物质利益和非物质利益,如政治待遇、经济利益或者荣誉称号,甚至是为了欺骗感情,玩弄异性等
认定关键	招摇撞骗的目的是谋取非法利益,而是否实际骗取了非法利益及骗取的多少,不影响本行为的成立,只是作为处罚时酌情考虑的因素之一
主观方面	故意

2. 本违法行为与招摇撞骗罪对照

对比项	招摇撞骗	招摇撞骗罪
情节程度	情节较轻	情节严重
危害后果	造成严重后果	造成恶劣社会影响或骗取较大数额财物
处罚种类	行政处罚	刑事处罚

3. 本违法行为与诈骗行为对照

对比项	招摇撞骗	招摇撞骗罪
行为方式	冒充国家机关工作人员的身份或职称	虚构事实、隐瞒真相,骗取公私财物
目的	骗取非法利益	非法占有公私财物
主观方面	故意	故意

取证要点

1. 主体方面

主要包括违法行为人的姓名、法定年龄、责任能力、性别、民族、住址、政治面貌、历史表现,违法行为人之间的关系,是否有前科劣迹,是否具有人大代表、政协委员等特殊身份,是否为公职人员等。

2. 主观方面

主要包括违法行为人实施本行为的原因、目的等。(1)原因。主要调查违法行为人实施本行为的原因,如谋取非法利益、虚荣心作祟等。(2)目的。主要调查违法行为人实施本行为的目的,如骗取钱财、职位、荣誉;提升自己的社会地位、满足自己的虚荣心等。

3. 客观方面

主要包括冒充的身份情况(如行政机关工作人员、司法机关工作人员),招摇撞骗所取得的非法利益情况;招摇撞骗造成的影响、后果(如严重破坏了国家机关的威信和正常管理活动;导致社会不稳定和混乱)等。

规范索引

《刑法》第266、274、279条

典型案例

刘某冒充国家机关工作人员治安处罚案

某日,刘某以找寻张某违法犯罪的相关证据为由,在没有受到有关纪律检查部门委托和安排的情况下,自称是该机关委托或安排的人员,到葛某家调查了解有关情况,并以此调查葛某儿子某年被张某儿子打伤案件的情况。由于没有工作证件,引起葛某夫妇的怀疑,葛某遂向公安部门报案。以上事实有被害人葛某夫妇的陈述、刘某的供述和辩解、证人杨某等证人证言及视听资料等证据证实。尽管刘某主张其到葛某家了解情况目的是举报张某违法受贿行为,不是为了谋求任何物质利益或者非物质利益,故其不具备招摇撞骗的主观动机。但是,公安部门认为,国家处罚冒充国家工作人员的核心逻辑在于维护公权力的合法性、保障社会秩序稳定、保护公民免受欺诈和侵害。即使刘某无谋利目的,其行为也在客观上造成了损害国家机关形象、侵害葛某夫妇权益的不良后果;刘某冒充国家机关工作人员招摇撞骗的违法事实证据确凿,刘某也并未提出其他证据反证。鉴于刘某冒充国家工作人员招摇撞骗但情节轻微,依据《治安管理处罚法》的规定,对其处以行政拘留10日的处罚。

6. 伪造、变造、买卖公文、证件、证明文件、印章

法律条文

《治安管理处罚法》第63条第1项 有下列行为之一的,处十日以上十五日以下拘留,可以并处五千元以下罚款;情节较轻的,处五日以上十日以下拘留,可以并处三千元以下罚款:

(一)伪造、变造或者买卖国家机关、人民团体、企业、事业单位或者其他组织的公文、证件、证明文件、印章的;

裁量标准

违法行为	违法情节程度	处罚标准
伪造、变造或者买卖国家机关、人民团体、企业、事业单位或者其他组织的公文、证件、证明文件、印章的	情节较轻	处5日以上10日以下拘留,可以并处3000元以下罚款
	情节一般	处10日以上15日以下拘留,可以并处5000元以下罚款

根据《公安机关对部分违反治安管理行为实施处罚的裁量指导意见》,有下列情形之一的,属于"情节较轻":
(1)<u>尚未造成危害后果,且获利较少的</u>;
(2)<u>尚未造成危害后果,且能够及时纠正或者弥补的</u>;
(3)其他情节较轻的情形。

实务认定

1. 本违法行为的认定

侵害的客体	国家机关、人民团体、企业、事业单位或者其他组织的正常管理秩序和信誉
行为主体	自然人或单位
公文、证件、证明文件、印章	公文,一般是指有关单位制作的,用以联系事务、指导工作、处理问题的书面文件,如决定、命令、决议、指示、通知、报告、信函、电文等。某些以负责人名义代表单位签发的文件,也属于公文。公文的文字可以是中文,也可以是外文;可以是印刷的,也可以是书写的,都具有公文的法律效力。证件,是指有关单位制作、颁发的,用以证明身份、职务、权利义务关系或其他有关事实的凭证,如结婚证、工作证、学生证、护照、户口迁移证、营业执照、驾驶证等。证明文件,是指有关单位颁发的,用以证明某一事实的文件,如结婚证明、户口证明、介绍信等。印章,是指经有关部门批准,依法为有关单位刻制的,以文字与图记表明主体同一性的公章或专用章,它们是有关单位行使职权的符号和标记,公文在加盖公章后方能生效。用于有关单位事务的私人印鉴、图章,也视为印章

续表

行为表现	伪造,是指无权制作的主体非法制作假的公文、证件、证明文件或印章的行为,既包括非法制作出一种实际不存在的公文、证件、证明文件或印章,又包括模仿其特征而复印、伪造出假的公文、证件、证明文件或印章;既包括非国家机关工作人员的伪造或制作,又包括国家机关工作人员未经批准而擅自制造。一般来说,伪造行为必须达到使他人误信的程度,才构成本违法行为所谓的伪造。另外,模仿有权签发公文、证件、证明文件的负责人的手迹签发公文、证件、证明文件的,也以伪造论处。 变造,则是对真实的公文、证件、证明文件或印章,利用涂改、擦消、拼接等方法进行加工、改制,以改变其真实内容。 买卖,即对国家机关、人民团体、企业、事业单位或者其他组织的公文、证件、证明文件或者印章实行有偿转让,包括购买和销售两种行为。这里应该注意的是,买卖的印章,可以是真实的,也可以是伪造或变造的,而对于买卖的公文、证件、证明文件,则必须是真实的
认定关键	只要违法行为人实施本行为的,即便没有严重情节,没有产生严重后果,也要按本违法行为加以惩处
主观方面	故意

2. 本违法行为与伪造公司、企业、事业单位、人民团体印章罪对照

对比项	伪造、变造、买卖公文、证件、证明文件、印章	伪造公司、企业、事业单位、人民团体印章罪
侵害的客体	国家机关、人民团体、企业,事业单位或者其他组织的正常管理活动和信誉	仅是公司、企业,事业单位、人民团体的正常活动和声誉,不涉及国家机关
行为方式	包括伪造、变造或买卖的方式	仅伪造,不包括变造和买卖
情节后果	情节和后果相对较小或较轻	情节和后果相对较大或较重

取证要点

1. 主体方面

主要包括违法行为人的姓名、法定年龄、责任能力、性别、民族、住址、政治面貌、历史表现,违法行为人之间的关系,是否有前科劣迹,是否具有人大代表、政协委员等特殊身份,是否为公职人员等。

通过工商营业执照、公安机关的备案登记等调查单位的所有者、经营者、主要负责人的身份信息,确定经营管理者的姓名、性别、年龄、住址、历史表现等。

2. 主观方面

主要包括违法行为人实施本行为的原因、目的等。(1)原因。主要调查违法行为人实施本行为的原因,如非法利益驱动、身份认同危机或虚荣心等。(2)目的。主要调查违法行为人实施本行为的目的,如骗取钱财、提升职位;满足虚荣心等。

3. 客观方面

主要包括违法行为人伪造、变造、买卖的公文、证件、证明文件、印章(如决议、驾驶证、房产证明、法人章);伪造、变造、买卖的手段、方法(如通过制作假的文件或印章来冒充真实的文件或印章;对真实的文件或印章进行修改、涂改或伪造部分内容,以改变其原有意义或用途;通过非法渠道购买或出售假的文件或印章);伪造、变造、买卖的公文、证件、证明文件、印章的种类;伪造、变造、买卖公文、证件、证明文件、印章的次数、数量;伪造、变造、买卖公文、证件、证明文件、印章的后果、影响(如破坏了正常的社会管理秩序;破坏了公众对国家机关、政府部门和公共服务机构的信任;导致经济损失)等。

规范索引

《刑法》第280条;《野生动物保护法》第25、37条;《对外贸易法》第34、63条;《森林法》第42条;《居民身份证法》第17、18条;《核出口管理条例》第19条

7. 出租、出借公文、证件、证明文件、印章供他人非法使用

法律条文

《治安管理处罚法》第63条第2项　有下列行为之一的，处十日以上十五日以下拘留，可以并处五千元以下罚款；情节较轻的，处五日以上十日以下拘留，可以并处三千元以下罚款：

（二）出租、出借国家机关、人民团体、企业、事业单位或者其他组织的公文、证件、证明文件、印章供他人非法使用的；

裁量标准

违法行为	违法情节程度	处罚标准
出租、出借国家机关、人民团体、企业、事业单位或者其他组织的公文、证件、证明文件、印章供他人非法使用的	情节较轻	处5日以上10日以下拘留，可以并处3000元以下罚款
	情节一般	处10日以上15日以下拘留，可以并处5000元以下罚款

实务认定

1. 本违法行为的认定

侵害的客体	国家机关、人民团体、企业、事业单位或者其他组织的正常管理秩序和信誉
行为主体	自然人或单位
公文、证件、证明文件、印章	公文，一般是指有关单位制作的，用以联系事务、指导工作、处理问题的书面文件，如决定、命令、决议、指示、通知、报告、信函、电文等。某些以负责人名义代表单位签发的文件，也属于公文。公文的文字可以是中文，也可以是外文；可以是印刷的，也可以是书写的，都具有公文的法律效力。

续表

	证件,是指有关单位制作、颁发的,用以证明身份、职务、权利义务关系或其他有关事实的凭证,如结婚证、工作证、学生证、护照、户口迁移证、营业执照、驾驶证等。 证明文件,是指有关单位颁发的,用以证明某一事实的文件,如结婚证明、户口证明、介绍信等。 印章,是指经有关部门批准,依法为有关单位刻制的,以文字与图记表明主体同一性的公章或专用章,它们是有关单位行使职权的符号和标记,公文在加盖公章后方能生效。用于有关单位事务的私人印鉴、图章,也视为印章
行为表现	如将国家机关或企业等的公文出租、出借给不法商家,商家利用公文进行虚假宣传;不具备相应资质的单位或个人,通过租用有资质企业的相关证件,如营业执照、资质证书等,以该企业名义承接工程或开展业务;非法出租、出借企业印章,让他人用于签订虚假合同,骗取对方财物;等等
主观方面	故意

2.本违法行为与伪造、变造、买卖国家机关公文、证件、印章罪对照

对比项	出租、出借公文、证件、证明文件、印章供他人非法使用	伪造、变造、买卖国家机关公文、证件、印章罪
行为方式	出租、出借行为本身并不直接改变公文、证件、证明文件、印章的内容或形式。出租是指以金钱或其他物质利益为交换,但并非转让	伪造是无制作权的非法制作;变造是改变其真实内容或形式;买卖是指以金钱或其他物质利益为交换,非法转让
情节后果	情节轻微,未造成严重后果	情节严重或造成严重后果

取证要点

1.主体方面

主要包括违法行为人的姓名、法定年龄、责任能力、性别、民族、住址、

政治面貌、历史表现、违法行为人之间的关系、是否有前科劣迹、是否具有人大代表、政协委员等特殊身份、是否为公职人员等。

通过工商营业执照、公安机关的备案登记等调查单位的所有者、经营者、主要负责人的身份信息，确定经营管理者的姓名、性别、年龄、住址、历史表现等。

2. 主观方面

主要包括违法行为人实施本行为的原因、目的等。(1)原因。主要调查违法行为人实施本行为的原因，如经济利益驱动、人情关系等。(2)目的。主要调查违法行为人实施本行为的目的，如获取租金、利息等经济利益；维护或增进与他人的关系等。

3. 客观方面

主要包括违法行为人出租、出借的公文、证件、证明文件、印章；出租、出借的手段、方法（如与需求方直接联系，通过口头或书面协议达成交易；通过中介或第三方平台来寻找需求方，并达成交易；通过网络平台来出租或出借这些文件或印章）；出租、出借的后果、影响（如损害了国家机关、政府部门和公共服务机构的形象；导致个人信息安全泄露）等。

规范索引

《刑法》第280条

8. 买卖、使用伪造、变造的公文、证件、证明文件、印章

法律条文

《治安管理处罚法》第63条第3项　有下列行为之一的，处十日以上十五日以下拘留，可以并处五千元以下罚款；情节较轻的，处五日以上十日以下拘留，可以并处三千元以下罚款：

（三）买卖或者使用伪造、变造的国家机关、人民团体、企业、事业单位或者其他组织的公文、证件、证明文件、印章的；

裁量标准

违法行为	违法情节程度	处罚标准
买卖或者使用伪造、变造的国家机关、人民团体、企业、事业单位或者其他组织的公文、证件、证明文件、印章的	情节较轻	处5日以上10日以下拘留,可以并处3000元以下罚款
	情节一般	处10日以上15日以下拘留,可以并处5000元以下罚款

根据《公安机关对部分违反治安管理行为实施处罚的裁量指导意见》,有下列情形之一的,属于"情节较轻":

(1)尚未造成危害后果,且获利较少的;
(2)尚未造成危害后果,且能够及时纠正或者弥补的;
(3)其他情节较轻的情形。

实务认定

1. 本违法行为的认定

侵害的客体	国家机关、人民团体、企业、事业单位或者其他组织的正常管理秩序和信誉
行为主体	自然人或单位
公文、证件、证明文件、印章	公文,一般是指有关单位制作的,用以联系事务、指导工作、处理问题的书面文件,如决定、命令、决议、指示、通知、报告、信函、电文等。某些以负责人名义代表单位签发的文件,也属于公文。公文的文字可以是中文,也可以是外文;可以是印刷的,也可以是书写的,都具有公文的法律效力。 证件,是指有关单位制作、颁发的,用以证明身份、职务、权利义务关系或其他有关事实的凭证,如结婚证、工作证、学生证、护照、户口迁移证、营业执照、驾驶证等。 证明文件,是指有关单位颁发的,用以证明某一事实的文件,如结婚证明、户口证明、介绍信等。

续表

	印章,是指经有关部门批准,依法为有关单位刻制的,以文字与图记表明主体同一性的公章或专用章,它们是有关单位行使职权的符号和标记,公文在加盖公章后方能生效。用于有关单位事务的私人印鉴、图章,也视为印章
行为表现	伪造,是指无权制作的主体非法制作假的公文、证件、证明文件、印章的行为,既包括非法制作出一种实际不存在的公文、证件、证明文件、印章,又包括模仿其特征而复印、伪造出假的公文、证件、证明文件、印章;既包括非国家机关工作人员的伪造或制作,又包括国家机关工作人员未经批准而擅自制造。一般来说,伪造行为必须达到使他人误信的程度,才构成本违法行为所谓的伪造。另外,模仿有权签发公文、证件、证明文件的负责人的手迹签发公文、证件、证明文件的,也以伪造论处。变造则是对真实的公文、证件、证明文件、印章,利用涂改、擦消、拼接等方法进行加工、改制,以改变其真实内容。 买卖包括购买和销售两种行为。使用,是指违法行为人明知是伪造、变造的国家机关、人民团体、企业、事业单位或者其他组织的公文、证件、证明文件,而仍然予以使用,欺骗他人的行为
认定关键	行为人明知是伪造、变造的国家机关、人民团体、企业、事业单位或者其他组织的公文、证件、证明文件、印章而故意买卖或者使用的构成本违法行为。如果违法行为人在受他人欺骗情况下,即在非明知是伪造、变造的国家机关、人民团体、企业、事业单位或者其他组织的公文、证件、证明文件、印章情况下,而予以买卖、使用的,不构成本违法行为
主观方面	故意

2. 使用伪造、变造的公文、证件、证明文件与使用伪造、变造的公文、证件、证明文件进行诈骗对照

对比项	使用伪造、变造的公文、证件、证明文件	使用伪造、变造的公文、证件、证明文件进行诈骗
主观方面	明知是伪造、变造的公文、证件、证明文件、印章而予以使用,但并不一定是进行诈骗	客观也是使用,但这种使用只是诈骗的手段,非法占有公私财物才是目的
危害后果	造成的社会危害性较小或未造成危害,以违反治安管理的诈骗行为论处	骗取公私财物的数额较小,造成较小社会危害性的,应该以违反治安管理的诈骗行为论处;如果违法行为人使用伪造、变造的公文、证件、证明文件进行诈骗,骗取公私财物的数额较大,造成较大社会危害性的,应该以诈骗罪论处

3. 本违法行为与伪造、变造、买卖公文、证件、证明文件、印章对照

对比项	买卖、使用伪造、变造的公文、证件、证明文件	伪造、变造、买卖公文、证件、证明文件、印章
行为方式	买卖和使用	伪造、变造和买卖
行为对象	具体买卖、使用的对象必须是伪造、变造的公文、证件、证明文件、印章	伪造、变造、买卖的公文、证件、证明文件必须是真实的,伪造、变造、买卖的印章可以是真实的,也可以是虚假的

取证要点

1. 主体方面

主要包括违法行为人的姓名、法定年龄、责任能力、性别、民族、住址、

政治面貌、历史表现、违法行为人之间的关系、是否有前科劣迹、是否具有人大代表、政协委员等特殊身份、是否为公职人员等。

通过工商营业执照、公安机关的备案登记等调查单位的所有者、经营者、主要负责人的身份信息,确定经营管理者的姓名、性别、年龄、住址、历史表现等。

2. 主观方面

主要包括违法行为人实施本行为的原因、目的等。(1)原因。主要调查违法行为人实施本行为的原因,如逃避法律监管或责任、获取不正当利益、从事非法活动等。(2)目的。主要调查违法行为人实施本行为的目的,如节省成本、提高效率、逃避责任;掩盖真实身份或行为;更方便地从事某些特定活动等。

3. 客观方面

主要包括违法行为人"伪造""变造"的国家机关、人民团体、企业、事业单位或者其他组织的公文、证件、证明文件本身及其种类(如政府部门的正式文件;工会会员证;组织机构代码证);买卖、使用伪造、变造的公文、证件、证明文件的次数;买卖、使用伪造、变造的公文、证件、证明文件的数量;买卖、使用伪造、变造的公文、证件、证明文件的后果(如损害了国家机关、人民团体、企业、事业单位或其他组织的形象和声誉)等。

规范索引

《刑法》第210、266、269、280、287、300条;《野生动物保护法》第37条;《对外贸易法》第34、63条;《森林法》第42条

典型案例

徐某1非法伪造文件治安处罚案

某日,徐某1在明知其朋友李某提取住房公积金的方式不合法的情况下,仍然为徐某2与李某牵线搭桥,最终在李某伪造的文件帮助下,徐某2

以不法手段骗取住房公积金共计80000元。当地公安部门接到报案后,对徐某1涉嫌伪造证明文件骗取住房公积金一案予以受理并开展调查。以上事实有当事人陈述与申辩、询问笔录、相关程序文书等证据予以证实。尽管徐某1主张其对徐某2采用非法手段并不知情,其并不具有主观的故意。但是公安部门认为,在初步证明违法行为存在后,徐某1需要对其"不知情"承担举证责任。根据徐某1在询问笔录中关于"帮忙提取公积金手续费这么高肯定是不合法"的陈述,表明其是明知提取手段不合法的,徐某1对明知予以否认,但未提供相反证据予以证明。徐某1在明知徐某2要通过不法手段骗取公积金的情况下,仍积极介绍他人给徐某2,帮助其提取住房公积金,其行为已经构成买卖、使用伪造的证明文件,依据《治安管理处罚法》的规定对徐某1作出行政拘留5日的行政处罚。

9. 伪造、变造、倒卖有价票证、凭证

法律条文

《治安管理处罚法》第63条第4项　有下列行为之一的,处十日以上十五日以下拘留,可以并处五千元以下罚款;情节较轻的,处五日以上十日以下拘留,可以并处三千元以下罚款:

（四）伪造、变造或者倒卖车票、船票、航空客票、文艺演出票、体育比赛入场券或者其他有价票证、凭证的;

裁量标准

违法行为	违法情节程度	处罚标准
伪造、变造或者倒卖车票、船票、航空客票、文艺演出票、体育比赛入场券或者其他有价票证、凭证的	情节较轻	处5日以上10日以下拘留,可以并处3000元以下罚款
	情节一般	处10日以上15日以下拘留,可以并处5000元以下罚款

根据《公安机关对部分违反治安管理行为实施处罚的裁量指导意见》,有下列情形之一的,属于"情节较轻":

(1) 伪造有价票证、凭证的票面数额、数量或者非法获利未达到有关刑事立案追诉标准 10% 的;

(2) 倒卖车票、船票票面数额或者非法获利未达到有关刑事立案追诉标准 10% 的;

(3) 其他情节较轻的情形。

> 实务认定

1. 本违法行为的认定

侵害的客体	有价票证、凭证的公共信用和国家对有价票证、凭证的管理秩序
行为主体	自然人或单位
有价票证、凭证	有价票证,是指有关国家机关、公司、企业、事业单位依法印制,并向社会公众发放、销售的,具有一定票面价额,能够在一定范围内流通、使用,能够证明持票人享有要求发票人或受票人支付一定数额的金钱、提供特定服务的权利,或者能够证明其已履行相关法律义务的书面凭证。包括车票、船票、邮票、航空客票、文艺演出票、体育比赛入场券、彩票、机动车油票、电话卡、高校饭票、菜票等。 凭证是指有关国家机关、公司、企业、事业单位依法印制,并向社会公众发放的,不具有票面价额、本身无价值而有一定使用价值的无价票证。其可以代表一定的权利,持票人享有要求发票人或受票人提供特定服务的权利,或者能够证明其已履行相关法律义务。一般不可以在市场上流通,无交换价值,不允许公开买卖或者交易。包括医院挂号证、售楼号、购买某种权利的中签等
行为表现	伪造有价票证、凭证,是指模仿真实有效的车票、船票、邮票或者其他有价票证或凭证的形状、样式、面值、图案、色彩等特征,炮制假的车票、船票、邮票或者其他有价票证或凭证的行为。

续表

	变造有价票证、凭证,是指对真实有效的有价票证或凭证以及失效的有价票证或凭证以涂改、挖补、拼接、剪贴、揭层等方法进行加工、处理,增大其面值或者延长其有效期限或增加其数量,以实现从少到多、从短变长的量变行为。 倒卖有价票证、凭证,是指出售自行伪造的有价票证、凭证,或者购进有价票证、凭证,包括他人伪造的有价票证、凭证进行出售的行为
认定关键	本违法行为涉及的伪造、变造、倒卖的"有价票证""凭证"可以是真实的,也可以是虚假的。"有价票证""凭证"的真实与否不影响本违法行为的构成
主观方面	故意

2. 本违法行为与伪造、倒卖伪造的有价票证罪对照

对比项	伪造、变造、倒卖有价票证、凭证	伪造、倒卖伪造的有价票证罪
侵害的客体	有价票证、凭证的公共信用和国家对有价票证、凭证的管理秩序	有价票证的公共信用和国家对有价票证的管理秩序
侵害对象	包括有价票证和凭证,并且这里的有价票证和凭证,既可以是真实的,也可以是伪造或变造的	有价票证,并且该有价票证必须是伪造的,不包括"凭证"也不包括变造的有价票证
行为方式	伪造、变造、倒卖	伪造、倒卖,不包括变造

3. 本违法行为与倒卖车票、船票罪对照

对比项	伪造、变造、倒卖有价票证、凭证	倒卖车票、船票罪
侵害的客体	有价票证、凭证的公共信用和国家对有价票证、凭证的管理秩序	是车票、船票的公共信用和国家对车票、船票的管理秩序
侵害对象	包括有价票证和凭证,并且这里的有价票证和凭证,既可以是真实的,也可以是伪造或变造的	只包括车票、船票,不涉及车票、船票以外的有价票证或凭证,其范围很小
行为方式	伪造、变造或倒卖	只有倒卖,不涉及伪造、变造行为

> **取证要点**

1. 主体方面

主要包括违法行为人的姓名、法定年龄、责任能力、性别、民族、住址、政治面貌、历史表现,违法行为人之间的关系,是否有前科劣迹,是否具有人大代表、政协委员等特殊身份,是否为公职人员等。

通过工商营业执照、公安机关的备案登记等调查单位的所有者、经营者、主要负责人的身份信息,确定经营管理者的姓名、性别、年龄、住址、历史表现等。

2. 主观方面

主要包括违法行为人实施本行为的原因、目的等。(1)原因。主要调查违法行为人实施本行为的原因,如受到经济利益的驱使、逃避监管或税费、满足特定需求、恶意竞争等。(2)目的。主要调查违法行为人实施本行为的目的,如获取不正当的经济利益;破坏市场秩序,损害其他合法经营者的利益等。

3. 客观方面

主要包括违法行为人伪造、变造、倒卖的有价票证、凭证(如火车票、

飞机票、电影票、演唱会门票、体育赛事门票、税务发票);伪造、变造、倒卖的有价票证、凭证的种类、数量;伪造、变造、倒卖有价票证、凭证的次数;伪造、变造、倒卖有价票证、凭证的手段、方法(如利用现代科技手段进行票证的伪造、变造;通过伪造相关印章和签名来制作虚假的票证;利用网络平台进行票证的倒卖;勾结相关机构或企业的内部人员,获取真实的票证信息或模板,然后进行伪造和倒卖)等。

规范索引

《刑法》第 227、231 条;《邮政法》第 38、41、44、79、80 条;《铁路法》第 27、66、67 条;《民用航空安全保卫条例》第 24、34 条;《仿印邮票图案管理办法》第 6、20~24 条

10. 伪造、变造船舶户牌

法律条文

《治安管理处罚法》第 63 条第 5 项　有下列行为之一的,处十日以上十五日以下拘留,可以并处五千元以下罚款;情节较轻的,处五日以上十日以下拘留,可以并处三千元以下罚款:

(五)伪造、变造船舶户牌,买卖或者使用伪造、变造的船舶户牌,或者涂改船舶发动机号码的。

裁量标准

违法行为	违法情节程度	处罚标准
伪造、变造船舶户牌	情节较轻	处 5 日以上 10 日以下拘留,可以并处 3000 元以下罚款
	情节一般	处 10 日以上 15 日以下拘留,可以并处 5000 元以下罚款

根据《公安机关对部分违反治安管理行为实施处罚的裁量指导意

见》,有下列情形之一的,属于"情节较轻":

(1)伪造、变造船舶户牌数量较少,或者以营利为目的买卖伪造、变造的船舶户牌、涂改船舶发动机号码,<u>获利较少</u>的;

(2)伪造、变造船舶号牌,或者涂改船舶发动机号码的船舶,<u>尚未出售或者未投入使用</u>的;

(3)<u>因船舶户牌丢失</u>,伪造、变造或者购买、使用伪造、变造的船舶户牌的;

(4)其他情节较轻的情形。

> 实务认定

1. 本违法行为的认定

侵害的客体	国家对船舶的正常管理秩序
行为主体	自然人或单位
船舶户牌	由船舶登记机关依法统一制作、颁发的,悬挂在船舶指定位置的,表明船名、船号、船籍、船的用途的船名牌。按照交通行业的统一要求标准进行制作,悬挂在舱室左右两侧,内容一般包括船籍港名称、船舶性质、用途简称、船名、流水号等
行为表现	伪造船舶户牌,是指以特定方式制造外观上足以使一般人误认为是真实有效的船舶户牌。伪造的船舶号牌一般在正常阳光下存在颜色偏红或者偏黄、字体较瘦等缺陷 变造船舶户牌,是指利用涂改、拼接、加刻、销抹等手法,非法对真实的船舶户牌进行加工改制,以形成以假充真的假牌。变造是以真实的户牌为基础加工的,实践中一般用的是因未年检或过期而失效的、捡拾或者盗抢来的真实户牌
主观方面	故意

2. 本违法行为与伪造、变造国家机关证件罪对照

对比项	伪造、变造船舶户牌	伪造、变造国家机关证件罪
行为表现	行为人违反国家有关规定,制作假的船舶户牌或对真实的船舶户牌进行非法改换,使其在形式上变得不真实的行为	非法制造、变造国家机关公文、证件、印章
行为对象	特指船舶户牌,这是船舶登记管理机关依法颁发的证件,用于证明船舶的身份和权属	国家机关的公文、证件、印章,证件包括但不限于居民身份证、护照、社会保障卡、驾驶证等依法可以用于证明身份的证件,以及国家机关颁发的其他具有法律效力的证件
侵害的客体	国家对船舶的正常管理活动	国家机关的公信力和正常的行政管理秩序
处罚种类	行政处罚	刑事处罚

取证要点

1. 主体方面

主要包括违法行为人的姓名、法定年龄、责任能力、性别、民族、住址、政治面貌、历史表现,违法行为人之间的关系,是否有前科劣迹,是否具有人大代表、政协委员等特殊身份,是否为公职人员等。

通过工商营业执照、公安机关的备案登记等调查单位的所有者、经营者、主要负责人的身份信息,确定经营管理者的姓名、性别、年龄、住址、历史表现等。

2. 主观方面

主要包括违法行为人实施本行为的原因、目的等。(1)原因。主要调查违法行为人实施本行为的原因,如逃避相关部门的监管;谋取非法利益;方便从事特定活动等。(2)目的。主要调查违法行为人实施本行为的目

的,如从事非法活动并获取不正当的经济利益;逃避交通违法处罚、逃避税费;掩盖自己的真实身份或逃避相关部门的追查等。

3. 客观方面

主要包括违法行为人伪造、变造的船舶户牌;伪造、变造船舶户牌的种类、数量;伪造、变造船舶户牌的次数;伪造、变造船舶户牌的手段、方法(如仿制真实户牌的尺寸、材料、颜色等制作假户牌;篡改船籍港名称、船舶名称、船舶性质、用途简称、编号等信息,制作虚假的船舶户牌;利用现代科技手段,制作逼真的假户牌)等。

规范索引

《船舶登记条例》第 2、14、31、51、56 条;《沿海船舶边防治安管理规定》第 4、11、27、33 条

11. 买卖或使用伪造、变造的船舶户牌

法律条文

《治安管理处罚法》第 63 条第 5 项 有下列行为之一的,处十日以上十五日以下拘留,可以并处五千元以下罚款;情节较轻的,处五日以上十日以下拘留,可以并处三千元以下罚款:

(五)伪造、变造船舶户牌,买卖或者使用伪造、变造的船舶户牌,或者涂改船舶发动机号码的。

裁量标准

违法行为	违法情节程度	处罚标准
买卖或者使用伪造、变造的船舶户牌	情节较轻	处 5 日以上 10 日以下拘留,可以并处 3000 元以下罚款
	情节一般	处 10 日以上 15 日以下拘留,可以并处 5000 元以下罚款

根据《公安机关对部分违反治安管理行为实施处罚的裁量指导意见》,有下列情形之一的,属于"情节较轻":

(1)伪造、变造船舶户牌数量较少,或者以营利为目的买卖伪造、变造的船舶户牌、涂改船舶发动机号码,获利较少的;

(2)伪造、变造船舶号牌,或者涂改船舶发动机号码的船舶,尚未出售或者未投入使用的;

(3)因船舶户牌丢失,伪造、变造或者购买、使用伪造、变造的船舶户牌的;

(4)其他情节较轻的情形。

> 实务认定

1. 本违法行为的认定

侵害的客体	国家对船舶的正常管理秩序
行为主体	自然人或单位
船舶户牌	由船舶登记机关依法统一制作、颁发的,悬挂在船舶指定位置的,表明船名、船号、船籍、船的用途的船名牌。按照交通行业的统一要求标准进行制作,悬挂在舱室左右两侧,内容一般包括船籍港名称、船舶性质、用途简称、船名、流水号等
行为表现	行为方式包括买卖和使用,并且必须是针对伪造或变造的船舶号牌进行买卖和使用
主观方面	故意

2. 本违法行为与伪造、变造船舶户牌对照

对比项	买卖或使用伪造、变造的船舶户牌	伪造、变造船舶户牌
侵害对象	必须是伪造或者变造的,不包括真实的船舶户牌	可以是真实的,也可以是虚假的
行为方式	买卖或使用	伪造或变造

取证要点

1. 主体方面

主要包括违法行为人的姓名、法定年龄、责任能力、性别、民族、住址、政治面貌、历史表现,违法行为人之间的关系,是否有前科劣迹,是否具有人大代表、政协委员等特殊身份、是否为公职人员等。

通过工商营业执照、公安机关的备案登记等调查单位的所有者、经营者、主要负责人的身份信息,确定经营管理者的姓名、性别、年龄、住址、历史表现等。

2. 主观方面

主要包括违法行为人实施本行为的原因、目的等。(1)原因。主要调查违法行为人实施本行为的原因,如逃避相关监管部门的检查和处罚;获取经济利益;法律意识淡薄等。(2)目的。主要调查违法行为人实施本行为的目的,如更容易地进行非法捕捞、非法运输等非法活动;掩盖自己的真实身份和违法行为等。

3. 客观方面

主要包括违法行为人买卖、使用的伪造、变造的船舶户牌;买卖、使用的伪造、变造船舶户牌的种类、数量;买卖、使用伪造、变造船舶户牌的次数(如偶尔购买和使用假证件,以应对某些特殊情况;频繁购买和使用假证件,以持续进行非法活动)等。

规范索引

《船舶登记条例》第 2、31、51、56 条;《沿海船舶边防治安管理规定》第 11、33 条

12. 涂改船舶发动机号码

法律条文

《治安管理处罚法》第63条第5项 有下列行为之一的,处十日以上十五日以下拘留,可以并处五千元以下罚款;情节较轻的,处五日以上十日以下拘留,可以并处三千元以下罚款:

(五)伪造、变造船舶户牌,买卖或者使用伪造、变造的船舶户牌,或者涂改船舶发动机号码的。

裁量标准

违法行为	违法情节程度	处罚标准
涂改船舶发动机号码的	情节较轻	处5日以上10日以下拘留,可以并处3000元以下罚款
	情节一般	处10日以上15日以下拘留,可以并处5000元以下罚款

根据《公安机关对部分违反治安管理行为实施处罚的裁量指导意见》,有下列情形之一的,属于"情节较轻":

(1)伪造、变造船舶户牌<u>数量较少</u>,或者以营利为目的买卖伪造、变造的船舶户牌、涂改船舶发动机号码,获利较少的;

(2)伪造、变造船舶号牌,或者涂改船舶发动机号码的船舶,<u>尚未出售或者未投入使用</u>的;

(3)<u>因船舶户牌丢失</u>,伪造、变造或者购买、使用伪造、变造的船舶户牌的;

(4)其他情节较轻的情形。

> **实务认定**

1. 本违法行为的认定

侵害的客体	国家对船舶的正常管理秩序
行为主体	自然人或单位
船舶发动机号码	国家通过对船舶发动机进行编号实施管理,每一个船舶发动机只有一个编号,并且不能重号
行为表现	通过涂抹、打磨、刻画等方式擅自修改原船舶发动机号码
主观方面	故意

2. 本违法行为与伪造、变造船舶户牌对照

对比项	涂改船舶发动机号码	伪造、变造船舶户牌
行为方式	通过涂抹、打磨、刻画等方式修改原船舶发动机号码,使其变得不真实	伪造船舶户牌是指制作假的船舶户牌,即该户牌本身并不存在,而是通过非法手段制作出来的。变造船舶户牌则是对原有的真实船舶户牌进行非法改换,使其在形式上变得不真实,如涂改、挖补等手段
行为对象	船舶的发动机号码	船舶户牌

> **取证要点**

1. 主体方面

主要包括违法行为人的姓名、法定年龄、责任能力、性别、民族、住址、政治面貌、历史表现,违法行为人之间的关系,是否有前科劣迹,是否具有人大代表、政协委员等特殊身份,是否为公职人员等。

通过工商营业执照、公安机关的备案登记等调查单位的所有者、经营

者、主要负责人的身份信息,确定经营管理者的姓名、性别、年龄、住址、历史表现等。

2. 主观方面

主要包括违法行为人实施本行为的原因、目的等。(1)原因。主要调查违法行为人实施本行为的原因,如逃避相关监管部门的检查和处罚;非法获利;逃避应缴的税费等。(2)目的。主要调查违法行为人实施本行为的目的,如更容易地进行非法运输、非法捕捞等非法活动;掩盖自己的真实身份和违法行为;隐瞒船舶的真实情况,从而欺骗消费者或相关监管部门等。

3. 客观方面

主要包括违法行为人涂改的船舶发动机号码;原船舶发动机的号码;涂改船舶发动机号码的次数、数量;涂改船舶发动机号码的手段、方法(如使用油漆、涂料等物质对原有的船舶发动机号码进行涂抹,以掩盖或改变原有的号码;使用砂纸、磨刀石等工具对原有的船舶发动机号码进行打磨,以消除或模糊原有的号码;在涂抹、打磨或重新上色后,按照正规船舶号码的样式,在船舶发动机上刻写新的号码)等。

规范索引

《船舶登记条例》第2、31、51、56条

13. 驾船擅自进入、停靠国家管制的水域、岛屿

法律条文

《治安管理处罚法》第64条 船舶擅自进入、停靠国家禁止、限制进入的水域或者岛屿的,对船舶负责人及有关责任人员处一千元以上二千元以下罚款;情节严重的,处五日以下拘留,可以并处二千元以下罚款。

裁量标准

违法行为	违法情节程度	处罚标准
船舶擅自进入、停靠国家禁止、限制进入的水域或者岛屿的	情节一般	对船舶负责人及有关责任人员处1000元以上2000元以下罚款
	情节严重	对船舶负责人及有关责任人员处5日以下拘留，可以并处2000元以下罚款

根据《公安机关对部分违反治安管理行为实施处罚的裁量指导意见》，有下列情形之一的，属于"情节严重"：

(1) 不听制止，强行进入、停靠的；

(2) 经责令离开而拒不驶离的；

(3) 其他情节严重的情形。

实务认定

1. 本违法行为的认定

侵害的客体	国家对特定水域、岛屿的管理秩序
行为主体	自然人或单位
认定关键	如果行为人因过失而进入限制或禁止进入、停靠的水域、岛屿，则不应以本违法行为论处。但是，如果行为人一开始是过失进入、停靠，但是经告知、驱逐后仍不离去，则应该以本违法行为论处。如果行为人是因避险或不可抗力的原因进入或停靠限制、禁止进入的水域或岛屿，并在抵港后及时向有关单位报告，原因消除后及时离开的，则不以本违法行为论处
主观方面	故意

2. 本违法行为与非法侵入军事禁区罪对照

对比项	驾船擅自进入、停靠国家管制的水域、岛屿	非法侵入军事禁区罪
侵害的客体	国家对特定水域、岛屿的管理秩序	国家的军事设施安全与国防利益
行为对象	国家禁止、限制进入的水域或岛屿,如军事目标、军事重地、军事隔离区、未被开放的水域、港口、水库等,范围涵盖但不限于上述特定水域或岛屿	国家划定的军事禁区,范围通常指国家为了保障军事设施的安全和保密需要而划定的特定区域
行为方式	驾驶船舶擅自进入或停靠	以步行、驾驶车辆、骑行等方式擅自进入军事禁区
处罚种类	行政处罚	刑事处罚

取证要点

1. 主体方面

主要包括违法行为人的姓名、法定年龄、责任能力、性别、民族、住址、政治面貌、历史表现,违法行为人之间的关系,是否有前科劣迹,是否具有人大代表、政协委员等特殊身份,是否为公职人员等。

通过工商营业执照、船舶户牌、船舶发动机号码、公安机关的备案登记等调查单位的所有者、经营者、主要负责人的身份信息,确定经营管理者的姓名、性别、年龄、住址、历史表现等。

2. 主观方面

主要包括违法行为人实施本行为的原因、目的等。(1)原因。主要调查违法行为人实施本行为的原因,如对国家管制水域、岛屿的具体范围和限制不了解;逃避相关监管部门的检查和处罚;非法活动需求;经济利益驱动等。(2)目的。主要调查违法行为人实施本行为的目的,如更容易地进行非法捕捞、非法运输等;掩盖自己的真实身份和违法行为;出于探险或旅游等。

3. 客观方面

主要包括国家管制的水域、岛屿(如军事目标、军事重地、军事隔离区、未被开放的水域、港口、水库);擅自进入、停靠国家管制的水域、岛屿的船舶(如渔船、货船、游艇);擅自进入、停靠国家管制的水域、岛屿的次数等。

规范索引

《沿海船舶边防治安管理规定》第28、31~33、35、38、39条;《内河交通安全管理条例》第20、59、61、68、69条;《海上交通安全法》第10~15条

典型案例

郑某等人驾船擅自进入军事禁区治安处罚案

某日,郑某与其堂弟驾驶载着违规渔具的自制小快艇擅自闯入军事禁区,被执行巡逻警戒任务的战士赵某、王某发现。赵某与王某对郑某两人表明军人身份后要求其停船接受检查。

郑某因担心违规渔具被查扣,立即将小快艇掉头逃窜规避检查。后小快艇被巡逻艇截停,王某登临检查。郑某为阻止检查,多次对王某推搡、拉扯,致使其落入海中。赵某随即对小快艇实施控制,并将落海的王某救起,郑某则趁两战士不备跳入海中逃跑。随后,郑某主动投案。以上事实有当事人陈述、录音录像等证据予以证实。公安部门郑某与其堂弟驾驶快艇擅自闯入军事禁区,拒不接受检查、驾艇逃逸,以推搡、拉扯等暴力方式阻碍军人执行职务,依法应当处罚。依据《治安管理处罚法》的规定,考虑到郑某二人存在自首和认罪认罚等法定从轻从宽情节,本着惩罚与教育相结合的原则,对郑某二人处1000元罚款。

14. 非法以社会组织名义活动

法律条文

《治安管理处罚法》第 65 条第 1 款第 1 项　有下列行为之一的,处十日以上十五日以下拘留,可以并处五千元以下罚款;情节较轻的,处五日以上十日以下拘留或者一千元以上三千元以下罚款:

（一）违反国家规定,未经注册登记,以社会团体、基金会、社会服务机构等社会组织名义进行活动,被取缔后,仍进行活动的;

第 65 条第 3 款　取得公安机关许可的经营者,违反国家有关管理规定,情节严重的,公安机关可以吊销许可证件。

裁量标准

违法行为	违法情节程度	处罚标准
违反国家规定,未经注册登记,以社会团体、基金会、社会服务机构等社会组织名义进行活动,被取缔后,仍进行活动的	情节较轻	处 5 日以上 10 日以下拘留或者 1000 元以上 3000 元以下罚款
	情节一般	处 10 日以上 15 日以下拘留,可以并处 5000 元以下罚款
	情节严重	公安机关可以吊销许可证件

根据《公安机关对部分违反治安管理行为实施处罚的裁量指导意见》,有下列情形之一的,属于"情节较轻":

(1) 尚未造成危害后果或者较大社会影响的;

(2) 以营利为目的,但获利较少的;

(3) 其他情节较轻的情形。

实务认定

1. 本违法行为的认定

侵害的客体	国家对社会组织的管理秩序
行为主体	自然人或单位
活动	以社会组织名义进行的活动有组织、开展各种学术交流、研讨、联谊等活动;在群众中开展各种宣传、咨询、教学等活动;在各种新闻媒体中登载文章、启事、声明、广告等;印制各种出版物、图片、画册等
取缔	对于法律限制或禁止的行为发生后,作出决定采取相应的措施予以制止或取消,从而使管理对象丧失一定的能力或权利而采取的手段。 涉及取缔社会组织的情形主要包括:未经批准,擅自开展社会团体、社会组织筹备活动;未经登记,擅自以社会团体、社会组织名义进行活动;被撤销登记的社会团体继续以社会团体、社会组织名义进行活动的
认定关键	本违法行为的构成要求被依法取缔后,仍进行活动。如果被依法取缔后,不再进行活动的,则不构成本违法行为
主观方面	故意

2. 本违法行为与构成有关犯罪对照

对比项	非法以社会组织名义活动	非法以社会组织名义活动造成的有关犯罪
行为表现	违反社会团体登记管理规定的行为,只是未经注册登记,以社会团体名义进行活动,被依法取缔后,仍进行活动	如果非法以社会组织名义活动,同时有其他违法犯罪活动,如以社会团体的名义进行诈骗,则应依法追究其他法律责任

续表

社会团体性质与宗旨	社会团体本身的性质和宗旨没有违法	进行活动的社团,其宗旨和目的是进行分裂国家、破坏祖国统一、颠覆国家政权、推翻社会主义制度、从事间谍活动或恐怖活动或者其他犯罪活动的,则应当依照《刑法》的相关规定追究刑事责任

取证要点

1. 主体方面

主要包括违法行为人的姓名、法定年龄、责任能力、性别、民族、住址、政治面貌、历史表现,违法行为人之间的关系,是否有前科劣迹,是否具有人大代表、政协委员等特殊身份,是否为公职人员等。

通过社团登记、公安机关的备案登记等调查单位的所有者、经营者、主要负责人的身份信息,确定经营管理者的姓名、性别、年龄、住址、历史表现等。

2. 主观方面

主要包括违法行为人实施本行为的原因、目的等。(1)原因。主要调查违法行为人实施本行为的原因,如避免相关部门的监管;谋取利益;对相关法律法规不了解或忽视等。(2)目的。主要调查违法行为人实施本行为的目的,如实现政治诉求、经济利益等个人或组织的特定目的;破坏社会秩序、扰乱社会稳定;骗取公众信任,进而获取资金、物资等资源等。

3. 客观方面

主要包括非法以社会团体名义活动的内容(如组织活动、筹集资金、发布信息);时间、地点;被依法取缔的决定(如责令停止活动、没收违法所得、罚款);《社会团体法人登记证书》等。

规范索引

《社会团体登记管理条例》第 33~36 条;《社会团体分支机构、代表机构登记办法》第 14、15 条;《基金会管理条例》第 40 条

15. 以被撤销登记或者吊销登记证书的社会组织名义活动

法律条文

《治安管理处罚法》第 65 条第 1 款第 2 项　有下列行为之一的,处十日以上十五日以下拘留,可以并处五千元以下罚款;情节较轻的,处五日以上十日以下拘留或者一千元以上三千元以下罚款:

（二）被依法撤销登记或者吊销登记证书的社会团体、基金会、社会服务机构等社会组织,仍以原社会组织名义进行活动的;

第 65 条第 3 款　取得公安机关许可的经营者,违反国家有关管理规定,情节严重的,公安机关可以吊销许可证件。

裁量标准

违法行为	违法情节程度	处罚标准
被依法撤销登记或者吊销登记证书的社会团体、基金会、社会服务机构等社会组织,仍以原社会组织名义进行活动的	情节较轻	处 5 日以上 10 日以下拘留或者 1000 元以上 3000 元以下罚款
	情节一般	处 10 日以上 15 日以下拘留,可以并处 5000 元以下罚款
	情节严重	公安机关可以吊销许可证件

根据《公安机关对部分违反治安管理行为实施处罚的裁量指导意见》,有下列情形之一的,属于"情节较轻":

(1) 尚未造成危害后果或者较大社会影响的;

(2) 以营利为目的,但获利较少的;

(3) 其他情节较轻的情形。

实务认定

1. 本违法行为的认定

侵害的客体	国家对社会组织的管理秩序
行为主体	被依法撤销登记的社会组织
撤销登记或者吊销登记证书	根据我国关于社会团体的有关法律规定,社会组织必须依法登记成立后才能进行相应的社会团体活动。被撤销登记或者吊销登记证书的情形有未经批准擅自开展评比表彰、营利性经营等活动;连续多年未按规定接受社会组织年度检查;社会组织存在违反我国法律的行为;等等
行为表现	如,被撤销或吊销的行业协会继续组织行业内的培训、交流活动,向会员收取费用;被处理的学术研究会仍以原名义举办学术研讨会、发布研究成果;等等
认定关键	被依法撤销登记或者吊销登记证书的社会组织仍以原社会组织名义进行活动的,构成本违法行为。若被依法撤销登记或者吊销登记证书的社会组织以其他社会组织名义或虚假组织名义进行活动,则不构成本违法行为,而是构成"非法以社会组织名义活动"或"招摇撞骗"
主观方面	故意

2. 本违法行为与非法以社会组织名义活动对照

对比项	被撤销登记,或者吊销登记证书的社会组织继续活动	非法以社会组织名义活动
行为主体	特殊主体,即只能是被依法撤销登记的社会组织	主体可以是年满14周岁、具有责任能力的任何自然人和单位
组织类型	被依法撤销登记的社会组织	违反国家规定,未经注册登记的社会组织

取证要点

1. 主体方面

主要包括违法行为人的姓名、法定年龄、责任能力、性别、民族、住址、政治面貌、历史表现,违法行为人之间的关系,是否有前科劣迹,是否具有人大代表、政协委员等特殊身份,是否为公职人员等。

通过社团登记、公安机关的备案登记等调查单位的所有者、经营者、主要负责人的身份信息,确定经营管理者的姓名、性别、年龄、住址、历史表现等。

2. 主观方面

主要包括违法行为人实施本行为的原因、目的等。(1)原因。主要调查违法行为人实施本行为的原因,如逃避法律的制裁和处罚;利益驱动;惯性使然等。(2)目的。主要调查违法行为人实施本行为的目的,如维持组织生存;继续获取利益;实现特定目标等。

3. 客观方面

主要包括撤销登记的社会组织;被撤销登记的社团继续活动的内容(如组织会议、培训、讲座等活动;筹集资金或资源;发布信息或宣传材料);时间、地点;《社会团体法人登记证书》等。

规范索引

《社会团体登记管理条例》第35、36条

16. 擅自经营需公安机关许可的行业

法律条文

《治安管理处罚法》第65条第1款第3项 有下列行为之一的,处十日以上十五日以下拘留,可以并处五千元以下罚款;情节较轻的,处五日以上十日以下拘留或者一千元以上三千元以下罚款:

(三)未经许可,擅自经营按照国家规定需要由公安机关许可的行业的。

续表

第 65 条第 2 款 有前款第三项行为的,予以取缔。被取缔一年以内又实施的,处十日以上十五日以下拘留,并处三千元以上五千元以下罚款。

第 65 条第 3 款 取得公安机关许可的经营者,违反国家有关管理规定,情节严重的,公安机关可以吊销许可证件。

裁量标准

违法行为	违法情节程度	处罚标准
被依法撤销登记或者吊销登记证书的社会团体、基金会、社会服务机构等社会组织,仍以原社会组织名义进行活动的	情节较轻	予以取缔;处 5 日以上 10 日以下拘留或者 1000 元以上 3000 元以下罚款
	情节一般	予以取缔;处 10 日以上 15 日以下拘留,可以并处 5000 元以下罚款
	情节严重	公安机关可以吊销许可证件
	被取缔 1 年以内又实施的	处 10 日以上 15 日以下拘留,并处 3000 元以上 5000 元以下罚款

根据《公安机关对部分违反治安管理行为实施处罚的裁量指导意见》,有下列情形之一的,属于"情节较轻":

(1)<u>经营时间较短</u>且<u>规模较小</u>的;

(2)<u>主动停止经营</u>且<u>获利较少</u>的;

(3)其他情节较轻的情形。

有下列情形之一的,属于"情节严重":

(1)<u>造成较重危害后果</u>或者<u>较大社会影响</u>的;

(2)<u>多次违反国家有关管理规定</u>的;

(3)其他情节严重的情形。

实务认定

1. 本违法行为的认定

侵害的客体	公安机关对某些特定行业的管理秩序
行为主体	自然人或单位
需要由公安机关许可的行业	需要公安机关许可的行业是指特种行业。目前需要由公安机关许可的行业主要包括旅馆业、典当业、公章刻制业、保安培训业等
行为表现	未取得特种行业许可而擅自经营；取得了特种行业许可，但违反国家管理规定，情节严重的
主观方面	故意

2. 本违法行为与非法经营罪对照

对比项	擅自经营需公安机关许可的行业	非法经营罪
侵害的客体	公安机关对某些特定行业的管理秩序，属于社会主义市场经济秩序中的特殊组成部分	社会主义市场经济秩序，主要是商品交易市场管理秩序
行为方式	未经许可，擅自经营按照国家有关法律规定需要公安机关许可的行业，	违反国家规定，从事非法经营，扰乱市场秩序，情节严重
处罚种类	行政处罚	刑事处罚

取证要点

1. 主体方面

主要包括违法行为人的姓名、法定年龄、责任能力、性别、民族、住址、政治面貌、历史表现，违法行为人之间的关系，是否有前科劣迹，是否具有人大代表、政协委员等特殊身份，是否为公职人员等。

通过工商登记、公安机关的备案登记等调查单位的所有者、经营者、主要负责人的身份信息,确定经营管理者的姓名、性别、年龄、住址、历史表现等。

2. 主观方面

主要包括违法行为人实施本行为的原因、目的等。(1)原因。主要调查违法行为人实施本行为的原因,如追求经济利益;法律意识淡薄;逃避监管成本等。(2)目的。主要调查违法行为人实施本行为的目的,如获取非法利润;逃避监管等。

3. 客观方面

主要包括公安机关颁发的许可证(即从事特定行业或活动的法定资格认证);工商登记(通常需要在取得公安机关许可后进行);擅自经营需公安机关许可的行业的具体业务内容(如旅馆业、典当业)等。

规范索引

《刑法》第225、231条;《旅馆业治安管理办法》第4、15条;《无证无照经营查处办法》

典型案例

张某擅自经营特种行业治安处罚案

张某是某公司的法定代表人,该公司以城市驿站酒店公寓的名义,主要针对某海滨公园的游客,将酒店公寓的部分房间以收取房费的方式让游客入住,虽然该公司与入住人员签订了房屋租赁合同,但实际上仍以旅馆业的性质在经营。某日,当地公安部门经举报发现张某擅自经营特种行业,在对相关房间查封后,张某擅自拆开被查封房间的封条,阻碍执行职务。以上事实有当事人陈述、现场照片等证据予以证实。尽管张某主张当地法律允许按小时和天数为租期进行出租房屋,其在对外宣传和广告中均没有以宾馆或酒店名义经营,更没有设置任何宾馆或酒店的招牌或出具宾馆开房收据。因此,其经营方式系依法经营的短期房屋租赁行为,并非旅馆业经营。但是,公安部门认为,对经营方式的审查并不能仅限于形式审查,根据游客的询问笔录及短信照片证实游客通过网上查找酒店的方式找到该店且入住需支付房费及交付押金或定金。该酒店公寓虽然与入住的游客签订房屋租赁合同,但其对外发布的信息及经营的方式与一般酒店无异,且该店亦未办理从事房屋租赁的合法手续,故张某主张该店属于酒店式公寓日租房而非旅馆业理由并不能成立。综上,张某未经许可,擅自经营需要公安机关特许经营的行业,属于违反治安管理的行为。依据《治安管理处罚法》的规定,对张某作出行政拘留15日,罚款5000元,对某酒店公寓予以取缔。

17. 煽动、策划非法集会、游行、示威

法律条文

《治安管理处罚法》第66条　煽动、策划非法集会、游行、示威,不听劝阻的,处十日以上十五日以下拘留。

裁量标准

违法行为	违法情节程度	处罚标准
煽动、策划非法集会、游行、示威,不听劝阻的	情节一般	处10日以上15日以下拘留

实务认定

1. 本违法行为的认定

侵害的客体	国家对集会、游行、示威的管理制度
行为主体	非法集会、游行、示威的煽动者、策划者,单位

续表

集会、游行、示威	集会,是指聚集在可自由出入的或者凭票可以进入的室外公共场所,如公园、广场等露天公共场所,发表意愿,表达意见的活动。 游行,是指在除机关、团体、企业组织内部的专用道路以外的道路和水路,如城市街道、公路、江河等公共道路、露天公众场所列队进行,表达共同意愿的活动。 示威,是指在露天公共场所或者公共道路上,以集会、游行、静坐等方式,表达要求、抗议或者支持、声援等共同意愿的活动。 举行集会、游行、示威需依照法律的规定进行申请
行为表现	行为人煽动、策划非法集会、游行、示威,主管机关依法发出解散命令,行为人拒不服从命令,仍予以进行的行为。 煽动,是指通过书写、张贴、散发传单或标语、撰写、印发文章、刊物,投递匿名信,利用电话、传真机、计算机信息网络等传输信息手段,以当众发表演讲、呼喊口号等方式呼吁、招引、鼓动他人参加非法集会、游行、示威活动; 策划,是指通过秘密谋划非法的集会、游行、示威活动实施计划,如制定非法集会、游行、示威的具体活动方案和步骤,选定实施的时间、路线、场所等
主观方面	故意

2. 本违法行为与非法集会、游行、示威罪对照

对比项	煽动、策划非法集会、游行、示威	非法集会、游行、示威罪
行为主体	特殊主体,即非法集会、游行、示威的煽动者、策划者,单位也可成为本违法行为的主体	特殊主体,但主要是集会、游行、示威的负责人和直接责任人员。不服从负责人或者现场组织者的指挥,严重破坏社会秩序的人,如不是负责人或直接责任人员,不能构成本罪

续表

行为表现	行为人实施煽动、策划非法的集会、游行、示威,不听劝阻,尚不够刑事处罚的行为,重点在煽动、策划	行为人实施了举行集会、游行、示威活动,未依照法律规定申请或者申请未获许可,或者未按照主管机关许可的起止时间、地点、路线进行,又拒不服从解散命令,严重破坏社会秩序的行为

3. 本违法行为与聚众扰乱公共场所秩序对照

对比项	煽动、策划非法集会、游行、示威	聚众扰乱公共场所秩序
侵害的客体	国家对集会、游行、示威的管理制度	公共场所秩序
行为表现	行为人实施煽动、策划非法的集会、游行、示威,不听劝阻,尚不够刑事处罚的行为	聚众在公共场所内打架斗殴、损毁财物、制造混乱、阻碍、干扰维持秩序人员依法履行职务等行为
行为主体	特殊主体,即非法集会、游行、示威的煽动者、策划者,单位也可成为本违法行为的主体	主体是组织、策划、指挥扰乱公共场所秩序的首要分子

取证要点

1. 主体方面

主要包括违法行为人的姓名、法定年龄、责任能力、性别、民族、住址、政治面貌、历史表现,违法行为人之间的关系,是否有前科劣迹,是否具有人大代表、政协委员等特殊身份,是否为公职人员等。

通过工商登记、公安机关的备案登记等调查单位的所有者、经营者、主要负责人的身份信息,确定经营管理者的姓名、性别、年龄、住址、历史表现等。

2. 主观方面

主要包括违法行为人实施本行为的原因、目的等。(1)原因。主要调

查违法行为人实施本行为的原因,如政治或社会诉求;情绪煽动;个人或团体利益等。(2)目的。主要调查违法行为人实施本行为的目的,如制造社会影响;表达不满或抗议等。

3. 客观方面

主要包括违法行为人煽动、策划的行为方式(如通过社交媒体平台发布煽动性言论;通过口头宣传、传单、海报等方式;直接组织);非法举行集会、游行、示威的时间、地点、路线;依法发出的解散命令等。

规范索引

《刑法》第296条;《集会游行示威法》第2、6、7、11~13、26~34条;《集会游行示威法实施条例》第23~30条

典型案例

王某煽动非法集会治安处罚案

某日,王某组织、策划某市原非机动车管理服务处职工三十多人到某市政府上访,在经执法人员规劝后仍不听劝阻,强行闯入市政府大院,后到市政府大楼门前西南灌木树带煽动上访人员进京上访。经报案后,公安部门依法展开调查,对王某等人进行询问。以上事实有违法嫌疑人王某的询问笔录,证人证言、辨认笔录及现场录像等证据证实。尽管王某辩称其并没有煽动群众集会,也不是事件的领导人和组织者。但是公安部门认为,依据法律规定,煽动非法集会的领导者通常在集会中担任核心角色,在其中发挥现场指挥、协调分工等作用,根据李某、周某、郭某等的询问笔录可以证实王某在整个集会过程中曾实施带头喊口号、指挥队伍等行为,系集会的核心角色。综上,王某煽动群众非法集会,在执法人员规劝后仍不听劝阻,严重扰乱社会秩序、危害政府形象,情节严重。根据《治安管理处罚法》的规定,对其处以行政拘留15日的行政处罚。

18. 不按规定登记住宿旅客信息

法律条文

《治安管理处罚法》第 67 条第 1 款　从事旅馆业经营活动不按规定登记住宿人员姓名、有效身份证件种类和号码等信息的，或者为身份不明、拒绝登记身份信息的人提供住宿服务的，对其直接负责的主管人员和其他直接责任人员处五百元以上一千元以下罚款；情节较轻的，处警告或者五百元以下罚款。

第 67 条第 2 款　实施前款行为，妨害反恐怖主义工作进行，违反《中华人民共和国反恐怖主义法》规定的，依照其规定处罚。

裁量标准

违法行为	违法情节程度	处罚标准
从事旅馆业经营活动不按规定登记住宿人员姓名、有效身份证件种类和号码等信息的	情节较轻	对其直接负责的主管人员和其他直接责任人员处警告或者 500 元以下罚款
	情节一般	对其直接负责的主管人员和其他直接责任人员处 500 元以上 1000 元以下罚款
	妨害反恐怖主义工作进行、违反《反恐怖主义法》规定的	依其规定处罚

实务认定

1. 本违法行为的认定

侵害的客体	公安机关对旅馆业的特殊管理制度
行为主体	旅馆业的工作人员，主要是登记验证人员

续表

登记的内容	主要包括姓名、身份证件种类和号码等。在登记时,要填写姓名的全称,不能填写别名或绰号。证件包括居民身份证、军人通行证、护照、港澳同胞回乡证、工作证、学生证、离退休证、介绍信等。境内旅客填写《旅客住宿登记单》,境外旅客填写《临时住宿登记单》。接待境外旅客住宿,应当在24小时内向当地公安机关报送住宿登记表
行为表现	旅馆业工作人员不登记旅客的信息便允许住宿;只是简单进行了登记,但未按要求逐项认真登记,不审查旅客的证件;只登记了部分旅客的相关信息,但实际上却是多人住宿;对登记的旅客信息不输入电脑,或者上传率不达标等
认定关键	只要旅馆业的工作人员未按规定进行登记住宿旅客信息,就构成本违法行为,不要求造成严重危害后果
主观方面	故意

2. 本违法行为与包庇罪对照

对比项	不按规定登记住宿旅客信息	包庇罪
行为表现	包括但不限于不登记旅客信息、登记信息不全、未查验旅客身份证件、多人住宿只登记一人信息等	主要表现为积极的作为方式,如为犯罪嫌疑人提供隐藏地点、财物支持,帮助其逃避法律制裁,或者制作虚假证明来掩盖其罪行
行为主体	旅馆业工作人员,包括单位经营者、个人经营者、聘用人员等	一般主体
主观方面	故意	故意

取证要点

1. 主体方面

主要包括违法行为人的姓名、法定年龄、责任能力、性别、民族、住址、

政治面貌、历史表现、与旅馆的关系,违法行为人之间的关系,是否有前科劣迹,是否具有人大代表、政协委员等特殊身份,是否为公职人员等。

2. 主观方面

主要包括违法行为人实施本行为的原因、目的等。(1)原因。主要调查违法行为人实施本行为的原因,如工作繁忙、疲劳或注意力不集中;对登记旅客信息的重要性认识不足;对登记信息的监督和执行力度不够等。(2)目的。主要调查违法行为人实施本行为的目的,如对工作效率的追求、对规定的忽视或对旅客隐私的过度保护等。

3. 客观方面

主要包括登记住宿旅客信息的登记簿;旅客住宿的客观事实;登记住宿旅客信息的规定;旅馆业的工作人员不登记住宿旅客信息的人数、次数;不按规定登记住宿旅客信息所涉及的旅馆业的工作人员;没有登记的住宿旅客的信息;没有登记住宿旅客信息造成的影响或者后果(如社会治安风险增加;旅客权益受损;旅馆业声誉受损)等。

【规范索引】

《旅馆业治安管理办法》第2、6、17条

【典型案例】

×北宾馆前台未登记旅客信息治安处罚案

某日下午,黄某与李某一起到×北宾馆,黄某持身份证要求开一间双人房。前台吴某明知黄某与李某两人入住宾馆的情况下,只核对、登记了黄某的信息,没有核对李某身份证件并登记。以上事实有询问笔录、证人证言、前台录像截图等证据证实。尽管×北宾馆代表人辩称电脑因维修未及时补录旅客入住信息上传公安系统,但×北宾馆已采取防止入住登记漏洞措施。当日旅客黄某到前台开双人房一间,在吴某询问后承诺是"本人入住"。同日稍晚时分,旅客黄某要求换房,吴某将其调至508号房。吴某已登记了旅客信息,且无理由无责任对其陪同人员再予核对或监督。但公安部门认为,黄某和李某一起要求并确定换房,在此过程中吴某已明确知道是黄某和李某入住,但没有要求李某登记身份信息,违反了《治安管理处罚法》的规定;且×北宾馆 8 日前犯过类似错误,最终对×北宾馆作出罚款 500 元的处罚。

19. 为身份不明、拒绝登记身份信息的人提供住宿服务

法律条文

《治安管理处罚法》第 67 条第 1 款　从事旅馆业经营活动不按规定登记住宿人员姓名、有效身份证件种类和号码等信息的,或者为身份不明、拒绝登记身份信息的人提供住宿服务的,对其直接负责的主管人员和其他直接责任人员处五百元以上一千元以下罚款;情节较轻的,处警告或者五百元以下罚款。

第 67 条第 2 款　实施前款行为,妨害反恐怖主义工作进行,违反《中华人民共和国反恐怖主义法》规定的,依照其规定处罚。

裁量标准

违法行为	违法情节程度	处罚标准
为身份不明、拒绝登记身份信息的人提供住宿服务的	情节较轻	对其直接负责的主管人员和其他直接责任人员处警告或者 500 元以下罚款
	情节一般	对其直接负责的主管人员和其他直接责任人员处 500 元以上 1000 元以下罚款
	妨害反恐怖主义工作进行,违反《反恐怖主义法》的	依照其规定处罚

实务认定

1. 本违法行为的认定

侵害的客体	公安机关对旅馆业的特殊管理制度
行为主体	旅馆业的工作人员,主要是登记验证人员
登记的内容	主要包括姓名、身份证件种类和号码等。在登记时,要填写姓名的全称,不能填写别名或绰号。证件包括居民身份证、军人通行证、护照、港澳同胞回乡证、工作证、学生证、离退休证、介绍信等。境内旅客填写《旅客住宿登记单》,境外旅客填写《临时住宿登记单》。接待境外旅客住宿,应当在24小时内向当地公安机关报送住宿登记表
认定关键	只要旅馆业的工作人员为身份不明、拒绝登记身份信息的人提供住宿服务就构成本违法行为,不要求造成严重危害后果
主观方面	故意

2. 本违法行为与包庇罪对照

对比项	为身份不明、拒绝登记身份信息的人提供住宿服务	包庇罪
行为表现	旅馆业工作人员未按照相关法律法规的规定,对旅客的身份进行查验和登记,或者虽然进行了查验但未能准确识别旅客身份,仍然为其提供住宿服务	主要表现为积极的作为方式,如为犯罪嫌疑人提供隐藏地点、财物支持,帮助其逃避法律制裁,或者制作虚假证明来掩盖其罪行
行为主体	为旅馆业工作人员,包括单位经营者、个人经营者、聘用人员等	一般主体
主观方面	故意	故意,这种故意是积极的、明确的

3. 本违法行为与不按规定登记住宿旅客信息行为的对照

对比项	为身份不明、拒绝登记身份信息的人提供住宿服务	不按规定登记住宿旅客信息
登记对象	身份不明或拒绝登记身份信息的人	住宿旅客
发生时间	主要发生在旅客入住登记环节	涉及旅客入住、离店等整个住宿过程的信息登记
行为表现	明知住宿旅客是身份不明或拒绝登记身份信息的人，仍为其提供住宿服务	不按规定登记住宿旅客的姓名、身份证件种类和号码等信息或登记信息不完整、不准确

取证要点

1. 主体方面

主要包括违法行为人的姓名、法定年龄、责任能力、性别、民族、住址、政治面貌、历史表现、与旅馆的关系，违法行为人之间的关系，是否有前科劣迹，是否具有人大代表、政协委员等特殊身份，是否为公职人员等。

2. 主观方面

主要包括违法行为人实施本行为的原因、目的等。(1) 原因。主要调查违法行为人实施本行为的原因，如争取更多的客源；存在内部管理不善的问题；旅客故意隐瞒自己的真实身份或提供虚假信息等。(2) 目的。主要调查违法行为人实施本行为的目的，如完成交易；避免冲突；提高客户满意度等。

3. 客观方面

主要包括违法行为人的服务对象；行为表现（如旅馆业工作人员在明知旅客身份不明或拒绝登记身份信息的情况下，仍然为其提供住宿服务）；行为后果（如旅馆面临行政处罚，如罚款、吊销许可证；引发社会舆论的质疑和批评，损害旅馆业的声誉和形象）等。

> **规范索引**

《反恐怖主义法》第 86 条;《旅馆业治安管理办法》第 6 条

20. 不制止住宿旅客带入危险物质

> **法律条文**

《治安管理处罚法》第 67 条第 3 款第 1 项 从事旅馆业经营活动有下列行为之一的,对其直接负责的主管人员和其他直接责任人员处一千元以上三千元以下罚款;情节严重的,处五日以下拘留,可以并处三千元以上五千元以下罚款:
（一）明知住宿人员违反规定将危险物质带入住宿区域,不予制止的;

> **裁量标准**

违法行为	违法情节程度	处罚标准
明知住宿人员违反规定将危险物质带入住宿区域,不予制止的	情节一般	对其直接负责的主管人员和其他直接责任人员处 1000 元以上 3000 元以下罚款
	情节严重	对其直接负责的主管人员和其他直接责任人员处 5 日以下拘留,可以并处 3000 元以上 5000 元以下罚款

> **实务认定**

1. 本违法行为的认定

侵害的客体	公安机关对旅馆业的特殊治安管理制度和公共安全
行为主体	旅馆业的工作人员
危险物质	危险物质是指具有杀伤、爆炸、易燃、毒害、腐蚀、放射性等性质,在生产、储存、销售、运输、使用和销毁过程中,容易造成人员伤亡和财产损毁或可能危害

续表

	为维护公共安全而需要特别防范和管制的物品,具体包括枪支、弹药、管制刀具、爆炸性物品,如雷管、炸药、鞭炮等;易燃性物品,如胶水、汽油、酒精等;放射性物品,如镭、铀等;毒害性物品,如氰化钾、氰化钠、砒霜及各种剧毒农药等;腐蚀性物品,如硫酸、硝酸、盐酸等
认定关键	只有证据显示旅馆业的工作人员"知道或者应当知道"住宿的旅客将危险物质带入旅馆不予制止,才构成违法行为
主观方面	故意

2. 本违法行为与重大责任事故罪对照

对比项	不制止住宿旅客带入危险物质	重大责任事故罪
行为表现	旅馆业工作人员未履行法定的制止义务,放任旅客将具有杀伤性、爆炸性、易燃性、毒害性、腐蚀性、放射性等性质的危险物质带入旅馆,从而可能对公共安全造成威胁	通常发生在生产、作业过程中,行为人违反了与安全生产相关的法律法规、规章制度,导致重大伤亡事故或其他严重后果的发生
主观方面	属于不作为的故意行为	过失
侵害客体	侵害的是公安机关对旅馆业的特殊治安管理和公共安全,不仅可能对旅馆本身造成威胁,还可能对住宿的旅客、旅馆工作人员以及其他相关人员造成威胁	侵害的是人身和财产的安全,通常是在生产、作业过程中的人员和财产,包括直接参与生产、作业的人员以及与之相关的其他人员和财产
处罚种类	行政处罚	刑事处罚

取证要点

1. 主体方面

主要包括违法行为人的姓名、法定年龄、责任能力、性别、民族、住址、

政治面貌、历史表现、与旅馆的关系,违法行为人之间的关系,是否有前科劣迹,是否具有人大代表、政协委员等特殊身份,是否为公职人员等。

2. 主观方面

主要包括违法行为人实施本行为的原因、目的等。(1)原因。主要调查违法行为人实施本行为的原因,如疲劳、注意力不集中或经验不足;吸引和留住客户;对危险物质的危害认识不足等。(2)目的。主要调查违法行为人实施本行为的目的,如避免与旅客发生冲突或纠纷;追求短期经济效益;个人便利或懒惰等。

3. 客观方面

主要包括登记住宿旅客信息的登记簿;旅客住宿的客观事实;旅馆业的工作人员不制止住宿旅客带入危险物质的人数、次数;住宿旅客带入的危险物质的种类、数量;不制止住宿旅客带入危险物质的工作人员;带入危险物质的住宿旅客的信息(如旅客的身份、背景以及携带危险物质的目的和动机);住宿旅客带入危险物质造成的影响或者后果(如人员伤亡、财产损失)等。

> **规范索引**

《旅馆业治安管理办法》第2、11、17条

21. 明知住宿旅客是犯罪嫌疑人不报告

> **法律条文**

《治安管理处罚法》第67条第3款第2项 从事旅馆业经营活动有下列行为之一的,对其直接负责的主管人员和其他直接责任人员处一千元以上三千元以下罚款;情节严重的,处五日以下拘留,可以并处三千元以上五千元以下罚款:

(二)明知住宿人员是犯罪嫌疑人员或者被公安机关通缉的人员,不向公安机关报告的;

> 裁量标准

违法行为	违法情节程度	处罚标准
明知住宿人员是犯罪嫌疑人员或者被公安机关通缉的人员，不向公安机关报告的	情节一般	对其直接负责的主管人员和其他直接责任人员处1000元以上3000元以下罚款
	情节严重	对其直接负责的主管人员和其他直接责任人员处5日以下拘留，可以并处3000元以上5000元以下罚款

根据《公安机关对部分违反治安管理行为实施处罚的裁量指导意见》，有下列情形之一的，属于"情节严重"：

(1)发现多名犯罪嫌疑人、被通缉人不报告的；

(2)明知住宿旅客是严重暴力犯罪嫌疑人不报告的；

(3)阻挠他人报告或者在公安机关调查时故意隐瞒的；

(4)其他情节严重的情形。

> 实务认定

1. 本违法行为的认定

侵害的客体	公安机关对旅馆业的特殊治安管理制度和公共安全
行为主体	旅馆业的工作人员
犯罪嫌疑人、被公安机关通缉的人员	公诉案件中受刑事追诉者在检察机关向人民法院提起公诉之前，称为犯罪嫌疑人。被公安机关通缉的人员即通缉的对象，必须是依法应当逮捕而在逃的犯罪嫌疑人

续表

认定关键	旅馆业的工作人员明知应仅限于一般情况下很明显就能知晓住宿旅客是犯罪嫌疑人或者被公安机关通缉的人员。对于住宿旅客通过乔装打扮等手段而使一般人员难以识别的,则不应该构成本违法行为。只有证据显示旅馆业的工作人员"知道或者应当知道"住宿旅客是犯罪嫌疑人或者被公安机关通缉的人员,才构成违法行为
主观方面	故意

2. 本违法行为与窝藏、包庇罪对照

对比项	明知住宿旅客是犯罪嫌疑人不报告	窝藏、包庇罪
侵害的客体	公安机关对旅馆业的特殊治安管理	司法机关的正常活动,包括公安机关的正常活动
行为表现	旅馆业的工作人员明知住宿旅客是犯罪嫌疑人或者被公安机关通缉的人员,不向公安机关报告的行为	通过为其提供隐藏处所、财物,帮助其逃匿或者作假证明以掩盖犯罪事实的行为
是否作为	知而不报,是不作为违法	不仅是知而不报,还可能有隐瞒、包庇行为,是积极的作为违法
行为主体	特殊主体,即旅馆业的工作人员	一般主体

取证要点

1. 主体方面

主要包括违法行为人的姓名、法定年龄、责任能力、性别、民族、住址、政治面貌、历史表现、与旅馆的关系、违法行为人之间的关系,是否有前科劣迹,是否具有人大代表、政协委员等特殊身份,是否为公职人员等。

2. 主观方面

主要包括违法行为人实施本行为的原因、目的等。(1)原因。主要调查违法行为人实施本行为的原因,如害怕犯罪嫌疑人或通缉人员的报复;维持客户关系或避免得罪重要客户;法律意识淡薄等。(2)目的。主要调查违法行为人实施本行为的目的,如保护自身安全;避免麻烦等。

3. 客观方面

主要包括登记住宿旅客信息的登记簿;旅客住宿的客观事实;犯罪嫌疑人或者被公安机关通缉的人员的情况:旅馆业的工作人员明知住宿旅客是犯罪嫌疑人不报告的人数、次数;明知住宿旅客是犯罪嫌疑人而不报告所涉及的旅馆业的工作人员;明知住宿旅客是犯罪嫌疑人而不报告造成的影响或者后果(如犯罪嫌疑人继续犯罪、逃脱追捕;损害旅馆的声誉和利益,导致客户流失和信任度下降)等。

规范索引

《刑法》第310条;《刑事诉讼法》第108条;《旅馆业治安管理办法》第2、9、16条

22. 明知住宿人员利用旅馆实施犯罪活动不报告

法律条文

《治安管理处罚法》第67条第3款第3项 从事旅馆业经营活动有下列行为之一的,对其直接负责的主管人员和其他直接责任人员处一千元以上三千元以下罚款;情节严重的,处五日以下拘留,可以并处三千元以上五千元以下罚款:

(三)明知住宿人员利用旅馆实施犯罪活动,不向公安机关报告的。

裁量标准

违法行为	违法情节程度	处罚标准
明知住宿人员利用旅馆实施犯罪活动,不向公安机关报告的	情节一般	对其直接负责的主管人员和其他直接责任人员处 1000 元以上 3000 元以下罚款
	情节严重	对其直接负责的主管人员和其他直接责任人员处 5 日以下拘留,可以并处 3000 元以上 5000 元以下罚款

实务认定

1. 本违法行为的认定

侵害的客体	公安机关对旅馆业的特殊治安管理制度和公共安全
行为主体	旅馆业的工作人员
犯罪活动	侵犯人身权利类犯罪,如在旅馆内实施故意杀人、故意伤害、强奸等; 财产类犯罪,如在旅馆内策划实施盗窃团伙作案等; 涉毒类犯罪,如在旅馆内进行吸毒、贩毒、制毒等活动; 赌博类犯罪,如在旅馆内开设赌场、聚众赌博等; 危害公共安全类犯罪,如在旅馆内非法持有枪支、弹药、爆炸物等危险物品; 妨害社会管理秩序类犯罪,如住宿人员在旅馆内伪造证件、犯罪嫌疑人在旅馆内躲避追捕等
认定关键	只有证据显示旅馆业的工作人员"知道或者应当知道"住宿人员利用旅馆实施犯罪活动,才构成违法行为
主观方面	故意

2. 本违法行为与窝藏、包庇罪对照

对比项	明知住宿人员利用旅馆实施犯罪活动不报告	窝藏、包庇罪
是否积极	主要表现为不作为,即未履行法律规定的报告义务	积极地作为违法
行为表现	旅馆业工作人员在明知住宿旅客利用旅馆进行犯罪活动的情况下,未按照法律规定向公安机关报告的行为	明知是犯罪的人而为其提供隐藏处所、财物,帮助其逃匿或者作假证明包庇的行为。窝藏罪主要表现为犯罪人提供实质性的帮助,如隐藏处所、财物等;包庇罪则主要表现为向司法机关提供虚假证明以掩盖犯罪事实
主观方面	在主观上表现为不作为的故意,工作人员在主观上可能存在疏忽、恐惧、利益驱动等多种原因,但并未积极协助或参与犯罪活动	在主观上表现为积极的故意,即主动为犯罪人提供帮助或包庇
处罚种类	行政处罚	刑事处罚

取证要点

1. 主体方面

主要包括违法行为人的姓名、法定年龄、责任能力、性别、民族、住址、政治面貌、历史表现、与旅馆的关系、违法行为人之间的关系,是否有前科劣迹,是否具有人大代表、政协委员等特殊身份,是否为公职人员等。

2. 主观方面

主要包括违法行为人实施本行为的原因、目的等。(1)原因。主要调查违法行为人实施本行为的原因,如恐惧与自我保护;利益纠葛等。(2)目的。主要调查违法行为人实施本行为的目的,如避免直接冲突;逃避法律

责任;维护旅馆声誉与利益等。

3. 客观方面

主要包括犯罪活动的性质与程度;旅馆业工作人员的行为表现(如工作人员是否发现犯罪活动、发现后的反应和处理方式);旅馆的安全管理制度执行情况等。

规范索引

《刑法》第 56 条;《旅馆业治安管理办法》第 9 条

23. 将房屋出租给身份不明、拒绝登记身份信息的人

法律条文

《治安管理处罚法》第 68 条第 1 款　房屋出租人将房屋出租给身份不明、拒绝登记身份信息的人的,或者不按规定登记承租人姓名、有效身份证件种类和号码等信息的,处五百元以上一千元以下罚款;情节较轻的,处警告或者五百元以下罚款。

裁量标准

违法行为	违法情节程度	处罚标准
房屋出租人将房屋出租给身份不明、拒绝登记身份信息的人	情节较轻	处警告或者 500 元以下罚款
	情节一般	处 500 元以上 1000 元以下罚款

实务认定

1. 本违法行为的认定

侵害的客体	公安机关对房屋租赁的治安管理秩序
行为主体	房屋出租人,既可以是自然人,也可以是单位

续表

房屋租赁	指除旅馆以外,以营利为目的,公民私有或单位所有出租用于他人居住的房屋,不包括商业用途的厂房、仓储库房、办公楼、酒店、美容院、商铺等。出租房屋不仅包括城市房屋,还包括农村乡镇的房屋;不仅包括合法房屋,还包括违章建筑房屋
身份信息	承租人的姓名、性别、年龄、常住户口所在地、职业或者主要经济来源、服务处所等基本情况。证件包括所有能证明承租人身份的证件,如居民身份证、工作证、学生证、户口簿、军官证等
主观方面	故意

2. 本违法行为与窝藏、包庇罪对照

对比项	将房屋出租给身份不明、拒绝登记身份信息的人	窝藏、包庇罪
主观上的明知	房东或房屋出租者明知承租人身份不明或拒绝提供身份信息,仍将其房屋出租给该人的行为	明知是犯罪的人而为其提供隐藏处所、财物,帮助其逃匿或者作假证明包庇的行为
主观方面	主观上并没有为犯罪人提供实质性帮助的故意	故意且态度积极

取证要点

1. 主体方面

主要包括违法行为人的姓名、法定年龄、责任能力、性别、民族、住址、政治面貌、历史表现、与出租屋的关系,违法行为人之间的关系,是否有前科劣迹,是否具有人大代表、政协委员等特殊身份,是否为公职人员等。

2. 主观方面

主要包括违法行为人实施本行为的原因、目的等。(1)原因。主要调查违法行为人实施本行为的原因,如经济利益驱动;疏忽大意或法律意识淡薄等。(2)目的。主要调查违法行为人实施本行为的目的,如获取更高的租金收益;避免繁琐的登记手续等。

3. 客观方面

主要包括无身份证件的人承租的房屋;无身份证件的人居住出租房屋的人数;将房屋出租给无身份证件的人居住的次数(偶尔或经常);无身份证件的人的信息等。

规范索引

《租赁房屋治安管理规定》第 2~12 条

24. 不按规定登记承租人信息

法律条文

《治安管理处罚法》第 68 条第 1 款　房屋出租人将房屋出租给身份不明、拒绝登记身份信息的人的,或者不按规定登记承租人姓名、有效身份证件种类和号码等信息的,处五百元以上一千元以下罚款;情节较轻的,处警告或者五百元以下罚款。

裁量标准

违法行为	违法情节程度	处罚标准
不按规定登记承租人姓名、有效身份证件种类和号码等信息的	情节较轻	处警告或者 500 元以下罚款
	情节一般	处 500 元以上 1000 元以下罚款

实务认定

1. 本违法行为的认定

侵害的客体	公安机关对房屋租赁的治安管理制度
行为主体	房屋出租人,既可以是自然人,也可以是单位

续表

房屋租赁	指除旅馆以外,以营利为目的,公民私有或单位所有出租用于他人居住的房屋,不包括商业用途的厂房、仓储库房、办公楼、酒店、美容院、商铺(包括商住一体)等。出租房屋不仅包括城市房屋,还包括农村乡镇的房屋;不仅包括合法房屋,还包括违章建筑房屋
身份信息	承租人的姓名、性别、年龄、常住户口所在地、职业或者主要经济来源、服务处所等基本情况。证件包括所有能证明承租人身份的证件,如居民身份证、工作证、学生证、户口簿、军官证等
主观方面	故意

2. 本违法行为与不按规定登记住宿旅客信息对照

对比项	不按规定登记承租人信息	不按规定登记住宿旅客信息
侵害的客体	公安机关对房屋租赁的治安管理制度	公安机关对房屋租赁的治安管理制度
行为主体	特殊主体,即房屋出租人	特殊主体,但只是旅馆业的工作人员,主要是登记验证人员

取证要点

1. 主体方面

主要包括违法行为人的姓名、法定年龄、责任能力、性别、民族、住址、政治面貌、历史表现、与出租屋的关系,违法行为人之间的关系,是否有前科劣迹,是否具有人大代表、政协委员等特殊身份,是否为公职人员等。

通过工商登记、公安机关的备案登记等调查单位的所有者、经营者、主要负责人的身份信息,确定经营管理者的姓名、性别、年龄、住址、历史表现等。

2. 主观方面

主要包括违法行为人实施本行为的原因、目的等。(1)原因。主要调

查违法行为人实施本行为的原因,如追求便捷;经济利益驱动等。(2)目的。主要调查违法行为人实施本行为的目的,如逃避法律责任;方便管理等。

3. 客观方面

主要包括不按规定登记承租人信息的次数、人数;承租人的信息(如姓名、性别、年龄、常住户口所在地、职业或主要经济来源等);不按规定登记信息的承租人承租的事实;违法行为人与出租房屋的关系;登记承租人信息的登记簿(如承租人的姓名、联系方式、身份证件号码等关键信息)等。

规范索引

《租赁房屋治安管理规定》第2~12条;《公安部、中央社会治安综合治理委员会办公室、民政部、建设部、国家税务总局、国家工商行政管理总局关于进一步加强和改进出租房屋管理工作有关问题的通知》第3条

典型案例

房东杨某未登记租客信息治安处罚案

房东杨某将某小区中一处房屋租给张某后,未按规定登记承租人张某的相关信息。某日,民警在进行出租屋核查过程中,发现该出租屋的租户的姓名、身份证号等信息与备案登记上的信息不符,遂与杨某核实。杨某承认其未按规定登记承租人的相关信息。以上证据有当事人陈述、备案登记信息等证据予以证实。公安部门确认杨某未按规定登记租客信息的行为属实,依据《治安管理处罚法》的规定,对杨某处200元罚款。

25. 明知承租人利用出租屋犯罪不报告

法律条文

《治安管理处罚法》第68条第2款　房屋出租人明知承租人利用出租房屋实施犯罪活动,不向公安机关报告的,处一千元以上三千元以下罚款;情节严重的,处五日以下拘留,可以并处三千元以上五千元以下罚款。

裁量标准

违法行为	违法情节程度	处罚标准
房屋出租人明知承租人利用出租房屋实施犯罪活动,不向公安机关报告的	情节一般	处1000元以上3000元以下罚款
	情节严重	处5日以下拘留,可以并处3000元以上5000元以下罚款

根据《公安机关对部分违反治安管理行为实施处罚的裁量指导意见》,有下列情形之一的,属于"情节严重":

(1)房屋承租人利用出租房屋进行犯罪活动,造成较严重后果的;

(2)阻挠他人报告或者在公安机关调查时故意隐瞒的;

(3)其他情节严重的情形。

实务认定

1.本违法行为的认定

侵害的客体	公安机关对房屋租赁的治安管理制度
行为主体	房屋出租人,既可以是自然人,也可以是单位
房屋租赁	指除旅馆以外,以营利为目的,公民私有或单位所有出租用于他人居住的房屋,不包括商业用途的厂房、仓储库房、办公楼、酒店、美容院、商铺(包括商住一体)等。出租房屋不仅包括城市房屋,还包括农村乡镇的房屋;不仅包括合法房屋,还包括违章建筑房屋
犯罪活动	(1)侵犯人身权利类犯罪,如在旅馆内实施故意杀人、故意伤害、强奸等;(2)财产类犯罪,如在旅馆内策划实施盗窃团伙作案等;(3)涉毒类犯罪,如在旅馆内进行吸毒、贩毒、制毒等活动;(4)赌博类犯罪,如在旅馆内开设赌场、聚众赌博等;(5)危害公共安全类犯罪,如在旅馆内非法持有枪支、弹药、爆炸物等危险物品;(6)妨害社会管理秩序类犯罪,如住宿人员在旅馆内伪造证件、犯罪嫌疑人在旅馆内躲避追捕等

续表

认定关键	房屋出租人必须是明知承租人利用出租房屋进行犯罪活动
主观方面	故意

2. 本违法行为与明知住宿旅客是犯罪嫌疑人不报告对照

对比项	明知承租人利用出租屋犯罪不报告	明知住宿旅客是犯罪嫌疑人不报告
侵害的客体	公安机关对出租房屋的管理制度	公安机关对旅馆业的特殊治安管理
行为主体	房屋出租人，既包括自然人，也包括单位	旅馆业的工作人员
不报告的内容	承租人利用出租屋犯罪	住宿旅客是犯罪嫌疑人

取证要点

1. 主体方面

主要包括违法行为人的姓名、法定年龄、责任能力、性别、民族、住址、政治面貌、历史表现、与出租屋的关系，违法行为人之间的关系，是否有前科劣迹，是否具有人大代表、政协委员等特殊身份，是否为公职人员等。

通过工商登记、出租房屋登记、公安机关的备案登记等调查单位的所有者、经营者、主要负责人的身份信息，确定经营管理者的姓名、性别、年龄、住址、历史表现等。

2. 主观方面

主要包括违法行为人实施本行为的原因、目的等。（1）原因。主要调查违法行为人实施本行为的原因，如经济利益驱动；恐惧或担忧等。（2）目的。主要调查违法行为人实施本行为的目的，如保护自身利益；避免麻烦等。

3.客观方面

主要包括明知承租人利用出租屋犯罪不报告的次数、人数;承租人的信息(如姓名、年龄、性别、联系方式、居民身份证号等);承租人利用承租的房屋进行的犯罪活动(如非法制造和销售假冒商品、贩卖毒品、开设赌场);房屋出租的协议;违法行为人与出租房屋的关系;登记承租人信息的登记簿等。

规范索引

《刑法》第310条;《租赁房屋治安管理规定》第2、7~12条;《公安部、中央社会治安综合治理委员会办公室、民政部、建设部、国家税务总局、国家工商行政管理总局关于进一步加强和改进出租房屋管理工作有关问题的通知》第3条

26.娱乐场所和公章刻制、机动车修理、报废机动车回收行业经营者不依法登记信息

法律条文

《治安管理处罚法》第69条 娱乐场所和公章刻制、机动车修理、报废机动车回收行业经营者违反法律法规关于要求登记信息的规定,不登记信息的,处警告;拒不改正或者造成后果的,对其直接负责的主管人员和其他直接责任人员处五日以下拘留或者三千元以下罚款。

裁量标准

违法行为	违法情节程度	处罚标准
娱乐场所和公章刻制、机动车修理、报废机动车回收行业经营者违反法律法规关于要求登记信息的规定,不登记信息的	情节一般	处警告
	拒不改正或者造成后果的	对其直接负责的主管人员和其他直接责任人员处5日以下拘留或者3000元以下罚款

> **实务认定**

1.本违法行为的认定

侵害的客体	国家对特定行业的管理制度
行为主体	娱乐场所和公章刻制、机动车修理、报废机动车回收行业经营者
登记信息内容	(1)娱乐场所:场所基本信息,如名称、经营地址、面积、经营范围、地理位置图和内部结构平面示意图等;人员信息如法定代表人、主要负责人、从业人员的身份证复印件,保安人员配备情况,核定的消费人数等;经营信息如营业执照号、登记日期等;设备信息如监控、安检设备安装部位平面图及检测验收报告等。 (2)公章刻制行业:用章单位信息如用章单位的名称、法定代表人姓名、地址、联系方式等;刻章申请人信息如申请人姓名、身份证号码、联系方式等;印章信息如印章的种类、规格等。 旧货行业:交易双方信息如卖方的姓名、身份证号码、联系方式,以及买方的相关信息等;物品信息如旧货的名称、规格、型号、数量等; 机动车修理行业:车主信息如车主的姓名、身份证号码、联系方式等;车辆信息如车辆的品牌、型号、车牌号、车架号、发动机号等;维修信息如维修时间、维修项目、维修费用等;取车人信息:取车人的姓名、身份证号码、联系方式等
主观方面	故意

2.本违法行为与包庇罪对照

对比项	娱乐场所和公章刻制、机动车修理、报废机动车回收行业经营者不依法登记信息	包庇罪
行为表现	经营者未按照要求准确、完整地记录相关信息,如顾客姓名、身份证件种类和号码等	明知他人犯罪而为其提供隐藏处所、财物或者其他帮助,以使其逃避法律制裁的行为

续表

主观方面	行为人是故意的	行为人必须是故意的
处罚种类	行政处罚	刑事处罚

取证要点

1. 主体方面

主要包括违法行为人的姓名、法定年龄、责任能力、性别、民族、住址、政治面貌、历史表现,违法行为人之间的关系,是否有前科劣迹,是否具有人大代表、政协委员等特殊身份,是否为公职人员等。

2. 主观方面

主要包括违法行为人实施本行为的原因、目的等。(1)原因。主要调查违法行为人实施本行为的原因,如对相关的法律法规了解不足;追求经济效益;担心信息泄露等。(2)目的。主要调查违法行为人实施本行为的目的,如逃避监管、保护隐私、简化流程等。

3. 客观方面

主要包括违法行为人登记信息的完整性(如只登记了部分信息,或者登记的信息不准确、不完整);及时性;规范性;登记信息是否被篡改(如故意篡改登记信息,以掩盖真实的交易情况或逃避监管)等。

规范索引

《旧货流通管理办法》第31、32、37条;《娱乐场所管理条例》第23、48条;《印铸刻字业暂行管理规则》第6条;《机动车维修管理规定》第26、49条

典型案例

某 KTV 未按规定登记客户信息治安处罚案

某日晚,马某在某 KTV 开了一间包厢请黄某、王某等5人唱歌喝酒。期间,马某等人在包厢内吸食毒品。次日凌晨,经举报,公安民警到该包厢

进行检查,当场查获上述吸毒人员 5 人,扣押了一个装有白色粉末的金色碟子。经鉴定,该白色粉末中检出氯胺酮。经用氯胺酮胶体金检测法分别对马某等 5 人的尿液进行检测,结果均呈阳性。同时查出,该 KTV 并未依法登记马某等人的身份信息。以上事实有当事人陈述、登记信息等证据予以证实。虽然 KTV 主管何某辩称其并不知马某等人吸毒这一事实。但公安部门认为,根据法律规定,娱乐场所应当依法登记客户姓名、身份证号等信息,何某是否知道马某等人吸毒并不影响其违法行为的确认。因此,依据《治安管理处罚法》的规定,对何某处 1000 元罚款。

27. 非法使用、提供窃听、窃照专用器材

法律条文

《治安管理处罚法》第 70 条　非法安装、使用、提供窃听、窃照专用器材的,处五日以下拘留或者一千元以上三千元以下罚款;情节较重的,处五日以上十日以下拘留,并处三千元以上五千元以下罚款。

裁量标准

违法行为	违法情节程度	处罚标准
非法安装、使用、提供窃听、窃照专用器材的	情节一般	处 5 日以下拘留或者 1000 元以上 3000 元以下罚款
	情节较重	处 5 日以上 10 日以下拘留,并处 3000 元以上 5000 元以下罚款

实务认定

1. 本违法行为的认定

侵害的客体	国家对窃听、窃照专用器材的管理秩序
行为主体	自然人

续表

行为表现	如在他人住宅、办公室、酒店房间等私人空间安装窃听、窃照设备;在公共场所如商场、餐厅、卫生间等安装窃听、窃照器材;未经国家有关部门批准,擅自销售、出租窃听、窃照专用器材;明知他人会将器材用于非法目的,仍将窃听、窃照专用器材赠予或出借给他人;帮助他人安装、调试窃听、窃照专用器材,或者提供维修、技术指导等服务;等等
主观方面	故意

2. 本违法行为与非法使用窃听、窃照专用器材罪对照

对比项	非法使用、提供窃听、窃照专用器材	非法使用窃听、窃照专用器材罪
危害后果	未造成严重后果	造成严重后果,可能包括窃听、窃照内容被广泛传播,造成他人自杀、精神失常,引起杀人、伤害等犯罪发生,造成被窃听、窃照单位商业秘密泄露,造成重大经济损失,严重损害国家利益等
处罚种类	行政处罚	刑事处罚

取证要点

1. 主体方面

主要包括违法行为人的姓名、法定年龄、责任能力、性别、民族、住址、政治面貌、历史表现,违法行为人之间的关系,是否有前科劣迹,是否具有人大代表、政协委员等特殊身份,是否为公职人员等。

2. 主观方面

主要包括违法行为人实施本行为的原因、目的等。(1)原因。主要调查违法行为人实施本行为的原因,如个人私利驱动,好奇心驱使,利益链条

驱动等。(2)目的。主要调查违法行为人实施本行为的目的,如获取他人隐私;进行不正当竞争等。

3. 客观方面

主要包括违法行为人非法使用、提供专业认定的窃听、窃照专用器材;造成严重后果(如个人隐私泄露、商业秘密被窃取、名誉权受损)等。

规范索引

《刑法》第283、284条;《反间谍法》第25、32条;《禁止非法生产销售使用窃听窃照专用器材和"伪基站"设备的规定》第2、7、11条;《窃照专用器材鉴定技术规范》(GA/T 2012-2023)

典型案例

颜某非法使用窃照专用器治安处罚案

某年3月以来,颜某将窃照专用器材分别安装在三家酒店的多个房间内,使用手机App将窃照专用器材与酒店房间内Wi-Fi和自己的手机配对连接,并设置了远程使用手机App观看房间内实时监控录像、回放录像、下载录像的功能,用于偷拍住店旅客,并将偷拍内容发到网上。经群众举报,公安部门进行立案调查。以上事实有当事人陈述、网上发文信息等证据予以证实。公安部门认为,颜某非法使用窃听、窃照专用器材偷拍他人并发到网上,造成了恶劣社会影响,依据《治安管理处罚法》的规定,对颜某处拘留5日行政处罚。

28. 违法承接典当物品

法律条文

《治安管理处罚法》第71条第1项　有下列行为之一的,处一千元以上三千元以下罚款;情节严重的,处五日以上十日以下拘留,并处一千元以上三千元以下罚款:

(一)典当业工作人员承接典当的物品,不查验有关证明、不履行登记手续的,或者违反国家规定对明知是违法犯罪嫌疑人、赃物而不向公安机关报告的;

裁量标准

违法行为	违法情节程度	处罚标准
典当业工作人员承接典当的物品,不查验有关证明、不履行登记手续的	情节一般	处1000元以上3000元以下罚款
	情节严重	处5日以上10日以下拘留,并处1000元以上3000元以下罚款

根据《公安机关对部分违反治安管理行为实施处罚的裁量指导意见》,有下列情形之一的,属于"情节严重":

(1)违法承接典当物品较多的;

(2)违法承接典当物品价值较大的;

(3)其他情节严重的情形。

实务认定

1.本违法行为的认定

侵害的客体	公安机关对典当业的特殊治安管理制度
行为主体	合法成立的、有营业执照的典当业的工作人员
典当业	以实物占有权转移形式为集体、私营企业和个人提供临时性质押贷款的非银行金融机构的统称
行为表现	不查验有关证明包括不查验当户本人的有效身份证件和当物的来源及相关证明材料;不履行登记手续是对当户的姓名、单位名称、住址、居民身份证号码及典当物品的名称、数量、规格、新旧程度、单据编号等未严格逐项登记或根本就不登记的行为
主观方面	故意

2. 本违法行为与非法经营罪对照

对比项	违法承接典当物品	非法经营罪
侵害的客体	公安机关对典当业的特殊治安管理制度,属于社会主义市场经济秩序中的特殊组成部分	社会主义市场经济秩序,主要是商品交易市场管理秩序
行为表现	表现为典当业的工作人员违反国家关于典当业的有关法律规定,承接典当物品时,不查验有关证明,不履行登记手续,尚不够刑事处罚的行为	表现为违反国家规定,从事非法经营,扰乱市场秩序,情节严重的行为
处罚种类	行政处罚	刑事处罚

取证要点

1. 主体方面

主要包括违法行为人的姓名、法定年龄、责任能力、性别、民族、住址、政治面貌、历史表现、与典当业的关系、职务,违法行为人之间的关系,是否有前科劣迹,是否具有人大代表、政协委员等特殊身份,是否为公职人员等。

2. 主观方面

主要包括违法行为人实施本行为的原因、目的等。(1)原因。主要调查违法行为人实施本行为的原因,如利益驱使、疏忽大意、内部管理不善等。(2)目的。主要调查违法行为人实施本行为的目的,如获取高额利润、规避法律监管等。

3. 客观方面

主要包括违法行为人违法承接典当物品的次数;违法承接典当物品所涉及的典当业的工作人员;违法承接的典当物品(如文物、枪支弹药等)及其性质、数量;违法承接典当物品所涉及的当户;典当业工作人员违法承接典当物品的手段、方法(如如何规避监管、如何与当户勾结以及如何利用职务之便进行违法承接)等。

规范索引

《刑法》第 225、231 条;《典当管理办法》第 3、4、5、35、42、51、68 条

29. 典当业工作人员发现违法犯罪嫌疑人、赃物不报告

法律条文

《治安管理处罚法》第 71 条第 1 项 有下列行为之一的,处一千元以上三千元以下罚款;情节严重的,处五日以上十日以下拘留,并处一千元以上三千元以下罚款:

(一)典当业工作人员承接典当的物品,不查验有关证明、不履行登记手续,或者违反国家规定对明知是违法犯罪嫌疑人、赃物而不向公安机关报告的;

裁量标准

违法行为	违法情节程度	处罚标准
典当业工作人员违反国家规定明知是违法犯罪嫌疑人、赃物而不向公安机关报告的	情节一般	处 1000 元以上 3000 元以下罚款
	情节严重	处 5 日以上 10 日以下拘留,并处 1000 元以上 3000 元以下罚款

根据《公安机关对部分违反治安管理行为实施处罚的裁量指导意见》,有下列情形之一的,属于"情节严重":

(1)涉及赃物数量较多或者价值较大,不报告的;

(2)发现严重暴力犯罪嫌疑人不报告的;

(3)阻挠他人报告或者在公安机关调查时故意隐瞒的;

(4)其他情节严重的情形。

实务认定

1. 本违法行为的认定

侵害的客体	公安机关对典当业的特殊治安管理制度
行为主体	合法成立的、有营业执照的典当业的工作人员
典当业	以实物占有权转移形式为集体、私营企业和个人提供临时性质押贷款的非银行金融机构的统称
违法犯罪嫌疑人、赃物	公诉案件中受刑事追诉者在检察机关向人民法院提起公诉之前，称为犯罪嫌疑人 通过违法犯罪行为所获取的财物为赃物
主观方面	故意

2. 本违法行为与窝藏、包庇罪对照

对比项	典当业工作人员发现违法犯罪嫌疑人、赃物不报告	窝藏、包庇罪
侵害的客体	公安机关对典当业的特殊治安管理制度	司法机关的正常活动，包括公安机关的正常活动
是否作为	消极的不作为行为	积极的作为违法
主观方面	故意	故意
行为主体	特殊主体，只有典当业的工作人员才能成为本违法行为的违法主体	一般主体，包括所有达到刑事责任年龄、具有责任能力的自然人
后果和情节	属于一般治安违法行为，后果和情节一般较轻	犯罪行为，后果和情节一般较重

3. 本违法行为与掩饰、隐瞒犯罪所得、犯罪所得收益罪对照

对比项	典当业工作人员发现违法犯罪嫌疑人、赃物不报告	掩饰、隐瞒犯罪所得、犯罪所得收益罪
侵害的客体	公安机关对典当业的特殊治安管理制度	司法机关的正常活动,包括公安机关的正常活动
是否作为	消极的不作为行为	积极的作为违法
主观方面	故意	故意
行为主体	特殊主体,只有典当业的工作人员才能成为本违法行为的违法主体	一般主体,包括所有达到刑事责任年龄、具有责任能力的自然人
后果和情节	属于一般治安违法行为,后果和情节一般较轻	犯罪行为,后果和情节一般较重
处罚种类	行政处罚	刑事处罚

取证要点

1. 主体方面

主要包括违法行为人的姓名、法定年龄、责任能力、性别、民族、住址、政治面貌、历史表现、与典当业的关系、职务,违法行为人之间的关系,是否有前科劣迹,是否具有人大代表、政协委员等特殊身份,是否为公职人员等。

2. 主观方面

主要包括违法行为人实施本行为的原因、目的等。(1)原因。主要调查违法行为人实施本行为的原因,如害怕报复或威胁,利益驱动,缺乏法律意识和职业道德等。(2)目的。主要调查违法行为人实施本行为的目的,如规避法律风险,保护个人安全,获取不正当利益等。

3. 客观方面

主要包括发现违法犯罪嫌疑人、赃物不报告所涉及的典当业的工作人

员(即身份、职务以及所负责的业务范围);违法犯罪嫌疑人或者赃物的信息;典当业工作人员发现违法犯罪嫌疑人、赃物不报告的人数、数量、次数;典当业工作人员发现违法犯罪嫌疑人、赃物不报告造成的影响或者后果(如助长违法犯罪嫌疑人的违法犯罪行为;损害社会秩序和公共安全;影响典当行的声誉和信誉)等。

规范索引

《刑法》第 310、312 条;《典当管理办法》第 3、4、27、52、53、63~66、68 条

30. 违法收购废旧专用器材

法律条文

《治安管理处罚法》第 71 条第 2 项　有下列行为之一的,处一千元以上三千元以下罚款;情节严重的,处五日以上十日以下拘留,并处一千元以上三千元以下罚款:

(二)违反国家规定,收购铁路、油田、供电、电信、矿山、水利、测量和城市公用设施等废旧专用器材的;

裁量标准

违法行为	违法情节程度	处罚标准
违反国家规定,收购铁路、油田、供电、电信、矿山、水利、测量和城市公用设施等废旧专用器材的	情节一般	处 1000 元以上 3000 元以下罚款
	情节严重	处 5 日以上 10 日以下拘留,并处 1000 元以上 3000 元以下罚款

根据《公安机关对部分违反治安管理行为实施处罚的裁量指导意见》,有下列情形之一的,属于"情节严重":

(1)违法收购数量较大或者价值较高的;

(2)造成较重危害后果的;

（3）其他情节严重的情形。

实务认定

1. 本违法行为的认定

侵害的客体	国家对废旧专用器材的管理制度
行为主体	自然人和单位
废旧专用器材	铁路道钉、轨距杆、鱼尾板、铁路通信电缆、接触网零部件、铁路信号灯；抽油杆、油管、采油树、井口装置、输油管道、油田专用阀门、油井封隔器；变压器、电线杆、电线电缆、绝缘子、隔离开关、互感器、配电箱、电力铁塔的零部件；通信基站的天线、馈线、电缆、光缆、通信机柜、信号发射塔的零部件、电线杆上的通信线路器材；提升设备的钢丝绳、天轮、罐笼，通风设备的风筒、风机，矿山运输轨道的道岔、枕木，以及矿用电缆、变压器、装载机和挖掘机的零部件；水闸的闸门、启闭机，灌溉用的水泵、水管，水电站的水轮机、发电机的零部件，以及防洪堤坝的相关金属构件；测量标志（包括钢标、水泥标等）、全站仪、水准仪、经纬仪、GPS 接收机及其天线；城市路灯的灯具、灯杆、地下电缆，交通信号灯的灯壳、信号控制箱，消防栓、窨井盖、排水管道的井盖及管道配件，以及公园、广场等公共场所的健身器材、休息座椅的金属部件；等等
认定关键	只要具有收购这些废旧专用器材的行为就构成本违法行为，而对收购的数量及其他情节没有要求
主观方面	故意

2. 本违法行为与掩饰、隐瞒犯罪所得、犯罪所得收益罪对照

对比项	违法收购废旧专用器材	掩饰、隐瞒犯罪所得、犯罪所得收益罪
侵害的客体	国家对废旧专用器材的管理制度	国家司法机关的正常活动

续表

侵害的对象	铁路、油田、供电、电信、矿山、水利、测量和城市公用设施等废旧专用器材,这些废旧专用器材可能是赃物,也可能不是赃物	犯罪所得的赃物

3. 本违法行为与收购赃物、有赃物嫌疑的物品的区别

违法收购废旧专用器材行为,可能收购的是公安机关通报寻查的赃物、有赃物嫌疑的物品,也可能不是。收购赃物、有赃物嫌疑的物品,必须是公安机关通报寻查的赃物、有赃物嫌疑的物品。

取证要点

1. 主体方面

主要包括违法行为人的姓名、法定年龄、责任能力、性别、民族、住址、政治面貌、历史表现,违法行为人之间的关系,是否有前科劣迹,是否具有人大代表、政协委员等特殊身份,是否为公职人员等。

通过工商登记、公安机关的备案登记等调查单位的所有者、经营者、主要负责人的身份信息,确定经营管理者的姓名、性别、年龄、住址、历史表现等。

2. 主观方面

主要包括违法行为人实施本行为的原因、目的等。(1)原因。主要调查违法行为人实施本行为的原因,如利益驱使,法律意识淡薄,正规渠道无法满足市场需求等。(2)目的。主要调查违法行为人实施本行为的目的,如获取差价利润、拆解后进行回收再利用、非法加工处理等。

3. 客观方面

主要包括违法收购的废旧专用器材(如铁路、油田、供电、电信、矿山、水利、测量和城市公用设施等废旧专用器材);违法收购废旧专用器材的人员和单位;违法收购废旧专用器材的数量、次数;违法收购废旧专用器材之后的处理(如转售给其他买家;进行非法加工处理,以改变其原有形态或用途;将废旧专用器材进行拆解,回收其中的有价值零部件或材料;藏匿或销毁证据)等。

规范索引

《刑法》第312条;《废旧金属收购业治安管理办法》第7~13条

31. 收购赃物、有赃物嫌疑的物品

法律条文

《治安管理处罚法》第71条第3项 有下列行为之一的,处一千元以上三千元以下罚款;情节严重的,处五日以上十日以下拘留,并处一千元以上三千元以下罚款:

(三)收购公安机关通报寻查的赃物或者有赃物嫌疑的物品的;

裁量标准

违法行为	违法情节程度	处罚标准
收购公安机关通报寻查的赃物或者有赃物嫌疑的物品的	情节一般	处1000元以上3000元以下罚款
	情节严重	处5日以上10日以下拘留,并处1000元以上3000元以下罚款

根据《公安机关对部分违反治安管理行为实施处罚的裁量指导意见》,有下列情形之一的,属于"情节严重":

(1)收购赃物、有赃物嫌疑的物品价值达到有关司法解释认定构成《刑法》第312条第1款规定的掩饰、隐瞒犯罪所得罪定罪数额的50%以上的;

(2)影响公安机关办案或者造成其他较重危害后果的;

(3)造成收购的赃物或者有赃物嫌疑的物品损毁、无法追回的;

(4)物品属于公共设施或者救灾、抢险、防汛等物资的;

(5)其他情节严重的情形。

实务认定

1.本违法行为的认定

侵害的客体	国家对赃物、有赃物嫌疑的物品的管理制度和公安机关的正常管理秩序
行为主体	自然人和单位
赃物	通过违法犯罪行为所获取的财物
行为表现	通过支付相应价金的购买行为,或以物易物的交换行为,买入公安机关通报寻查的赃物或者有赃物嫌疑的物品
主观方面	故意

2.本违法行为与掩饰、隐瞒犯罪所得、犯罪所得收益罪对照

对比项	收购赃物、有赃物嫌疑的物品	掩饰、隐瞒犯罪所得、犯罪所得收益罪
侵害的客体	国家对赃物、有赃物嫌疑的物品的管理制度和公安机关的正常管理秩序	司法机关的正常活动,包括公安机关的正常活动
违法对象	赃物可以是一般违法行为所涉及的赃物,也可以是犯罪行为所涉及的赃物	必须是犯罪所得的赃物,犯罪所得的收益也属于行为对象
后果和情节	一般较轻	一般较重
处罚种类	行政处罚	刑事处罚
行为方式	收购	窝藏、转移、收购、代为销售等其他方法

> 取证要点

1. 主体方面

主要包括违法行为人的姓名、法定年龄、责任能力、性别、民族、住址、政治面貌、历史表现,违法行为人之间的关系,是否有前科劣迹,是否具有人大代表、政协委员等特殊身份,是否为公职人员等。

通过工商登记、公安机关的备案登记等调查单位的所有者、经营者、主要负责人的身份信息,确定经营管理者的姓名、性别、年龄、住址、历史表现等。

2. 主观方面

主要包括违法行为人实施本行为的原因、目的等。(1)原因。主要调查违法行为人实施本行为的原因,如转卖渔利、自用、不清楚所收购的物品是赃物或有赃物嫌疑等。(2)目的。主要调查违法行为人实施本行为的目的,如获取利润、降低成本等。

3. 客观方面

主要包括违法收购的赃物、有赃物嫌疑的物品(如公安机关通报寻查的赃物、有赃物嫌疑的物品);违法收购赃物、有赃物嫌疑的物品的人员或单位;违法收购赃物、有赃物嫌疑的物品的数量、次数;违法收购的赃物、有赃物嫌疑的物品之后的处理(如将赃物转卖给其他人或单位;将赃物藏匿起来,或进行销毁处理)等。

> 规范索引

《刑法》第312条;《废旧金属收购业治安管理办法》第9、13条;《报废机动车回收管理办法》第10、20条;《机动车修理业、报废机动车回收业治安管理办法》第4、5、10~15条

> 典型案例

贺某非法收购赃物治安处罚案

某日,马某将其盗窃得来的电动车以明显低于市场的价格卖给贺某,

贺某在明知电动车存在来路不明的问题的情况下并未核对马某的身份，便与马某达成交易，收购了该电动车。经群众举报，公安部门对贺某依法展开调查。以上事实有询问笔录、当事人陈述、证人证言等证据予以证实。尽管贺某辩称其受到马某的蒙骗，主观上不具有收购赃物的故意。但是，公安部门认为，当事人是否存在主观上的故意应当综合考虑赃物的状态、当事人的行业经历等多方面的因素，不能仅凭贺某的一面之词，贺某在询问笔录中承认自己从事电动车行业十余年，具备对案涉车辆存在赃物嫌疑的认知能力，且认可以明显低于价格中心对该车的鉴定价格购买，在以低价收车的同时，其也并未对卖车人的真实身份加以核对。从询问笔录中可以看出，贺某的回答都是经过考虑后作出的回答，且其对收购被盗机动车事实部分的经过陈述与盗车人马某陈述基本一致，由此可以证实，贺某是在知晓电动车为赃物的情况下进行的收购，其行为已经违反了相关法律的规定，因此，根据《治安管理处罚法》的规定，对贺某处以5日的行政拘留。

32. 收购国家禁止收购的其他物品

法律条文

《治安管理处罚法》第71条第4项　有下列行为之一的，处一千元以上三千元以下罚款；情节严重的，处五日以上十日以下拘留，并处一千元以上三千元以下罚款：

（四）收购国家禁止收购的其他物品的。

裁量标准

违法行为	违法情节程度	处罚标准
收购国家禁止收购的其他物品的	情节一般	处1000元以上3000元以下罚款
	情节严重	处5日以上10日以下拘留，并处1000元以上3000元以下罚款

根据《公安机关对部分违反治安管理行为实施处罚的裁量指导意见》,有下列情形之一的,属于"情节严重":

(1)违法收购数量较大或者价值较高的;

(2)造成较重危害后果的;

(3)其他情节严重的情形。

实务认定

1.本违法行为的认定

侵害的客体	国家对其他禁止收购物品的管理制度
行为主体	自然人和单位
国家禁止收购的其他物品	一般包括枪支、弹药、爆炸物品、剧毒、放射性物品及其容器等
行为表现	通过支付相应价金的购买行为,或以物易物的交换行为,购买上述物品
主观方面	故意

2.本违法行为与非法买卖枪支、弹药、爆炸物罪对照

对比项	收购国家禁止收购的其他物品	非法买卖枪支、弹药、爆炸物罪
侵害的客体	国家对其他禁止收购物品的管理制度	公共安全和国家对枪支、弹药、爆炸物的管理制度
行为表现	收购,即买入	买卖,既包括买入,也包括卖出
侵害的对象	国家禁止收购的其他物品,这里的其他物品包括枪支、弹药、爆炸品,也包括剧毒、放射性物品等	只是枪支、弹药、爆炸物
后果和情节	较轻	较严重
处罚种类	行政处罚	刑事处罚

3. 本违法行为与违法收购废旧专用器材以及收购赃物、有赃物嫌疑的物品对照

对比项	收购国家禁止收购的其他物品	违法收购废旧专用器材	收购赃物、有赃物嫌疑的物品
侵害的客体	国家对其他禁止收购物品的管理制度	国家对废旧专用器材的管理制度	国家对赃物、有赃物嫌疑的物品的管理制度和公安机关的正常管理秩序
行为对象	收购国家禁止收购的其他物品	收购铁路、油田、供电通讯、电信、矿山、水利、测量和城市公用设施等废旧专用器材	收购公安机关通报寻查的赃物或者有赃物嫌疑的物品

> **取证要点**

1. 主体方面

主要包括违法行为人的姓名、法定年龄、责任能力、性别、民族、住址、政治面貌、历史表现,违法行为人之间的关系,是否有前科劣迹,是否具有人大代表、政协委员等特殊身份,是否为公职人员等。

通过工商登记、公安机关的备案登记等调查单位的所有者、经营者、主要负责人的身份信息,确定经营管理者的姓名、性别、年龄、住址、历史表现等。

2. 主观方面

主要包括违法行为人实施本行为的动机、目的等。(1)动机。主要调查违法行为人实施本行为的动机,如出于经济利益,个人兴趣或需求等。(2)目的。主要调查违法行为人实施本行为的目的,如转售获利,自用或收藏,非法活动等。

3. 客观方面

主要包括违法收购的国家禁止收购的其他物品:违法收购的国家禁止

收购的其他物品的人员或单位;违法收购国家禁止收购的其他物品的数量、次数;违法收购国家禁止收购的其他物品之后的处理(如将违法收购的物品藏匿在隐蔽地点;转售给其他人或单位;用于自用或进行销毁处理)等。

规范索引

《刑法》第 125 条;《废旧金属收购业治安管理办法》第 9、13 条;《枪支管理法》第 3、39 条;《民用爆炸物品安全管理条例》第 2~4、44 条

33. 隐藏、转移、变卖、擅自使用、损毁依法扣押、查封、冻结、扣留、先行登记保存的财物

法律条文

《治安管理处罚法》第 72 条第 1 项　有下列行为之一的,处五日以上十日以下拘留,可以并处一千元以下罚款;情节较轻的,处警告或一千元以下罚款:

(一)隐藏、转移、变卖、擅自使用或者损毁行政执法机关依法扣押、查封、冻结、扣留、先行登记保存的财物的;

裁量标准

违法行为	违法情节程度	处罚标准
隐藏、转移、变卖、擅自使用或者损毁行政执法机关依法扣押、查封、冻结、扣留、先行登记保存的财物的	情节一般	处 5 日以上 10 日以下拘留,可以并处 1000 元以下罚款
	情节较轻	处警告或 1000 元以下罚款

> **实务认定**

1. 本违法行为的认定

侵害的客体	国家行政执法机关的执法办案活动秩序
行为主体	自然人和单位
行为表现	隐藏,是指将已被扣押、查封、扣留、先行登记保存的财物就地隐藏、收藏起来,使办案机关难以发现的行为。 转移,是指将已被扣押、查封、冻结、扣留、先行登记保存的财物从一个处所转移到另一个处所的行为。 变卖,是指将扣押、查封、扣留、先行登记保存的财物予以出卖的行为。 擅自使用,是指未经执法机关同意,私自使用依法被扣押、查封、扣留、先行登记保存的财物。 损毁,是指毁灭、损坏被扣押、查封、扣留、先行登记保存的财物,使之从物质形态上消失,被损坏的财物将失去或者减少其价值
主观方面	故意

2. 本违法行为与非法处置查封、扣押、冻结的财产罪对照

对比项	隐藏、转移、变卖、擅自使用、损毁依法扣押、查封、冻结、扣留、先行登记保存的财物	非法处置查封、扣押、冻结的财产罪
侵害的客体	国家行政执法机关的执法办案活动,该执法办案活动必须是办理行政案件的活动	国家审判机关的正常活动,国家审判机关的正常活动既包括办理行政案件,也包括办理刑事案件和民事案件等
侵害对象	行政执法机关依法扣押、查封、冻结、扣留、先行登记保存的财物	司法机关查封、扣押、冻结的财物

续表

情节和后果	对情节和后果没有要求,行为人只要明知是被行政执法机关依法扣押、查封、冻结、扣留、先行登记保存的财物而故意隐藏、转移、变卖或者损毁,即构成本违法行为	必须达到情节严重的程度

取证要点

1. 主体方面

主要包括违法行为人的姓名、法定年龄、责任能力、性别、民族、住址、政治面貌、历史表现,违法行为人之间的关系,是否有前科劣迹,是否具有人大代表、政协委员等特殊身份,是否为公职人员等。

通过工商登记、公安机关的备案登记等调查单位的所有者、经营者、主要负责人的身份信息,确定经营管理者的姓名、性别、年龄、住址、历史表现等。

2. 主观方面

主要包括违法行为人实施本行为的目的、动机等。(1)目的。主要调查违法行为人实施本行为的目的,如逃避法律制裁,保护非法所得,干扰执法进程等。(2)动机。主要调查违法行为人实施本行为的动机,如保护个人利益,感到恐惧或焦虑,抱有侥幸心理等。

3. 客观方面

主要包括隐藏、转移、变卖、擅自使用、损毁依法扣押、查封、冻结、扣留、先行登记保存的财物的性质、数量;隐藏、转移、变卖、擅自使用、损毁依法扣押、查封、冻结、扣留、先行登记保存的财物次数;隐藏、转移、变卖、擅自使用、损毁依法扣押、查封、冻结、扣留、先行登记保存的财物之后的处理(如藏匿在隐蔽地点,或者通过非法渠道进行变卖);隐藏、转移、变卖、擅自使用、损毁依法扣押、查封、冻结、扣留、先行登记保存的财物对行政执法机关依法办案造成的影响(如证据链断裂;案件调查受阻;法律制裁难度增加)等。

规范索引

《刑法》第277、314条;《行政诉讼法》第49条;《民事诉讼法》第111条

34. 伪造、隐匿、毁灭证据

法律条文

《治安管理处罚法》第72条第2项 有下列行为之一的,处五日以上十日以下拘留,可以并处一千元以下罚款;情节较轻的,处警告或者一千元以下罚款:

(二)伪造、隐匿、毁灭证据或者提供虚假证言、谎报案情,影响行政执法机关依法办案的;

裁量标准

违法行为	违法情节程度	处罚标准
伪造、隐匿、毁灭证据,影响行政执法机关依法办案的	情节一般	处5日以上10日以下拘留,可以并处1000元以下罚款
	情节较轻	处警告或者1000元以下罚款

实务认定

1. 本违法行为的认定

侵害的客体	国家行政执法机关的执法办案活动秩序
行为主体	达到法定年龄、具有法定责任能力的自然人
行为表现	伪造证据,是指制造虚假的证据,是编造、制定实际根本不存在的证据或者将现存证据加以篡改、歪曲、加工、整理以违背事实真相。如制造虚假的书证、物证、鉴定意见、勘验检查笔录等。

续表

	隐匿证据,是指将证据隐蔽、藏匿起来意图不使当事人和行政执法机关发现的行为。 毁灭证据,是指销毁证据,使之完全或部分消失或者丧失证据的作用。使证据从形态上完全予以消失的行为方式包括将证据烧毁、撕坏、浸烂、丢弃等;证据虽然保存其形态,但使得其丧失或部分丧失其证明力的行为方式包括污、涂画证据使其无法反映其证明的事实等
主观方面	故意

2. 本违法行为与伪证罪对照

对比项	伪造、隐匿、毁灭证据	伪证罪
侵害的客体	行政执法机关的依法办案活动	既包括妨害了国家的正常司法秩序,也包括侵害了公民的人身权利
行为表现	表现为行为人违反国家有关法律规定,伪造、隐匿、毁灭证据,影响行政执法机关依法办案,尚不够刑事处罚的行为	表现为行为人实施了伪证行为
案件类型	发生在行政执法机关的行政执法过程中,办理的是行政案件	发生在刑事诉讼中,有关单位办理的是刑事案件
行为主体	一般主体,任何人都可能构成	特殊主体,即只有证人、鉴定人、记录人和翻译人才能构成

取证要点

1. 主体方面

主要包括违法行为人的姓名、法定年龄、责任能力、性别、民族、住址、政治面貌、历史表现,违法行为人之间的关系,是否有前科劣迹,是否具有

人大代表、政协委员等特殊身份,是否为公职人员等。

2. 主观方面

主要包括违法行为人实施本行为的目的、动机等。(1)目的。主要调查违法行为人实施本行为的目的,如逃避法律制裁、干扰执法进程、保护相关人员等。(2)动机。主要调查违法行为人实施本行为的动机,如保护个人利益,感到恐惧或焦虑,抱有侥幸心理等。

3. 客观方面

主要包括被伪造、隐匿、毁灭的证据:伪造、隐匿、毁灭证据的手段、方式(如制作虚假的文件、记录、物证等来伪造证据;将证据藏匿在隐蔽地点,或者通过转移、销毁等方式来隐匿证据;物理破坏、化学处理等方式销毁证据);伪造、隐匿、毁灭证据的次数;伪造、隐匿、毁灭的证据的数量、种类;伪造、隐匿、毁灭证据对行政执法机关依法办案造成的影响(如证据链断裂;案件调查受阻;法律制裁难度增加;破坏法律的公正性)等。

规范索引

《刑法》第305、306、307条;《行政诉讼法》第49条;《民事诉讼法》第111条;《刑事诉讼法》第42、52条;《公安机关办理行政案件程序规定》第25、30、200、203条

35. 提供虚假证言

法律条文

《治安管理处罚法》第72条第2项 有下列行为之一的,处五日以上十日以下拘留,可以并处一千元以下罚款;情节较轻的,处警告或者一千元以下罚款:

(二)伪造、隐匿、毁灭证据或者提供虚假证言、谎报案情,影响行政执法机关依法办案的;

裁量标准

违法行为	违法情节程度	处罚标准
提供虚假证言影响行政执法机关依法办案的	情节一般	处 5 日以上 10 日以下拘留,可以并处 1000 元以下罚款
	情节较轻	处警告或者 1000 元以下罚款

实务认定

1. 本违法行为的认定

侵害的客体	国家行政执法机关的执法办案活动秩序
行为主体	达到法定年龄、具有法定责任能力的自然人
行为表现	行为人通过非真实的证言,包括捏造不存在的事实,和隐瞒客观存在的事实,影响了行政执法机关依法办案
认定关键	必须造成一定危害或后果,即影响行政执法机关依法办案。如果行为轻微,没有影响到办案,则不构成本违法行为
主观方面	故意

2. 本违法行为与伪证罪,毁灭、伪造证据罪,帮助毁灭、伪造证据罪,包庇罪对照

对比项	提供虚假证言影响行政执法机关依法办案的	伪证罪,毁灭、伪造证据罪,帮助毁灭、伪造证据罪,包庇罪
所办案件类型不同	发生在行政执法机关依法办案的过程中,所办案件是行政案件	主要发生在刑事诉讼过程中,也可以发生在行政诉讼或民事诉讼过程中
特殊主体	一般主体	特殊主体,只有证人、鉴定人、记录人、翻译人才能构成

3. 本违法行为与伪造、隐匿、毁灭证据对照

对比项	提供虚假证言	伪造、隐匿、毁灭证据
表现形式	提供虚假证言	伪造、隐匿、毁灭证据
侵害的对象	侵害的是证言,包括证人在内的所有知道案件情况的人所提供的证言	侵害的是办理行政案件的证据,是除证言以外的其他证据。

取证要点

1. 主体方面

主要包括违法行为人的姓名、法定年龄、责任能力、性别、民族、住址、政治面貌、历史表现,违法行为人之间的关系,是否有前科劣迹,是否具有人大代表、政协委员等特殊身份,是否为公职人员等。

2. 主观方面

主要包括违法行为人实施本行为的目的、动机等。(1)目的。主要调查违法行为人实施本行为的目的,如逃避法律责任,保护他人等。(2)动机。主要调查违法行为人实施本行为的动机,如保护个人利益,受到他人的威胁、恐吓或利诱等。

3. 客观方面

主要包括提供的虚假证言;提供虚假证言的手段、方式(如编造事实,篡改证据);提供虚假证言的次数:提供虚假证言对行政执法机关依法办案造成的影响(如证据链断裂,案件调查受阻,法律制裁难度增加,司法公信力受损)等。

规范索引

《刑法》第 305~307、310 条;《行政诉讼法》第 49 条;《民事诉讼法》第 111 条;《刑事诉讼法》第 42、52、59 条;《公安机关办理行政案件程序规定》第 25、30、60、200 条

36. 谎报案情

法律条文

《治安管理处罚法》第72条第2项　有下列行为之一的,处五日以上十日以下拘留,可以并处一千元以下罚款;情节较轻的,处警告或一千元以下罚款:

(二)伪造、隐匿、毁灭证据或者提供虚假证言、谎报案情,影响行政执法机关依法办案的;

裁量标准

违法行为	违法情节程度	处罚标准
谎报案情,影响行政执法机关依法办案的	情节一般	处5日以上10日以下拘留,可以并处1000元以下罚款
	情节较轻	处警告或1000元以下罚款

实务认定

1. 本违法行为的认定

侵害的客体	国家行政执法机关的执法办案活动秩序
行为主体	达到法定年龄、具有法定责任能力的自然人
报案	一般是指被害人、有关单位或个人,发现违法犯罪的事实或者有违法犯罪嫌疑的人,主动向国家有关机关报告的行为
行为表现	行为人为了某种目的或需要,明知没有发生案情而故意向有关行政执法机关报告的行为
认定关键	故意谎报案情的行为必须造成一定的危害或后果,即影响行政执法机关依法办案。如果行为显著轻微,没有影响到行政执法机关依法办案,则不构成本违法行为
主观方面	故意

2. 本违法行为与虚构事实扰乱公共秩序行为对照

对比项	谎报案情	虚构事实扰乱公共秩序
主观方面	行为人在主观方面表现为明知是虚假的案情而报告	行为人在主观方面明知是虚构事实而报告
谎报内容	谎报内容是案情,并且案情是指特定的某个案件的情况	谎报内容是虚构事实,并且事实是不确定的案件情况

3. 本违法行为与诬告陷害行为的对照

对比项	谎报案情	诬告陷害
行为表现	虚构的案情或事件	诬告陷害特定的他人(自然人)
目的	扰乱公共秩序,不以陷害他人为目的	意图使他人受刑事追究
主观方面	故意	故意

取证要点

1. 主体方面

主要包括违法行为人的姓名、法定年龄、责任能力、性别、民族、住址、政治面貌、历史表现,违法行为人之间的关系,是否有前科劣迹,是否具有人大代表、政协委员等特殊身份,是否为公职人员等。

2. 主观方面

主要包括违法行为人实施本行为的目的、动机等。(1)目的。主要调查违法行为人实施本行为的目的,如报复他人,寻求关注或刺激,干扰执法进程等。(2)动机。主要调查违法行为人实施本行为的动机,如保护个人利益,心理扭曲或病态心理,误导执法机关等。

3. 客观方面

主要包括谎报的案情;谎报案情的手段、方式(如口头谎报;书面谎报):谎报案情的次数;谎报案情对行政执法机关依法办案造成的影响(如证据链断裂,案件调查受阻,法律制裁难度增加,司法公信力受损)等。

规范索引

《刑法》第 305~307、310 条

典型案例

杨某谎报案情治安处罚案

某日,杨某在其出租房内拨打报警电话,称其房间被与其合租的某人撬开并被鸡蛋砸,同时丢失价值两三千元的财物,要求警察出警。随后某市公安局出警。出警人员抵达上述地点后,发现杨某房间门前地上、墙上有鸡蛋液及鸡蛋壳,带队民警向杨某表示门锁无明显损坏,杨某对民警称平时从不锁门,外出回来后发现门被打开,并称屋内还少了 10000 元。随后带队民警多次要求杨某前往派出所做报案笔录,杨某均予以拒绝,民警遂离开。之后,杨某第二次拨打报警电话,投诉前述出警民警态度问题,要求重新派民警调查。次日,杨某继续两次拨打报警电话,称与其合租的人于前晚私闯民宅,有钱财损失,要求民警出警。民警出警调查后,请杨某搭乘警车随民警前往派出所。杨某在笔录中称其被盗一双价值 2000 元的耐克牌鞋及零钱,被盗物品价值 3000 元左右,并称前晚报警称 10000 元人民币和苹果平板电脑被盗是之前忘记放在哪里,后来找到了。民警认为杨某涉嫌虚构事实扰乱公共秩序,对杨某进行传唤。经询问后,确认杨某故意谎报案情的事实,并依法对其作出处罚。以上事实有杨某的询问笔录、"110"报警记录等证据证实。尽管杨某主张实际上并未造成秩序混乱,也没有造成实际危害。但是,公安部门认为,《治安管理处罚法》上的对实际危害的定义不同于刑法,并不要求造成广泛的社会恐慌和灾害。杨某谎报案情的行为导致警方反复出警,大量耗费人力物力,事实上造成了公共资源的消耗,影响周围居民的正常生活秩序,已经达到治安处罚的标准。综上,依据《治安管理处罚法》第71条第2项之规定,对杨某处以行政拘留5日,并处罚款200元。

37.窝藏、转移、代销赃物

法律条文

《治安管理处罚法》第72条第3项　有下列行为之一的,处五日以上十日以下拘留,可以并处一千元以下罚款;情节较轻的,处警告或者一千元以下罚款:

（三）明知是赃物而窝藏、转移或者代为销售的;

裁量标准

违法行为	违法情节程度	处罚标准
明知是赃物而窝藏、转移或者代为销售的	情节一般	处5日以上10日以下拘留,可以并处1000元以下罚款
	情节较轻	处警告或1000元以下罚款

实务认定

1.本违法行为的认定

侵害的客体	国家机关的正常执法活动秩序
行为主体	达到法定年龄、具有法定责任能力的自然人。必须是赃物持有人以外的其他人,即违法犯罪分子不能对自己违法犯罪所得的赃物实施本违法行为
赃物	通过违法犯罪行为所获取的财物
行为表现	窝藏,是指帮助违法犯罪分子将赃物收留、隐藏,使别人不易发现的行为,其表现形式包括,为违法犯罪分子提供藏匿赃物的场所、寄藏赃物、加工赃物、收受赃物等。

续表

	转移,是指搬移、运输赃物,也就是通过搬移、运送使赃物离开原地点。 代为销售,是指受违法犯罪分子委托,为其销售赃物。代为销售包括为他人推销、代销物,也包括介绍买卖赃物,即充当赃物买卖的中介人等
认定关键	行为人明知所收留、隐藏、加工、转移销售的是他人违法犯罪的赃物
主观方面	故意

2. 本违法行为与掩饰、隐瞒犯罪所得、犯罪所得收益罪对照

对比项	窝藏、转移、代销赃物	掩饰、隐瞒犯罪所得、犯罪所得收益罪
侵害的客体	国家机关的正常执法活动,既包括行政执法机关,也包括司法机关	只能是司法机关的正常执法活动
赃物类型	涉及的赃物包括一般违法所得的赃物和犯罪所得的赃物	涉及的赃物只能是犯罪所得的赃物
行为方式	表现为窝藏、转移或者代为销售,不包括收购行为	表现为窝藏、转移、收购、代为销售,包括收购行为
危害程度	情节不严重,社会危害程度较小	情节严重,社会危害程度较大

取证要点

1. 主体方面

主要包括违法行为人的姓名、法定年龄、责任能力、性别、民族、住址、政治面貌、历史表现,违法行为人之间的关系,是否有前科劣迹,是否具有人大代表、政协委员等特殊身份,是否为公职人员等。

2. 主观方面

主要包括违法行为人实施本行为的目的、动机等。(1)目的。主要调查违法行为人实施本行为的目的,如逃避法律制裁,获得直接的经济利益等。(2)动机。主要调查违法行为人实施本行为的动机,如贪利动机,保护关系人,对抗司法机关等。

3. 客观方面

主要包括窝藏、转移、代为销售的赃物;赃物的来源;窝藏、转移、代为销售赃物的手段、方式(如窝藏、转移、代为销售);窝藏、转移、代为销售赃物的时间、地点;在销售赃物中购买对象的信息;窝藏、转移、代为销售赃物的次数;窝藏、转移、代为销售赃物对行政执法机关依法办案造成的影响(如妨害公安、司法机关追查、审判犯罪分子的正常活动,破坏社会管理秩序)等。

规范索引

《刑法》第312条;《最高人民法院、最高人民检察院、公安部、国家工商行政管理局关于依法查处盗窃、抢劫机动车案件的规定》第2~5、12、17条

38. 违反监督管理规定

法律条文

《治安管理处罚法》第72条第5项 有下列行为之一的,处五日以上十日以下拘留,可以并处一千元以下罚款;情节较轻的,处警告或者一千元以下罚款:

(四)被依法执行管制、剥夺政治权利或者在缓刑、暂予监外执行中的罪犯或者被依法采取刑事强制措施的人,有违反法律、行政法规或者国务院有关部门的监督管理规定的行为的。

裁量标准

违法行为	违法情节程度	处罚标准
被依法执行管制、剥夺政治权利或者在缓刑、暂予监外执行中的罪犯或者被依法采取刑事强制措施的人,有违反法律、行政法规或者国务院有关部门的监督管理规定的行为的	情节一般	处 5 日以上 10 日以下拘留,可以并处 1000 元以下罚款
	情节较轻	处警告或 1000 元以下罚款

实务认定

1. 本违法行为的认定

侵害的客体	公安司法机关的监督管理活动秩序
行为主体	特殊主体,被依法执行管制、剥夺政治权利或者在缓刑、假释等监外执行中的罪犯或者被依法采取刑事强制措施的人
行为表现	如被依法执行管制的人未按时向执行机关报告自己的工作变动、居住地址变更等信息;在被剥夺政治权利期间,参加当地的人大代表选举投票,或者组织、参与一些具有政治性质的集会;在缓刑考验期内,未按要求到社区矫正机构报到,且长期脱离监管;采取自伤、自残、欺骗、贿赂等手段骗取、拖延暂予监外执行;等等
主观方面	故意

2. 违反监督管理规定与破坏监管秩序罪对照

对比项	违反监督管理规定	破坏监管秩序罪
行为主体	社区矫正人员、取保候审人员等被监管对象	依法被关押的罪犯、被告人、犯罪嫌疑人

续表

行为场所	行为场所是监外执行期间的场所	监狱、看守所等羁押场所
主观方面	过失或故意	故意
行为表现	未遵守报告制度、擅自离开管辖区域等	殴打监管人员、组织破坏监管设施等
处罚种类	行政处罚	刑事处罚

取证要点

1. 主体方面

主要包括违法行为人的姓名、法定年龄、责任能力、性别、民族、住址、政治面貌、历史表现、违法行为人之间的关系,是否有前科劣迹,是否具有人大代表、政协委员等特殊身份,是否为公职人员等。

2. 主观方面

主要包括违法行为人实施本行为的目的、动机等。(1)目的。主要调查违法行为人实施本行为的目的,如逃避法律制裁、获取非法利益或满足个人私欲等。(2)动机。主要调查违法行为人实施本行为的动机,如担心受到法律的严厉制裁、满足虚荣心、寻求刺激或挑战法律权威等。

3. 客观方面

主要包括违反监督管理规定的具体行为方式(如隐藏、转移、变卖或损毁被依法扣押、查封、冻结的财物;明知是赃物而窝藏、转移或代为销售);违反监督管理规定的时间、地点;违反监督管理规定的次数;违反监督管理规定的影响和后果(如破坏司法秩序和法律的权威性,损害社会的公平和正义;对他人和社会造成不良影响)等。

规范索引

《刑法》第72、75、77、84、85条;《最高人民法院关于适用〈中华人民共和国刑事诉讼法〉的解释》第433、457、458条;《社区矫正实施办法》;《最高人民法院、最高人民检察院、公安部、司法部关于对判处管制、宣告缓刑的犯罪分子适用禁止有关问题的规定》第1~13条

典型案例

褚某违反禁止令治安处罚案

某年某日,某市人民法院作出刑事判决书,认定褚某犯容留卖淫罪,并判处其有期徒刑1年3个月、缓刑1年6个月,并禁止褚某从事洗浴行业。根据相关人员举报,褚某缓刑考验期内仍然从事浴室经营行为。公安部门经举报后对其进行调查,查明褚某存在违反人民法院禁止令的行为。以上事实有询问笔录以及微信截屏照片等证据予以证实。尽管褚某辩称其并不是某浴室的经营者,不存在对外经营的行为。但公安部门认为,依据法院作出的禁止令,禁止其从事洗浴行业并不仅限于以自己的名义对外开展经营活动,褚某对某浴室的经营存在幕后的资金资助以及推动作用,已经构成了从事洗浴行业的事实,违反了法院的禁止令。因此,根据《治安管理处罚法》的规定,给予褚某行政拘留10日,并处500元罚款的处罚。

39. 违反人民法院刑事判决中的禁止令或者职业禁止决定

法律条文

《治安管理处罚法》第73条第1项　有下列行为之一的,处警告或者一千元以下罚款;情节较重的,处五日以上十日以下拘留,可以并处一千元以下罚款:
(一)违反人民法院刑事判决中的禁止令或者职业禁止决定的;

裁量标准

违法行为	违法情节程度	处罚标准
违反人民法院刑事判决中的禁止令或者职业禁止决定的	情节一般	处警告或者1000元以下罚款
	情节较重	处5日以上10日以下拘留,可以并处1000元以下罚款

实务认定

1. 本违法行为的认定

侵害的客体	社会管理秩序和公共安全利益
行为主体	被人民法院依法判处禁止令或者职业禁止的犯罪分子
行为表现	如因实施金融犯罪被判处缓刑并被禁止从事证券交易等金融活动的人员,在缓刑考验期内,擅自进行股票买卖、期货交易等证券交易活动,或向银行申领贷款、使用票据、申领或使用信用卡等金融活动;被禁止进入娱乐场所的犯罪分子,无视禁止令,擅自进入消费娱乐场所;未经被害人及其法定代理人、近亲属同意,擅自接触,应禁止接触的人;因医疗事故犯罪被禁止从事医疗行业的人员,在刑罚执行完毕或假释后,又到医院、诊所等医疗机构应聘工作,或者自行开设诊所进行诊疗活动;等等
主观方面	故意

2. 本违法行为与拒不执行判决、裁定罪对照

对比项	违反人民法院刑事判决中的禁止令或者职业禁止决定	拒不执行判决、裁定罪
行为表现	禁止令是人民法院在判处管制或宣告缓刑时,根据犯罪情况,同时禁止犯罪分子在管制执行	对人民法院的判决、裁定有能力执行而拒不执行,情节严重的行为,是一种犯罪行为

续表

	期间或缓刑考验期限内从事特定活动、进入特定区域、场所或接触特定的人；职业禁止是人民法院对于因利用职业便利实施犯罪，或者实施违背职业要求的特定义务的犯罪被判处刑罚的犯罪分子，在刑罚执行完毕之日或者假释之日起，禁止其从事相关职业的决定；违反这两种决定，均是对人民法院生效判决的违反，但尚未构成犯罪行为	
情节和后果	情节较轻，未造成严重后果	情节严重，造成了严重后果或者恶劣影响等

取证要点

1. 主体方面

主要包括违法行为人的姓名、法定年龄、责任能力、性别、民族、住址、政治面貌、历史表现，违法行为人之间的关系，是否有前科劣迹，是否具有人大代表、政协委员等特殊身份，是否为公职人员等。

2. 主观方面

主要包括违法行为人实施本行为的目的、动机等。(1)目的。主要调查违法行为人实施本行为的目的，如逃避法律制裁、获取非法利益或满足个人私欲等。(2)动机。主要调查违法行为人实施本行为的动机，如担心受到法律的严厉制裁、满足虚荣心、寻求刺激或挑战法律权威等。

3. 客观方面

主要包括违法行为人实施本行为的具体表现(如是否从事被禁止的

活动、违反职业禁止从事相关职业);违法行为的时间、地点和方式;此违法行为的后果(如社会危害后果、对他人的影响)等

规范索引

《刑法》第 37、38、72、313 条

40. 拒不执行公安机关出具的禁止家庭暴力告诫书、禁止性骚扰告诫书

法律条文

《治安管理处罚法》第 73 条第 2 项　有下列行为之一的,处警告或者一千元以下罚款;情节较重的,处五日以上十日以下拘留,可以并处一千元以下罚款:

(二)拒不执行公安机关依照《中华人民共和国反家庭暴力法》《中华人民共和国妇女权益保障法》出具的禁止家庭暴力告诫书、禁止性骚扰告诫书的;

裁量标准

违法行为	违法情节程度	处罚标准
拒不执行公安机关依照《中华人民共和国反家庭暴力法》《中华人民共和国妇女权益保障法》出具的禁止家庭暴力告诫书、禁止性骚扰告诫书的	情节一般	处警告或者 1000 元以下罚款
	情节较重	处 5 日以上 10 日以下拘留,可以并处 1000 元以下罚款

实务认定

1. 本违法行为的认定

侵害的客体	社会管理秩序和受害人的人身权利
行为主体	被公安机关出具告诫书的违法行为人

续表

行为表现	有能力执行但不执行。如违法行为人在收到禁止家庭暴力告诫书后,仍然对受害人进行殴打、捆绑、残害、限制人身自由等暴力行为;违法行为人在收到禁止性骚扰告诫书后,仍然向受害人发送含有色情内容的短信、微信消息、图片、视频等;或者在受害人的工作环境或生活环境中,放置带有性暗示的物品、张贴淫秽图片;等等
主观方面	故意

2.本违法行为与故意伤害罪对照

对比项	拒不执行公安机关出具的禁止家庭暴力告诫书、禁止性骚扰告诫书	故意伤害罪
行为表现	告诫书旨在预防和制止家庭暴力或性骚扰行为,保护受害者的合法权益。拒不执行公安机关告诫书行为是一种对行政机关(公安机关)依法行政行为的违抗,体现了对公共秩序的蔑视和对受害者权益的进一步侵害	行为人通常有意图伤害他人身体,达到轻伤以上的程度,因此故意伤害罪是一种严重的刑事犯罪行为,侵犯了他人的身体权和健康权
行为方式	存在有效的禁止家庭暴力告诫书或禁止性骚扰告诫书,仍不执行	存在非法地损害他人身体的行为;该行为造成他人人身损害
主观方面	行为人明知该告诫书的存在,有能力执行而拒不执行	行为人明知自己的行为会造成损害他人身体健康的结果,而希望或放任这种结果的发生

取证要点

1.主体方面

主要包括违法行为人的姓名、法定年龄、责任能力、性别、民族、住址、

政治面貌、历史表现、违法行为人之间的关系,是否有前科劣迹,是否具有人大代表、政协委员等特殊身份,是否为公职人员等。

2. 主观方面

主要包括违法行为人实施本行为的目的、动机等。(1)目的。主要调查违法行为人实施本行为的目的,如意图继续实施家暴或骚扰行为,挑战执法权威等。(2)动机。主要调查违法行为人实施本行为的动机,如控制、威胁受害人,发泄情绪等。

3. 客观方面

主要包括违法行为人拒不执行公安机关出具的禁止家庭暴力告诫书、禁止性骚扰告诫书的行为方式(如继续殴打、恐吓、跟踪受害人;发送骚扰信息或公开侮辱)、时间、地点、次数;对他人和社会造成不良后果(如造成受害人轻伤、精神疾病或自杀倾向;导致受害人无法正常生活、工作或学业中断)等。

规范索引

《反家庭暴力法》第16、34条;《妇女权益保障法》第80条

41. 违反监察机关、司法机关规定的禁止接触证人、鉴定人、被害人及其近亲属保护措施

法律条文

《治安管理处罚法》第73条第3项　有下列行为之一的,处警告或者一千元以下罚款;情节较重的,处五日以上十日以下拘留,可以并处一千元以下罚款:
　　(三)违反监察机关在监察工作中、司法机关在刑事诉讼中依法采取的禁止接触证人、鉴定人、被害人及其近亲属保护措施的。

裁量标准

违法行为	违法情节程度	处罚标准
违反监察机关在监察工作中、司法机关在刑事诉讼中依法采取的禁止接触证人、鉴定人、被害人及其近亲属保护措施的	情节一般	处警告或者1000元以下罚款
	情节较重	处5日以上10日以下拘留,可以并处1000元以下罚款

实务认定

1. 本违法行为的认定

侵害的客体	监察和司法活动的正常秩序和证人、鉴定人、被害人及其近亲属的人身权利和安全
行为主体	犯罪嫌疑人、被告人及其相关利害关系人
行为表现	接触的方式有:当面接触;通过电话、短信、网络通讯等方式接触;委托他人接触;通过其他途径影响与证人、鉴定人、被害人及其近亲属有共同关系的人;通过跟踪盯梢、破坏财物或滋扰方式干扰证人、鉴定人、被害人及其近亲属的正常生活;等等
主观方面	故意

2. 本违法行为与妨害作证罪对照

对比项	违反监察机关、司法机关规定的禁止接触证人、鉴定人、被害人及其近亲属保护措施	妨害作证罪
侵害的客体	对司法权威的蔑视和对司法程序的干扰	国家司法机关的正常诉讼活动和公民依法作证的权利

续表

行为方式	违反禁止接触保护措施行为是一种对监察机关或司法机关依法采取的证人、鉴定人、被害人及其近亲属保护措施的违抗行为	通过暴力、威胁、贿赂等手段阻止证人作证或指使他人作伪证的行为
情节程度	情节较轻	情节严重

取证要点

1. 主体方面

主要包括违法行为人的姓名、法定年龄、责任能力、性别、民族、住址、政治面貌、历史表现,违法行为人之间的关系,是否有前科劣迹,是否具有人大代表、政协委员等特殊身份,是否为公职人员等。

2. 主观方面

主要包括违法行为人实施本行为的原因、目的等。(1)原因。主要调查违法行为人实施本行为的原因,如利益驱动,法律意识淡薄,报复心理等。(2)目的。主要调查违法行为人实施本行为的目的,如干扰司法程序、影响证言真实性等。

3. 客观方面

主要包括违法行为人违反监察机关、司法机关规定的禁止接触证人、鉴定人、被害人及其近亲属保护措施的行为方式(如直接接触、间接接触、采用电话、网络等现代通讯手段)时间、地点、次数;对他人和社会造成不良后果(如使证人、鉴定人、被害人及其近亲属面临更大的安全威胁,甚至导致人身伤害或财产损失;破坏司法程序的公正性和独立性,影响案件的公正处理,损害法律的权威和公信力)等。

规范索引

《监察法实施条例》第 90 条;《刑事诉讼法》第 64 条;《刑法》第 307、308 条;《监察官法》第 59 条

42. 依法被关押的违法行为人脱逃

法律条文

《治安管理处罚法》第74条 依法被关押的违法行为人脱逃的,处十日以上十五日以下拘留;情节较轻的,处五日以上十日以下拘留。

裁量标准

违法行为	违法情节程度	处罚标准
依法被关押的违法行为人脱逃的	情节较轻	处5日以上10日以下拘留
	情节一般	处10日以上15日以下拘留

实务认定

1. 本违法行为的认定

侵害的客体	司法机关的正常管理秩序
行为主体	依法被关押的违法行为人
行为表现	如在监狱、看守所等羁押场所内,趁看守人员不注意,利用隐藏通道、挖地道等方式,偷偷逃离羁押场所;通过各种方式获取工具,破坏羁押场所的设施后脱逃;在被警车、囚车等押解途中,通过暴力破坏车辆门锁、车窗等,或者趁押解人员疏忽,打开车门逃跑;在从一个羁押场所转移到另一个羁押场所,或从羁押场所到法庭等其他地点的过程中,寻找机会挣脱押解人员的控制而逃跑等
主观方面	故意

2. 本违法行为与脱逃罪对照

对比项	依法被关押的违法行为人脱逃	脱逃罪
行为主体	行政拘留人员、司法拘留人员等违法被监管人	依法被关押的罪犯、被告人、犯罪嫌疑人

续表

侵害的客体	违反行政管理秩序	破坏司法羁押秩序
认定关键	脱离监管区域即可认定	需实际脱离监管机关控制
处罚种类	行政处罚	刑事处罚

取证要点

1. 主体方面

主要包括违法行为人的姓名、法定年龄、责任能力、性别、民族、住址、政治面貌、历史表现、违法行为人之间的关系,是否有前科劣迹,是否具有人大代表、政协委员等特殊身份,是否为公职人员等。

2. 主观方面

主要包括违法行为人实施本行为的原因、目的等。(1)原因。主要调查违法行为人实施本行为的原因,如逃避法律制裁、不适应羁押环境、心理压力过大等。(2)目的。主要调查违法行为人实施本行为的目的,如渴望恢复自由,摆脱羁押的限制;逃避即将到来的刑罚等。

3. 客观方面

主要包括违法行为人脱逃的行为方式(如利用监管漏洞、暴力破坏监管设施、贿赂监管人员);脱逃时机(如选择在监管人员疏忽、监管制度不严等时机进行脱逃);时间、地点、次数;脱逃后的行动(如改变身份、藏匿地点);造成不良后果(如干扰司法公正、破坏社会秩序)等。

规范索引

《刑法》第316条

典型案例

王某脱逃拘留所治安处罚案

王某因殴打他人被公安部门依法行政拘留10日,关押于某区拘留所。

某日凌晨许,王某趁拘留所夜间值班民警交接班间隙,利用监室卫生间未固定牢固的金属水管,撬开监室窗户防护栏,翻越拘留所外围围墙后逃离。拘留所民警晨间点名发现王某失踪,调取监控确认其脱逃后,立即报告拘留所所长,并通报公安部门。以上事实有监控视频、当事人陈述等证据予以证实。公安部门最终在城郊出租屋内将王某抓获,并依据《治安管理处罚法》的规定,对王某处增加10日行政拘留(与原处罚合并执行),同时照价赔偿拘留所设施(窗户护栏)。

43. 故意损坏文物、名胜古迹

法律条文

《治安管理处罚法》第75条第1项　有下列行为之一的,处警告或者五百元以下罚款;情节较重的,处五日以上十日以下拘留,并处五百元以上一千元以下罚款:
　　(一)刻划、涂污或者以其他方式故意损坏国家保护的文物、名胜古迹的;

裁量标准

违法行为	违法情节程度	处罚标准
刻划、涂污或者以其他方式故意损坏国家保护的文物、名胜古迹的	情节一般	处警告或者500元以下罚款
	情节较重	处5日以上10日以下拘留,并处500元以上1000元以下罚款

　　根据《公安机关对部分违反治安管理行为实施处罚的裁量指导意见》,有下列情形之一的,属于"情节较重":
　　(一)拒不听从管理人员或者执法人员制止的;
　　(二)造成文物、名胜古迹较重损害后果的;
　　(三)两次以上损坏或者损坏两处以上文物、名胜古迹的;
　　(四)其他情节较重的情形。

实务认定

1. 本违法行为的认定

侵害的客体	国家对文物、名胜古迹的管理秩序
行为主体	达到法定年龄、具有法定责任能力的自然人
行为表现	行为人通过刻划、泼扔污物、乱涂、乱写、乱画、捣毁、砸碎、拆除、挖掘、焚烧、炸毁、故意攀爬、在名胜古迹区盖违章建筑,拒绝拆除等方式,致使国家保护的文物或者名胜古迹部分破损、完全毁灭或者玷污的行为。只要使文物、名胜古迹的外表、物理特性发生变化的,而且无论事后这些变化是否能够被恢复原状,都可视为对文物、名胜古迹造成了损坏
主观方面	故意

2. 本违法行为与故意损毁财物对照

对比项	故意损坏文物、名胜古迹	故意损毁财物
侵害的客体	国家对文物、名胜古迹的管理秩序	公私财物的所有权
侵害的对象	文物和名胜古迹	公私财物
行为表现	行为人违反国家法律规范,刻划、涂污或者以其他方式故意损坏国家保护的文物、名胜古迹,尚不够刑事处罚的行为	行为人故意毁灭或者损坏公私财物,数额不大或情节轻微,尚不够刑事处罚的行为

取证要点

1. 主体方面

主要包括违法行为人的姓名、法定年龄、责任能力、性别、民族、住址、政治面貌、历史表现,违法行为人之间的关系,是否有前科劣迹,是否具有人大代表、政协委员等特殊身份,是否为公职人员等。

2. 主观方面

主要包括违法行为人实施本行为的原因、目的等。(1)原因。主要调查违法行为人实施本行为的原因,如利益驱使,个人恩怨或报复等。(2)目的。主要调查违法行为人实施本行为的目的,如获取经济利益,表达不满或抗议等。

3. 客观方面

主要包括故意损坏的文物、名胜古迹及其类别和损坏程度;故意损坏的手段、方式(如使用工具刻划、使用爆炸物炸毁、使用机械拆除)、次数;故意损坏的时间、地点等。

规范索引

《刑法》第324条;《文物保护法》第2、3、5~7、64~66、77~79条;《文物保护法实施条例》第7~9、54条

典型案例

吴某刻划名胜古迹治安管理处罚案

某日,在八达岭长城景区,吴某不听劝阻,用发簪在城墙上刻字。八达岭长城管理处得知后立即报案。公安部门依法传唤吴某进行调查。以上事实有证人言证、录音录像、当事人陈述等证据予以证实。尽管吴某辩称其并未破坏城墙。但公安部门认为八达岭长城是受国家保护的名胜古迹,法律规定禁止他人刻划、涂污或者以其他方式故意损坏国家保护的文物及名胜古迹,吴某不听劝阻用发簪在城墙上刻字的行为属主观故意,且已实际损坏八达岭长城墙体。因此,公安部门依据《治安管理处罚法》的规定,给予吴某罚款1000元并拘留5日的行政处罚。

44. 违法实施危及文物安全的活动

法律条文

《治安管理处罚法》第75条第2项　有下列行为之一的,处警告或者五百元以下罚款;情节较重的,处五日以上十日以下拘留,并处五百元以上一千元以下罚款:

(二)违反国家规定,在文物保护单位附近进行爆破、钻探、挖掘等活动,危及文物安全的。

裁量标准

违法行为	违法情节程度	处罚标准
违反国家规定,在文物保护单位附近进行爆破、钻探、挖掘等活动,危及文物安全的	情节一般	处警告或者500元以下罚款
	情节较重	处5日以上10日以下拘留,并处500元以上1000元以下罚款

根据《公安机关对部分违反治安管理行为实施处罚的裁量指导意见》,有下列情形之一的,属于"情节较重":

(1)不听管理人员或者执法人员制止的;

(2)造成文物、名胜古迹较重损害后果的;

(3)其他情节较重的情形。

实务认定

1. 本违法行为的认定

侵害的客体	国家对文物、名胜古迹的管理秩序
行为主体	自然人和单位

续表

行为表现	未经过自治区、直辖市人民政府批准,未征得国务院文物行政部门同意,在全国重点文物保护单位的保护范围内进行其他建设工程或者爆破、钻探、挖掘等作业的,可能导致古建筑或古文化遗址的倒塌的行为
主观方面	故意

2. 本违法行为与过失损毁文物罪对照

对比项	违法实施危及文物安全的活动	过失损毁文物罪
侵害对象	可以是国家保护的珍贵文物或者被确定为全国重点文物保护单位、省级文物保护单位的文物,也可以是这些文物以外的文物	必须是国家保护的珍贵文物或者被确定为全国重点文物保护单位、省级文物保护单位的文物。如果不是上述文物,即使情节、后果再严重,也不可能构成本罪
主观方面	故意	过失
情节后果	情节和后果都较轻	造成严重后果

取证要点

1. 主体方面

主要包括违法行为人的姓名、法定年龄、责任能力、性别、民族、住址、政治面貌、历史表现,违法行为人之间的关系,是否有前科劣迹,是否具有人大代表、政协委员等特殊身份,是否为公职人员等。

通过工商登记、公安机关的备案登记等调查单位的所有者、经营者、主要负责人的身份信息,确定经营管理者的姓名、性别、年龄、住址、历史表现等。

2. 主观方面

主要包括违法行为人实施本行为的原因、目的等。(1)原因。主要调

查违法行为人实施本行为的原因,如经济利益驱动、个人兴趣或好奇、报复或破坏心理等。(2)目的。主要调查违法行为人实施本行为的目的,如获取非法经济利益、满足个人兴趣或好奇心、发泄情绪或制造混乱等。

3. 客观方面

主要包括违法实施危及文物安全活动的时间、地点;危及文物安全所涉及的文物及其类别;危及文物安全的程度;违法实施危及文物安全活动的行为方式(如爆破、挖掘等破坏性手段;擅自进入文物保护单位)等。

规范索引

《刑法》第324条;《文物保护法》第17~22、66~67条;《文物保护法实施条例》第13~19、55条

45.偷开机动车

法律条文

《治安管理处罚法》第76条第1项 有下列行为之一的,处一千元以上二千元以下罚款;情节严重的,处十日以上十五日以下拘留,可以并处二千元以下罚款:
(一)偷开他人机动车的;

裁量标准

违法行为	违法情节程度	处罚标准
偷开他人机动车的	情节一般	处1000元以上2000元以下罚款
	情节严重	处10日以上15日以下拘留,可以并处2000元以下罚款

根据《公安机关对部分违反治安管理行为实施处罚的裁量指导意见》,有下列情形之一的,属于"情节严重":
(1)偷开特种车辆、军车的;

(2)偷开机动车从事违法活动的;
(3)发生安全事故或者造成机动车损坏、人员受伤的;
(4)对他人的工作生活造成较大影响的;
(5)其他情节严重的情形。

> **实务认定**

1.本违法行为的认定

侵害的客体	国家对机动车的管理秩序以及其所有人、保管人或其他占有人对机动车的占有权、使用权
行为主体	达到法定年龄、具有法定责任能力的自然人
行为表现	行为人未经机动车辆的所有人、保管人或者驾驶人员同意,私自将机动车辆开出停放地以外的
认定关键	只要违法行为人未经同意,实施了私自偷开他人机动车的行为,即构成本违法行为,而不要求必须造成危害后果
主观方面	故意

2.本违法行为与盗窃罪对照

对比项	偷开机动车	盗窃罪
认定关键	行为人只是偶尔一两次偷开,由于不小心而将机动车丢失的,不能认定为盗窃罪,只能以偷开他人机动车论处	行为人多次(3次以上)偷开他人机动车辆;给机动车辆所有人造成较大财产损失,如故意将车辆丢失
目的	偷开机动车	非法占有
认定关键	(1)偷开他人机动车的行为人,一般实施完偷开行为之后,会将该机动车放回原处;	(1)盗窃机动车的,实施完盗窃行为后,一般会将该机动车销售、拆解等;

续表

	(2)行为人一般会使用占有人遗忘的钥匙，或者用别的钥匙或措施，较容易就能将机动车开走； (3)偷开他人机动车的人一般比较小心，尽量不损坏所偷开的机动车； (4)偷开他人机动车的人一般选择比较熟悉的路线，也不太躲避他人	(2)盗窃机动车一般使用比较专业的作案手段、工具，有的甚至采取暴力将车辆门、窗毁坏而开走； (3)盗窃机动车的人为了尽量早点将机动车偷走，往往不会顾忌对机动车造成损坏； (4)盗窃机动车的人一般为躲避他人、迅速逃跑，以避免被发现，而选择偏僻的路线

3. 本违法行为与交通肇事罪对照

对比项	偷开机动车	交通肇事罪
行为方式	未经允许擅自使用他人车辆	违反交规造成重大事故
侵害的客体	他人对车辆的使用权/所有权	公共交通安全秩序以及他人生命财产权
认定关键	偷开他人机动车一般不会构成交通肇事罪。但是，违法行为人如果因偷开机动车而发生交通事故，后果严重的，则应当以交通肇事罪论处。如果在偷开他人机动车过程中，虽然造成交通肇事，但是未达到情节严重的，即未发生重大事故，致人重伤、死亡或者使公私财产遭受重大损失，而只是造成较轻微的后果，则应该以偷开机动车论处	因而发生重大事故，致人重伤、死亡或者使公私财产遭受重大损失
处罚种类	行政处罚	刑事处罚

> 取证要点

1. 主体方面

主要包括违法行为人的姓名、法定年龄、责任能力、性别、民族、住址、政治面貌、历史表现,违法行为人之间的关系,是否有前科劣迹,是否具有人大代表、政协委员等特殊身份,是否为公职人员等。

通过工商登记、公安机关的备案登记等调查单位的所有者、经营者、主要负责人的身份信息,确定经营管理者的姓名、性别、年龄、住址、历史表现等。

2. 主观方面

主要包括违法行为人实施本行为的原因、目的等。(1)原因。主要调查违法行为人实施本行为的原因,如出于好奇心或寻求刺激,无驾驶执照但想驾驶等。(2)目的。主要调查违法行为人实施本行为的目的,如满足驾驶欲望、学习驾驶技术、短暂使用或游玩等。

3. 客观方面

主要包括被偷开的机动车(如汽车、摩托车);偷开机动车的手段(如直接驾驶;使用备用钥匙;技术开锁);偷开机动车的时间、路线;道路监控摄像等。

> 规范索引

《刑法》第133、264、275条;《道路交通安全法》第99、119条;《最高人民法院、最高人民检察院关于办理盗窃刑事案件适用法律若干问题的解释》第10条

> 典型案例

李某偷开他人机动车治安处罚案

李某与薛某互为邻居,两家曾因宅基地发生过纠纷。某日晚,李某发现薛某家门前停放两辆摩托车,在确定所停放的摩托车与薛某家有关系

后,偷偷将其中一辆有钥匙的摩托车骑走,被薛某发现后,李某继续骑车,最终被薛某抓住。以上事实有询问笔录、现场照片、现场勘验笔录及现场绘图等证据证实。尽管李某辩称是被薛某家门前停放的两辆摩托车挡住了道路,造成了路面狭窄,其为了三轮车能够通过,便准备将摩托车往路宽处挪一下,正在挪动时被薛某发现,其欲把摩托车放稳给薛某解释,但薛某等人气势汹汹向其扑来,其惊慌之下赶紧逃命,最终被薛某等人抓住殴打。但公安部门认为,李某与薛某素有矛盾,当发现薛某家门前停放有两辆与薛某家有关系的摩托车后,在摩托车主不知情且未征得同意的情况下,擅自将其中一辆摩托车开走,在骑行时被薛家人发现,李某继续骑行摩托车,致摩托车油箱损坏,违反了《治安管理处罚法》的规定,对李某作出行政拘留10日,罚款1000元的行政处罚。

46. 无证驾驶、偷开航空器、机动船舶

法律条文

《治安管理处罚法》第76条第2项　有下列行为之一的,处一千元以上二千元以下罚款;情节严重的,处十日以上十五日以下拘留,可以并处二千元以下罚款:
　　(二)未取得驾驶证驾驶或者偷开他人航空器、机动船舶的。

裁量标准

违法行为	违法情节程度	处罚标准
未取得驾驶证驾驶或者偷开他人航空器、机动船舶的	情节一般	处1000元以上2000元以下罚款
	情节严重	处10日以上15日以下拘留,可以并处2000元以下罚款

根据《公安机关对部分违反治安管理行为实施处罚的裁量指导意见》,有下列情形之一的,属于"情节严重":
　　(1)偷开警用、军用航空器、机动船舶的;

(2)无证驾驶载有乘客、危险品的机动船舶或者驾驶机动船舶总吨位在 500 吨位以上的;

(3)酒后无证驾驶或者偷开他人航空器、机动船舶的;

(4)发生安全事故或者造成航空器、机动船舶损坏、人员受伤的;

(5)对他人的工作生活造成较大影响的;

(6)其他情节严重的情形。

实务认定

1. 本违法行为的认定

侵害的客体	国家对航空器、机动船舶的管理制度以及其所有人、保管人或其他占有人对航空器、机动船舶的占有权、使用权
行为主体	达到法定年龄、具有法定责任能力的自然人
航空器、机动船舶	航空器,是指由空气的反作用而不是由空气对地面发生的反作用在大气中取得支承的任何机器,常见的有客机、货机、直升机、轻型飞机、水上飞机、飞艇、热气球、动力伞等。船舶,是指各类机动、非机动船舶以及其他水上移动装置,但是船舶上装备的救生艇筏和长度小于 5 米的艇筏除外
认定关键	必须是针对他人航空器或机动船舶实施无证驾驶、偷开行为。只要不属于无证驾驶、偷开的行为人自己合法占有的,都属于他人的航空器或机动船舶。例如,违法行为人无证偷开他人盗窃来的机动船舶,也构成本违法行为
主观方面	故意

2. 本违法行为与盗窃罪对照

对比项	无证驾驶、偷开航空器、机动船舶	盗窃罪
行为目的	非法控制交通工具	非法占有

续表

认定关键	实际控制交通工具即构成本违法行为	盗窃数额较大,或多次盗窃,造成严重后果的构成本罪
处罚种类	行政处罚	刑事处罚

取证要点

1. 主体方面

主要包括违法行为人的姓名、法定年龄、责任能力、性别、民族、住址、政治面貌、历史表现、违法行为人之间的关系,是否有前科劣迹,是否具有人大代表、政协委员等特殊身份,是否为公职人员等。

2. 主观方面

主要包括违法行为人实施本行为的原因、目的等。(1)原因。主要调查违法行为人实施本行为的原因,如缺乏正规训练与证书;法律意识淡薄等。(2)目的。主要调查违法行为人实施本行为的目的,如满足好奇心与冒险欲;炫耀技能与胆量等。

3. 客观方面

主要包括无证驾驶、偷开的航空器、机动船舶;无证驾驶、偷开航空器、机动船舶的时间、路线;无证驾驶、偷开航空器、机动船舶的手段(如伪造驾驶证或使用他人的驾驶证;秘密窃取钥匙、欺骗管理人员等手段获得航空器、机动船舶的控制权)等。

规范索引

《刑法》第133、264、275条;《民用航空法》第39~42、205条;《海船船员适任考试和发证规则》第51~53、59~62条

47. 破坏、污损坟墓

法律条文

《治安管理处罚法》第77条第1项　有下列行为之一的,处五日以上十日以下拘留;情节严重的,处十日以上十五日以下拘留,可以并处二千元以下罚款:
（一）故意破坏、污损他人坟墓或者毁坏、丢弃他人尸骨、骨灰的;

裁量标准

违法行为	违法情节程度	处罚标准
故意破坏、污损他人坟墓	情节一般	处5日以上10日以下拘留
	情节严重	处10日以上15日以下拘留,可以并处2000元以下罚款

根据《公安机关对部分违反治安管理行为实施处罚的裁量指导意见》,有下列情形之一的,属于"情节严重":
(1)破坏、污损程度较严重的;
(2)破坏、污损英雄烈士坟墓或者具有公共教育、纪念意义的坟墓的;
(3)引发民族矛盾、宗教矛盾或者群体性事件的;
(4)其他情节严重的情形。

实务认定

1.本违法行为的认定

侵害的客体	良好的社会风尚和社会管理秩序
行为主体	达到法定年龄、具有法定责任能力的自然人
坟墓	指埋葬人的遗体、骨灰,供生者祭扫、缅怀死者的地方,包括坟头、墓壁、墓地及其他相关的物品,如墓碑等

续表

行为表现	通过将他人坟墓挖掘、砸毁、铲除或者对墓碑挪移、砸毁、涂改内容、将污物泼洒在坟墓、墓碑上或在墓碑上乱写乱画等方式,损坏、捣毁、拆除他人坟墓或者采用其他逆传统葬俗以及宗教习俗的方法对他人的坟墓进行破坏、污损。只要能造成坟墓的污损、能够使生者感情受到伤害的有形物质,都可以是污物
主观方面	故意

2. 本违法行为与盗窃、侮辱尸体罪对照

对比项	破坏、污损坟墓	盗窃、侮辱尸体罪
侵害的对象	坟墓	尸体
行为表现	行为人违反国家有关法律规范,故意破坏、污损他人坟墓,尚不够刑事处罚的行为	表现为行为人公然侮辱尸体
情节后果	在情节和后果方面相对较轻	在情节和后果方面相对较重

3. 本违法行为与盗窃、盗窃罪对照

对比项	破坏、污损坟墓	盗窃行为或盗窃罪
目的	必须是除了非法占有以外的目的	以非法占有为目的
行为方式	除破坏、污损坟墓外,没有其他盗窃行为	行为人窃取少量他人坟墓中物品,尚不够刑事处罚的,应该认定为盗窃行为;行为人窃取数额较大的他人坟墓中物品或者多次盗窃他人坟墓中物品的,应当认定为盗窃罪

4. 本违法行为与盗掘古墓罪的对照

对比项	破坏、污损他人坟墓行为	盗掘古墓罪
主观目的	以损毁坟墓为目的	盗掘,是指以出卖或者非法占有为目的,私自秘密发掘古文化遗址和古墓葬
行为对象	除了具有历史、艺术、科学价值的古墓葬以外的古代墓葬和现代墓葬	具有历史、艺术、科学价值的古墓葬

取证要点

1. 主体方面

主要包括违法行为人的姓名、法定年龄、责任能力、性别、民族、住址、政治面貌、历史表现,违法行为人之间的关系,是否有前科劣迹,是否具有人大代表、政协委员等特殊身份,是否为公职人员等。

2. 主观方面

主要包括违法行为人实施本行为的原因、目的等。(1)原因。主要调查违法行为人实施本行为的原因,如个人恩怨、报复心理、经济利益驱动、寻求刺激、无知或迷信等。(2)目的。主要调查违法行为人实施本行为的目的,如报复死者或其家属;试图通过破坏坟墓来消除不幸或带来好运;获取坟墓内的陪葬品或其他有价值的物品等。

3. 客观方面

主要包括被破坏、污损的坟墓;破坏、污损坟墓的手段(如使用工具挖掘、捣毁坟墓,或使用污秽物品泼洒、涂写);时间、地点;破坏、污损坟墓的程度(如坟墓表面有污损或划痕;坟墓结构受损、墓碑倒塌或陪葬品被盗);被破坏、污损的坟墓的所属等。

> 规范索引

《刑法》第 264、302、328 条

> 典型案例

徐某污损他人坟墓治安处罚案

李某病重期间，其子李某 1 在某村"一碗水"处为李某修建了一座坟墓，准备待李某去世后安葬使用。徐某家族的人认为该墓地是徐家的祖坟山，要求李家给徐家 10000 元，而李家只同意给付 2000 元，双方多次协商未果。李某病逝后，准备下葬。徐家得知了此消息后，遂筹划使用在李某墓地埋死狗的方式来阻止李家在那里下葬。当晚，徐某等人到李某的墓地杀狗、洒狗血、埋死狗。次日凌晨，李家人叫人到墓地破土时，看见坟周围和坟上都被人洒了狗血，并且坟里还葬了一只狗。李家 100 余人到徐家讨说法，并声称要把死者的棺材抬到徐家，由此引发了群体性事件。徐家报警后，民警赶到现场处理，才平息了这起纠纷。以上事实有当事人陈述申辩、鉴定意见等证据予以证实。尽管徐某主张李某 1 修建坟墓占用了徐家的祖坟，李某 1 存在违法行为，其行为属于制止违法行为。但是，公安部门认为，即使对方的行为违法，也不能用违法行为来解决对方的违法行为，徐某可以通过诉讼、仲裁等方式来解决土地权属争议。因此，依据《治安管理处罚法》之规定，对徐某处以行政拘留 12 日的处罚。

48. 毁坏、丢弃尸骨、骨灰

> 法律条文

《治安管理处罚法》第 77 条第 1 项　有下列行为之一的，处五日以上十日以下拘留；情节严重的，处十日以上十五日以下拘留，可以并处二千元以下罚款：

（一）故意破坏、污损他人坟墓或者毁坏、丢弃他人尸骨、骨灰的；

裁量标准

违法行为	违法情节程度	处罚标准
毁坏、丢弃他人尸骨、骨灰的	情节一般	处5日以上10日以下拘留
	情节严重	处10日以上15日以下拘留,可以并处2000元以下罚款

根据《公安机关对部分违反治安管理行为实施处罚的裁量指导意见》,有下列情形之一的,属于"情节严重":

(1)毁坏程度较重的;

(2)引发民族矛盾、宗教矛盾或者群体性事件的;

(3)其他情节严重的情形。

实务认定

1. 本违法行为的认定

侵害的客体	良好的社会风尚和社会管理秩序
行为主体	达到法定年龄、具有法定责任能力的自然人
尸骨、骨灰	尸骨,是指人的尸体腐烂后遗留下的骨头,包括完整的和零散的;骨灰,是指人体被焚烧后的遗留物
行为表现	如将他人尸骨砸碎或者由完整而弄成零散;将他人的尸骨或骨灰由原来存放位置扔至其他位置;等等
主观方面	故意

2. 本违法行为与侮辱尸体罪对照

对比项	毁坏、丢弃尸骨、骨灰	侮辱尸体罪
行为方式	毁坏和丢弃	侮辱的方式多种多样,如在尸体上刻画、猥亵尸体、毁坏尸体、丢弃尸体等。侮辱尸体罪的行为方式包括但不限于毁坏、丢弃尸骨、骨灰

续表

行为对象	尸骨和骨灰	尸体,不限于完整的躯体,同时还包括尸体的部分,也包括尸骨、骨灰等
情节后果	情节和后果相对较轻	情节和后果相对较严重

3. 本违法行为与破坏坟墓行为对照

对比项	毁坏、丢弃尸骨、骨灰	破坏坟墓行为
行为方式	毁坏和丢弃	破坏
行为对象	尸骨和骨灰	坟墓
目的	基于毁坏、丢弃尸骨、骨灰的目的	基于破坏坟墓的目的
认定关键	基于毁坏或丢弃尸骨、骨灰的故意而客观造成他人坟墓的破坏。此种情况下,客观实施的破坏坟墓行为是一种手段,与毁坏、丢弃尸骨、骨灰是目的,两者之间是手段行为和目的行为之间的关系。对该行为只能按照毁坏、丢弃尸骨、骨灰行为论处,客观造成对他人坟墓的破坏,是具体实施治安管理处罚时应该考虑的情节	实施破坏坟墓后,又起意实施对尸骨、骨灰的毁坏、丢弃行为。此种情况下,违法行为人基于两个独立的故意,实施了两个独立的违法行为,造成了两个独立的行为后果,这就构成了两个独立的行为,应分别定性,合并处罚

取证要点

1. 主体方面

主要包括违法行为人的姓名、法定年龄、责任能力、性别、民族、住址、政治面貌、历史表现,违法行为人之间的关系,是否有前科劣迹,是否具有人大代表、政协委员等特殊身份,是否为公职人员等。

2. 主观方面

主要包括违法行为人实施本行为的原因、目的等。(1)原因。主要调

查违法行为人实施本行为的原因,如个人恩怨或报复心理,无知或迷信,恶作剧或寻求刺激等。(2)目的。主要调查违法行为人实施本行为的目的,如报复或泄愤,隐藏或销毁证据等。

3. 客观方面

主要包括被毁坏、丢弃的尸骨、骨灰;毁坏、丢弃尸骨、骨灰的手段(如挖掘、焚烧、丢弃);毁坏、丢弃尸骨、骨灰的时间、地点;被毁坏、丢弃尸骨、骨灰的所属;毁坏、丢弃尸骨、骨灰的程度等。

规范索引

《刑法》第 302 条

49. 违法停放尸体

法律条文

《治安管理处罚法》第 77 条第 2 项　有下列行为之一的,处五日以上十日以下拘留;情节严重的,处十日以上十五日以下拘留,可以并处二千元以下罚款:

(二)在公共场所停放尸体或者因停放尸体影响他人正常生活、工作秩序,不听劝阻的。

裁量标准

违法行为	违法情节程度	处罚标准
在公共场所停放尸体或者因停放尸体影响他人正常生活、工作秩序,不听劝阻的	情节一般	处 5 日以上 10 日以下拘留
	情节严重	处 10 日以上 15 日以下拘留,可以并处 2000 元以下罚款

根据《公安机关对部分违反治安管理行为实施处罚的裁量指导意见》,有下列情形之一的,属于"情节严重":

(1)造成交通拥堵、秩序混乱等危害后果的;

(2)影响他人正常工作、生活持续时间较长的;
(3)造成较大社会影响的;
(4)其他情节严重的情形。

> 实务认定

1. 本违法行为的认定

侵害的客体	社会正常管理秩序
行为主体	达到法定年龄、具有法定责任能力的自然人
公共场所	向社会开放的,供社会成员自由往来并进行社会活动的场所,如公园、广场、游乐场、商场、火车站、机场、码头、电影院、展览馆、歌舞厅、餐馆等
认定关键	必须是违法行为人不听劝阻。不听劝阻是违法行为人在停放尸体过程中,不听有关工作人员或者群众的劝阻,仍然停放的状态。如果违法行为人经劝阻改正了自己的行为,停止停放尸体,则不构成本违法行为
主观方面	故意

2. 本违法行为与聚众扰乱公共场所秩序罪对照

对比项	违法停放尸体	聚众扰乱公共场所秩序罪
侵害的客体	社会的正常管理秩序,包括公共场所秩序	只是公共场所秩序
行为表现	违反国家有关法律规范,在公共场所停放尸体或者因停放尸体影响他人正常生活、工作秩序,不听劝阻,尚不够刑事处罚的行为	行为人实施了聚众扰乱公共场所秩序的行为

续表

行为方式	采取的行为方式是停放尸体，没有聚众的要求	采取的行为方式重在聚众扰乱，包括堵塞车站、码头、民用航空站、商场、公园、影剧院、展览会、运动场或者其他公共场所，也包括停放尸体的行为方式
情节与后果	情节较轻未造成严重后果	情节严重，如致人重伤、死亡或致使公私财产遭受重大损失；多次聚众在公共场所违法停放尸体等
处罚对象	在公共场所违法停放尸体的一般参与人员以本违法行为论处	主体只能是起组织、策划、指挥作用的首要分子，一般的参与人员不构成该罪。也就是说，只有对聚众的首要分子，才能以聚众扰乱公共场所秩序罪论处

3. 本违法行为与扰乱公共场所秩序对照

对比项	违法停放尸体	扰乱公共场所秩序
侵害的客体	社会的正常管理秩序，包括公共场所秩序	只是公共场所秩序
行为方式	违反国家有关法律规范，在公共场所停放尸体或者因停放尸体影响他人正常生活、工作秩序，不听劝阻，尚不够刑事处罚的行为。采取的行为方式是停放尸体	违反国家有关法律规范，实施了扰乱公共场所秩序的行为。采取的行为方式多种多样，包括在公共场所内打架斗殴、损毁财物、制造混乱、阻碍干扰维持秩序人员依法履行职务，影响活动的正常进行等

续表

认定关键	行为人如果在公共场所停放尸体,客观上也扰乱了公共场所的秩序,但是,此种情况不能按照扰乱公共场所秩序进行查处。因为在公共场所停放尸体存在着行为方式的特殊性,即停放尸体,所以,《治安管理处罚法》将其单独规定出来,作为一种独立的案由

取证要点

1. 主体方面

主要包括违法行为人的姓名、法定年龄、责任能力、性别、民族、住址、政治面貌、历史表现,违法行为人之间的关系,是否有前科劣迹,是否具有人大代表、政协委员等特殊身份,是否为公职人员等。

2. 主观方面

主要包括违法行为人实施本行为的原因、目的等。(1)原因。主要调查违法行为人实施本行为的原因,如情感失控,无法理性处理尸体;法律意识淡薄;诉求表达等。(2)目的。主要调查违法行为人实施本行为的目的,如吸引公众和媒体的关注,进而推动相关问题的解决;吸引公众和媒体的关注,进而推动相关问题的解决;争取合法权益或获得更多赔偿等。

3. 客观方面

主要包括违法停放的尸体;违法停放尸体的时间、地点;违法停放的尸体的所属;是否被劝阻过,被劝阻后的态度(如部分行为人可能立即改正违法行为,将尸体移至合法处理地点;另一些行为人无视劝阻,继续违法停放,甚至与劝阻人员发生冲突)等。

规范索引

《刑法》第290、291条;《殡葬管理条例》第21条

50. 卖淫

法律条文

《治安管理处罚法》第78条第1款　卖淫、嫖娼的,处十日以上十五日以下拘留,可以并处五千元以下罚款;情节较轻的,处五日以下拘留或者一千元以下罚款。

裁量标准

违法行为	违法情节程度	处罚标准
卖淫	情节较轻	处5日以下拘留或者1000元以下罚款
	情节一般	处10日以上15日以下拘留,可以并处5000元以下罚款

根据《公安机关对部分违反治安管理行为实施处罚的裁量指导意见》,有下列情形之一的,属于"情节较轻":

(1)已经谈妥价格或者给付金钱等财物,尚未实施性行为的;

(2)以手淫等方式卖淫、嫖娼的;

(3)其他情节较轻的情形。

实务认定

1. 本违法行为的认定

概念	卖淫,是指以营利为目的,与不特定对象通过金钱、财物等媒介发生性关系的行为。其核心构成要件包括:营利目的、不特定对象和性行为的发生
侵害的客体	社会良好道德风尚和社会治安管理秩序
行为主体	达到法定年龄、具有法定责任能力的自然人
性行为	既包括男女异性之间生殖器的结合,也包括男女之间、同性之间口交以及其他反自然的性交行为

续表

认定关键	只要双方就卖淫活动的利益达成一致,就应认定为卖淫行为,卖淫者是否实际收取了利益、性行为是否实际完成,不影响本违法行为的成立
主观方面	故意

2. 本违法行为与强奸罪对照

对比项	卖淫	强奸罪
侵害的客体	社会良好道德风尚和社会治安管理秩序	妇女的性自主权利
行为表现	表现为违反国家有关法律规范,以营利为目的,自愿与他人发生性行为的行为	表现为违背妇女意志,使用暴力、胁迫或者其他手段,强行与妇女发生性交的行为
认定关键	如果在卖淫过程中,出现其他原因,即使卖淫者已收取买淫者的利益,但是只要卖淫者不愿继续提供性服务,其性权利也是受法律保护的人身权利,不得侵犯。这时强行与之发生性关系的行为则构成强奸罪

3. 本违法行为与一般陪侍服务对照

对比项	卖淫	一般陪侍服务
行为方式	提供包括性满足在内的一般色情服务	仅是出卖色相、提供不包括性满足在内的一般色情服务,即只向客人提供声、色方面的服务,供他人观看、抚摸、搂抱、接吻等,但不提供除此之外的与性有关的服务

续表

是否自愿	自愿与他人发生性行为	不含有任何"自愿与他人发生性行为"的因素。如果在陪侍过程中发生"自愿"情况下的性行为,包括自愿帮对方手淫、口交、抠摸或抚弄对方生殖器等,则应当认定为卖淫

取证要点

1. 主体方面

主要包括违法行为人的姓名、法定年龄、责任能力、性别、民族、住址、政治面貌、历史表现,违法行为人之间的关系,是否有前科劣迹,是否具有人大代表、政协委员等特殊身份,是否为公职人员等。

2. 主观方面

主要包括违法行为人实施本行为的原因、目的等。(1)原因。主要调查违法行为人实施本行为的原因,如经济压力、社会风气、缺乏教育等。(2)目的。主要调查违法行为人实施本行为的目的,如获取金钱、满足虚荣心等。

3. 客观方面

主要包括卖淫者和买淫者之间的关系(如基于金钱交易的性关系);卖淫的过程(如联系买淫者、约定交易细节、提供性服务以及收取金钱等环节);涉及卖淫的有关物证(如交易工具、交易记录、现场遗留物品);卖淫的时间、地点等。

规范索引

《刑法》第236、360条;《娱乐场所管理条例》第5、14条;《公安部关于以钱财为媒介尚未发生性行为或发生性行为尚未给付钱财如何定性问题的批复》

51. 嫖娼

法律条文

《治安管理处罚法》第78条第1款　卖淫、嫖娼的,处十日以上十五日以下拘留,可以并处五千元以下罚款;情节较轻的,处五日以下拘留或者一千元以下罚款。

裁量标准

违法行为	违法情节程度	处罚标准
嫖娼	情节较轻	处5日以下拘留或者1000元以下罚款
	情节一般	处10日以上15日以下拘留,可以并处5000元以下罚款

根据《公安机关对部分违反治安管理行为实施处罚的裁量指导意见》,有下列情形之一的,属于"情节较轻":

(1)已经谈妥价格或者给付金钱等财物,尚未实施性行为的;

(2)以手淫等方式卖淫、嫖娼的;

(3)其他情节较轻的情形。

实务认定

本违法行为的认定

侵害的客体	社会良好道德风尚和社会治安管理秩序
行为主体	达到法定年龄、具有法定责任能力的自然人
性行为	既包括男女异性之间生殖器的结合,也包括男女之间、同性之间口交以及其他反自然的性交行为

续表

报酬	嫖娼者因卖淫者自愿与其发生性行为而给付卖淫者的利益,既包括金钱,也包括财物;既包括动产,也包括不动产,还包括某些非物质的利益,如介绍工作、晋级、调工作、分房、出国等。嫖娼者与卖淫者之间可以直接给付报酬或约定给付报酬。报酬可以是自己给付,也可以是由他人给付;可以是直接给付卖淫者,也可以是交给第三人
认定关键	只要双方就嫖娼活动的利益达成一致,就应认定为嫖娼行为,报酬是否实际给付、性行为是否实际完成,不影响本违法行为的成立
主观方面	故意

取证要点

1. 主体方面

主要包括违法行为人的姓名、法定年龄、责任能力、性别、民族、住址、政治面貌、历史表现,违法行为人之间的关系,是否有前科劣迹,是否具有人大代表、政协委员等特殊身份,是否为公职人员等。

2. 主观方面

主要包括违法行为人实施本行为的原因、目的等。(1)原因。主要调查违法行为人实施本行为的原因,如性需求未得到满足,社交压力,个人价值观扭曲等。(2)目的。主要调查违法行为人实施本行为的目的,如满足性需求;追求刺激和新鲜感等。

3. 客观方面

主要包括嫖娼者和卖淫者之间的关系(如基于金钱交易的性关系);嫖娼的过程(如寻找卖淫者、协商交易细节、支付金钱以及进行性交易);涉及嫖娼的有关物证(如交易工具、交易记录、现场遗留物品);嫖娼的时间、地点等。

规范索引

《刑法》第 236、360 条;《娱乐场所管理条例》第 5、14 条

典型案例

单某嫖娼治安处罚案

某年 4 月 24 日,王某在某城区因卖淫被民警抓获。据王某供述,同年 4 月 19 日,收取微信昵称为单某的男子 600 元的嫖资,并发生卖淫嫖娼行为。同年 5 月 6 日,公安部门以涉嫌嫖娼为由传唤单某,并通过单某陈述,了解了其实施嫖娼行为的过程。该事实有王某供述、单某陈述和申辩、辨认笔录、转账记录等在案证据证实。尽管单某辩称其所转账款项的用途只是在网上找兼职工作支付的订金,并非向王某所支付的嫖资款,否认其嫖娼的事实。但公安部门经过查证,认为在询问单某过程中,单某认可其与王某于同年 4 月 19 日在该城区内发生卖淫嫖娼行为的事实,而且二人在辨认程序中相互指认出对方为卖淫嫖娼的对象。二人陈述事实与微信转账记录也可以相互印证。对此,公安部门认定单某的行为属于《治安管理处罚法》之规定,给予单某行政拘留 10 日的行政处罚。

52. 拉客招嫖

法律条文

《治安管理处罚法》第 78 条第 2 款　在公共场所拉客招嫖的,处五日以下拘留或者一千元以下罚款。

裁量标准

违法行为	违法情节程度	处罚标准
在公共场所拉客招嫖的	情节一般	处 5 日以下拘留或者 1000 元以下罚款

实务认定

1. 本违法行为的认定

侵害的客体	社会良好道德风尚和社会治安管理秩序
行为主体	达到法定年龄、具有法定责任能力的自然人
公共场所	指供不特定多数人自由出入、聚集、停留、使用的场所。公共场所的范围较广,包括街道、公路、车站、港口、码头、公共食堂、游泳场、浴池、公园、酒吧、歌舞厅、录像厅、发廊、电影院、礼堂、宾馆、饭店等场所,但不包括网络、电话、手机短信等虚拟场所
行为表现	行为人在公共场所,以介绍、语言挑逗或者肢体动作强拉硬拽等方式,意图卖淫,追求实现以金钱、财物为媒介发生性关系的行为
认定关键	并不以卖淫行为的实际进行或完成为必要条件,行为人只要实施了拉客招的行为,即使卖淫行为没有进行,也构成本违法行为
主观方面	故意

2. 本违法行为与卖淫、嫖娼对照

对比项	拉客招嫖	卖淫、嫖娼
发生时点	尚未发生性交易	一般发生了性交易

续表

认定关键	拉客招嫖行为有其独立的行为特征,双方主体正在"谈价"即可,至于是否谈成,不影响该行为的成立	对于给付了钱物,因为行为人意志以外的原因而没有实施卖淫、嫖娼的,也应以卖淫、嫖娼行为论处
场所	必须发生在公共场所	对场地没有要求
违法主体	拉客招嫖者单方,即卖淫者本人	既包括卖淫者,也包括嫖娼者
目的	目的是卖淫,并以卖淫获得非法财物	卖淫者是为了谋取物质利益,嫖娼者是为了满足自己的性欲

3. 本违法行为与介绍卖淫对照

对比项	拉客招嫖	介绍卖淫
行为表现	表现为实施了拉客、招嫖行为	行为人在卖淫者与客之间牵线搭桥,促使卖淫行为得以顺利进行
发生地点	发生在公共场所	发生在任何场所,甚至还可以利用网络、短信、电话等虚拟场所进行
违法主体	拉客招者单方,即卖淫者本人,是自然人	为他人介绍卖淫,行为人自己并不直接卖淫。并且介绍卖淫的主体一般是自然人,但单位也可以成为介绍卖淫行为的主体
目的	目的是卖淫,并以卖淫获得非法财物	目的是介绍卖淫,有的是为了谋取物质利益,有的是为了谋取非物质利益

取证要点

1. 主体方面

主要包括违法行为人的姓名、法定年龄、责任能力、性别、民族、住址、政治面貌、历史表现,违法行为人之间的关系,是否有前科劣迹,是否具有

人大代表、政协委员等特殊身份,是否为公职人员等。

2. 主观方面

主要包括违法行为人实施本行为的原因、目的等。(1)原因。主要调查违法行为人实施本行为的原因,如经济利益驱动,缺乏正当职业等。(2)目的。主要调查违法行为人实施本行为的目的,如实现卖淫行为,扩大卖淫网络等。

3. 客观方面

主要包括拉客招嫖的过程(如寻找目标、接近目标、进行交涉、达成协议);拉客招嫖的具体手段、方法(如口头邀请、肢体暗示、派发小广告、使用社交媒体)、次数;拉客招嫖与卖淫行为的关系;拉客招嫖的时间、地点等。

规范索引

《刑法》第236、360条;《娱乐场所管理条例》第5、14条

53. 引诱、容留、介绍卖淫

法律条文

《治安管理处罚法》第79条 引诱、容留、介绍他人卖淫的,处十日以上十五日以下拘留,可以并处五千元以下罚款;情节较轻的,处五日以下拘留或者一千元以上二千元以下罚款。

裁量标准

违法行为	违法情节程度	处罚标准
引诱、容留、介绍他人卖淫的	情节较轻	处5日以下拘留或者1000元以上2000元以下罚款
	情节一般	处10日以上15日以下拘留,可以并处5000元以下罚款

根据《公安机关对部分违反治安管理行为实施处罚的裁量指导意见》,有下列情形之一的,属于"情节较轻":

(1)容留、介绍一人次卖淫,且尚未发生性行为的;

(2)容留、介绍一人次以手淫等方式卖淫的;

(3)其他情节较轻的情形。

> 实务认定

1. 本违法行为的认定

侵害的客体	社会良好道德风尚和社会治安管理秩序
行为主体	自然人或单位
行为表现	引诱,是指违法行为人利用金钱、物质或其他利益或手段作为诱饵,拉拢、勾引、劝导、怂恿、诱惑、唆使他人出卖色相以从事卖淫活动。引诱可以是书面的,也可以是口头的; 容留,是指违法行为人为他人卖淫提供场所的行为; 介绍,是指在卖淫者和嫖客之间牵线搭桥、沟通合作,促使他人卖淫活动得以实现的中间行为。介绍可以表现为双向介绍,如将卖淫者引荐给客人,或将客人领到卖淫者住处当面进行撮合等,也可以表现为单向介绍,如单纯地向卖淫者提供信息,由卖淫者自行去联系客人等。介绍可以是当面进行的,也可以不是当面进行的,如通过互联网或短信进行介绍等
认定关键	引诱者实施引诱的内容是否实现、容留他人卖淫的时间长短、是否获利,不影响本违法行为的成立
主观方面	故意

2. 引诱卖淫与强迫卖淫罪对照

对比项	引诱卖淫	强迫卖淫罪
行为表现	行为人利用金钱、物质或其他利益或手段作为诱饵，拉拢、勾引、劝导、怂恿、诱惑、唆使他人出卖色相以从事卖淫活动	以暴力、胁迫或者其他强制手段，迫使他人卖淫的行为
是否强迫	引诱卖淫虽然有引诱行为的诱使，但主要还是卖淫者的意志自主选择	在强力逼迫之下，违背卖淫者意志自主选择

3. 本违法行为与组织卖淫罪对照

对比项	引诱、容留、介绍卖淫	组织卖淫罪
行为表现	表现为引诱、容留、介绍他人卖淫，尚不够刑事处罚的行为	表现为行为人实施了组织他人卖淫的行为，具体行为方式表现为招募、雇佣、引诱、容留等方式
认定要点	强调的是便利性	强调的是组织性
针对对象	仅仅是自愿参加卖淫活动的人	既包括自愿参加卖淫的人，也包括不愿参加卖淫活动的人
行为方式	行为人不对卖淫人员进行管理，只是简单地实施引诱、容留、介绍	卖淫人员受控于行为人，接受行为人的安排、布置或调度，与行为人形成管理与被管理的关系

4. 本违法行为与引诱、容留、介绍卖淫罪对照

对比项	引诱、容留、介绍卖淫行为	引诱、容留、介绍卖淫罪
行为表现	引诱他人卖淫；容留他人卖淫；介绍他人卖淫	引诱他人卖淫；容留他人卖淫；介绍他人卖淫

续表

情节程度	多次实施、涉及未成年人、造成严重后果等	引诱多人卖淫、多次容留多人卖淫、介绍多人卖淫、涉及未成年人等
主观方面	故意	故意
严重程度	尚未达到犯罪程度	达到犯罪程度,严重扰乱社会管理秩序

取证要点

1. 主体方面

主要包括违法行为人的姓名、法定年龄、责任能力、性别、民族、住址、政治面貌、历史表现,违法行为人之间的关系,是否有前科劣迹,是否具有人大代表、政协委员等特殊身份,是否为公职人员等。

通过工商营业执照、公安机关的备案登记等调查单位的所有者、经营者、主要负责人的身份信息,确定经营管理者的姓名、性别、年龄、住址、历史表现等。

2. 主观方面

主要包括违法行为人实施本行为的原因、目的等。(1)原因。主要调查违法行为人实施本行为的原因,如经济利益,缺乏正当职业或收入来源等。(2)目的。主要调查违法行为人实施本行为的目的,如从中获利,扩大影响力和控制力等。

3. 客观方面

主要包括违法行为人与被引诱、容留、介绍的人之间的关系(如临时的合作关系或租赁关系;居间服务或中介服务);引诱、容留、介绍卖淫的手段、方法(如口头邀请、网络招揽、张贴广告、提供虚假信息)、次数;引诱、容留、介绍卖淫的时间、地点等。

规范索引

《刑法》第358、359条;《娱乐场所管理条例》第5、14、36、42、52条

典型案例

卢某容留卖淫治安处罚案

卢某受其表兄弟李某二人之托,将二人位于萍乡市开发区的两间店面以每月每间1000元租金出租给肖某、单某夫妇。后,卢某在得知肖某、单某利用其中一间店面从事卖淫活动后,仍继续对二人出租并代收租金共计7000元。此后该窝点被公安机关查处,并认为卢某已涉及容留卖淫行为。卢某对此辩称,自己是受人之托,将李某二人的房屋出租给肖某与单某,用途是住家,肖某、单某两夫妻占有之后,房屋所有权项下的占有、使用等权利已经分离出去并归承租方肖氏夫妇支配,自己则失去了对涉案房屋的支配权,认为公安部门对"容留卖淫"这一概念认知错误,其不属于容留卖淫的实行行为。但公安部门认为,卢某作为店面出租人李某二人的代管人,对店面承租人有监督其按双方约定使用店面的权利和义务,在明知承租人从事卖淫违法活动的情形下,没有向公安部门报告,而是放任承租人继续从事卖淫活动,该行为已构成了容留卖淫的事实。因此依据《治安管理处罚法》,对其处以行政拘留10日的处罚。

54. 制作、运输、复制、出售、出租淫秽物品

法律条文

《治安管理处罚法》第80条 制作、运输、复制、出售、出租淫秽的书刊、图片、影片、音像制品等淫秽物品或者利用信息网络、电话以及其他通讯工具传播淫秽信息的,处十日以上十五日以下拘留,可以并处五千元以下罚款;情节较轻的,处五日以下拘留或者一千元以上三千元以下罚款。

前款规定的淫秽物品或者淫秽信息中涉及未成年人的,从重处罚。

裁量标准

违法行为	违法情节程度	处罚标准
制作、运输、复制、出售、出租淫秽的书刊、图片、影片、音像制品等淫秽物品	情节较轻	处 5 日以下拘留或者 1000 元以上 3000 元以下罚款
	情节一般	处 10 日以上 15 日以下拘留,可以并处 5000 元以下罚款
	淫秽物品中涉及未成年人的	从重处罚

根据《公安机关对部分违反治安管理行为实施处罚的裁量指导意见》,有下列情形之一的,属于"情节较轻":

(1)制作、复制、出售淫秽书刊、图片、影片、音像制品,传播淫秽信息数量、获利未达到有关刑事立案追诉标准 10% 的;运输、出租淫秽物品的"情节较轻"数量基准参照上述规定执行;

(2)传播范围较小,且影响较小的;

(3)其他情节较轻的情形。

实务认定

1. 本违法行为的认定

侵害的客体	社会良好道德风尚和社会治安管理秩序
行为主体	自然人或单位
淫秽出版物	在整体上宣扬淫秽行为,具有下列内容之一,挑动人们的性欲,足以导致普通人腐化堕落,而又没有艺术价值或者科学价值的出版物: (1)淫秽性地具体描写性行为、性交及其心理感受; (2)公然宣扬色情淫荡形象; (3)淫秽性地描述或者传授性技巧;

续表

	(4)具体描写乱伦、强奸或者其他性犯罪的手段、过程或者细节,足以诱发犯罪的; (5)具体描写少年儿童的性行为; (6)淫亵性地具体描写同性恋的性行为或者其他性变态行为,或者具体描写与性变态有关的暴力、虐待、侮辱行为; (7)其他令普通人不能容忍的对性行为淫亵性描写
行为表现	制作,是指通过编写、摄制、绘制、雕刻、研制、设计等方式,生产淫秽物品,使之可见之于世的行为。制作的结果可能是有形的,如书刊、录音带等,也可能是无形的,如各种电子信息等。 运输,是指通过人体或交通工具,将淫秽物品从一地送到另外一地的行为。如果当事人携带、夹带少量淫秽物品,其目的是自己观看或使用的,不按运输处理。 复制,是指通过印刷、复印、临摹、拓印、录像、翻录、翻拍等方式将某一淫秽物品制作多份的行为。 出售,是指以牟利为目的,将明知是淫秽书刊、图片、影片、音像制品等的淫秽物品,公开或私下卖出的行为。 出租,是指以牟利为目的,对明知是淫秽书刊、图片、影片、音像制品等的淫秽物品,收取一定的租金,租给别人使用的行为
主观方面	故意

2. 本违法行为与制作、复制、出版、贩卖、传播淫秽物品牟利罪对照

对比项	制作、运输、复制、出售、出租淫秽物品	制作、复制、出版、贩卖、传播淫秽物品牟利罪
目的	既可以以牟利为目的,也可以不以牟利为目的,如行为人出于好奇、自己观看等	必须是以牟利为目的
情节后果	情节和后果较轻	情节和后果较重,有明确立案标准

续表

处罚种类	行政处罚	刑事处罚
行为方式	不包括出版、传播	不包括运输、出租

3. 本违法行为与传播淫秽物品罪对照

对比项	制作、运输、复制、出售、出租淫秽物品	传播淫秽物品罪
主观目的	可能是以牟利为目的,也可能不是以牟利为目的	必须是不以牟利为目的
行为方式	包括制作、运输、复制、出售、出租	仅限于传播
情节后果	情节和后果较轻	情节和后果较重

取证要点

1. 主体方面

主要包括违法行为人的姓名、法定年龄、责任能力、性别、民族、住址、政治面貌、历史表现,违法行为人之间的关系,是否有前科劣迹,是否具有人大代表、政协委员等特殊身份,是否为公职人员等。

通过工商营业执照、公安机关的备案登记等调查单位的所有者、经营者、主要负责人的身份信息,确定经营管理者的姓名、性别、年龄、住址、历史表现等。

2. 主观方面

主要包括违法行为人实施本行为的原因、目的等。(1)原因。主要调查违法行为人实施本行为的原因,如经济利益驱动;市场需求;道德沦丧等。(2)目的。主要调查违法行为人实施本行为的目的,如牟取非法利益等。

3. 客观方面

主要包括违法行为人制作、运输、复制、出售、出租的淫秽物品(如具体描绘性行为或者露骨宣扬色情的诲淫性的书刊、影片、录像带、录音带、图片);制作、运输、复制、出售、出租淫秽物品的具体手段、方式(生产、录制、编著、刻制、绘画、出版、印刷、摄制、洗印、复印、临摹、拓印、翻印、复录、翻拍);制作、运输、复制、出售、出租的淫秽物品的种类;制作、运输、复制、出售、出租淫秽物品的时间、地点、工具等。

规范索引

《刑法》第363、364、366、367条;《最高人民法院关于审理非法出版物刑事案件具体应用法律若干问题的解释》第8、9、10、16、17条;《最高人民法院、最高人民检察院关于办理利用互联网、移动通讯终端、声讯台制作、复制、出版、贩卖、传播淫秽电子信息刑事案件具体应用法律若干问题的解释》

55. 传播淫秽信息

法律条文

《治安管理处罚法》第80条 制作、运输、复制、出售、出租淫秽的书刊、图片、影片、音像制品等淫秽物品或者利用信息网络、电话以及其他通讯工具传播淫秽信息的,处十日以上十五日以下拘留,可以并处五千元以下罚款;情节较轻的,处五日以下拘留或者一千元以上三千元以下罚款。

前款规定的淫秽物品或者淫秽信息中涉及未成年人的,从重处罚。

裁量标准

违法行为	违法情节程度	处罚标准
利用信息网络、电话以及其他通讯工具传播淫秽信息的	情节较轻	处5日以下拘留或者1000元以上3000元以下罚款
	情节一般	处10日以上15日以下拘留,可以并处5000元以下罚款
	淫秽信息中涉及未成年人的	从重处罚

根据《公安机关对部分违反治安管理行为实施处罚的裁量指导意见》,有下列情形之一的,属于"情节较轻":

(1)制作、复制、出售淫秽书刊、图片、影片、音像制品,传播淫秽信息数量、获利未达到有关刑事立案追诉标准10%的;运输、出租淫秽物品的"情节较轻"数量基准参照上述规定执行;

(2)传播范围较小,且影响较小的;

(3)其他情节较轻的情形。

> **实务认定**

1. 本违法行为的认定

侵害的客体	社会良好道德风尚和社会治安管理秩序
行为主体	自然人或单位
淫秽信息	在整体上宣扬淫秽行为,具有下列内容之一,挑动人们性欲,导致普通人腐化、堕落,而又没有艺术或科学价值的文字、图片、音频、视频等信息内容,包括: (1)淫亵性地具体描写性行为、性交及其心理感受; (2)宣扬色情淫荡形象; (3)淫秽性地描述或者传授性技巧; (4)具体描写乱伦、强奸及其他性犯罪的手段、过程或者细节,可能诱发犯罪的; (5)具体描写少年儿童的性行为; (6)淫亵性地具体描写同性恋的性行为或者其他性变态行为,以及具体描写与性变态有关的暴力、虐待、侮辱行为; (7)其他令普通人不能容忍的对性行为淫亵性描写
行为表现	利用计算机信息网络、电话以及其他通讯工具传播淫秽信息。如利用互联网、移动通讯终端传播淫秽电影、表演、动画等视频文件、音频文件、淫秽电子刊物、图片、文章、短信息;利用聊天室、论坛、即时通信软件、电子邮件等方式传播淫秽信息;等等

续表

认定关键	只有利用计算机信息网络、电话以及其他通讯工具传播淫秽信息，才能构成本违法行为
主观方面	故意

2. 本违法行为与制作、复制、出版、贩卖、传播淫秽物品牟利罪和传播淫秽物品罪对照

对比项	传播淫秽信息	制作、复制、出版、贩卖、传播淫秽物品牟利罪	传播淫秽物品罪
目的	可以是为了牟利，也可以是非牟利，如寻求刺激等	必须是以牟利为目的	不以牟利为目的
涉及的对象	只是淫秽信息，属于淫秽物品的特殊组成部分	淫秽物品，既包括有形的淫秽物品，如录音带、录像带、书刊等，也包括无形的淫秽物品，即本淫秽信息	
传播方式	仅限于利用计算机信息网络、电话以及其他通讯工具传播	对传播方式没有具体要求，行为人可以通过所有的媒介进行传播，包括利用计算机信息网络、电话以及其他通讯工具进行传播	
情节后果	情节和后果较轻	情节和后果较重	
处罚种类	行政处罚	刑事处罚	

> 取证要点

1. 主体方面

主要包括违法行为人的姓名、法定年龄、责任能力、性别、民族、住址、政治面貌、历史表现、违法行为人之间的关系，是否有前科劣迹，是否具有人大代表、政协委员等特殊身份，是否为公职人员等。

通过工商营业执照、公安机关的备案登记等调查单位的所有者、经营者、主要负责人的身份信息,确定经营管理者的姓名、性别、年龄、住址、历史表现等。

2. 主观方面

主要包括违法行为人实施本行为的原因、目的等。(1)原因。主要调查违法行为人实施本行为的原因,如经济利益;满足特定群体需求;寻求刺激或娱乐等。(2)目的。主要调查违法行为人实施本行为的目的,如牟取经济利益;扩大影响力;满足个人欲望等。

3. 客观方面

主要包括违法行为人传播的淫秽信息(如视频文件、音频文件、电子刊物、图片、文章);传播的淫秽信息的种类;传播淫秽信息的具体手段、方式(如利用互联网传播;利用移动通信终端传播);传播淫秽信息的时间、地点、工具;传播淫秽信息的数量、次数等。

规范索引

《刑法》第363、364、366、367条;《互联网站禁止传播淫秽色情等不良信息自律规范》;《最高人民法院关于审理非法出版物刑事案件具体应用法律若干问题的解释》第8~10条;《最高人民法院、最高人民检察院关于办理利用互联网、移动通讯终端、声讯台制作、复制、出版、贩卖、传播淫秽电子信息刑事案件具体应用法律若干问题的解释》;《全国人民代表大会常务委员会关于维护互联网安全的决定》第3、5、6条

典型案例

马某传播淫秽信息治安处罚案

某日晚,马某利用其本人微博账号在名称为"为××服务"微信群发布淫秽色情照片两张,利用网络传播淫秽信息。以上事实有询问笔录、证人证言、微信淫秽信息截图照片、检查笔录等证据证实。尽管马某辩称只是

在交友互动群里,一个人叫他哥哥,加其微信号发的色情照片,且是其小孩转发出去的。办案民警没有在其手机里面找到任何证据,其不存在传播淫秽色情行为。但公安部门认为,马某利用其本人微博账号在名称为"为××服务"微信群发布淫秽色情照片,事实清楚、证据确凿,违反了《治安管理处罚法》的规定,酌情在情节较轻的范围内处罚,但由于马某在6个月内曾受过治安管理处罚,应当从重处罚,对马某作出行政拘留4日的处罚。

56. 组织播放淫秽音像

法律条文

《治安管理处罚法》第81条第1款第1项　有下列行为之一的,处十日以上十五日以下拘留,并处一千元以上二千元以下罚款:
　　(一)组织播放淫秽音像的;
第81条第3款　组织未成年人从事第一款活动的,从重处罚。

裁量标准

违法行为	违法情节程度	处罚标准
组织播放淫秽音像的	情节一般	处10日以上15日以下拘留,并处1000元以上2000元以下罚款
组织未成年人从事播放淫秽音像的		从重处罚

实务认定

1. 本违法行为的认定

侵害的客体	社会良好道德风尚和社会治安管理秩序
行为主体	组织播放淫秽音像制品的组织者,自然人或单位

续表

淫秽音像	指以具体描绘性行为或者露骨宣扬色情为内容,具有诲淫性社会效果的音像制品,包括载有淫秽内容的电影片、录像带、幻灯片、录音带、唱片、光盘、电脑软件等物品
行为表现	组织观众、准备播放器材、寻找淫秽音像、落实播放地点、安排播放时间等行为
认定关键	行为人是否与被组织者一同收看、收听,并不影响本违法行为的成立
主观方面	故意

2. 本违法行为与组织播放淫秽音像制品罪对照

对比项	组织播放淫秽音像	组织播放淫秽音像制品罪
目的	既可以以营利为目的,也可以不以营利为目的	必须是不以营利为目的
情节和后果	较轻	较重

取证要点

1. 主体方面

主要包括违法行为人的姓名、法定年龄、责任能力、性别、民族、住址、政治面貌、历史表现,违法行为人之间的关系,是否有前科劣迹,是否具有人大代表、政协委员等特殊身份,是否为公职人员等。

通过工商营业执照、公安机关的备案登记等调查单位的所有者、经营者、主要负责人的身份信息,确定经营管理者的姓名、性别、年龄、住址、历史表现等。

2. 主观方面

主要包括违法行为人实施本行为的原因、目的等。(1)原因。主要调查违法行为人实施本行为的原因,如经济利益驱动、市场需求等。(2)目的。主要调查违法行为人实施本行为的目的,如牟取非法利益、满足特定群体需求、挑衅社会道德底线等。

3. 客观方面

主要包括组织播放的淫秽音像;组织播放淫秽音像的种类(如色情电影、色情录像、淫秽动画);组织播放淫秽音像的时间、地点;组织播放淫秽音像的手段、方法(如现场播放、网络直播)、工具。

规范索引

《刑法》第 301、364~367 条;《互联网站禁止传播淫秽色情等不良信息自律规范》;《最高人民法院关于审理非法出版物刑事案件具体应用法律若干问题的解释》第 10 条;《最高人民法院、最高人民检察院关于办理利用互联网、移动通讯终端、声讯台制作、复制、出版、贩卖、传播淫秽电子信息刑事案件具体应用法律若干问题的解释》第 8、9 条

57. 组织淫秽表演

法律条文

《治安管理处罚法》第 81 条第 1 款第 2 项 有下列行为之一的,处十日以上十五日以下拘留,并处一千元以上二千元以下罚款:
(二)组织或者进行淫秽表演的;
第 81 条第 3 款 组织未成年人从事第一款活动的,从重处罚。

裁量标准

违法行为	违法情节程度	处罚标准
组织淫秽表演的	情节一般	处 10 日以上 15 日以下拘留,并处 1000 元以上 2000 元以下罚款
组织未成年人从事淫秽表演的		从重处罚

实务认定

1. 本违法行为的认定

侵害的客体	社会良好道德风尚和社会治安管理秩序
行为主体	淫秽表演的组织者,自然人或单位
淫秽表演	进行色情淫荡、挑动人们性欲的形体、动作表演,如裸体展露、裸体表现情欲、性欲的各种形态、动作,模拟性动作等。淫秽表演可以通过舞蹈、小品、戏剧、游戏等形式,以表演者的语言、表情、动作或其组合等方式,当场向观众描绘黄色下流的、描绘性行为或者宣扬色情淫荡形象等。虽含有色情内容但仍有艺术价值的文艺演出不是淫秽表演,如在表演中,为调节气氛,偶尔、简单地穿插一些黄色笑话,不能视为淫秽表演
行为表现	一般是以招募、雇佣、强迫、引诱、容留等手段纠合、安排、指挥及控制他人,以语言、形体动作公然暴露性器官、展示性行为或进行性挑逗等行为,如跳脱衣舞、装扮人妖进行淫秽演出等
认定关键	只要行为人主观上具有使淫秽表演者的不特定人进行表演的故意,客观上允许观众观看而不是特别声明不允许观众观看,无论观众有无实际参加,都不妨碍本违法行为的成立
主观方面	故意

2. 本违法行为与聚众淫乱罪对照

对比项	组织淫秽表演	聚众淫乱罪
是否公开	具有公开性,即为组织内部以外的其他人能够看到、听到	可能发生在公开场合,但聚众淫乱的行为并不在于进行表演供他人观赏
主观目的	一般具有牟利目的	不具有牟利目的,主要是行为人以及参加淫乱活动的人某种精神上的满足

续表

行为方式	进行淫秽表演的方式很多,常见的方式多为脱衣舞、裸体舞表演等	常伴有脱衣、裸体行为,但这种行为主要在于为淫乱服务,行为内容主要是男女性交以及其他有关淫秽下流的行为
行为主体	淫秽表演的组织者	首要分子或多次参加者(3次以上)
是否参与	组织者往往并不直接参与淫秽表演	首要分子一般直接参与淫乱活动

取证要点

1. 主体方面

主要包括违法行为人的姓名、法定年龄、责任能力、性别、民族、住址、政治面貌、历史表现,违法行为人之间的关系,是否有前科劣迹,是否具有人大代表、政协委员等特殊身份,是否为公职人员等。

通过工商营业执照、公安机关的备案登记等调查单位的所有者、经营者、主要负责人的身份信息,确定经营管理者的姓名、性别、年龄、住址、历史表现等。

2. 主观方面

主要包括违法行为人实施本行为的原因、目的等。(1)原因。主要调查违法行为人实施本行为的原因,如经济利益驱动,市场需求,心理扭曲与满足等。(2)目的。主要调查违法行为人实施本行为的目的,如牟取非法利益,满足特定群体需求,挑衅社会道德底线等。

3. 客观方面

主要包括组织淫秽表演的内容(如裸体展露、裸体表现性情欲、性欲的各种形态、动作、模拟性动作);组织淫秽表演的时间、地点;组织淫秽表演面对的观众;组织淫秽表演的手段、方法(通过社交媒体、网络论坛等渠道进行宣传和推广)、次数、规模。

> **规范索引**

《刑法》第301、365条;《营业性演出管理条例》第26、27、46条

58.进行淫秽表演

> **法律条文**

《治安管理处罚法》第81条第1款第2项　有下列行为之一的,处十日以上十五日以下拘留,并处一千元以上二千元以下罚款:
(二)组织或者进行淫秽表演的;

> **裁量标准**

违法行为	违法情节程度	处罚标准
进行淫秽表演的	情节一般	处10日以上15日以下拘留,并处1000元以上2000元以下罚款

> **实务认定**

1.本违法行为的认定

侵害的客体	社会良好道德风尚和社会治安管理秩序
行为主体	达到法定年龄、具有法定责任能力的自然人
淫秽表演	指进行色情淫荡、挑动人们性欲的形体、动作表演,如裸体展露,裸体表现情欲、性欲的各种形态、动作,模拟性动作等。淫秽表演可以通过舞蹈、小品、戏剧、游戏等形式,以表演者的语言、表情、动作或其组合等方式,当场向观众描绘黄色下流的、描绘性行为或者宣扬色情淫荡形象等。虽含有色情内容但仍有艺术价值的文艺演出不是淫秽表演,如在表演中,为调节气氛,偶尔、简单地穿插一些黄色笑话,不能视为淫秽表演

续表

行为表现	行为人自己亲自以体态动作表达色情意识的行为,如跳裸体舞、性表演舞等
认定关键	必须是违法行为人自己亲自进行,而不是通过其他人或组织其他人进行。如果违法行为人自己亲自进行的不是淫秽表演,而是在艺术表演过程中偶尔有些裸露,并且也不是宣扬淫秽、色情意识的表演,则不构成本违法行为
主观方面	故意

2. 本违法行为与组织淫秽表演对照

对比项	进行淫秽表演	组织淫秽表演
处罚主体	表演者	组织者
表演主体	进行淫秽表演的主体是违法者本人,而不是本人以外的他人	进行淫秽表演的主体一般是组织者以外的被组织者。如果违法行为人既组织他人进行淫秽表演,同时自己又亲自参与进行淫秽表演的,则违法行为人同时构成组织淫秽表演和本违法行为,对违法行为人应分别认定,实行并罚

取证要点

1. 主体方面

主要包括违法行为人的姓名、法定年龄、责任能力、性别、民族、住址、政治面貌、历史表现,违法行为人之间的关系,是否有前科劣迹,是否具有人大代表、政协委员等特殊身份,是否为公职人员等。

2. 主观方面

主要包括违法行为人实施本行为的原因、目的等。(1)原因。主要调查违法行为人实施本行为的原因,如经济诱惑、心理扭曲或寻求刺激、受他人诱导或胁迫等。(2)目的。主要调查违法行为人实施本行为的目的,如获取经济利益、满足心理需求、提升知名度或影响力等。

3. 客观方面

主要包括进行淫秽表演的内容(如裸体展露、模拟性行为、低俗挑逗的言语和动作);进行淫秽表演的时间、地点;进行淫秽表演针对的观众;进行淫秽表演的手段、方法(如使用灯光、音响等设备来增强表演效果,并雇用专业演员或模特进行表演)、次数、规模。

规范索引

《刑法》第365条

59. 参与聚众淫乱

法律条文

《治安管理处罚法》第81条第1款第3项　有下列行为之一的,处十日以上十五日以下拘留,并处一千元以上二千元以下罚款:

(三)参与聚众淫乱活动的。

裁量标准

违法行为	违法情节程度	处罚标准
参与聚众淫乱活动的	情节一般	处10日以上15日以下拘留,并处1000元以上2000元以下罚款

实务认定

1. 本违法行为的认定

侵害的客体	社会良好道德风尚和社会治安管理秩序
行为主体	达到法定年龄、具有法定责任能力的自然人

续表

聚众淫乱	在首要分子的纠集下,达3人以上的多人,违反性道德准则,在同一时间、同一地点发生的多人之间的乱交、滥交或其他刺激、挑逗、兴奋、部分满足性欲的活动
认定关键	本违法行为要求违法行为人是聚众淫乱活动的参与者,而不是聚众淫乱活动的首要分子或多次参与者
主观方面	故意

2. 本违法行为与聚众淫乱罪对照

对比项	参与聚众淫乱	聚众淫乱罪
处罚主体	主体是聚众淫乱活动的参与者,即聚众的组织者、首要分子或多次参与聚众淫乱活动之外的人	首要分子或多次参加者(3次以上)
情节和后果	较轻	较重

取证要点

1. 主体方面

主要包括违法行为人的姓名、法定年龄、责任能力、性别、民族、住址、政治面貌、历史表现,违法行为人之间的关系,是否有前科劣迹,是否具有人大代表、政协委员等特殊身份,是否为公职人员等。

2. 主观方面

主要包括违法行为人实施本行为的原因、目的等。(1)原因。主要调查违法行为人实施本行为的原因,如性需求未能在正常渠道得到满足,心理扭曲与寻求刺激,社交需求与归属感等。(2)目的。主要调查违法行为人实施本行为的目的,如满足性需求,寻求心理刺激,建立社交关系等。

3. 客观方面

主要包括参与聚众淫乱的时间、地点;参与聚众淫乱的人员、彼此间的关系(如朋友、同事、网友);参与聚众淫乱的具体方式(如性交、手淫、口交)、次数、人数;参与聚众淫乱造成的社会影响(如破坏公共秩序、损害家庭和谐、传播性疾病、影响社会风气)。

> **规范索引**

《刑法》第 301 条

> **典型案例**

邵某等人参加聚众淫乱活动治安处罚案

某年,邵某与其女友支某拍摄淫秽照片后,由邵某以"某先生"的账号多次发布在某网络论坛上。邵某在发布淫秽照片的帖子内留下联系方式及组织淫乱活动信息,以便招募他人共同进行淫乱活动。通过上述方式,邵某先后两次招募陌生男子与支某共同进行聚众淫乱活动。邵某还在聚众淫乱活动中拍摄淫秽照片,活动结束后,持续将照片发布在网络论坛上,以期招募更多人员共同参与聚众淫乱活动。支某在明知邵某拍摄淫秽照片系用于网络论坛发帖的情况下,仍然配合拍摄淫秽照片,并且同意邵某发布。经群众举报,邵某和支某在某小区被抓获。公安部门根据调查,确认邵某与支某参加聚众淫乱活动行为属实。邵某与支某在互联网上发布淫秽物品,招募他人共同参与聚众淫乱活动,一方面传播淫秽物品通过互联网向不特定人传播,有损不特定公众的身心健康,严重破坏社会管理秩序;另一方面聚众淫乱违背传统伦理道德观念,严重破坏公序良俗,情节严重。因此,根据《治安管理处罚法》的规定,依法对二人处以 10 日拘留并处 2000 元罚款。

60. 为淫秽活动提供条件

法律条文

《治安管理处罚法》第 81 条　有下列行为之一的,处十日以上十五日以下拘留,并处一千元以上二千元以下罚款:
　　(一)组织播放淫秽音像的;
　　(二)组织或者进行淫秽表演的;
　　(三)参与聚众淫乱活动的。
　　明知他人从事前款活动,为其提供条件的,依照前款的规定处罚。

裁量标准

违法行为	违法情节程度	处罚标准
为淫秽活动提供条件	情节一般	处 10 日以上 15 日以下拘留,并处 1000 元以上 2000 元以下罚款

实务认定

1. 本违法行为的认定

侵害的客体	社会良好道德风尚和社会治安管理秩序
行为主体	自然人或单位
行为表现	如提供进行违法行为的房屋、场地;提供各种播放设备、各种录音录像等进行违法行为的相应工具;提供违法行为所需的资金;等等
认定关键	这里的淫秽活动是指构成一般违法的淫秽活动,而不是构成犯罪的淫秽活动
主观方面	故意

2. 本违法行为与组织播放淫秽音像、组织淫秽表演、进行淫秽表演、参与聚众淫乱对照

对比项	为淫秽活动提供条件	组织播放淫秽音像、组织淫秽表演、进行淫秽表演、参与聚众淫乱
行为主体	主体仅是为组织播放淫秽音像、组织淫秽表演、进行淫秽表演、参与聚众淫乱活动提供条件,违法行为人在组织播放淫秽音像、组织淫秽表演、进行淫秽表演、参与聚众淫乱活动中处于次要地位,起辅助作用	在组织播放淫秽音像、组织淫秽表演、进行淫秽表演、参与聚众淫乱活动中处于主要地位和起主要作用,即组织播放淫秽音像、组织淫秽表演、进行淫秽表演、参与聚众淫乱活动的实施者

3. 本违法行为与容留卖淫对照

对比项	为淫秽活动提供条件	容留卖淫
行为方式	行为的违法行为方式多种多样,包括所有为组织播放淫秽音像、组织淫秽表演、聚众淫乱犯罪活动提供方便的形式,如提供场地、器材、资金等	只是提供场地,而不包括提供场地以外的其他方便条件
帮助对象	提供条件帮助的对象是组织播放淫秽音像、组织淫秽表演、进行淫秽表演、参与聚众淫乱的人	帮助的对象只是卖淫者

取证要点

1. 主体方面

主要包括违法行为人的姓名、法定年龄、责任能力、性别、民族、住址、政治面貌、历史表现,违法行为人之间的关系,是否有前科劣迹,是否具有人大代表、政协委员等特殊身份,是否为公职人员等。

通过工商营业执照、公安机关的备案登记等调查单位的所有者、经营者、主要负责人的身份信息,确定经营管理者的姓名、性别、年龄、住址、历史表现等。

2. 主观方面

主要包括违法行为人实施本行为的原因、目的等。(1)原因。主要调查违法行为人实施本行为的原因,如经济利益驱动,社交需求与归属感,个人兴趣或癖好等。(2)目的。主要调查违法行为人实施本行为的目的,如获取经济利益,满足社交需求,追求刺激或满足个人兴趣等。

3. 客观方面

主要包括为淫秽活动提供条件的种类;淫秽活动的内容(如色情表演、色情直播、色情影片或图片);淫秽活动的参与人;为淫秽活动提供条件的时间、地点;为淫秽活动提供条件的次数、社会影响(如败坏社会风气、传播性疾病、破坏社会稳定)。

规范索引

《刑法》第 301、364~366 条

61. 为赌博提供条件

法律条文

《治安管理处罚法》第 82 条 以营利为目的,为赌博提供条件的,或者参与赌博赌资较大的,处五日以下拘留或者一千元以下罚款;情节严重的,处十日以上十五日以下拘留,并处一千元以上五千元以下罚款。

> **裁量标准**

违法行为	违法情节程度	处罚标准
以营利为目的,为赌博提供条件的	情节一般	处5日以下拘留或者1000元以下罚款
	情节严重	处10日以上15日以下拘留,并处1000元以上5000元以下罚款

根据《公安机关对部分违反治安管理行为实施处罚的裁量指导意见》,有下列情形之一的,属于"情节严重":

(1)设置赌博机的数量或者为他人提供场所放置的赌博机数量达到有关规范性文件认定构成开设赌场罪标准的50%以上的;

(2)在公共场所或者公共交通工具上为赌博提供条件的;

(3)通过计算机信息网络平台为赌博提供条件的;

(4)为未成年人赌博提供条件的;

(5)国家工作人员为赌博提供条件的;

(6)明知他人从事赌博活动而向其销售赌博机的;

(7)发行、销售"六合彩"等其他私彩的;

(8)组织、协助他人出境赌博的;

(9)为赌场接送参赌人员、望风看场、发牌做庄、兑换筹码的;

(10)其他情节严重的情形。

> **实务认定**

1.本违法行为的认定

侵害的客体	社会良好道德风尚和社会治安管理秩序
行为主体	达到法定年龄、具有法定责任能力的自然人
赌博	以营利为目的,2人以上共同认可的方式比输赢,以达到转移对方财物所有权的非法行为

续表

行为表现	如为参赌人员提供场所、赌具、食宿、放高利贷提供赌资、收筹码、记账收账、看门望风、充当保镖、招徕赌客，或者为赌头、庄家吸收赌注，也包括为赌博提供交通工具、通信工具、经营管理、网络接入、服务器托管、网络存储空间、通信传输通道等
认定关键	必须是赌博，并且是违反治安管理行为的赌博，而不是其他违法行为或者赌博罪
主观方面	故意

2. 本违法行为与赌博罪的共犯对照

对比项	为赌博提供条件	赌博罪
参与程度	是赌博活动的辅助行为	直接参与赌博或组织赌博
主观目的	目的是通过提供便利间接获利，或不获利，主观上以营利为目的	纯粹以营利为目的
处罚种类	行政处罚	刑事处罚

3. 本违法行为与赌博行为对照

对比项	为赌博提供条件	赌博行为
参与程度	为他人实施赌博提供条件，自己不参与赌博	实际参与赌博
认定关键	如果违法行为人为赌博提供条件而自己又亲自参与赌博，则其提供条件的行为不单纯是为他人，而是包括了自己，此种情况下，违法行为人为赌博提供条件的行为和实际参与赌博的行为是两个独立的行为，分别违反了不同的法律规定。根据相关法律规定，对于实施了多个违法犯罪行为的行为人，应当分别追究其法律责任，实行数过并罚。也就是说，行为人既要承担为赌博提供条件的法律责任，又要承担实际参与赌博的法律责任

> 取证要点

1. 主体方面

主要包括违法行为人的姓名、法定年龄、责任能力、性别、民族、住址、政治面貌、历史表现、违法行为人之间的关系、是否有前科劣迹、是否具有人大代表、政协委员等特殊身份、是否为公职人员等。

2. 主观方面

主要包括违法行为人实施本行为的原因、目的等。(1)原因。主要调查违法行为人实施本行为的原因,如经济利益的驱动、对赌博活动的默许或纵容、个人道德观念的缺失等。(2)目的。主要调查违法行为人实施本行为的目的,如抽取利润或获取其他经济利益等。

3. 客观方面

主要包括为赌博提供的条件(如提供的场所、工具、资金、信息);为赌博提供条件的具体实施手段、方法(如组织赌博活动、招揽参赌人员、提供赌资和赌具)及次数;为赌博提供条件的时间、地点;为赌博提供条件的对象(如参赌人员、赌博组织者以及其他与赌博活动相关的人员)。

> 规范索引

《刑法》第303条;《最高人民法院、最高人民检察院关于办理赌博刑事案件具体应用法律若干问题的解释》第4、7~9条;《公安部关于办理赌博违法案件适用法律若干问题的通知》第1~9条;《娱乐场所管理条例》第14、42、52、53条。

62. 赌博

> 法律条文

《治安管理处罚法》第82条　以营利为目的,为赌博提供条件的,或者参与赌博赌资较大的,处五日以下拘留或者一千元以下罚款;情节严重的,处十日以上十五日以下拘留,并处一千元以上五千元以下罚款。

裁量标准

违法行为	违法情节程度	处罚标准
参与赌博赌资较大的	情节一般	处5日以下拘留或者1000元以下罚款
	情节严重	处10日以上15日以下拘留,并处1000元以上5000元以下罚款

根据《公安机关对部分违反治安管理行为实施处罚的裁量指导意见》,有下列情形之一的,属于"情节严重":

(1)在公共场所或者公共交通工具上赌博的;

(2)利用互联网、移动终端设备等投注赌博的;

(3)国家工作人员参与赌博的;

(4)其他情节严重的情形。

实务认定

1.本违法行为的认定

侵害的客体	社会良好道德风尚和社会治安管理秩序
行为主体	达到法定年龄、具有法定责任能力的自然人
赌博	以营利为目的,2人以上以共同认可的方式比输赢,以达到转移对方财物所有权的非法行为
行为表现	一般常见的是参与玩纸牌、打麻将、推牌九、摇骰子等传统的赌博活动,也有六合彩、赌球、赌马和网络赌博等新兴的赌博行为
认定关键	以"赌资较大"为必须要件
主观方面	故意

2. 本违法行为与赌博罪对照

对比项	赌博	赌博罪
行为表现	以营利为目的,参与赌博,赌资较大,尚不够刑事处罚的行为	聚众赌博、开设赌场或者以赌博为业的行为
行为主体	主体是年满14周岁、具有责任能力的任何参与赌博的自然人	主体虽然也是一般主体,但必须是聚众赌博、开设赌场的人或者以赌博为业的人
构成要件	以"赌资较大"为必须要件	对赌资的大小没有必然要求

3. 赌博和正常娱乐活动的"赌博"对照

对比项	赌博	正常娱乐活动的"赌博"
主观目的	以营利为目的	不以营利为目的,而是以休闲消遣为目的
赌资数额	赌资较大的行为	只涉及少量财物

4. "赌资"的界定

根据《公安部关于办理赌博违法案件适用法律若干问题的通知》及相关规定,"赌资"的界定如下:

用作赌注的款物	在赌博活动中,直接用作赌注的现金、财物等属于赌资
换取筹码的款物	用于换取赌博筹码的现金或财物同样被视为赌资
通过赌博赢取的款物	在赌博过程中赢得的现金、财物等是赌博活动的直接产物,属于赌资
以其他方式代替现金的赌资	(1)筹码:在赌博现场未使用现金,而是以筹码代替时,筹码所代表的资金价值经调查属实后,认定为赌资。 (2)事先约定事后交割:如以打欠条、记账等方式约定事后交割的,欠条或账目所载金额经调查属实后,认定为赌资

续表

特殊情形下的赌资	(1)计算机网络赌博:在利用计算机网络进行的赌博活动中,分赌场、下级庄家或赌博参与者在组织或参与赌博前向赌博组织者、上级庄家或赌博公司交付的押金,视为赌资。 (2)赌资数额计算:通过计算机网络实施赌博活动的赌资数额,可按照在计算机网络上投注或赢取的总点数乘以每个点数实际代表的金额认定
个人投注财物数额无法确定时的处理	当个人投注的财物数额无法确定时,按照参赌财物的价值总额除以参赌人数的平均值计算赌资数额

取证要点

1. 主体方面

主要包括违法行为人的姓名、法定年龄、责任能力、性别、民族、住址、政治面貌、历史表现,违法行为人之间的关系,是否有前科劣迹,是否具有人大代表、政协委员等特殊身份,是否为公职人员等。

2. 主观方面

主要包括违法行为人实施本行为的原因、目的等。(1)原因。主要调查违法行为人实施本行为的原因,如寻求刺激与冒险,追求经济利益,心理依赖与成瘾等。(2)目的。主要调查违法行为人实施本行为的目的,如赢取财富,娱乐与消遣,逃避现实与困境等。

3. 客观方面

主要包括赌博的时间、地点(如赌场、私人住宅、地下场所);赌博的对象(如个人或团体);赌博的形式(如打麻将、砸金花、推牌九)、工具;赌资(如现金、支票、虚拟货币)等。

规范索引

《刑法》第303条;《最高人民法院、最高人民检察院关于办理赌博刑事案件具体应用法律若干问题的解释》第1~9条;《公安部关于办理赌博违法案件适用法律若干问题的通知》第1~9条;《娱乐场所管理条例》第14、42、52、53条;《体育法》第34、51条

典型案例

童某赌博治安处罚案

某日,曾某在童某经营的二手车行店,以购车名义看中了一台汽车。第二天,曾某联系童某,要求童某将车开到某镇,见面后童某、肖某、易某等人以"斗牛"的方式进行赌博,每把下注最少一百元,上不封顶,童某共计输掉19.8万元。童某怀疑"斗牛"系诈骗,遂向公安局报警。公安局在办理该诈骗案中,发现童某有赌博的行为,于是电话通知童某到公安机关接受调查,童某于当日主动到公安局接受调查,并如实陈述其参与赌博的违法事实,同时辩称其是基于曾某等人的欺骗才产生打牌的想法,并陷入赌博陷阱,其自身不具有通过赌博进行营利的目的。公安局认定童某通过"斗牛"的方式进行赌博,其赌博行为客观、真实存在,以营利为目的,参与赌博且赌博数额较大,情节严重,但鉴于童某主动投案的行为,依据《治安管理处罚法》的规定,决定对童某行政拘留5日。

63. 非法种植毒品原植物

法律条文

《治安管理处罚法》第83条第1款第1项 有下列行为之一的,处十日以上十五日以下拘留,可以并处五千元以下罚款;情节较轻的,处五日以下拘留或者一千元以下罚款:

(一)非法种植罂粟不满五百株或者其他少量毒品原植物的;

第83条第2款 有前款第一项行为,在成熟前自行铲除的,不予处罚。

裁量标准

违法行为	违法情节程度	处罚标准
非法种植罂粟不满500株或者其他少量毒品原植物的	情节较轻	处5日以下拘留或者1000元以下罚款
	情节一般	处10日以上15日以下拘留,可以并处5000元以下罚款
	在成熟前自行铲除的	不予处罚

根据《公安机关对部分违反治安管理行为实施处罚的裁量指导意见》,有下列情形之一的,属于"情节较轻":

(1)非法种植罂粟不满50株、大麻不满500株的;

(2)非法种植罂粟不满20平方米、大麻不满200平方米,尚未出苗的。

(3)其他情节较轻的情形。

实务认定

1. 本违法行为的认定

侵害的客体	国家对毒品原植物的管理制度
行为主体	达到法定年龄、具有法定责任能力的自然人
毒品原植物	有较高麻醉性植物碱含量,可用于制造、提炼鸦片、海洛因、吗啡、甲基苯丙胺、可卡因等麻醉药品和精神药品的原植物,主要包括罂粟、大麻和古柯等
行为表现	种植包括从播种、插苗、施肥、灌溉、移栽到收割津液等生产过程的种种行为,即从播种到收获的全过程,行为人实施此过程中的任何一个或者几个,甚至是全部行为,无论是行为人自己实施,还是雇用他人实施,无论是在自己的地里种植,还是在荒山野地种植,均可视为种植行为
主观方面	故意

2. 本违法行为与非法种植毒品原植物罪对照

对比项	非法种植毒品原植物	非法种植毒品原植物罪
数额认定	只能是非法种植罂粟 500 株以下、大麻 5000 株以下或者其他毒品原植物数量较小的	非法种植罂粟 500 株以上、大麻 5000 株以上或者其他毒品原植物数量较大
认定关键	只是通过种植毒品原植物的数量为基本标准来判断,没有其他违法行为后果	除了以非法种植毒品原植物的数量为基本标准进行判断外,还有法定的情节和后果方面的要求。如在经公安机关处理后又大量种植的;采取暴力、暴力相威胁、胁迫或者其他强制手段妨碍主管机关铲除毒品等

取证要点

1. 主体方面

主要包括违法行为人的姓名、法定年龄、责任能力、性别、民族、住址、政治面貌、历史表现,违法行为人之间的关系,是否有前科劣迹,是否具有人大代表、政协委员等特殊身份,是否为公职人员等。

2. 主观方面

主要包括违法行为人实施本行为的原因、目的等。(1)原因。主要调查违法行为人实施本行为的原因,如文化素质偏低,经济利益的驱动,农村基层组织的失察等。(2)目的。主要调查违法行为人实施本行为的目的,如制造或贩卖毒品,自用或赠予亲友等。

3. 客观方面

主要包括非法种植的毒品原植物:非法种植毒品原植物的种类(如罂粟、大麻、恰特草、迷幻蘑菇、古柯植物)、数量、次数;非法种植毒品原植物的时间、地点;非法种植毒品原植物,在成熟前是否自行铲除(如非法种植毒品原植物在公安机关发现之前,且未成熟前自行铲除的,可以免除处罚)等。

规范索引

《刑法》第351条;《禁毒法》第19、59条;《最高人民法院关于审理毒品犯罪案件适用法律若干问题的解释》

典型案例

吕某非法种植罂粟治安处罚案

吕某在自家院子前面的地里面种植罂粟91株,在接到举报后,公安部门依法传唤吕某。经过询问,吕某如实交代了其种植罂粟的违法事实。以上事实有询问笔录、辨认笔录、现场照片以及证据保全书、视频录音等证据予以证实。尽管吕某主张其从未接触过毒品,不知道什么叫罂粟,只是将该植物作为观赏植物,用于美化庭院。但是公安部门认为,首先,根据相关法律规定,对于毒品犯罪的"明知"可以结合常理、客观证据以及行为人的认知能力综合推定。罂粟植株形态独特,与普通花卉存在明显差异,吕某有长期务农经验,应当具备最基本的辨别能力。其次,吕某种植罂粟达到近百株,种植规模较大,更难以用"误种"解释。即使吕某确因疏忽不知情而种植,但在发现植株异常后并未主动清除或报告,也可在主观上认定其放任危害结果发生。综上,吕某非法种植罂粟,违反法律的有关规定,依据《治安管理处罚法》的规定,决定给予吕某行政拘留10日的处罚,并收缴罂粟91株。

64. 非法买卖、运输、携带、持有毒品原植物种苗

法律条文

《治安管理处罚法》第83条第1款第2项　有下列行为之一的,处十日以上十五日以下拘留,可以并处五千元以下罚款;情节较轻的,处五日以下拘留或者一千元以下罚款:

(二)非法买卖、运输、携带、持有少量未经灭活的罂粟等毒品原植物种子或者幼苗的;

裁量标准

违法行为	违法情节程度	处罚标准
非法买卖、运输、携带、持有少量未经灭活的罂粟等毒品原植物种子或者幼苗的	情节较轻	处5日以下拘留或者1000元以下罚款
	情节一般	处10日以上15日以下拘留,可以并处5000元以下罚款

根据《公安机关对部分违反治安管理行为实施处罚的裁量指导意见》,有下列情形之一的,属于"情节较轻":

(1)非法买卖、运输、携带、持有未经灭活的罂粟种子不满5克、罂粟幼苗不满500株的;

(2)非法买卖、运输、携带、持有未经灭活的大麻幼苗不满5000株、大麻种子不满5000克的;

(3)其他情节较轻的情形。

实务认定

1. 本违法行为的认定

侵害的客体	国家对毒品原植物种子及其幼苗的管理制度
行为主体	达到法定年龄、具有法定责任能力的自然人
毒品原植物幼苗	毒品原植物种子发芽后处于生长初期的幼小植物体
行为表现	买卖,是指以金钱或者实物作价,非法购买或者出售未经灭活的毒品原植物种子或者幼苗的行为。可以是买入,也可以是卖出,甚至可以是买入后卖出。 运输,是指通过随身携带、交通工具或者邮寄等方式非法将毒品原植物种子或幼苗由一地运往另一地的行为。

续表

	携带,是指随身携带或者放在随身或随行的行李物品之内的行为等。 持有,是指行为人与毒品原植物幼苗之间存在一种事实上的支配与被支配的关系。持有并非必须随身携带,只要可以实际控制和支配,即认为是持有
主观方面	故意

2. 本违法行为与非法买卖、运输、携带、持有毒品原植物种子、幼苗罪的区别

非法买卖、运输、携带、持有毒品原植物种苗,在数量方面必须是少量。非法买卖、运输、携带、持有毒品原植物种子、幼苗罪在数量方面必须是较大。《最高人民检察院、公安部关于公安机关管辖的刑事案件立案追诉标准的规定(三)》第8条规定,非法买卖、运输、携带、持有未经灭活的罂粟等毒品原植物种子或者幼苗,涉嫌下列情形之一的,应予立案追诉:(1)罂粟种子50克以上、罂粟幼苗5000株以上;(2)大麻种子50千克以上、大麻幼苗5万株以上;(3)其他毒品原植物种子、幼苗数量较大的。

取证要点

1. 主体方面

主要包括违法行为人的姓名、法定年龄、责任能力、性别、民族、住址、政治面貌、历史表现,违法行为人之间的关系,是否有前科劣迹,是否具有人大代表、政协委员等特殊身份,是否为公职人员等。

2. 主观方面

主要包括违法行为人实施本行为的原因、目的等。(1)原因。主要调查违法行为人实施本行为的原因,如经济利益的驱使;对毒品危害性的无知等。(2)目的。主要调查违法行为人实施本行为的目的,如贩卖牟利;自用或赠送他人等。

3. 客观方面

主要包括非法买卖、运输、携带、持有的毒品原植物种苗(如罂粟、大麻);非法买卖、运输、携带、持有毒品原植物种苗的行为手段、方式(如秘密交易、网络购买、跨境走私);非法买卖、运输、携带、持有毒品原植物种苗的时间、地点;非法买卖、运输、携带、持有毒品原植物种苗的数量;非法买卖、运输、携带、持有的毒品原植物种苗的来源(如国内外非法种植地、网络黑市、走私渠道)等。

规范索引

《刑法》第352条;《禁毒法》第19、21、59条

65. 非法运输、买卖、储存、使用罂粟壳

法律条文

《治安管理处罚法》第83条第1款第3项 有下列行为之一的,处十日以上十五日以下拘留,可以并处五千元以下罚款;情节较轻的,处五日以下拘留或者一千元以下罚款:

(三)非法运输、买卖、储存、使用少量罂粟壳的。

裁量标准

违法行为	违法情节程度	处罚标准
非法运输、买卖、储存、使用少量罂粟壳的	情节较轻	处5日以下拘留或者1000元以下罚款
	情节一般	处10日以上15日以下拘留,可以并处5000元以下罚款

根据《公安机关对部分违反治安管理行为实施处罚的裁量指导意见》,非法运输、买卖、储存、使用罂粟壳不满5000克的,或者<u>其他社会危害性不大的</u>,属于"情节较轻"。

实务认定

1. 本违法行为的认定

侵害的客体	国家对罂粟壳等毒品原种植物的管理制度
行为主体	达到法定年龄、具有法定责任能力的自然人
罂粟壳	罂粟果的外壳,俗称大烟壳
行为表现	运输,是指行为人自己携带或者通过交通工具、邮寄等方法,将罂粟壳从一地运到另外一地的行为。 买卖,是指购买或者销售罂粟壳的行为。 储存,是指将罂粟壳存放在一定的场所的行为。 使用,是指将罂粟壳通过各种方式,如加入食品中等,以发挥其作用的行为
主观方面	故意

2. 本违法行为与欺骗他人吸毒罪对照

对比项	非法运输、买卖、储存、使用罂粟壳	欺骗他人吸毒罪
侵害的客体	仅仅是国家对毒品的管制制度,并且具体是国家对毒品管制制度中对罂粟壳的管制制度	除了国家对毒品管制制度外,还包括他人的身心健康
行为方式	非法运输、买卖、储存、使用	欺骗他人,即通过编造虚假事实,掩盖毒品真相,以使他人在不知情的状态下吸食、注射毒品,如在药品、香烟、食品中投入毒品供他人吸食、注射,使他人染上毒瘾
数量要求	涉及的毒品数量必须是少量	对吸食的毒品数量上没有要求
情节后果	较轻	较重

3. 本违法行为与贩卖毒品罪的区别

非法运输、买卖、储存、使用罂粟壳的,行为人主观恶性较小,且贩卖的毒品数量较小,也不存在其他严重的情节或后果,即其贩卖毒品的行为客观造成的社会危害性较小。贩卖毒品罪,行为人买卖罂粟壳达到情节后果严重,数量较大(50千克以上),造成的社会危害性较大。

取证要点

1. 主体方面

主要包括违法行为人的姓名、法定年龄、责任能力、性别、民族、住址、政治面貌、历史表现,违法行为人之间的关系,是否有前科劣迹,是否具有人大代表、政协委员等特殊身份,是否为公职人员等。

2. 主观方面

主要包括违法行为人实施本行为的原因、目的等。(1)原因。主要调查违法行为人实施本行为的原因,如经济利益驱动;缺乏法律意识和毒品危害认知等。(2)目的。主要调查违法行为人实施本行为的目的,如用于食品调味;贩卖牟利等。

3. 客观方面

主要包括非法运输、买卖、储存、使用的罂粟壳;非法运输、买卖、储存、使用罂粟壳的手段、方式(如秘密交易、网络购买、跨境走私);非法运输、买卖、储存、使用罂粟壳的数量、次数;非法运输、买卖、储存、使用罂粟壳的来源(如国内外非法种植地、网络黑市、走私渠道);非法运输、买卖、储存、使用罂粟壳的时间、地点等。

规范索引

《刑法》第347、353条;《禁毒法》第19、21、59条;《最高人民法院关于审理毒品犯罪案件适用法律若干问题的解释》;《罂粟壳管理暂行规定》

66. 非法持有毒品

法律条文

《治安管理处罚法》第 84 条第 1 款第 1 项　有下列行为之一的,处十日以上十五日以下拘留,可以并处三千元以下罚款;情节较轻的,处五日以下拘留或者一千元以下罚款:

（一）非法持有鸦片不满二百克、海洛因或者甲基苯丙胺不满十克或者其他少量毒品的;

裁量标准

违法行为	违法情节程度	处罚标准
非法持有鸦片不满 200 克、海洛因或者甲基苯丙胺不满 10 克或者其他少量毒品的	情节较轻	处 5 日以下拘留或者 1000 元以下罚款
	情节一般	处 10 日以上 15 日以下拘留,可以并处 3000 元以下罚款

根据《公安机关对部分违反治安管理行为实施处罚的裁量指导意见》,有下列情形之一的,属于"情节较轻":

（1）非法持有鸦片不满 20 克的;

（2）非法持有海洛因、甲基苯丙胺不满 1 克或者其他毒品数量未达到有关刑事立案追诉标准 10%的;

（3）其他情节较轻的情形。

实务认定

1. 本违法行为的认定

侵害的客体	国家对毒品的管理制度
行为主体	达到法定年龄、具有法定责任能力的自然人

续表

毒品	鸦片、海洛因、甲基苯丙胺(冰毒)、吗啡、大麻、可卡因以及国家规定管制的能够使人形成瘾癖的麻醉药品和精神药品
行为表现	通过占有、携有、藏有或者以其他方式将毒品置于自己控制之下的行为
认定关键	必须是少量毒品。持有并非必须随身携带,只要可以实际控制和支配,即认为是持有,如违法行为人将毒品放在他人之处,只要行为人可以随时取得该毒品,即构成持有
主观方面	故意

2. 本违法行为与非法持有毒品罪的区别

非法持有毒品行为,必须是少量毒品,指鸦片不满200克、海洛因或者甲基苯丙胺不满10克或者其他少量毒品。

根据《最高人民检察院、公安部关于公安机关管辖的刑事案件立案追诉标准的规定(三)》的规定,非法持有毒品案明知是毒品而非法持有,涉嫌下列情形之一的,应予立案追诉:(1)鸦片200克以上、海洛因、可卡因或者甲基苯丙胺10克以上;(2)二亚甲基双氧安非他明(mdma)等苯丙胺类毒品(甲基苯丙胺除外)、吗啡20克以上;(3)度冷丁(杜冷丁)50克以上(针剂100mg/支规格的500支以上,50mg/支规格的1000支以上;片剂25mg/片规格的2000片以上,50mg/片规格的1000片以上);(4)盐酸二氢埃托啡2毫克以上(针剂或者片剂20mg/支、片规格的100支、片以上);(5)氯胺酮、美沙酮200克以上;(6)三唑仑、安眠酮10千克以上;(7)咖啡因五50千克以上;(8)氯氮卓、艾司唑仑、地西泮、溴西泮100千克以上;(9)大麻油1000克以上,大麻脂2000克以上,大麻叶及大麻烟3千克以上;(10)罂粟壳50千克以上;(11)上述毒品以外的其他毒品数量较大的。非法持有两种以上毒品,每种毒品均没有达到前述数量标准,但按前述规定的立案追诉数量比例折算成海洛因后累计相加达到10克以上的,应予立案追诉。

取证要点

1. 主体方面

主要包括违法行为人的姓名、法定年龄、责任能力、性别、民族、住址、政治面貌、历史表现,违法行为人之间的关系,是否有前科劣迹,是否具有人大代表、政协委员等特殊身份,是否为公职人员等。

2. 主观方面

主要包括违法行为人实施本行为的原因、目的等。(1)原因。主要调查违法行为人实施本行为的原因,如经济利益;个人吸食;为他人代购;好奇与尝试等。(2)目的。主要调查违法行为人实施本行为的目的,如贩卖;窝藏等。

3. 客观方面

主要包括非法持有的毒品(如鸦片、海洛因);非法持有毒品的种类、数量;非法持有毒品的时间、地点、次数;非法持有毒品的来源(如走私、贩卖、运输)等。

规范索引

《刑法》第 348 条;《禁毒法》第 19、59 条;《最高人民法院关于审理毒品犯罪案件适用法律若干问题的解释》

67. 向他人提供毒品

法律条文

《治安管理处罚法》第 84 条第 1 款第 2 项　有下列行为之一的,处十日以上十五日以下拘留,可以并处三千元以下罚款;情节较轻的,处五日以下拘留或者一千元以下罚款:

(二)向他人提供毒品的;

裁量标准

违法行为	违法情节程度	处罚标准
向他人提供毒品的	情节较轻	处5日以下拘留或者1000元以下罚款
	情节一般	处10日以上15日以下拘留,可以并处3000元以下罚款

根据《公安机关对部分违反治安管理行为实施处罚的裁量指导意见》,向他人提供毒品后及时收回且未造成危害后果的、未成年人、在校学生吸食毒品且无戒毒史或者无戒断症状,欺骗医务人员开具少量麻醉药品、精神药品尚未吸食、注射的,或者其他社会危害性不大的,属于"情节较轻"。

实务认定

1. 本违法行为的认定

侵害的客体	国家对毒品的管理制度
行为主体	达到法定年龄、具有法定责任能力的自然人
毒品	鸦片、海洛因、甲基苯丙胺(冰毒)、吗啡、大麻、可卡因以及国家规定管制的能够使人形成瘾癖的麻醉药品和精神药品
行为表现	以赠送、供给、非法批准等方式为吸毒人员和非吸毒人员无偿提供毒品。如果是有偿的,则其行为将构成出售行为
认定关键	提供的对象不包括走私、贩卖毒品的犯罪分子,只包含吸毒人员和非吸毒人员
主观方面	故意

2. 本违法行为与非法提供麻醉药品、精神药品罪对照

对比项	向他人提供毒品	非法提供麻醉药品、精神药品罪
侵害的客体	国家对毒品的管理制度,客体更宽泛	国家对麻醉药品、精神药品的管理制度
提供物品	提供的是毒品,包括鸦片、海洛因、甲基苯丙胺(冰毒)、吗啡、大麻、可卡因,以及国家规定管制的其他能够使人形成瘾的麻醉药品和精神药品	提供的仅仅是麻醉药品、精神药品
实施方式	实施可以通过多种多样的方式	必须是利用职务或工作上的便利,即利用自己从事生产、运输、管理、使用麻醉药品、精神药品的职务或工作之便利
行为主体	一般主体,包括但不限于依法从事生产、运输、管理、使用国家规定管制的麻醉药品、精神药品的人员	特殊主体,只能是依法从事生产、运输、管理、使用国家规定管制的麻醉药品、精神药品的人员
提供的对象	既包括吸食、注射毒品的人员,也包括非吸食、注射毒品的人员	只能是吸食、注射毒品的人,而不是吸食、注射毒品以外的人
情节后果	较轻	较重

3. 本违法行为与贩卖毒品罪对照

对比项	向他人提供毒品	贩卖毒品罪
行为方式	提供	贩卖
目的	必须是无偿以外的目的	为了谋取金钱或其他物质利益
情节后果	较轻	较重

取证要点

1. 主体方面

主要包括违法行为人的姓名、法定年龄、责任能力、性别、民族、住址、政治面貌、历史表现,违法行为人之间的关系,是否有前科劣迹,是否具有人大代表、政协委员等特殊身份,是否为公职人员等。

2. 主观方面

主要包括违法行为人实施本行为的原因、目的等。(1)原因。主要调查违法行为人实施本行为的原因,如经济利益,社交需求,心理满足等。(2)目的。主要调查违法行为人实施本行为的目的,如贩卖牟利;社交维系;引诱、教唆他人吸毒等。

3. 客观方面

主要包括向他人提供的毒品;向他人提供毒品的种类、数量;向他人提供毒品的时间、地点、数量;向他人提供毒品的具体手段、方法(如直接交付、邮寄、携带);向他人提供毒品的他人的情况(如专门针对青少年、无业人员等进行毒品提供活动);向他人提供毒品的毒品来源(如走私、贩卖、运输;从他人手中购买或接受)等。

规范索引

《刑法》第 347、355、357 条;《禁毒法》第 19、21、59 条

68. 吸毒

法律条文

《治安管理处罚法》**第 84 条第 1 款第 3 项** 有下列行为之一的,处十日以上十五日以下拘留,可以并处三千元以下罚款;情节较轻的,处五日以下拘留或者一千元以下罚款:

(三)吸食、注射毒品的;

第 84 条第 3 款 吸食、注射毒品的,可以同时责令其六个月至一年以内不得进入娱乐场所、不得擅自接触涉及毒品违法犯罪人员。违反规定的,处五日以下拘留或者一千元以下罚款。

裁量标准

违法行为	违法情节程度	处罚标准
吸食、注射毒品的	情节较轻	处 5 日以下拘留或者 1000 元以下罚款；可以同时责令其 6 个月至 1 年以内不得进入娱乐场所、不得擅自接触涉及毒品违法犯罪人员
	情节一般	处 10 日以上 15 日以下拘留，可以并处 3000 元以下罚款；可以同时责令其 6 个月至 1 年以内不得进入娱乐场所、不得擅自接触涉及毒品违法犯罪人员
违法吸食、注射毒品处罚规定的		处 5 日以下拘留或者 1000 元以下罚款

根据《公安机关对部分违反治安管理行为实施处罚的裁量指导意见》，向他人提供毒品后及时收回且未造成危害后果的、未成年人、在校学生吸食毒品且无戒毒史或者无戒断症状的、欺骗医务人员开具少量麻醉药品、精神药品尚未吸食、注射的，或者其他社会危害性不大的，属于"情节较轻"。

实务认定

1. 本违法行为的认定

侵害的客体	国家对毒品的管理制度和吸毒者的身心健康
行为主体	达到法定年龄、具有法定责任能力的自然人
毒品	鸦片、海洛因、甲基苯丙胺(冰毒)、吗啡、大麻、可卡因以及国家规定管制的能够使人形成瘾癖的麻醉药品和精神药品
行为表现	明知是毒品而吸食或注射。吸食，是指直接用口、鼻或者通过吸具吸入、食用毒品散发出来的烟雾，或者直接吞食毒品的行为。注射，是指直接通过皮下注射、静脉注射等方式，将毒品直接注入血液系统

续表

认定关键	要求违法行为人有吸食、注射毒品的行为,而且要求违法行为人已吸食、注射毒品,即吸毒行为既遂。如果违法行为人在吸毒之前被抓获,不能认定为吸毒行为
主观方面	故意

2. 本违法行为与非法持有毒品罪对照

对比项	吸毒	非法持有毒品罪
是否构罪	单纯的吸毒行为并不直接侵害他人的法益,因此不构成犯罪	构成犯罪
侵犯的客体	国家对毒品的管理制度以及公民的身体健康	国家对毒品的管制和他人的身体健康
行为表现	行为人明知是毒品而故意吸食,客观方面表现为行为人实施了吸食毒品的行为	非法持有数量较大的毒品的行为
处罚种类	行政处罚	刑事处罚

3. 社区戒毒、强制戒毒管理

根据《禁毒法》第33条的规定,对吸毒成瘾人员,公安机关可以责令其接受社区戒毒,同时通知吸毒人员户籍所在地或者现居住地的城市街道办事处、乡镇人民政府。社区戒毒的期限为3年。戒毒人员应当在户籍所在地接受社区戒毒;在户籍所在地以外的现居住地有固定住所的,可以在现居住地接受社区戒毒。

根据《禁毒法》第38条的规定,吸毒成瘾人员有下列情形之一的,由县级以上人民政府公安机关作出强制隔离戒毒的决定:

(1)拒绝接受社区戒毒的;

(2)在社区戒毒期间吸食、注射毒品的;

(3)严重违反社区戒毒协议的;

(4)经社区戒毒、强制隔离戒毒后再次吸食、注射毒品的。

对于吸毒成瘾严重,通过社区戒毒难以戒除毒瘾的人员,公安机关可以直接作出强制隔离戒毒的决定。吸毒成瘾人员自愿接受强制隔离戒毒的,经公安机关同意,可以进入强制隔离戒毒场所戒毒。

根据《禁毒法》第 47 条的规定,强制隔离戒毒的期限为 2 年。执行强制隔离戒毒 1 年后,经诊断评估,对于戒毒情况良好的戒毒人员,强制隔离戒毒场所可以提出提前解除强制隔离戒毒的意见,报强制隔离戒毒的决定机关批准。强制隔离戒毒期满前,经诊断评估,对于需要延长戒毒期限的戒毒人员,由强制隔离戒毒场所提出延长戒毒期限的意见,报强制隔离戒毒的决定机关批准。强制隔离戒毒的期限最长可以延长 1 年。

取证要点

1. 主体方面

主要包括违法行为人的姓名、法定年龄、责任能力、性别、民族、住址、政治面貌、历史表现,违法行为人之间的关系,是否有前科劣迹,是否具有人大代表、政协委员等特殊身份,是否为公职人员等。

2. 主观方面

主要包括违法行为人实施本行为的原因、目的等。(1)原因。主要调查违法行为人实施本行为的原因,如生活中的压力、困难或空虚感,社会环境,追求新奇、刺激的体验,对毒品的依赖和成瘾等。(2)目的。主要调查违法行为人实施本行为的目的,如通过吸食毒品来获得快感、逃避现实或满足好奇心,维持生理和心理状态等。

3. 客观方面

主要包括吸食的毒品;吸食毒品的种类、数量;吸毒的时间、地点;吸毒的具体手段、方法(如烫吸、与香烟同吸、烟枪吸毒);吸食毒品的来源(如从毒贩手中购买、从黑市购买、自制)等。

规范索引

《刑法》第 357 条;《禁毒法》第 31~52、62、67 条;《戒毒条例》

典型案例

陈某吸食毒品治安处罚案

某日,某公安禁毒大队经他人举报将陈某查获,对其尿液进行甲基苯丙胺快速检测,结果呈阳性,表明其系近期内吸食过毒品。此外,民警还在其车内发现毒品若干,经过理化检验,疑似毒品内含有甲基苯丙胺成分。以上事实有违法行为人供述、物证、鉴定意见等在案证据材料予以证实。但陈某不承认其吸食毒品,并辩称其遭遇车祸以来,每天疼痛难忍经常服用止痛药,吃得最多的药就是盐酸曲马朵片剂和三唑仑,而盐酸曲马朵、三唑仑片剂中含有甲基苯丙胺成分,快速检测时也会导致检测结果呈阳性。而公安部门对其吸食过毒品的认定,忽略了其曾服用止痛药物导致检测阳性的可能,存在误判。但公安部门认为,根据公安部《关于根据实验室检测结论认定吸食甲基苯丙胺违法行为有关意见的批复》,只有治疗帕金森病的处方药司来吉兰可能导致公安机关产生误判,办案民警在处理此案过程中,已经依法排除了陈某近期服用过帕金森病的处方药司来吉兰的情形。综上,公安部门认为陈某吸食毒品的违法事实清楚且调查程序正当,综合考虑陈某系第一次吸食毒品,情节较轻,依照《治安管理处罚法》的规定决定给予陈某行政拘留 5 日的行政处罚。

69. 胁迫、欺骗开具麻醉药品、精神药品

法律条文

《治安管理处罚法》第 84 条第 1 款第 4 项　有下列行为之一的,处十日以上十五日以下拘留,可以并处三千元以下罚款;情节较轻的,处五日以下拘留或者一千元以下罚款:

(四)胁迫、欺骗医务人员开具麻醉药品、精神药品的。

裁量标准

违法行为	违法情节程度	处罚标准
胁迫、欺骗医务人员开具麻醉药品、精神药品的	情节较轻	处 5 日以下拘留或者 1000 元以下罚款
	情节一般	处 10 日以上 15 日以下拘留,可以并处 3000 元以下罚款

根据《公安机关对部分违反治安管理行为实施处罚的裁量指导意见》,向他人提供毒品后及时收回且未造成危害后果的,未成年人、在校学生吸食毒品且无戒毒史或者无戒断症状的,欺骗医务人员开具少量麻醉药品、精神药品尚未吸食、注射的,或者其他社会危害性不大的,属于"情节较轻"。

实务认定

1. 本违法行为的认定

侵害的客体	国家对麻醉药品、精神药品的管理制度和医务人员的人身权利
行为主体	达到法定年龄、具有法定责任能力的自然人
麻醉药品、精神药品	麻醉药品,是指连续使用后,容易产生生理依赖性、形成瘾癖的药品。 精神药品,是指直接作用于中枢神经系统,使之兴奋或者抑制,连续使用能够产生依赖性、形成瘾的药品
行为表现	胁迫,是指以暴力威胁或以职权、地位、揭发隐私等精神强制手段要挟,致使医务人员产生恐惧,不敢拒绝和反抗,而为其开具麻醉药品或精神药品。 欺骗,是指采用隐瞒真相、虚构事实、伪造手续等方法,使医务人员误以为是合法使用,从而为其开具麻醉药品或精神药品
主观方面	故意

2. 本违法行为与非法提供麻醉药品、精神药品罪对照

对比项	胁迫、欺骗开具麻醉药品、精神药品	非法提供麻醉药品、精神药品罪
侵害的客体	国家对麻醉药品、精神药品的管理制度和医务人员的人身权利	国家对麻醉药品、精神药品的管理制度
行为方式	通过胁迫、欺骗而实施的	利用职务或工作上的便利实施
主观方面	不是自己真实主观意志支配下的行为,是在被胁迫、欺骗之下而为之	故意,即明知国家对麻醉药品、精神药品进行管制而违法提供
针对的对象	医务人员	提供对象只能是吸食、注射毒品的人
情节后果	较轻	较重

3. 受胁迫、欺骗的医务人员开具麻醉药品、精神药品的行为与向他人提供毒品对照

对比项	受胁迫、欺骗的医务人员开具麻醉药品、精神药品的行为	向他人提供毒品
行为主体	实施胁迫、欺骗行为的主体	未实施胁迫、欺骗行为的主体
行为对象	麻醉药品和精神药品	对象是毒品,不仅包括麻醉药品、精神药品,还包括鸦片、海洛因、甲基苯丙胺(冰毒)、吗啡、大麻、可卡因等
主观方面	非自愿的	自愿、故意的

> **取证要点**

1. 主体方面

主要包括违法行为人的姓名、法定年龄、责任能力、性别、民族、住址、政治面貌、历史表现,违法行为人之间的关系,是否有前科劣迹,是否具有人大代表、政协委员等特殊身份,是否为公职人员等。

2. 主观方面

主要包括违法行为人实施本行为的原因、目的等。(1)原因。主要调查违法行为人实施本行为的原因,如追求新奇、刺激的体验,对麻醉药品、精神药品的依赖等。(2)目的。主要调查违法行为人实施本行为的目的,如获取麻醉药品或精神药品,规避正常的药品管控流程等。

3. 客观方面

主要包括胁迫、欺骗开具的麻醉药品、精神药品;胁迫、欺骗开具的麻醉药品、精神药品的种类、数量;胁迫、欺骗开具麻醉药品、精神药品的时间、地点、次数;胁迫、欺骗的对象(如医生、药师);胁迫、欺骗开具麻醉药品、精神药品的手段、方式(如暴力威胁、精神恐吓、编造虚假病情、冒充患者或家属、伪造相关证明材料)等。

> **规范索引**

《刑法》第355条;《麻醉药品和精神药品管理条例》第2~5、30、32、39、40、67、70、73、75、82条;《禁毒法》第21、23、63条

70. 聚众、组织吸食、注射毒品

> **法律条文**

《治安管理处罚法》第84条第1款 有下列行为之一的,处十日以上十五日以下拘留,可以并处三千元以下罚款;情节较轻的,处五日以下拘留或者一千元以下罚款……

续表

> **第 84 条第 2 款** 聚众、组织吸食、注射毒品的,对首要分子、组织者依照前款的规定从重处罚。
>
> **第 84 条第 3 款** 吸食、注射毒品的,可以同时责令其六个月至一年内不得进入娱乐场所、不得擅自接触涉及毒品违法犯罪人员。违反规定的,处五日以下拘留或者一千元以下罚款。

裁量标准

违法行为	违法情节程度	处罚标准
聚众、组织吸食、注射毒品的	情节较轻	处 5 日以下拘留或者 1000 元以下罚款;对首要分子、组织者从重处罚
	情节一般	处 10 日以上 15 日以下拘留,可以并处 3000 元以下罚款;对首要分子、组织者从重处罚
违反吸食、注射毒品处罚规定的		处 5 日以下拘留或者 1000 元以下罚款

实务认定

1. 本违法行为的认定

侵害的客体	国家对毒品的管理制度和吸毒者的身心健康
行为主体	聚众、组织吸食、注射毒品的首要分子、组织者
毒品	鸦片、海洛因、甲基苯丙胺(冰毒)、吗啡、大麻、可卡因以及国家规定管制的能够使人形成瘾癖的麻醉药品和精神药品

续表

行为表现	由一人或多人发起组织,邀请他人(人数达 3 人及以上)共同吸食、注射毒品;组织人员对吸毒活动进行分工,如安排专人负责购买毒品、准备吸毒工具;等等
主观方面	故意

2. 本违法行为与非法持有毒品罪对照

对比项	聚众、组织吸食、注射毒品	非法持有毒品罪
行为表现	具体表现为他人吸食、注射毒品提供场所或便利	明知是毒品而非法持有且数量较大的行为
行为指向	吸食、注射毒品	非法持有毒品

取证要点

1. 主体方面

主要包括违法行为人的姓名、法定年龄、责任能力、性别、民族、住址、政治面貌、历史表现,违法行为人之间的关系,是否有前科劣迹,是否具有人大代表、政协委员等特殊身份,是否为公职人员等。

2. 主观方面

主要包括违法行为人实施本行为的原因、目的等。(1)原因。主要调查违法行为人实施本行为的原因,如寻求刺激与快感,社交需求与归属感,逃避现实与压力等。(2)目的。主要调查违法行为人实施本行为的目的,如扩大毒品消费群体,控制他人与建立权威,满足个人欲望与虚荣心等。

3. 客观方面

主要包括聚众、组织吸食、注射毒品;涉及毒品的特征(如提供场所与便利;采用引诱、教唆或欺骗的手段)、种类(如冰毒、麻古、海洛因)、数量;聚众、组织吸食、注射毒品的时间、地点与次数;涉及的人群(如社会闲散人员或失业者)等。

规范索引

《刑法》第 303、353、354 条

71. 引诱、教唆、欺骗、强迫吸毒

法律条文

《治安管理处罚法》第 85 条第 1 款 引诱、教唆、欺骗或者强迫他人吸食、注射毒品的,处十日以上十五日以下拘留,并处一千元以上五千元以下罚款。

裁量标准

违法行为	违法情节程度	处罚标准
引诱、教唆、欺骗或者强迫他人吸食、注射毒品的	情节一般	处 10 日以上 15 日以下拘留,并处 1000 元以上 5000 元以下罚款

实务认定

1. 本违法行为的认定

侵害的客体	国家对毒品的管理制度和吸毒者的身心健康
行为主体	达到法定年龄、具有法定责任能力的自然人
毒品	鸦片、是海洛因、甲基苯丙胺(冰毒)、吗啡、大麻、可卡因以及国家规定管制的能够使人形成瘾癖的麻醉药品和精神药品
行为表现	教唆,是指通过劝说、怂恿、授意、挑拨、示范等方式,鼓动他人吸食、注射毒品。 引诱,是指以金钱、物质、虚假宣传或其他利益为诱饵,吸引他人尝试毒品。 欺骗,是指故意隐瞒毒品的真实性质和危害,将毒品伪装成其他

续表

	物品,让他人在不知情的情况下吸食,或编造虚假事实,让他人误以为吸食、注射的是无害的物品。 强迫吸毒,是指使用暴力手段,如殴打、捆绑、禁闭等方式,使其在不知或不能反抗的情况下被动吸毒
主观方面	故意

2. 本违法行为与强迫他人吸毒罪对照

对比项	教唆、引诱、欺骗、强迫吸毒	强迫他人吸毒罪
行为手段	以引诱、教唆或欺骗手段,非强迫性地促使他人吸毒	违背他人意志,使用暴力、胁迫或者其他强制手段,迫使他人吸毒
情节后果	相对较轻	较重
处罚种类	行政处罚	刑事处罚

3. 本违法行为与非法使用罂粟壳行为对照

对比项	教唆、引诱、欺骗、强迫吸毒	非法使用罂粟壳
行为目的	促使他人形成毒瘾	增加食品成瘾性、风味
侵害的客体	他人身心健康和毒品管制秩序	食品安全管理秩序

4. 本违法行为与引诱、教唆、欺骗他人吸毒罪对照

对比项	引诱、教唆、欺骗吸毒行为	引诱、教唆、欺骗他人吸毒罪
行为表现	通过向他人宣扬吸食、注射毒品后的感受等方法,诱使、唆使他人吸食、注射毒品的行为,或者用隐瞒事实真相或者用制造假象等方法使他人吸食、注射毒品的行为	以引诱、教唆、欺骗的方法,促使他人吸食、注射毒品的行为

续表

主观方面	故意	故意
行为性质	违法行为	犯罪行为
行为主体	行为人需达到一定年龄且具有辨认和控制能力,但不一定要求具有特定的刑事责任能力(在构成犯罪时才需要)	主体为一般主体,即凡是达到刑事责任年龄具有刑事责任能力的人,均可构成本罪
侵害客体	侵犯了社会治安管理秩序和他人的身心健康,但尚未达到犯罪的程度	侵犯的客体是复杂客体,不仅侵犯了社会治安管理秩序,同时也侵犯了他人身心健康

5. 强迫吸毒与强迫他人吸毒罪对照

对比项	强迫吸毒	强迫他人吸毒罪
行为方式	违反他人意愿,采用暴力、威胁或其他强制手段迫使他人吸食、注射毒品	违背他人意志,使用暴力、胁迫或者其他强制手段迫使他人吸食、注射毒品的行为
行为性质	严重的违法行为	犯罪行为
行为主体	实施强迫吸毒行为的人需达到刑事责任年龄且具有刑事责任能力	一般主体,即凡是达到刑事责任年龄具有刑事责任能力的人,均可构成本罪
主观方面	故意	故意
侵犯的客体	侵犯了他人的人身自由和健康	侵犯的客体是复杂客体,不仅侵犯了社会治安管理秩序,同时也侵犯了他人身心健康

取证要点

1. 主体方面

主要包括违法行为人的姓名、法定年龄、责任能力、性别、民族、住址、政治面貌、历史表现,违法行为人之间的关系,是否有前科劣迹,是否具有人大代表、政协委员等特殊身份,是否为公职人员等。

2. 主观方面

主要包括违法行为人实施本行为的原因、目的等。(1)原因。主要调查违法行为人实施本行为的原因,如寻求刺激、炫耀自己的能力或者满足自己的控制欲,经济利益,扩大自己的社交圈子或影响力等。(2)目的。主要调查违法行为人实施本行为的目的,如试图通过此类行为来操纵或控制他人等。

3. 客观方面

主要包括教唆、引诱、欺骗吸毒的毒品;教唆、引诱、欺骗吸毒的毒品的种类、数量;被教唆、引诱、欺骗吸毒的人员信息(通常是未染上吸毒恶习或者虽染上吸毒恶习但已经戒除的人);教唆、引诱、欺骗吸毒的手段、方式(如宣扬吸毒后的快感、以利益为诱饵、示范吸毒方法、传授吸毒技巧);教唆、引诱、欺骗吸毒的时间、地点;教唆、引诱、欺骗吸毒所涉及的毒品的来源(如走私活动或制毒窝点)等。

规范索引

《刑法》第353条;《未成年人保护法》第11条;《禁毒法》第59条

典型案例

李某引诱、教唆他人吸食毒品治安处罚案

某日,李某在某KTV二楼一包厢内与马某、王某、袁某等人等聚会、喝酒,酒过三巡,李某将随身携带的冰毒拿出,并劝说马某等三人"尝试一下""保证不让你们后悔!"。于是,马某等人在李某的劝说和引诱下吸食了毒品冰毒。后经群众举报,民警及时赶到,并当场抓获了李某等人。据调查,李某曾因吸食毒品被公安部门行政拘留过10日。以上事实有证人证言、辨认笔录、照片、当事人供述等证据予以证实。尽管李某辩称马某等人系完全民事行为能力人,具有辨别的能力,其并未强迫他人吸食毒品,系马某等人自愿吸食毒品。但是公安部门认为,为了维护国家法律,保护国家对毒品的管理制度和人民的生命健康不受侵犯,打击毒品犯罪活动,我国法律对于吸食毒品的行为严厉打击和禁止,李某是毒品的提供者,其有义务阻止他人吸食毒品,但李某明知毒品的危害非但不阻止还故意引诱、教唆他人吸毒,其具备主观上的故意,且其行为严重危害他人身体健康,情节严重。因此,根据《治安管理处罚法》的规定,对李某处以拘留15日的行政处罚。

72. 容留他人吸毒或介绍买卖毒品

法律条文

《治安管理处罚法》第85条第2款　容留他人吸食、注射毒品或者介绍买卖毒品的,处十日以上十五日以下拘留,可以并处三千元以下罚款;情节较轻的,处五日以下拘留或者一千元以下罚款。

裁量标准

违法行为	违法情节程度	处罚标准
容留他人吸食、注射毒品或者介绍买卖毒品	情节较轻	处5日以下拘留或者1000元以下罚款
	情节一般	处10日以上15日以下拘留,可以并处3000元以下罚款

> 实务认定

1. 本违法行为的认定

侵害的客体	国家对毒品的管制制度和公民的身心健康
行为主体	年满14周岁的自然人
行为表现	为他人吸食、注射毒品提供场所,包括但不限于自己的住所、车辆、经营场所等;在毒品买卖双方之间牵线搭桥,促成毒品交易
主观方面	故意

2. 容留他人吸毒行为与容留他人吸毒罪对照

对比项	容留他人吸毒行为	容留他人吸毒罪
行为方式	为他人吸食、注射毒品提供场所,包括主动或被动、有偿或无偿提供	违反国家毒品管理法规,实施容留行为,允许他人在自己住所、车辆等场所吸食、注射毒品
处罚	单独不构成犯罪时可能受行政处罚;构成犯罪时,按容留他人吸毒罪定罪处罚	处3年以下有期徒刑、拘役或者管制,并处罚金;情节严重的,处3年以上7年以下有期徒刑,并处罚金

3. 介绍买卖毒品行为与贩卖毒品罪的对照

对比项	介绍买卖毒品行为	贩卖毒品罪
行为方式	在毒品买卖双方之间牵线搭桥,促成交易,包括直接介绍、传递信息等	违反国家毒品管理法规,明知是毒品而非法销售或介绍买卖,帮助毒品买卖双方达成交易
处罚	介绍行为构成贩卖毒品罪共犯,按贩卖毒品罪定罪处罚	处3年以下有期徒刑、拘役或者管制,并处罚金;数量较大的,处7年以上有期徒刑,并处罚金;情节特别严重的,处15年有期徒刑、无期徒刑或者死刑,并处没收财产

取证要点

1. 主体方面

主要包括违法行为人的姓名、法定年龄、责任能力、性别、民族、住址、政治面貌、历史表现,违法行为人之间的关系,是否有前科劣迹,是否具有人大代表、政协委员等特殊身份,是否为公职人员等。

2. 主观方面

主要包括违法行为人实施本行为的动机、目的等。(1)动机。主要分析违法行为人实施本行为的动机,如经济利益驱动、人情关系等。(2)目的。主要明确违法行为人实施本行为的目的,如获取经济利益、满足特定需求等。

3. 客观方面

主要包括违法行为人实施此类行为的具体方式;实施此类行为的参与人数、实施时间、实施对象、实施次数;实施此类行为的有关毒品种类;违法所得金额等。

规范索引

《刑法》第354条;《禁毒法》第61条

73. 非法生产、经营、购买、运输用于制造毒品的原料、配剂

法律条文

《治安管理处罚法》第86条 违反国家规定,非法生产、经营、购买、运输用于制造毒品的原料、配剂的,处十日以上十五日以下拘留;情节较轻的,处五日以上十日以下拘留。

裁量标准

违法行为	违法情节程度	处罚标准
违反国家规定，非法生产、经营、购买、运输用于制造毒品的原料、配剂的	情节较轻	处5日以上10日以下拘留
	情节一般	处10日以上15日以下拘留

实务认定

1.本违法行为的认定

侵害的客体	国家对毒品的管理制度
行为主体	自然人或单位
毒品的原料、配剂	常见的有麻黄碱类、伪麻黄碱、1-苯基-2-丙酮(P2P)、羟亚胺、邻氯苯基环戊酮、黄樟素、异黄樟素、胡椒醛、乙酸酐、硫酸、盐酸、丙酮、甲苯、乙醚、氢碘酸、氯化亚砜(亚硫酰氯)、高锰酸钾、苯乙酸等
行为表现	生产，是指未取得国家相关部门颁发的生产许可证或备案证明，擅自生产易制毒化学品，或超出许可证明上规定的品种、数量范围进行生产；等等。 经营，是指未获得经营易制毒化学品的许可，擅自从事易制毒化学品的买卖活动；超出许可证明规定的品种、数量范围经营易制毒化学品；经营单位违反规定，向没有购买许可证明、备案证明的单位或个人销售易制毒化学品；等等。 购买，是指未取得购买许可证明或备案证明，擅自购买易制毒化学品，或购买超出许可证明规定的品种、数量范围的易制毒化学品。 运输，是指未取得运输许可，擅自运输易制毒化学品，或超出许可范围运输；超出许可证明规定的运输路线、方式、数量等范围运输易制毒化学品
主观方面	故意

2. 本违法行为与非法持有毒品罪对照

对比项	非法生产、经营、购买、运输用于制造毒品的原料、配剂	非法持有毒品罪
侵害客体	违反了国家对毒品的管理制度和易制毒化学品的管理规定，属于妨害社会管理秩序的犯罪行为	侵犯了国家对毒品的管制秩序和他人的身体健康，属于危害社会的犯罪行为
行为表现	表现为故意，即明知是制造毒品的原料、配剂而非法生产、经营、购买、运输	表现为非法持有毒品，且数量较大

取证要点

1. 主体方面

主要包括违法行为人的姓名、法定年龄、责任能力、性别、民族、住址、政治面貌、历史表现，违法行为人之间的关系，是否有前科劣迹，是否具有人大代表、政协委员等特殊身份，是否为公职人员等。

2. 主观方面

主要包括违法行为人实施本行为的原因、目的等。(1)原因。主要调查违法行为人实施本行为的原因，如高额利润的诱惑，毒品市场的庞大需求，法律监管的漏洞等。(2)目的。主要调查违法行为人实施本行为的目的，如制造毒品并出售或自用，满足个人毒瘾等。

3. 客观方面

主要包括非法生产、经营、购买、运输用于制造毒品的原料、配剂；非法生产、经营、购买、运输用于制造毒品的原料、配剂的次数、数量、种类；非法生产、经营、购买、运输用于制造毒品的原料、配剂的手段、方式(如使用暗语、密码进行联络；将原料和配剂伪装成普通货物进行运输)；非法生产、经营、购买、运输用于制造毒品的危害后果(如破坏社会秩序、危害人民健康、滋生犯罪)等。

规范索引

《刑法》第350条

典型案例

黄某擅自购买麻黄碱治安处罚案

某日,某校大学生黄某未申报许可,擅自网购300克麻黄碱(属于第一类易制毒化学品,可用于制作冰毒)用于实验。后经他人提醒,黄某主动到公安部门自首。以上事实有当事人陈述、网购记录、图片等证据予以证实。公安部门认为,黄某未经审核批准,擅自购买用于制造毒品的原料、配剂,违反了相关法律规定,但因其自首、无牟利目的且麻黄碱未扩散,属于情节较轻。因此,公安部门依据《治安管理处罚法》的规定,对黄某处拘留3日的行政处罚。

74. 为吸毒、赌博、卖淫、嫖娼人员通风报信或者以其他方式提供帮助

法律条文

《治安管理处罚法》第87条 旅馆业、饮食服务业、文化娱乐业、出租汽车业等单位的人员,在公安机关查处吸毒、赌博、卖淫、嫖娼活动时,为违法犯罪行为人通风报信的,或者以其他方式为上述活动提供条件的,处十日以上十五日以下拘留;情节较轻的,处五日以下拘留或者一千元以上二千元以下罚款。

裁量标准

违法行为	违法情节程度	处罚标准
旅馆业、饮食服务业、文化娱乐业、出租汽车业等单位的人员,在公安机关查处吸毒、赌博、卖淫、嫖娼活动时,为违法犯罪行为人通风报信的,或者以其他方式为上述活动提供条件的	情节较轻	处5日以下拘留或者1000元以上2000元以下罚款
	情节一般	处10日以上15日以下拘留

实务认定

1. 本违法行为的认定

侵害的客体	公安机关的执法活动
行为主体	旅馆业、饮食服务业、文化娱乐业、出租汽车业等单位的人员，既包括负责人，也包括一般员工
通风报信	暗中透露消息，包括各种传递消息的方法和手段，如打电话、发信息、留暗号等
行为表现	在公安机关查处吸毒、赌博、卖淫、嫖娼活动时，通过口头通知，手机等通信工具通知，利用事先安装的机关、信号、暗号通知等方式，告知违法犯罪行为人警察的动态；通过提供场地、工具等方式，帮助吸毒、赌博、卖淫、嫖娼人员；等等
认定关键	只要旅馆业、饮食服务业、文化娱乐业、出租汽车业等单位的人员，在公安机关查处吸毒、赌博、卖淫、嫖娼活动时，为违法犯罪行为人暗中透露有关公安机关的查处信息或为吸毒、赌博、卖淫、嫖娼者提供其他帮助的，就构成本违法行为，不以犯罪人员是否实际逃脱查处为条件
主观方面	故意

2. 本违法行为与帮助犯罪分子逃避处罚罪对照

对比项	为吸毒、赌博、卖淫、嫖娼人员通风报信或者以其他方式提供帮助	帮助犯罪分子逃避处罚罪
侵害的客体	公安机关的执法活动	包括公安机关的执法活动在内的国家机关的执法活动
行为主体	旅馆业、饮食服务业、文化娱乐业、出租汽车业等单位的人员	有查禁犯罪活动职责的国家机关工作人员

续表

| 通风报信的对象 | 既包括从事吸毒、赌博、卖淫、嫖娼而构成违反治安管理处罚的人员，也包括从事吸毒、赌博、卖淫、嫖娼而构成犯罪的人员 | 犯罪分子，不包括违反治安管理处罚的人员 |

3. 本违法行为与窝藏、包庇罪的区别

为吸毒、赌博、卖淫、嫖娼人员通风报信或者以其他方式提供帮助行为的，情节和危害后果相对较轻。窝藏、包庇罪的情节恶劣或者后果较严重。

取证要点

1. 主体方面

主要包括违法行为人的姓名、法定年龄、责任能力、性别、民族、住址、政治面貌、历史表现，违法行为人之间的关系，是否有前科劣迹，是否具有人大代表、政协委员等特殊身份，是否为公职人员等。

通过工商营业执照、公安机关的备案登记等调查单位的所有者、经营者、主要负责人的身份信息，确定经营管理者的姓名、性别、年龄、住址、历史表现等。

2. 主观方面

主要包括违法行为人实施本行为的原因、目的等。（1）原因。主要调查违法行为人实施本行为的原因，如个人利益、单位利益或与他人勾结的非法利益等。（2）目的。主要调查违法行为人实施本行为的目的，如帮助吸毒、赌博、卖淫、嫖娼人员逃避公安机关的查处，维护自己的非法利益或避免可能的法律后果等。

3. 客观方面

主要包括违法行为人是否为旅馆业、饮食服务业、文化娱乐业、出租汽车业等单位的人员；通风报信所涉及的对象，即吸毒、赌博、卖淫、嫖娼人员的情况；为吸毒、赌博、卖淫、嫖娼人员通风报信的手段、方式（如打电话、

发信息、使用事先约定的联系暗号)、时间、地点;吸毒、赌博、卖淫、嫖娼的情况(通常发生在旅馆、饭店、歌舞厅、出租汽车等场所,且往往具有隐蔽性和流动性)等。

> 规范索引

《刑法》第 310、362、417 条;《禁毒法》第 60 条;《旅馆业治安管理办法》第 12、14~18 条;《娱乐场所管理条例》第 14、42、43、52~54、57 条

> 典型案例

某 KTV 经理通风报信治安处罚案

某日,公安部门接到举报,称某 KTV 存在组织卖淫活动。警方制定突击检查计划,准备于当晚 22 时对该 KTV 进行查处。行动前,KTV 经理张某通过内部监控发现警方便衣人员进入场所侦查,立即用对讲机通知各包厢:"警察来了,所有人注意!"部分涉嫌卖淫的女子听到后迅速离开包厢,躲进员工休息室或从后门逃离,导致警方当场仅控制部分涉案人员,主要组织者逃脱。以上事实有监控视频、对讲机通话记录、证人言证等证据予以证实。尽管张某辩称其只是正常向各包厢通话,并无为卖淫人员通风报信的意思。但是公安部门认为,根据证据显示,张某在警方行动前多次用对讲机通知,故能证实张某存在故意通风报信的行为。因此,公安部门依据《治安管理处罚法》的规定,对张某行政拘留 10 日,并处罚款 1000 元。

75. 制造噪声干扰正常生活、工作和学习

> 法律条文

《治安管理处罚法》第 88 条　违反关于社会生活噪声污染防治的法律法规规定,产生社会生活噪声,经基层群众性自治组织、业主委员会、物业服务人、有关部门依法劝阻、调解和处理未能制止,继续干扰他人正常生活、工作和学习的,处五日以下拘留或者一千元以下罚款;情节严重的,处五日以上十日以下拘留,可以并处一千元以下罚款。

裁量标准

违法行为	违法情节程度	处罚标准
违反关于社会生活噪声污染防治的法律法规规定,产生社会生活噪声,经基层群众性自治组织、业主委员会、物业服务人、有关部门依法劝阻、调解和处理未能制止,继续干扰他人正常生活、工作和学习的	情节一般	处5日以下拘留或者1000元以下罚款
	情节严重	处5日以上10日以下拘留,可以并处1000元以下罚款

实务认定

1. 本违法行为的认定

侵害的客体	国家对噪声污染的管理以及他人正常的生活秩序
行为主体	自然人或单位
噪声	即噪音,是一种引起人烦躁,进而危害人体健康的声音。噪声可以分为社会生活噪声、工业噪声、建筑施工噪声和交通运输噪声。社会生活噪声,是指人为活动所产生的除工业噪声、建筑施工噪声和交通运输噪声之外的干扰周围生活环境的声音,以及人们在商品交易、体育比赛、游行示威、娱乐场所等各种社会活动中产生的喧闹声,收音机、洗衣机、录音机、电视机等各种家电的嘈杂声。工业噪声,是指在工业生产活动中使用固定的设备时产生的干扰周围生活环境的声音,主要来自机器和高运转的设备。建筑施工噪声,是指在建筑施工过程中产生的干扰周围生活环境的声音,在施工中要大量使用各种动力机械,要进行挖掘、打、搅拌,要频繁地运输材料和构件,从而产生大量噪声。交通运输噪声,是指机动车辆、铁路机车、机动船舶、航空器等交通运输工具在运行时所产生的干扰周围生活环境的声音

续表

行为表现	如在居民区内停放的机动车报警器长时间鸣响,不查看的;经营场所的排油烟机、空调室外机噪声过大,影响他人正常休息的;夜晚在公共场所娱乐,影响他人正常休息的;为招揽顾客,使用喇叭长时间叫卖或者播放音乐的;使用音响设备、播放高音喇叭,影响他人休息或者工作的;在居民区楼房内夜间娱乐,影响邻居休息的;在休息时间装修房屋,影响他人休息的;其他制造噪声干扰他人正常生活的;等等
主观方面	故意

2. 本违法行为与寻衅滋事罪对照

对比项	制造噪声干扰正常生活、工作和学习	寻衅滋事罪
行为方式	制造噪声的方式包括但不限于商业经营活动、娱乐场所、家庭使用的各种音响器材音量过大,或者在休息时间装修房屋噪声过大等行为	包括随意殴打他人、追逐拦截辱骂恐吓他人、强拿硬要或任意损毁占用公私财物、在公共场所起哄闹事造成秩序严重混乱等行为
危害后果	未造成严重后果	情节恶劣或造成严重后果
处罚种类	行政处罚	刑事处罚

取证要点

1. 主体方面

主要包括违法行为人的姓名、法定年龄、责任能力、性别、民族、住址、政治面貌、历史表现,违法行为人之间的关系,是否有前科劣迹,是否具有人大代表、政协委员等特殊身份,是否为公职人员等。

2. 主观方面

主要包括违法行为人实施本行为的原因、目的等。(1)原因。主要调

查违法行为人实施本行为的原因,如不了解噪声污染对他人生活、工作和学习的影响,满足自己的私利,叛逆或挑战权威的心理等。(2)目的。主要调查违法行为人实施本行为的目的,如达到某种特定的效果,扰乱他人的正常生活、工作和学习等。

3.客观方面

主要包括制造噪声干扰他人正常生活、工作和学习的持续时间、地点、次数;制造噪声干扰他人正常生活、工作和学习的种类、行为方式(如商业经营活动、娱乐场所、家庭使用的各种音响器材音量过大,或者在休息时间装修房屋噪声过大);影响范围(如某栋居民楼或某个商业街区)等。

规范索引

《噪声污染防治法》

典型案例

王某等人制造社会生活噪音治安处罚案

张某与王某、刘某系上下楼邻居关系,该楼房性质为住宅。张某楼上房产登记所有权人为王某。王某、刘某在居住期间,擅自改变其所居住房屋使用性质,利用住宅从事收集废纸箱、酒瓶等废旧物品并变卖的经营活动。因王某、刘某在收购废旧物品的过程中,需要实施装包、打捆等行为,长期在早上4点多到晚上10点多产生大量的噪声,尤其是在张某及其家人休息时间发出噪声影响了张某一家人的正常生活。张某遂对其进行举报。上述事实,有张某提交的房产证复印件、照片、光盘及张某当庭陈述予以证实。公安部门认为,根据法律规定,不动产的相邻权利人应当按照有利生产、方便生活、团结互助、公平合理的原则,正确处理相邻关系。不动产权利人不得违反国家规定弃置固体废物,排放大气污染物、水污染物、土壤污染物、噪声、光辐射、电磁辐射等有害物质。王某、刘某在居民住宅区中从事废旧物品收集、变卖活动,产生的噪声造成周围环境污染,干扰了张某及其家人的正常生活,超出了合理使用自己财产的界限,情节较为严重,其应承担法律责任。因此,依据《治安管理处罚法》的规定,责令其立即消除噪声侵扰,并罚款1000元。

76. 饲养动物干扰正常生活

> 法律条文

《治安管理处罚法》第 89 条第 1 款 饲养动物,干扰他人正常生活的,处警告;警告后不改正的,或者放任动物恐吓他人的,处一千元以下罚款。

> 裁量标准

违法行为	违法情节程度	处罚标准
饲养动物,干扰他人正常生活的	情节一般	处警告;警告后不改正的,处 1000 元以下罚款

> 实务认定

1. 本违法行为的认定

侵害的客体	社会管理秩序和公民人身权利
行为主体	动物的饲养人或管理人,既可以是单位,也可以是个人
饲养动物	动物饲养人对家禽、家畜和驯养的野兽的饲养行为。饲养的动物包括城镇居民饲养的各种宠物,如猫、狗、鸟、蛇等,也包括农村居民饲养的各种家禽、家畜,如鸡、鸭、鹅等,也包括一些人饲养的藏獒、狼狗、蛇等对社会公众具有极大危险的大型凶猛动物
行为表现	如饲养的凶猛动物在公共道路上出没以致惊吓行人;饲养的宠物在公共场所随地大小便等
主观方面	故意

2. 本违法行为与以危险方法危害公共安全罪对照

对比项	饲养动物干扰正常生活	以危险方法危害公共安全罪
侵害对象	主要干扰的是他人的正常生活、工作和学习秩序，属于对公民个人生活安宁的侵犯	则危害的是公共安全，即不特定多数人的生命、健康或者重大公私财产的安全
行为主体	主体是饲养动物的人	主体是达到法定刑事责任年龄、具有刑事责任能力的自然人或单位
行为表现	饲养的动物产生噪音、威胁他人安全等干扰他人正常生活的行为	使用与放火、决水、爆炸、投放危险物质等危险性相当的其他危险方法危害公共安全的行为
危害后果	未造成严重后果	造成或足以造成不特定多数人的伤亡或重大公私财产的损害

取证要点

1. 主体方面

主要包括违法行为人的姓名、法定年龄、责任能力、性别、民族、住址、政治面貌、历史表现，违法行为人之间的关系，是否有前科劣迹，是否具有人大代表、政协委员等特殊身份，是否为公职人员等。

通过工商营业执照、公安机关的备案登记等调查单位的所有者、经营者、主要负责人的身份信息，确定经营管理者的姓名、性别、年龄、住址、历史表现等。

2. 主观方面

主要包括违法行为人实施本行为的原因、目的等。（1）原因。主要调查违法行为人实施本行为的原因，如缺乏对动物的管理意识，疏忽大意等。（2）目的。主要调查违法行为人实施本行为的目的，如满足自己的某种需求；出于报复或挑衅。

3. 客观方面

主要包括饲养的动物(如猫、狗等);行为人饲养的动物是否直接干扰他人正常生活(如动物在夜深人静时吠叫、在公共场所追逐他人或嗅闻他人);对他人正常生活干扰的程度(如导致他人无法正常休息、工作或学习);因饲养动物是否被依法治安管理处罚过,被警告处罚后是否不改正等。

规范索引

《家犬管理条例》

典型案例

徐某饲养蜜蜂干扰居民正常生活治安处罚案

徐某长期在某小区东门附近饲养蜜蜂,蜂箱约100箱,蜜蜂因饮水需要经常大量聚集在该小区内的喷泉处。在此期间,小区居民因害怕蜜蜂不敢到喷泉处进行娱乐和通行,导致小区居民正常生活受到严重影响,徐某被警告处罚一次后,没有加以收敛,其饲养的蜜蜂仍严重影响小区居民生活。2019年某日,该小区居民刘某被徐某饲养的蜜蜂蜇伤。以上事实有徐某的陈述和申辩、刘某的陈述、证人证言、现场勘验笔录、现场照片等证据证实。尽管徐某辩称某派出所对是否发生蜜蜂蜇人没有查清,没有证据证实蜇伤人的蜜蜂来源于徐某饲养的蜂箱及蜂种。但公安部门认为,此附近只有徐某饲养蜜蜂,且其饲养的蜜蜂大量在居民区聚集,影响了居民的正常娱乐、通行,经警告处罚后,徐某仍未采取有效措施,导致蜜蜂仍严重影响居民正常生活,违反了《治安管理处罚法》的规定。且派出所是法律授权机关,可以自己的名义作出此处罚,无程序性问题,最终对徐某作出罚款200元的处罚。

77. 放任动物恐吓他人

法律条文

《治安管理处罚法》第 89 条第 1 款 饲养动物,干扰他人正常生活的,处警告;警告后不改正的,或者放任动物恐吓他人的,处一千元以下罚款。

裁量标准

违法行为	违法情节程度	处罚标准
放任动物恐吓他人的	情节一般	处 1000 元以下罚款

实务认定

1. 本违法行为的认定

侵害的客体	社会管理秩序和公民人身权利
行为主体	动物的饲养人或管理人,既可以是单位,也可以是个人
饲养动物	动物饲养人对家禽、家畜和驯养的野兽的饲养行为。饲养的动物包括城镇居民饲养的各种宠物,如猫、狗、鸟、蛇等,也包括农村居民饲养的各种家禽、家畜,如鸡、鸭、鹅等,也包括一些人饲养的藏獒、狼狗、蛇等对社会公众具有极大危险的大型凶猛动物
行为表现	如当动物对他人做出吼叫、露齿、追逐等威胁性动作时,饲养者不加以制止,任由其继续;故意利用自己饲养的动物,通过言语或行为示意动物对他人进行恐吓;长期对动物缺乏训练和管教,导致动物行为失控,对他人造成惊吓;等等
主观方面	故意

2.本违法行为与驱使动物伤害他人对照

对比项	放任动物恐吓他人	驱使动物伤害他人
侵害的客体	人们正常的生活秩序和公民的人身权利	他人的身体健康权
主观方面	放任,属于间接故意	直接故意
危害后果	对被害人造成精神上的惊吓,没有肉体上的损伤	直接对他人的肉体造成伤害,危害后果主要在于他人肉体
行为主体	主体是动物的饲养人或管理人,既可以是单位,也可以是个人	主体是年满14周岁、具有责任能力的自然人,不能是单位

取证要点

1.主体方面

主要包括违法行为人的姓名、法定年龄、责任能力、性别、民族、住址、政治面貌、历史表现,违法行为人之间的关系,是否有前科劣迹,是否具有人大代表、政协委员等特殊身份,是否为公职人员等。

通过工商营业执照、公安机关的备案登记等调查单位的所有者、经营者、主要负责人的身份信息,确定经营管理者的姓名、性别、年龄、住址、历史表现等。

2.主观方面

主要包括违法行为人实施本行为的原因、目的等。(1)原因。主要调查违法行为人实施本行为的原因,如饲养者或管理者可能对动物的行为控制不当或缺乏训练;忽视了动物可能对他人造成恐吓的风险,或者故意放任动物以展示其威严或控制力;个人情感、利益等。(2)目的。主要调查违法行为人实施本行为的目的,如通过动物的行为来展示其权威或控制力,从而间接实现某种目的等。

3.客观方面

主要包括放任的动物(如狗、猫、大型猛兽);恐吓的他人(如邻居、路人、儿童);行为人是否得知自己饲养的动物已经或者可能对他人造成恐吓;放任恐吓发生的程度(如导致受害者受伤或心理创伤);放任动物恐吓他人的时间、地点等。

规范索引

《刑法》第234条

78.违法出售、饲养烈性犬等危险动物

法律条文

《治安管理处罚法》第89条第2款 违反有关法律、法规、规章规定,出售、饲养烈性犬等危险动物的,处警告;警告后不改正的,或者致使动物伤害他人的,处五日以下拘留或者一千元以下罚款;情节较重的,处五日以上十日以下拘留。

裁量标准

违法行为	违法情节程度	处罚标准
违反有关法律、法规、规章规定,出售、饲养烈性犬等危险动物的	情节一般	处警告;警告后不改正的处5日以下拘留或者1000元以下罚款
	情节较重	处5日以上10日以下拘留

实务认定

1.本违法行为的认定

侵害的客体	公民的人身权利和社会管理秩序
行为主体	动物的饲养人或管理人,既可以是单位,也可以是个人

续表

烈性犬等危险动物	烈性犬有獒犬类、斗犬类、猎犬类等具有攻击性的犬种;其他危险动物有,具有攻击性的大型猫科动物,如狮子、老虎、豹等;有毒的爬行动物,如眼镜蛇、五步蛇、竹叶青等毒蛇,以及一些具有毒性的蜥蜴等;猛禽如鹰、雕、隼;等等
行为表现	未取得相关部门颁发的动物经营许可证、营业执照等合法证件,擅自从事烈性犬等危险动物的买卖活动;未取得相关部门颁发的动物经营许可证、营业执照等合法证件,擅自从事烈性犬等危险动物的买卖活动;未按照当地规定,为饲养的烈性犬等危险动物办理养犬登记、免疫接种等手续;等等
主观方面	故意

2.本违法行为与非法经营罪对照

对比项	非法出售、饲养烈性犬等危险动物	非法经营罪
犯罪主体	主体通常是个人或单位,更多的是个人行为	主体是达到法定刑事责任年龄、具有刑事责任能力的自然人或单位
行为表现	违反国家规定出售、饲养烈性犬等危险动物的行为	未经许可经营专营、专卖物品或其他限制买卖的物品,或者从事其他非法经营活动,扰乱市场秩序的行为
侵害的客体	涉及公共安全、动物福利、社会秩序等多个方面	市场秩序和公平竞争环境
危害后果	对公共安全、动物福利以及社会秩序造成潜在威胁,可能导致社会不稳定和公众恐慌	对市场经济秩序造成破坏,损害公平竞争环境,可能导致消费者利益受损和市场混乱
处罚种类	行政处罚	刑事处罚

> **取证要点**

1. 主体方面

主要包括违法行为人的姓名、法定年龄、责任能力、性别、民族、住址、政治面貌、历史表现,违法行为人之间的关系,是否有前科劣迹,是否具有人大代表、政协委员等特殊身份,是否为公职人员等。

通过工商营业执照、公安机关的备案登记等调查单位的所有者、经营者、主要负责人的身份信息,确定经营管理者的姓名、性别、年龄、住址、历史表现等。

2. 主观方面

主要包括违法行为人实施本行为的原因、目的等。(1)原因。主要调查违法行为人实施本行为的原因,如经济利益驱动,兴趣爱好或炫耀心理等。(2)目的。主要调查违法行为人实施本行为的目的,如获取经济利益,满足个人需求,挑战法律或寻求刺激的心理等。

3. 客观方面

主要包括非法出售、饲养的烈性犬等危险动物的时间、地点;种类、数量、次数;烈性犬等危险动物的特征(如攻击性强、难以控制);造成的不良社会影响(如引发恐慌和不安,破坏社会秩序和公共安全)等。

> **规范索引**

《民法典》第1179、1247条

79. 违法出售、饲养烈性犬等危险动物,致使动物伤害他人

> **法律条文**

《治安管理处罚法》第89条第2款 违反有关法律、法规、规章规定,出售、饲养烈性犬等危险动物的,处警告;警告后不改正的,或者致使动物伤害他人的,处五日以下拘留或者一千元以下罚款;情节较重的,处五日以上十日以下拘留。

裁量标准

违法行为	违法情节程度	处罚标准
违反有关法律、法规、规章规定,出售、饲养烈性犬等危险动物,致使动物伤害他人的	情节一般	处5日以下拘留或者1000元以下罚款
	情节较重	处5日以上10日以下拘留

实务认定

1. 本违法行为的认定

侵害的客体	公民的人身权利
行为主体	动物的饲养人或管理人,既可以是单位,也可以是个人
烈性犬等危险动物	烈性犬有獒犬类、斗犬类、猎犬类等具有攻击性的犬种;其他危险动物有,具有攻击性的大型猫科动物,如狮子、老虎、豹等;有毒的爬行动物,如眼镜蛇、五步蛇、竹叶青等毒蛇,以及一些具有毒性的蜥蜴等;猛禽如鹰、雕、隼;等等
行为表现	如卖家将烈性犬等危险动物出售给没有饲养能力或经验的买家,导致动物在新主人处因缺乏有效管理而伤害他人;饲养的烈性犬等危险动物在公共场所或居民生活区域突然对他人发动攻击,造成身体伤害;烈性犬追逐路人,导致路人因恐慌、躲避而摔倒或发生其他意外,造成身体损伤;等等
主观方面	故意

2. 本违法行为与以危险方法危害公共安全罪对照

对比项	非法出售、饲养烈性犬等危险动物,致使动物伤害他人	以危险方法危害公共安全罪
行为表现	非法出售、饲养烈性犬等危险动物,并因管理不善或故意放任导致动物伤害他人的行为	使用与放火、决水、爆炸、投放危险物质等危险性相当的其他危险方法危害公共安全的行为

续表

行为主体	通常是个人或单位,但更多的是个人行为	达到法定刑事责任年龄、具有刑事责任能力的自然人或单位
主观方面	故意	故意

取证要点

1. 主体方面

主要包括违法行为人的姓名、法定年龄、责任能力、性别、民族、住址、政治面貌、历史表现,违法行为人之间的关系,是否有前科劣迹,是否具有人大代表、政协委员等特殊身份,是否为公职人员等。

通过工商营业执照、公安机关的备案登记等调查单位的所有者、经营者、主要负责人的身份信息,确定经营管理者的姓名、性别、年龄、住址、历史表现等。

2. 主观方面

主要包括违法行为人实施本行为的原因、目的等。(1)原因。主要调查违法行为人实施本行为的原因,如缺乏法律意识和安全意识;经济利益驱动,个人喜好或炫耀心理等。(2)目的。主要调查违法行为人实施本行为的目的,如获取经济利益,满足个人需求,挑战法律或寻求刺激等。

3. 客观方面

主要包括非法出售、饲养烈性犬等危险动物伤害他人的时间、地点;种类、次数;造成的不良社会影响等。

规范索引

《民法典》第 1245、1247 条

80. 未对动物采取安全措施,致使动物伤害他人

法律条文

《治安管理处罚法》第89条第3款 未对动物采取安全措施,致使动物伤害他人的,处一千元以下罚款;情节较重的,处五日以上十日以下拘留。

裁量标准

违法行为	违法情节程度	处罚标准
未对动物采取安全措施,致使动物伤害他人的	情节一般	处1000元以下罚款
	情节较重	处5日以上10日以下拘留

实务认定

1. 本违法行为的认定

侵害的客体	公民的人身权利
行为主体	动物的饲养人或管理人,既可以是单位,也可以是个人
饲养动物	动物饲养人对家禽、家畜和驯养的野兽的饲养行为。饲养的动物包括城镇居民饲养的各种宠物,如猫、狗、鸟、蛇等,也包括农村居民饲养的各种家禽、家畜,如鸡、鸭、鹅等,也包括一些人饲养的藏獒、狼狗、蛇等对社会公众具有极大危险的大型凶猛动物
行为表现	如主人遛狗时未使用牵引绳,狗突然冲向路人并对其进行撕咬、抓挠,导致路人身体受伤;饲养的动物在主人未将其圈养在安全区域,或圈养设施损坏未及时修复的情况下,跑出来攻击他人;等等
主观方面	故意

2. 本违法行为与过失致人重伤罪对照

对比项	未对动物采取安全措施，致使动物伤害他人	过失致人重伤罪
行为主体	动物饲养人或管理人	达到刑事责任年龄、具有刑事责任能力的自然人
行为表现	动物实施了加害行为，导致他人受到损害	行为人实施了导致他人重伤的行为
主观方面	行为人违反了动物管理法规或相关规定，未对动物采取必要的安全措施，存在过失	行为人在主观方面应当预见自己的行为可能导致他人重伤的结果，由于疏忽大意而没有预见，或者已经预见但轻信能够避免，以致发生重伤结果的行为

取证要点

1. 主体方面

主要包括违法行为人的姓名、法定年龄、责任能力、性别、民族、住址、政治面貌、历史表现，违法行为人之间的关系，是否有前科劣迹，是否具有人大代表、政协委员等特殊身份，是否为公职人员等。

通过工商营业执照、公安机关的备案登记等调查单位的所有者、经营者、主要负责人的身份信息，确定经营管理者的姓名、性别、年龄、住址、历史表现等。

2. 主观方面

主要包括违法行为人实施本行为的原因等。如动物饲养人或管理人可能缺乏必要的安全意识，没有认识到动物可能对他人造成的潜在威胁。或者虽然认识到这种威胁，但出于疏忽大意或侥幸心理，没有采取必要的安全措施；在某些情况下，饲养人或管理人可能因经济条件有限，无法为动物提供足够的安全设施和防护措施等。

3. 客观方面

主要包括未采取安全措施的动物及种类（如猫、宠物狗或藏獒）；未采取安全措施的动物伤害他人的时间、地点、次数;违法行为人未采取安全措施的具体表现(如未拴绳、未戴嘴套;未关笼或圈养;未及时制止动物攻击行为);未采取安全措施的动物伤害他人的程度(如轻伤、重伤)等。

> 规范索引

《民法典》第 1245~1247 条

81.驱使动物故意伤害他人

> 法律条文

《治安管理处罚法》第 89 条第 4 款　驱使动物伤害他人的,依照本法第五十一条的规定处罚。

第 51 条　殴打他人的,或者故意伤害他人身体的,处五日以上十日以下拘留,并处五百元以上一千元以下罚款;情节较轻的,处五日以下拘留或者一千元以下罚款。

有下列情形之一的,处十日以上十五日以下拘留,并处一千元以上二千元以下罚款:

(一)结伙殴打、伤害他人的;

(二)殴打、伤害残疾人、孕妇、不满十四周岁的人或者七十周岁以上的人的;

(三)多次殴打、伤害他人或者一次殴打、伤害多人的。

> 裁量标准

违法行为	违法情节程度	处罚标准
驱使动物伤害他人的	情节较轻	处 5 日以下拘留或者 1000 元以下罚款
	情节一般	处 5 日以上 10 日以下拘留,并处 500 元以上 1000 元以下罚款
驱使动物伤害他人,属于本法第 51 条第 2 款规定的情形的	情节一般	处 10 日以上 15 日以下拘留,并处 1000 元以上 2000 元以下罚款

实务认定

1. 本违法行为的认定

侵害的客体	公民的人身权利
行为主体	动物的饲养人或管理人
饲养动物	动物饲养人对家禽、家畜和驯养的野兽的饲养行为。饲养的动物包括城镇居民饲养的各种宠物,如猫、狗、鸟、蛇等,也包括农村居民饲养的各种家禽、家畜,如鸡、鸭、鹅等,也包括一些人饲养的藏獒、狼狗、蛇等对社会公众具有极大危险的大型凶猛动物
行为表现	如饲养人明确发出指令,让狗等动物对特定的人进行撕咬、扑击等攻击行为;利用动物的护主、领地意识等本能,通过言语、动作等诱导动物对他人产生攻击行为;当动物已经开始对他人进行攻击行为时,饲养人有能力制止却故意不采取任何措施,任由攻击行为持续;等等
主观方面	故意

2. 本违法行为与故意伤害罪对照

对比项	驱使动物伤害他人	故意伤害罪
行为主体	饲养或管理动物的人	达到刑事责任年龄、具有刑事责任能力的自然人
行为方式	行为人故意用声音、语言、眼神或动作等指使或暗示动物对他人进行攻击,动物则在行为人的驱使下实施伤害他人的行为	行为人故意实施了非法损害他人身体健康的行为
情节程度	情节较轻,不构成轻伤	情节严重,要达到轻伤以上标准
处罚种类	行政处罚	刑事处罚

取证要点

1. 主体方面

主要包括违法行为人的姓名、法定年龄、责任能力、性别、民族、住址、政治面貌、历史表现,违法行为人之间的关系,是否有前科劣迹,是否具有人大代表、政协委员等特殊身份,是否为公职人员等。

通过工商营业执照、公安机关的备案登记等调查单位的所有者、经营者、主要负责人的身份信息,确定经营管理者的姓名、性别、年龄、住址、历史表现等。

2. 主观方面

主要包括违法行为人实施本行为的原因、目的等。(1)原因。主要调查违法行为人实施本行为的原因,如报复心理、出于好奇或寻求刺激的心理等。(2)目的。主要调查违法行为人实施本行为的目的,如造成他人身体上的伤害或痛苦;恐吓、威胁他人等。

3. 客观方面

主要包括驱使伤害他人的动物及种类;驱使动物伤害他人的时间、地点、次数;违法行为人在驱使动物伤害他人的行为方式(如故意用声音、语言、眼神或者动作等,指使或者暗示动物对他人进行攻击造成伤害);造成的伤害后果(如身体被咬伤、抓伤;产生恐惧、焦虑等心理创伤,财产损失)等。

规范索引

《民法典》第 1245、1247 条

二

处罚篇

1. 处罚种类

法律条文

《治安管理处罚法》第10条 治安管理处罚的种类分为：

（一）警告；

（二）罚款；

（三）行政拘留；

（四）吊销公安机关发放的许可证件。

对违反治安管理的外国人，可以附加适用限期出境或者驱逐出境。

条文解读

本条是关于治安管理处罚的种类的规定。第1款规定了四种治安管理处罚的基本种类，具体可见表2-1。

表2-1 治安管理处罚的种类及对比

对比	治安管理处罚基本种类			
	警告	罚款	行政拘留	吊销公安机关发放的许可证
定义或目的	对违法行为人提出告诫，指出危害，使其警觉，不致再犯，具有谴责和训诫双重含义	给违反治安管理行为人处以支付一定金钱义务的处罚，是实践中比较常用的一种处罚方式。罚款的作用在于通过使违反治安管理行为人在经济上受到损失，起到对其的惩戒和教育作用	公安机关对违反治安管理行为人依法在一定时间内拘禁留置于法定处所，短期剥夺其人身自由的一种处罚方式，是对自然人最严厉的一种治安管理处罚	剥夺违反治安管理行为人已经取得的，由公安机关依法发放的从事某项与治安管理有关的行政许可事项的许可证，使其丧失继续从事该项行政许可事项的资格的一种处罚，属于资格罚

续表

对比	治安管理处罚基本种类			
^	警告	罚款	行政拘留	吊销公安机关发放的许可证
适用情节	属于最轻微的一种处罚,只适用于违反治安管理情节轻微的情形,或者违反治安管理行为人具有法定从轻、减轻处罚的情形	根据各种违反治安管理行为的性质、危害程度以及罚款处罚的有效性等的不同,罚款金额不同	主要适用于违反治安管理行为情节较为严重的人	只能是吊销公安机关发放的许可证,而不能吊销其他机关颁发的许可证照
决定机关	可以由县级以上公安机关决定,也可以由公安派出所决定	一般由县级以上公安机关决定,但是对于1000元以下的罚款,可以由公安派出所决定	县级以上人民政府公安机关决定	吊销公安机关发放的许可证的处罚,应当由县级以上公安机关决定

本条第2款规定了对违反治安管理的外国人可以附加适用两种特殊的处罚。在我国领域内的外国人,其合法权益受我国法律保护,同时也要尊重和遵守我国法律的规定。对于外国人违反治安管理的案件,如果根据维护我国国家利益、社会公共利益的需要,认为其不适合继续在我国停留的,可以由公安机关责令其限期出境或者将其驱逐出境。

(1)限期出境就是由公安机关责令违反治安管理的外国人在规定的时限内离开我国国(边)境,属于责令自行离境,但负责执行的公安机关可以监督其离开。

(2)驱逐出境就是强迫违反治安管理的外国人离开我国国(边)境,是比限期出境更为严厉的一种手段,需要由负责执行的公安机关将其强制押解出境。

> 规范索引

《公安机关执行〈中华人民共和国治安管理处罚法〉有关问题的解释》第 2 条

2. 查获的违禁品、工具和违法所得财物的处理

> 法律条文

《治安管理处罚法》第 11 条　办理治安案件所查获的毒品、淫秽物品等违禁品，赌具、赌资，吸食、注射毒品的用具以及直接用于实施违反治安管理行为的本人所有的工具，应当收缴，按照规定处理。

违反治安管理所得的财物，追缴退还被侵害人；没有被侵害人的，登记造册，公开拍卖或者按照国家有关规定处理，所得款项上缴国库。

> 条文解读

本条是关于办理治安案件查获的违禁品和违法所得财物如何处理的规定。第 1 款是关于办理治安案件所查获的违禁品、行为人本人所有工具的处理。

（1）对于办理治安案件中查获的违禁品，要一律收缴，按照规定处理。"违禁品"是指依照国家规定，公民不得私自留存使用的物品，如毒品、淫秽物品以及枪支、弹药等物品。这些违禁品一旦查获，应当依律收缴，按照规定处理，不能流失在外继续危害社会。

（2）对于办理治安案件所查获的赌具、赌资和吸食、注射毒品的用具，应当收缴，按有关规定处理。

（3）对于直接用于实施违反治安管理行为、属于本人所有的工具，按照规定收缴处理。这里规定的工具不是违禁品，是直接用于实施违反治安管理行为的普通的生产、生活工具，如扳手、钳子、水果刀。法律对收缴用

于违反治安管理行为的工具的范围作出严格、明确的限制,其目的主要是防止在执法活动中任意扩大收缴的范围,将与违法行为有关无关的一切工具都予以收缴。

第2款是对违反治安管理所得的财物的处理。该情形的规定可见表2-2。

表2-2 对违反治安管理所得财物的处理

对比	查获的财物是否有主	
	有被侵害人	无被侵害人
处理	应当追缴退还被侵害人	应当登记造册、公开拍卖或者按照国家有关规定处理,所得款项上缴国库
注意事项	公安机关对于收缴的财物应当妥善保管,不便于长期保存的一些容易腐烂、变质的财物,应当依照规定及时处理,以避免不必要的损失	

规范索引

《公安机关办理行政案件程序规定》第187~197条

3. 未成年人违法的处罚

法律条文

《治安管理处罚法》第12条 已满十四周岁不满十八周岁的人违反治安管理的,从轻或者减轻处罚;不满十四周岁的人违反治安管理的,不予处罚,但是应当责令其监护人严加管教。

条文解读

本条是关于对违反治安管理行为人的法律责任年龄的规定。主要包括两个方面:(1)不完全治安责任能力。对于已满14周岁不满18周岁的未成年人违反治安管理的,从轻或者减轻处罚。已满14周岁不满18周岁的未成年人需要承担不完全治安责任。这里规定的"从轻或者减轻处罚"是"应当"从轻或者减轻处罚,而不是"可以"从轻或者减轻处罚。本条规定的"从轻处罚"是指根据本人违反治安管理的行为确定应当给予的治安管理处罚,在这一档处罚幅度内,选择较轻或者最轻的处罚。"减轻处罚"是指根据本人违反治安管理的行为确定应当给予的治安管理处罚,在这一档处罚的下一档处罚幅度内给予治安处罚。

(2)无治安责任能力。对不满14周岁的人违反治安管理的,不予处罚,但是应当责令其监护人严加管教。这是为了教育行为人,防止其继续危害社会。对于本条规定的不满14周岁的人的"监护人",按照《民法典》的规定,主要是指未成年人的父母、祖父母、外祖父母、兄、姐、愿意承担监护责任的其他亲友等。

规范索引

《公安机关执行〈中华人民共和国治安管理处罚法〉有关问题的解释》第3条;《公安机关执行〈中华人民共和国治安管理处罚法〉有关问题的解释(二)》第3、4条;《公安机关办理行政案件程序规定》第6、157条

4. 精神病人违法的处罚

法律条文

《治安管理处罚法》第13条 精神病人、智力残疾人在不能辨认或者不能控制自己行为的时候违反治安管理的,不予处罚,但是应当责令其监护人加强看护管理和治疗。间歇性的精神病人在精神正常的时候违反治安管理的,应当给予处罚。尚未完全丧失辨认或者控制自己行为能力的精神病人、智力残疾人违反治安管理的,应当给予处罚,但是可以从轻或者减轻处罚。

条文解读

本条是关于精神病人违反治安管理法律责任的规定,对精神病人违反

治安管理的处罚作了特殊规定,体现了法律对精神病人既不歧视又要保护的原则。本条主要包括两个方面的内容:

(1)精神病人在不能辨认或者不能控制自己行为的时候违反治安管理如何处理的规定。以精神病人是否有行为能力、是否能够辨认或者控制自己的行为为标准来确定精神病人是否要为其违反治安管理的行为负责,是否要受到治安处罚。这既体现了对精神病人的保护,又有利于维护社会的治安。精神病人在不能辨认或者不能控制自己行为的时候违反治安管理的,不予处罚,但是应当责令其监护人加强看护管理和治疗。这里规定的"不能辨认自己的行为""不能控制自己的行为"是选择性的,即只要精神病人符合其中的一种情形,就不予处罚。但是,精神病人违反治安管理的,即使不予处罚,也不能放任不管,任其危害社会和他人,要责令其监护人严加看管和治疗。按照《民法典》的相关规定,精神病人的监护人,主要包括配偶、父母、成年子女、其他近亲属等。

(2)对间歇性的精神病人在精神正常的时候违反治安管理如何处理的规定。间歇性精神病人是指精神并非一直处于错乱而完全丧失辨认或者控制自己行为的能力的精神病人。其在精神正常的情况下,是具有辨认和控制自己行为的能力的,可视为有完全责任能力,因此,在此种状态下如果违反治安管理的,应当予以处罚。

规范索引

《公安机关执行〈中华人民共和国治安管理处罚法〉有关问题的解释》第3条;《公安机关办理行政案件程序规定》第158条;《民法典》

5.盲人或聋哑人违法的处罚

法律条文

《治安管理处罚法》第14条 盲人或者又聋又哑的人违反治安管理的,可以从轻、减轻或者不予处罚。

条文解读

本条是关于对盲人或者又聋又哑的人违反治安管理的处罚规定。我国《刑法》规定："又聋又哑的人或者盲人犯罪,可以从轻、减轻或者免除处罚。"由此可见,法律对这类生理上有缺陷的人是有着特殊规定的。

虽然盲人和又聋又哑的人属于生理上有较大的缺陷的人,但如果他们是成年人且智力和精神状况正常,即并未失去辨认或者控制自己行为的能力,对自己行为的性质和后果也会有正确的判断,就不属于无行为能力的人,应当对他们的违法行为负责任,只是他们辨认、判断事物的能力和控制自己行为的能力由于其生理缺陷而受到限制和影响,对他们的处罚也应当比正常人要轻一些。

值得注意的是,本条针对的对象是盲人或者又聋又哑的人,其他生理上有缺陷的人,如肢体有残疾的人等不在本条规定范围内。只不哑或者只哑不聋的人也不适用本条规定。本条规定对盲人或者又聋又哑的人违反治安管理的,"可以"从轻、减轻或者不予处罚。这里规定的是"可以",而非"应当"是指公安机关要根据违反治安管理的行为人的生理情况、违法行为的具体情况来酌定是否从轻、减轻或者不予处罚,而不是一律从轻、减轻或者不予处罚。

规范索引

《公安机关执行〈中华人民共和国治安管理处罚法〉有关问题的解释》第3条;《公安机关执行〈中华人民共和国治安管理处罚法〉有关问题的解释(二)》第4条

6. 醉酒的人违法的处罚

法律条文

《治安管理处罚法》第15条　醉酒的人违反治安管理的,应当给予处罚。

醉酒的人在醉酒状态中,对本人有危险或者对他人的人身、财产或者公共安全有威胁的,应当对其采取保护性措施约束至酒醒。

条文解读

本条是关于对醉酒的人违反治安管理的,如何处罚以及采取保护性约束措施的规定。

第 1 款是关于醉酒的人违反治安管理的应当给予处罚的规定。

醉酒是行为人在清醒状态时不控制自己的饮酒量,放纵自己所致,完全是个人行为导致的辨别、控制能力下降的状态。醉酒后的人并未完全失去辨别是非和控制自己行为的能力,而且其应当预见到自己酒后的行为和后果,其违反治安管理的行为主要是由于自己主观的过失造成的,因此,应当对自己违反治安管理的行为负责,应当给予处罚。

第 2 款是关于应当对醉酒的人采取保护性措施约束至酒醒的规定。

违法嫌疑人在醉酒状态中,意识不清醒,有些人在醉酒后的生理反应,容易对本人有危险或者对他人的人身、财产或者公共安全有威胁,因此,如果醉酒的人有上述社会危险性,则公安机关应当对其采取保护性措施约束至酒醒,也可以通知其家属、亲友或者所属单位将其领回看管,必要时,应当送医院醒酒。对行为举止失控的醉酒人,可以使用约束带或者警绳等进行约束,但是不得使用手铐、脚镣等警械。约束过程中,应当指定专人严加看护。确认醉酒人酒醒后,应当立即解除约束,并进行询问。约束时间不计算在询问查证时间内。

值得注意的是,这里规定的"约束至酒醒",不是对醉酒人的一种处罚,而是保护性的强制措施,待醉酒的人酒醒后,意识清楚后,可以自由离开或者根据其违反治安管理的行为给予处罚。

规范索引

《公安机关办理行政案件程序规定》第 58 条;《人民警察使用警械和武器条例》

7. 有两种以上违法行为的处罚

法律条文

《治安管理处罚法》第 16 条 有两种以上违反治安管理行为的,分别决定,合并执行处罚。行政拘留处罚合并执行的,最长不超过二十日。

条文解读

本条是关于有两种以上违反治安管理行为的处罚的规定。一人有两种以上违法行为的,分别决定,合并执行处罚,可以制作一份决定书,分别写明对每种违法行为的处理内容和合并执行的内容。一个案件有多个违法行为人的,分别决定,可以制作一式多份决定书,写明给予每个人的处理决定,分别送达每一个违法行为人。

不同的违法行为要分别裁决,但可以合并执行处罚的,要合并执行。根据本法相关规定,治安管理处罚的种类有警告、罚款、行政拘留和吊销公安机关发放的许可证,不是所有的处罚都能够合并执行。比如,不同种类的行政处罚无法合并执行,两个警告也无法合并执行。只有同是罚款或者同是行政拘留的处罚才可以合并执行。两个以上的罚款可以将数额相加而合并执行;两个以上的拘留可以将拘留天数相加执行,但是本条规定,行政拘留处罚合并执行的,最长不超过 20 日。

值得注意的是,分别决定的前提是违反治安管理行为人实施了不同的违法行为,如果是实施了同种违反治安管理的行为,则不适用本条规定。另外,根据法律所作出的决定处罚结果必须是相同的,才可以合并执行。如果既有行政拘留,又有罚款,则不可合并处罚,只能分别处罚,不得合并或者折合拘留,或以加大罚款数额代替行政拘留。

规范索引

《公安机关办理行政案件程序规定》第 161 条

8. 共同违法行为的处罚

法律条文

《治安管理处罚法》第 17 条 共同违反治安管理的,根据行为人在违反治安管理行为中所起的作用,分别处罚。

教唆、胁迫、诱骗他人违反治安管理的,按照其教唆、胁迫、诱骗的行为处罚。

条文解读

本条是关于共同违反治安管理的处罚原则以及对教唆、胁迫、诱骗他人违反治安管理的如何处罚的规定。第 1 款是关于共同违反治安管理的处罚原则的规定。

共同违反治安管理,是指两个或者两个以上的行为人,出于共同的违反治安管理的故意,实施了共同的违反治安管理的行为。其所符合的特征为:(1)行为主体是两个人或者两个以上的人;(2)几个违法行为人必须有共同的故意;(3)几个违法行为人必须有共同的违反治安管理的行为。违法行为人各自的行为都是在他们共同故意的支配下,围绕共同的侵害对象,为实现共同的违法目的而实施的。依照本条的规定,对于共同违反治安管理的行为人,要根据其在违反治安管理行为中所起的作用,分别处罚。

"行为人在违反治安管理行为中所起的作用",是指每个违反治安管理的行为人在共同违反治安管理的违法活动中的作用,具体分为起组织、指挥、领导作用,起主要的作用,起次要或者辅助作用等。由于每个违法行为人在共同违反治安管理行为中的作用不同,决定了对他们的治安处罚的轻重也有所不同。根据本条规定,对共同违反治安管理的行为人要分别处罚。也就是说,不能只根据违法行为的后果、社会危害以及法律有关规定对所有行为人给予相同的处罚,而要同时考虑每个人的不同作用,并区别对待,分别予以处罚。

第 2 款是关于教唆、胁迫、诱骗他人违反治安管理如何处罚的规定。"教唆他人违反治安管理",是指唆使、怂恿他人实施违反治安管理的行为;"胁迫他人违反治安管理",是指对他人进行威胁、恐吓等精神强制,使他人不敢不实施违反治安管理的行为;"诱骗他人违反治安管理",是指以隐瞒后果等手段,诱导、欺骗他人实施违反治安管理的行为。教唆、胁迫、诱骗他人违反治安管理的人与因受教唆、胁迫、诱骗而实施违反治安管理行为的人是共同违反治安管理,要按照其教唆、胁迫、诱骗的行为处罚。本法还规定对这些人应当从重处罚教唆、胁迫、诱骗他人违反治安管理的,有的也同时直接参与实施了其所教唆、胁迫、诱骗的违反治安管理的行为;有的并未直接参与实施违反治安管理的行为,无论是何种情况,都要按照其所教唆、胁迫、诱骗的行为处罚。具体处罚的轻重,要根据本条第 1 款的规定予以处罚。

规范索引

《公安机关执行〈中华人民共和国治安管理处罚法〉有关问题的解释》第 3 条

9. 单位违法行为的处罚

法律条文

《治安管理处罚法》第 18 条 单位违反治安管理的,对其直接负责的主管人员和其他直接责任人员依照本法的规定处罚。其他法律、行政法规对同一行为规定给予单位处罚的,依照其规定处罚。

条文解读

本条是关于单位违反治安管理的处罚规定。《治安管理处罚法》规定"单位违反治安管理的,对其直接负责的主管人员和其他直接责任人员依照本法的规定处罚。其他法律、行政法规对同一行为规定给予单位处罚的,依照其规定处罚"并可以吊销公安机关发放的许可证。对单位实施《治安管理处罚法》第3章所规定的违反治安管理行为的,应当依法对其直接负责的主管人员和其他直接责任人员予以治安管理处罚;其他法律、行政法规对同一行为明确规定由公安机关给予单位警告、罚款、没收违法所得、没收非法财物等处罚,或者采取责令其限期停业整顿、停业整顿、取缔等强制措施的,应当依照其规定办理。对被依法吊销许可证的单位,应当同时依法收缴非法财物、追缴违法所得。参照刑法的规定,单位是指公司、企业、事业单位、机关、团体。

该规定同时包括三层意思:(1)单位违反治安管理的,处罚其直接负责的主管人员和其他直接责任人员。即对于单位违反治安管理的,首先要处罚单位违反治安管理的直接负责的主管人员和其他直接责任人员。(2)对单位违反治安管理的,对单位直接负责的主管人员和其他直接责任人员按照本法关于对自然人违反治安管理行为的处罚规定去处罚。(3)如果其他法律、行政法规对同一行为规定给予单位处罚的,则应依照其他法律、行政法规规定的处罚种类、处罚幅度,由其他法律、行政法规规定的处罚决定机关,对该单位给予处罚。

规范索引

《公安机关执行〈中华人民共和国治安管理处罚法〉有关问题的解释》第4条

10. 制止不法侵害造成损害的处罚

法律条文

《治安管理处罚法》第19条 为了免受正在进行的不法侵害而采取的制止行为,造成损害的,不属于违反治安管理行为,不受处罚;制止行为明显超过必要限度,造成较大损害的,依法给予处罚,但是应当减轻处罚;情节较轻的,不予处罚。

条文解读

本条是关于为制止不法侵害而造成损害的相关处罚规定。对于该规定的不同情形解读可见表 2-3。

表 2-3 制止不法侵害造成损害的情形

规定情形	相关解读
不属于违反治安管理行为	为了免受正在进行的不法侵害而采取的制止行为,若未明显超过必要限度且未造成不应有的损害,该行为不属于违反治安管理行为。这意味着防卫人不会因实施合法的防卫行为而受到治安管理处罚,保障了公民在面临不法侵害时进行自我保护的权利。值得注意的是,防卫人必须针对不法侵害人本人实施。防卫人不能对不法侵害人以外的第三人实施防卫行为,否则可能构成侵权行为
减轻或者免除处罚	正当防卫不能明显超过必要限度造成重大损害。在判断是否超过必要限度时,需要综合考虑不法侵害的性质、手段、强度以及防卫人所处的环境、面临的危险程度等因素。若防卫行为明显超过必要限度,造成不应有的损害,应当减轻或者免除处罚。这一规定体现了法律对防卫过当行为的区别对待,既承认防卫人在紧急情况下的防卫权利,又对超过必要限度的防卫行为进行适当惩戒,以防止防卫权的滥用

11. 从轻、减轻或者不予处罚的情形

法律条文

《治安管理处罚法》第 20 条　违反治安管理有下列情形之一的,从轻、减轻或者不予处罚:
（一）情节轻微的;
（二）主动消除或者减轻违法后果的;
（三）取得被侵害人谅解的;
（四）出于他人胁迫或者诱骗的;

续表

(五)主动投案,向公安机关如实陈述自己的违法行为的;
(六)有立功表现的。

条文解读

本条是关于违反治安管理应当从轻、减轻处罚或者不予处罚的情形的规定。本条规定的一些减轻处罚或者不予处罚的情形,是考虑到行为人的行为特征、行为后果、社会危害等客观因素。需要注意的是,违法行为轻微并及时纠正,没有造成危害后果的,不予行政处罚。盲人或者又聋又哑的人违反治安管理的,可以从轻、减轻或者不予行政处罚;醉酒的人违反治安管理的,应当给予处罚。该规定的相关情形可见表2-4。

表2-4 从轻、减轻或不予处罚情形

类型	概念解读
情节轻微的	指行为人实施的违反治安管理的行为情节显著轻微,没有造成危害后果或者危害后果很轻,其社会危害性尚未达到应当受治安管理处罚的程度
主动消除或者减轻违法后果的	指行为人及时、主动地消除或者减轻违法后果。这不仅对社会的危害小了,而且也表明行为人主观上意识到了自己的错误,有悔改的表现
取得被侵害人谅解的	社会危害性相对较小,对被侵害人的侵害相对较轻。对于行为人违反治安管理有被侵害人的情况,可通过积极取得被侵害人的谅解。这样有利于消除矛盾,增进社会和谐,促进构建一个和谐的社会
出于他人胁迫或者诱骗的	受到他人的胁迫或者诱骗而违反治安管理的,行为人是在精神受到强制或者是受骗上当产生错误认识情况下违法的,虽然有过错,应当负责任,但是主观恶性相对较小,因而应当减轻处罚或者不予处罚

续表

类型	概念解读
主动投案，向公安机关如实陈述自己的违法行为的	本项规定的减轻处罚或者不予处罚的情形要同时符合两个条件：(1)违法行为人主动投案。所谓"主动投案"，是指违法行为人在其违法行为尚未被公安机关发现以前，或者公安机关虽已发现但尚不知道行为人的，或者是虽已掌握违法事实和违法行为人但尚未追查之前，违法行为人出于悔过、惧怕处罚、亲友教育等原因，自己主动到公安机关承认违法行为并自愿接受处理的。(2)违法行为人要向公安机关如实陈述自己的违法行为。行为人主动投案以后，必须如实陈述其违法行为，包括具体的时间、地点、当事人以及作案手段等。只有同时符合上述两个条件的，公安机关才可以依照本法规定，对行为人减轻处罚或者不予处罚
有立功表现的	立功，主要是指违法行为人在实施违法或犯罪行为后，有揭发、检举其他违法行为人的违法或犯罪行为，或者阻止他人的违法犯罪活动以及提供重要线索、证据等情形。《行政处罚法》规定，对于配合行政机关查处违法、犯罪行为有立功表现的，应当依法从轻或者减轻处罚。《刑法》也规定，对于有立功表现的犯罪分子，可以从轻、减轻或者免除处罚

规范索引

《公安机关执行〈中华人民共和国治安管理处罚法〉有关问题的解释》第3条；《公安机关执行〈中华人民共和国治安管理处罚法〉有关问题的解释(二)》第4条；《公安机关办理行政案件程序规定》第159条

12. 依法从宽处理情形

法律条文

《治安管理处罚法》第21条　违反治安管理行为人自愿向公安机关如实陈述自己的违法行为，承认违法事实，愿意接受处罚的，可以依法从宽处理。

条文解读

本条是关于违法行为人违反治安管理后，公安机关接受及从宽处理机制的情形规定。违法行为人违反治安管理后，需主动、自愿地向公安机关陈述自己的违法行为，明确承认自己的行为违反了治安管理规定，表明愿意接受公安机关依法作出的处罚决定，从始至终未有隐瞒或歪曲事实，且对违法事实不抗拒、无异议，在此前提下，公安机关可根据行为人的主观恶性、其违法行为的危害程度、造成的社会影响等因素对是否从宽处理进行考量，可在法定处罚幅度内减轻处罚或者不予处罚。

13. 从重处罚情形

法律条文

《治安管理处罚法》第 22 条　违反治安管理有下列情形之一的，从重处罚：
（一）有较严重后果的；
（二）教唆、胁迫、诱骗他人违反治安管理的；
（三）对报案人、控告人、举报人、证人打击报复的；
（四）一年以内曾受过治安管理处罚的。

条文解读

本条是关于违反治安管理从重处罚的情形的规定。该规定的相关情形可见表 2-5。

表 2-5　从重处罚情形

类型	概念解读
有较严重后果的	指违反治安管理的行为造成了比较严重的现实危害后果，造成的后果越是严重，其社会危害性越大，应当予以从重处罚

续表

类型	概念解读
教唆、胁迫、诱骗他人违反治安管理的	教唆、胁迫、诱骗他人违反治安管理的人,不但自己故意违反治安管理,还采取教唆、胁迫、诱骗等手段,使原本没有违反治安管理故意的人成为危害社会的违法行为人。其主观恶性很大,必须予以从重处罚
对报案人、控告人、举报人、证人打击报复的	这里规定的"打击报复"的形式是多样的,既包括对报案人、控告人、举报人、证人的人身、财产的损害,也包括对他们精神上的折磨。报案人、控告人、举报人、证人都是在维护自己的合法权利或者利用自己的合法权利揭露违法犯罪。这既是公民的权利,也是公民的责任,有利于打击违法犯罪行为,维护社会的治安秩序。对他们进行打击报复,不仅侵犯了他们合法的人身财产等权利,也妨害了司法机关打击违法
一年以内曾受过治安管理处罚的	这类人主观恶性明显,屡教不改,类似于《刑法》规定的"累犯"是治安重点惩治的对象,必须予以从重处罚。 值得注意的是,行为人前后违反治安管理的可以是同种违法行为,也可以是不同种违法行为,但是如果行为人之前的违法行为尚未受到过治安管理处罚,则属于合并处罚,不涉及从重处罚的问题

规范索引

《公安机关办理行政案件程序规定》第 160 条

14. 应给予行政拘留处罚但不执行与可执行行政拘留处罚的情形

法律条文

《治安管理处罚法》第 23 条　违反治安管理行为人有下列情形之一,依照本法应当给予行政拘留处罚的,不执行行政拘留处罚:
（一）已满十四周岁不满十六周岁的;
（二）已满十六周岁不满十八周岁,初次违反治安管理的;

续表

> (三)七十周岁以上的;
> (四)怀孕或者哺乳自己不满一周岁婴儿的。
> 前款第一项、第二项、第三项规定的行为人违反治安管理情节严重、影响恶劣的,或者第一项、第三项规定的行为人在一年以内二次以上违反治安管理的,不受前款规定的限制。

条文解读

第1款是关于应当给予行政拘留处罚而不执行的情形的规定。根据《治安管理处罚法》规定对"已满十四周岁不满十六周岁的""已满十六周岁不满十八周岁,初次违反治安管理的""七十周岁以上的""怀孕或者哺乳自己不满一周岁婴儿的"违反治安管理行为人,可以依法作出行政拘留处罚决定,但不投送拘留所执行。被处罚人居住地公安派出所应当会同被处罚人所在单位、学校、家庭、居(村)民委员会、未成年人保护组织和有关社会团体进行帮教。上述未成年人、老年人的年龄、怀孕或者哺乳自己不满1周岁婴儿的妇女的情况,以其实施违反治安管理行为或者正要执行行政拘留时的实际情况确定,即违反治安管理行为人在实施违反治安管理行为时具有上述情形之一的,或者执行行政拘留时符合上述情形之一的,均不再投送拘留所执行行政拘留。该规定的相关情形可见表2-6。

表2-6 应当给予行政拘留处罚而不执行的情形

类型	概念解读
已满14周岁不满16周岁的	本项规定侧重的是对未成年人的保护,是出于对未成年人的保护和责任承担能力上的考虑。在我国的相关法律中,在民事责任和刑事责任的承担上,对未成年人都有特殊的规定。如《刑法》中规定:"已满十四周岁不满十六周岁的人,犯故意杀人、故意伤害致人重伤或者死亡、强奸、抢劫、贩卖毒品、放火、爆炸、投放危险物质罪的,应当负刑事责任"。这说明不满16周岁的人,对于上述罪名之外的其他犯罪行为是不承担刑事责任的

续表

类型	概念解读
已满16周岁不满18周岁，初次违反治安管理的	同样是基于对未成年人的保护。相对于已满14周岁不满16周岁的人来说，已满16周岁不满18周岁的人对行为性质及其后果的认识和控制能力有所提高，但和已经年满18周岁的成年人相比还是有差距的。因此本法规定对这一部分人，初次违反治安管理的，不执行行政拘留的处罚。这样规定的目的是想将拘留处罚对这些人今后成长的负面影响减少到最低，但又通过对他给予治安拘留处罚却不实际执行的方式，对其起到教育警示作用。 初次违反治安管理，是指行为人的违反治安管理行为第一次被公安机关发现或者查处。曾因违反治安管理且被公安机关处以行政拘留（包括被行政拘留依法不执行的）、罚款、警告等处罚的，不属于初次违反治安管理。以前虽然没有因违反治安管理被行政处罚，但曾因实施扰乱公共秩序，妨害公共安全，侵犯人身权利、财产权利，妨害社会管理的行为被人民法院判决有罪的，也不属于初次违反治安管理
70周岁以上的	主要是出于人道主义的考虑。年迈的人大多身体较弱，若处以行政拘留，在自由被剥夺的情况下有可能引发进一步的健康恶化或其他的隐患，给责任人造成超出责任限度之外的不利后果。规定对70周岁以上的人违反治安管理行为不执行行政拘留处罚，并不意味着免除他的责任，还可以对其执行其他更为合适的处罚方式
怀孕或者哺乳自己不满1周岁婴儿的	此规定既是对妇女的保护，也是对胎儿和婴儿成长发育的保护。规定对"怀孕或者哺乳自己不满一周岁婴儿的"妇女不执行行政拘留处罚并不意味着免除她的责任，而是可以考虑其他的行政处罚措施

第2款是关于应当给予行政拘留处罚且可执行行政拘留处罚的情形的规定。

这是一项对未成年及 70 周岁以上违法行为人不执行行政拘留的例外制度,如行为人不思改正,不吸取教训,执意违反治安管理,又依法应当治安拘留的,可执行行政拘留处罚,不受本条第 1 款规定的限制,这在一定程度上有利于加强违法惩罚震慑。

规范索引

《公安机关执行〈中华人民共和国治安管理处罚法〉有关问题的解释》第 5 条;《公安机关执行〈中华人民共和国治安管理处罚法〉有关问题的解释(二)》第 5 条

15. 对未成年人采取矫治教育措施的情形

法律条文

《治安管理处罚法》第 24 条 对依照本法第十二条规定不予处罚或者依照本法第二十三条规定不执行行政拘留处罚的未成年人,公安机关依照《中华人民共和国预防未成年人犯罪法》的规定采取相应矫治教育等措施。

条文解读

本条是关于未成年人违法矫治的情形的规定。

这是一条增加了对依法不予处罚的或者不执行行政拘留处罚的未成年人采取矫治教育措施,这是与《预防未成年人犯罪法》的衔接。当前未成年人违法犯罪呈现抬头趋势,利用专门教育学校加强对未成年违法行为人的矫治教育十分必要。

三

程 序 篇

（一）立　案

1. 立案

法律条文

《治安管理处罚法》第 90 条　公安机关对报案、控告、举报或者违反治安管理行为人主动投案，以及其他国家机关移送的违反治安管理案件，应当立即立案并进行调查；认为不属于违反治安管理行为的，应当告知报案人、控告人、举报人、投案人，并说明理由。

条文解读

本条是关于公安机关受理治安案件后应当如何处理的规定，即公安机关获悉案件线索、受理案件后，要根据情况进行不同的处理：(1)认为属于违反治安管理行为的，应当立即立案进行调查；(2)认为不属于违反治安管理行为的，应当将结果告知提供线索的有关人员，并说明理由。对行政案件进行调查时，应当合法、及时、客观、全面地收集、调取证据材料，并予以审查、核实。

需要调查的案件事实包括：(1)违法嫌疑人的基本情况；(2)违法行为是否存在；(3)违法行为是否为违法嫌疑人实施；(4)实施违法行为的时间、地点、手段、后果以及其他情节；(5)违法嫌疑人有无法定从重、从轻、减轻以及不予行政处罚的情形；(6)与案件有关的其他事实。该规定的相关情形可见表3-1。

表3-1 对是否违反治安管理行为的处理

违反治安管理行为的衡量	是否有违反治安管理的事实发生	有违反治安管理的事实发生是公安机关进行治安案件立案的前提
	对违法行为是否要依法予以治安管理处罚	治安管理处罚属于行政处罚,要依法进行,实行严格的法定主义,于法无据的则不能处罚
	是否属于接受案件的公安机关管辖	虽然对于报案、控告、举报和投案人而言,并不需要分清管辖后再采取行动,但是对于公安机关而言,则必须在法定的职权范围内开展活动
不属于违反治安管理行为	(1)公安机关对有关的材料进行初步审查后认为,案件所涉的行为不构成违反治安管理行为,不应受到治安管理处罚,对此,公安机关应作撤销案件处理。(2)公安机关对有关的材料进行初步审查后认为,虽然案件所涉的行为不属于违反治安管理行为,但属于其他违反行政管理秩序的行为的,可以将案件及时移送其他行政主管部门,也可以告知报案人、控告人、举报人、投案人向其他行政主管部门报案、控告、举报、投案。(3)公安机关对有关的材料进行初步审查后认为,案件所涉的行为涉嫌犯罪的,应当将案件移送有管辖权的主管机关,依法追究刑事责任。如果公安机关通过审查认为不属于违反治安管理行为的,要承担相应的告知义务。告知的对象为报案人、控告人、举报人、投案人,告知的内容为认为不属于违反治安管理的行为,以及得出该结论的理由	

规范索引

《公安机关办理行政案件程序规定》第49~59条

2. 违反治安管理行为追究时效

法律条文

《治安管理处罚法》第 25 条 违反治安管理行为在六个月以内没有被公安机关发现的,不再处罚。

前款规定的期限,从违反治安管理行为发生之日起计算;违反治安管理行为有连续或者继续状态的,从行为终了之日起计算。

条文解读

本条是关于违反治安管理行为追究时效的规定。第 1 款是关于追究时效期限的规定。即违反治安管理行为在 6 个月内没有被公安机关发现,其他违法行为在 2 年内没有被公安机关发现的,不再给予行政处罚。

"追究时效",是指追究违反治安管理行为人法律责任的有效期限。追究违反治安管理行为人的责任,必须在本条规定的期限之内,超过了法定的期限,就不能再对违反治安管理行为人追究责任、给予处罚。同时,违反治安管理行为的追究时效与《刑法》规定的对犯罪行为的追诉时效相比,期限也大大缩短。根据本条的规定,对违反治安管理行为的追究时效为 6 个月。除应当适用拘留处罚的行为外,6 个月后不再追究。

第 2 款是关于追究时效期限如何计算的规定。前款规定的期限,从违法行为发生之日起计算;违法行为有连续、继续或者持续状态的,从行为终了之日起计算。被侵害人在违法行为追究时效内向公安机关控告,公安机关应当受理而不受理的,则不受本条第 1 款追究时效的限制。该规定的相关情形可见表 3-2。

表 3-2 违反治安管理行为的追究时效

规定情形	概念解读
一般情况下追究期限的起算时间	从行为发生之日起计算。"行为发生之日"是指违反治安管理行为完成或停止之日。如非法运输少量未经

续表

规定情形	概念解读
	灭活的罂粟等毒品原植物种子或者幼苗的,在路上用了两天,应以第二天将罂粟等运到并转交他人起开始计算追究时效的期限。值得注意的是,这是一种继续行为
特殊情况下追究期限的起算时间	(1)违反治安管理行为处于连续状态的,从行为终了之日起计算。即违反治安管理行为人连续实施同一违反治安管理行为,时效期限从其最后一个行为施行完毕时开始计算。(2)违反治安管理行为处于继续状态的,从违反治安管理行为终了之日起计算。即行为人所实施的违反治安管理行为在一定时间内处于持续状态,时效期限自这种持续状态停止的时候开始计算

规范索引

《公安机关执行〈中华人民共和国治安管理处罚法〉有关问题的解释》第3条;《公安机关办理行政案件程序规定》第154条

(二)调 查

1.严禁非法取证

法律条文

《治安管理处罚法》第91条　公安机关及其人民警察对治安案件的调查,应当依法进行。严禁刑讯逼供或者采用威胁、引诱、欺骗等非法手段收集证据。

以非法手段收集的证据不得作为处罚的根据。

条文解读

本条是关于公安机关依法调查的规定,第1款从正面规定了依法对治安案件进行调查的原则,即公安机关必须依照法定程序,收集能够证明违法嫌疑人是否违法、违法情节轻重的证据。

公安机关和人民警察对治安案件的调查,应当依法进行。(1)公安机关及其人民警察在对治安案件的调查过程中,严禁刑讯逼供或者采取威胁、引诱、欺骗等非法手段收集证据。这既是保障有关当事人基本权利的重要原则,也是确保证据正当性的重要准则。刑讯逼供是最明显、危害最大的非法收集证据行为,刑讯逼供的方式多种多样,如冻、饿、晒、烤等。(2)采取"威胁、引诱、欺骗"手段收集证据,是指通过采取暴力、恐吓等非法手段威胁违反治安管理行为人、证人或者通过许诺某种好处诱使、欺骗违反治安管理行为人、证人以获取证据。其他的"非法手段",主要包括违反法定程序检查有关的场所、物品及他人住宅等。使用刑讯逼供或者采取威胁、引诱、欺骗等非法手段收集证据,显然是在当事人非自愿的情况下进行的,由此而获得的证据存在虚假性的可能。

第2款从反面规定了依法对治安案件进行调查的原则。即严禁刑讯逼供和以威胁、欺骗等非法方法收集证据。采用刑讯逼供等非法方法收集的违法嫌疑人的陈述和申辩以及采用暴力、威胁等非法方法收集的被侵害人陈述、其他证人证言,不能作为定案的根据。收集物证、书证不符合法定程序,可能严重影响执法公正的,应当予以补正或者作出合理解释;不能补正或者作出合理解释的,不能作为定案的根据。

可以说,本条确立了公安机关办理行政案件中的"非法证据排除规则",即排除通过非法手段收集的证据在案件认定过程中的作用,宣告以非法手段收集的证据无效。这有助于推动公安机关以及人民警察文明、合法收集相关证据。

> **规范索引**

《公安机关办理行政案件程序规定》第 27 条

2. 公安机关收集、调取证据的规定

> **法律条文**

《治安管理处罚法》第 92 条　公安机关办理治安案件,有权向有关单位和个人收集、调取证据。有关单位和个人应当如实提供证据。

公安机关向有关单位和个人收集、调取证据时,应当告知其必须如实提供证据,以及伪造、隐匿、毁灭证据或者提供虚假证言应当承担的法律责任。

> **条文解读**

本条是关于明确公安机关的调取证据权力和被调取方的配合义务,从而为治安案件的办理提供法律保障的规定。

1. 公安机关调取证据的程序要求

(1) 审批与文书开具。公安机关在调取证据时,需经办案部门负责人批准,并开具调取证据通知书。该通知书应明确调取的证据种类、提供时限等关键信息。被调取单位或个人需在通知书上盖章或签名确认,若拒绝配合,公安机关应注明情况,并视需要采用录音录像等方式固定证据内容及取证过程。(2) 告知义务与法律责任。在调取证据时,公安机关必须告知被调取方如实提供证据的义务,以及伪造、隐匿、毁灭证据或提供虚假证言的法律责任。这一告知程序旨在强化证据的真实性,防止证据被篡改或伪造。(3) 证据种类与审查核实。根据《公安机关办理行政案件程序规定》第 26 条的规定,证据是材料,必须以材料为载体和表现形式,同时,证据可以用于证明案件事实,即证据与案件事实有一定程度的关联性,此外证据所证明的是案件事实,既包括证明违法嫌疑人违法的材料,也包括证

明其不违法的材料;既包括证明其违法情节较重的材料,也包括证明可以对其从轻、减轻或者不予处罚的材料。在治安案件中,可能涉及的证据种类包括书证、物证、视听资料、证人证言等。故公安机关需按照法定程序全面、客观地对调取的证据进行审查核实,确保其真实性、关联性和合法性。

2. 被调取方的配合义务

根据法律规定,有关单位和个人有义务如实提供与案件相关的证据。这一义务是保障案件事实查清的基础,也是维护司法公正的重要环节。若被调取方伪造、隐匿、毁灭证据或提供虚假证言,将依法承担法律责任。

3. 证据转换规定

法律条文

> 《治安管理处罚法》第93条 在办理刑事案件过程中以及其他执法办案机关在移送案件前依法收集的物证、书证、视听资料、电子数据等证据材料,可以作为治安案件的证据使用。

条文解读

本条是关于公安机关办理治安案件时所依法收集的证据材料可合理转化为证据的规定。

1. 证据转化的具体条件

(1)证据必须经查证属实。行政机关收集的证据材料必须经过侦查机关或司法机关的查证,确认其真实性和合法性。(2)证据种类必须符合法律规定。证据材料在形式和内容上必须符合刑事诉讼法或治安案件相关法律规定的证据要求。(3)证据的收集程序必须合法。行政机关在收集证据时,必须遵守法定程序,确保证据的合法性和有效性。

2. 证据使用的法律程序

（1）相关执法办案机关如行政执法机关、监察机关在依法办理证据移交手续、将证据材料移送给公安机关后，公安机关应对移交的证据材料进行审查，确认其真实性、合法性和关联性。（2）经审查合格的证据材料，可作为治安案件的证据使用，用于案件的调查、审理和裁决。

4. 公安机关的保密义务

法律条文

《治安管理处罚法》第94条　公安机关及其人民警察在办理治安案件时，对涉及的国家秘密、商业秘密、个人隐私或者个人信息，应当予以保密。

条文解读

本条是关于公安机关及其人民警察负有保密义务的规定。公安机关及其人民警察在办理行政案件时，对涉及的国家秘密、商业秘密或者个人隐私，应当保密。

该规定主要考虑到公安机关及其人民警察在依法履行职责，办理治安案件过程中，有可能涉及有关国家秘密、商业秘密或者个人隐私与个人信息，而国家秘密一旦被泄露，就会对国家安全和利益造成危害或者威胁；商业秘密被泄露，往往会给原拥有商业秘密的单位和个人的生产、经营活动带来不利的影响，造成经济损失；个人隐私及个人信息的泄露，则可能会给当事人的名誉造成损害，影响其正常生活，对其带来精神痛苦和心理压力。因此，对于在办理治安案件时涉及的国家秘密、商业秘密或者个人隐私与个人信息，公安机关及其内部的所有工作人员，除工作需要外，都负有保密的义务，不得违反规定向外界泄露。

规范索引

《公安机关办理行政案件程序规定》第8条

5. 关于回避的规定

法律条文

《治安管理处罚法》第95条 人民警察在办理治安案件过程中,遇有下列情形之一的,应当回避;违反治安管理行为人、被侵害人或者其法定代理人也有权要求他们回避:

(一)是本案当事人或者当事人的近亲属的;

(二)本人或者其近亲属与本案有利害关系的;

(三)与本案当事人有其他关系,可能影响案件公正处理的。

人民警察的回避,由其所属的公安机关决定;公安机关负责人的回避,由上一级公安机关决定。

条文解读

本条是关于人民警察在办理治安案件过程中回避的规定。本条第1款规定了治安案件中人民警察回避的适用情形,具体见表3-3治安案件中人民警察回避的适用情形。

表3-3 治安案件中人民警察回避的适用情形

是本案当事人或者当事人的近亲属的	当事人即治安案件中的违法嫌疑人、被害人。其近亲属的主要范围包括配偶、父母、子女、同胞兄弟姐妹、祖父母、外祖父母、孙子女、外孙子女和其他具有扶养、赡养关系的亲属。在该种情形之下,办案人员本身与案件的紧密关系是显而易见的。为了确保执法的公正性,有关主体应当回避
本人或者其近亲属与本案有利害关系的	所谓"利害关系",是指案件的处理结果与有关主体(办案人本人或者其近亲属)的重大利益有牵连或者影响。在这种情况下,人民警察难免在办理治安案件过程中偏袒一方,或者有意无意地干预案件的处理过程。为此,本人或者近亲属与本案有利害关系的人民警察应当回避

续表

与本案当事人有其他关系，可能影响案件公正处理的	"其他关系"是指本条款第1项和第2项以外的关系。人是社会动物，生活在各种各样的关系中。其他关系可能是上下级关系、邻里关系、同学关系、同事关系、师生关系等。为此，如果仅以有这样的关系就断然不允许人民警察办理特定案件，难免影响人民警察办案。为此，本条款在"与本案当事人有其他关系"之外，仍需要满足"可能影响案件公正处理"的条件。后一个条件才具有实质性，才是回避制度的要旨所在，因此，仅仅因为具有一定的关系，是不能适用该条款要求办案人员回避的

第2款规定了治安案件中人民警察回避的决定主体。公安机关负责人、办案人民警察是本案的当事人或者当事人近亲属的；本人或者其近亲属与本案有利害关系的；与本案当事人有其他关系，可能影响案件公正处理的应当自行提出回避申请，案件当事人及其法定代理人有权要求他们回避。在行政案件调查过程中，当事人及其法定代理人要求公安机关负责人、办案人民警察、回避的，应当提出申请，并说明理由。口头提出申请的，公安机关应当记录在案。

一般人民警察的回避，由其所属的公安机关决定。人民警察所属的公安机关是指办案的人民警察所在的公安机关，包括公安派出所、市（县）公安机关等，但不包括公安机关的内设机构。公安机关负责人的回避，由上一级公安机关决定。这里的公安机关负责人是指公安机关的主要负责人，即公安机关的行政首长。公安机关实行行政首长负责制，因此，公安机关负责人有权决定本机关内其他人民警察在办案过程中是否回避，但涉及其本人时，就应当由其上一级公安机关决定。

规范索引

《公安机关办理行政案件程序规定》第17~25条

6. 关于传唤的规定

法律条文

《治安管理处罚法》第 96 条 需要传唤违反治安管理行为人接受调查的,经公安机关办案部门负责人批准,使用传唤证传唤。对现场发现的违反治安管理行为人,人民警察经出示人民警察证,可以口头传唤,但应当在询问笔录中注明。

公安机关应当将传唤的原因和依据告知被传唤人。对无正当理由不接受传唤或者逃避传唤的人,经公安机关办案部门负责人批准,可以强制传唤。

条文解读

本条是关于传唤、口头传唤、强制传唤的适用条件和传唤的批准权限的规定。询问违法嫌疑人,可以到违法嫌疑人住处或者单位进行,也可以将违法嫌疑人传唤到其所在市、县内的指定地点进行。需要传唤违法嫌疑人接受调查的,经公安派出所、县级以上公安机关办案部门或者出入境边防检查机关负责人批准,使用传唤证传唤。对现场发现的违法嫌疑人,人民警察经出示人民警察证,可以口头传唤,并在询问笔录中注明违法嫌疑人到案经过、到案时间和离开时间。单位违反公安行政管理规定,需要传唤其直接负责的主管人员和其他直接责任人员的,适用前款规定。

对无正当理由不接受传唤或者逃避传唤的违反治安管理、出境入境管理的嫌疑人以及法律规定可以强制传唤的其他违法嫌疑人,经公安派出所、县级以上公安机关办案部门或者出入境边防检查机关负责人批准,可以强制传唤。强制传唤时,可以依法使用手铐、警绳等约束性警械。公安机关应当将传唤的原因和依据告知被传唤人,并通知其家属。使用传唤证传唤的,违法嫌疑人在被传唤到案后和询问查证结束后,应当在传唤证上填写到案和离开时间并签名。拒绝填写或者拒绝签名的,办案人民警察应当在传唤证上注明。该规定的相关情形可见表3-4。

表 3-4　传唤方式及解读

传唤方式	规定解读
书面传唤（有证传唤）	为最常用的传唤方式,即公安机关使用传唤证传唤违反治安管理的行为人。使用传唤证传唤需经公安机关办案部门负责人批准。由于传唤牵涉对公民人身自由的限制,因此,必须在适用程序上严格规范。只有公安机关认为确实有传唤的必要时才能传唤,这是行政行为比例原则的具体体现
口头传唤（无证传唤）	是一种便捷性的传唤方式,实践中有时事态的发展不允许办案人员申请"传唤证"后再进行传唤,因此对于现场发现违反治安管理行为人的,人民警察可以进行口头传唤。口头传唤需要满足下列条件:(1)一定是在现场发现违反治安管理的行为人。此种情形决定了对"传唤"的急迫性需求,这是进行口头传唤的核心条件。值得注意的是,这里的"现场",是指发现违法嫌疑人的地点或者场所。此处所称的"现场",既可以是案发现场,也可以是在案发现场之外其他发现违法嫌疑人的地点,但无论是哪个地点或者场所,也无论办案人民警察是在案发现场还是在案发现场外进行案件调查或日常工作中发现或抓获的违法嫌疑人,都可以口头传唤。(2)口头传唤并非一种随意性的调查方法。人民警察在口头传唤之前,必须出示工作证,表明身份,以便让当事人了解其调查行为的公权力属性。同时口头传唤需要在询问笔录中注明,一方面这是对传唤"无证"的如实记载,另一方面也是将口头传唤和有证传唤明显区分的重要因素
强制传唤	强制传唤需要以先行传唤(非强制传唤)为前提,先行进行的传唤可以是书面传唤,可以是口头传唤。当公安机关对违反治安管理行为人进行了合法传唤后,发生被传唤人无正当理由有拒不接受传唤,或者逃避传唤的任意一种情形的,公安机关都可以对违反治安管理的行为人强制传唤。强制传唤的强度虽然比有证传唤和口头传唤高,但强制性的方法也仅限于将被传唤人传唤到指定地点接受调查

规范索引

《公安机关办理行政案件程序规定》第66~69条;《公安机关执行〈中华人民共和国治安管理处罚法〉有关问题的解释》第8条

7. 传唤后询问查证时限和要求

法律条文

《治安管理处罚法》第97条 对违反治安管理行为人,公安机关传唤后应当及时询问查证,询问查证的时间不得超过八小时;涉案人数众多、违反治安管理行为人身份不明的,询问查证的时间不得超过十二小时;情况复杂,依照本法规定可能适用行政拘留处罚的,询问查证的时间不得超过二十四小时。在执法办案场所询问违反治安管理行为人,应当全程同步录音录像。

公安机关应当及时将传唤的原因和处所通知被传唤人家属。

询问查证期间,公安机关应当保证违反治安管理行为人的饮食、必要的休息时间等正当需求。

条文解读

本条第1款是关于询问、查证被传唤的违反治安管理行为人的原则和时限规定。《治安管理处罚法》规定,对违反治安管理行为人,公安机关传唤后应当及时询问查证,询问查证的时间不得超过8小时;情况复杂,依照本法规定可能适用行政拘留处罚的,询问查证的时间不得超过24小时。这里的"依照本法规定可能适用行政拘留处罚"是指本法对行为人实施的违反治安管理行为设定了行政拘留处罚,且根据其行为的性质和情节轻重,可能依法对违反治安管理行为人决定予以行政拘留的案件。根据《治安管理处罚法》的规定,公安机关或者办案部门负责人在审批书面传唤时,可以一并审批询问查证时间。对经过询问查证,属于涉案人数众多、身份不明的,或者属于"情况复杂",且"依照本法规定可能适用行政拘留处罚"的案件,需要对违反治安管理行为人适用超过 8 小时询问查证时间的,需口头或者书面报经公安机关或者其办案部门负责人批准。对口头报批的,办案民警应当记录在案。此外,不得以连续传唤的形式变相拘禁违法嫌疑人。

第 1 款的规定贯彻了比例性原则。在查处治安案件过程中,如果发现确有必要延长传唤时间的,应当符合并遵守以下要求:(1)公安机关和人民警察主观因素以外的原因,导致在 8 小时之内无法结束询问的情况。(2)依照本法规定可能适用行政拘留处罚的。本法规定的治安管理处罚包括警告、罚款、吊销公安机关发放的许可证、行政拘留等。其中警告、罚款适用于违反治安管理行为情节较轻的行为,一般事实简单,在 8 小时内可以查清,没有必要延长询问时间;吊销公安机关发放的许可证,主要针对从事经营活动的企业、个体工商户等涉案人数众多、违反治安管理行为人身份不明的群体,需要适当延长传唤持续的时间,一般不得超过 12 小时,这样做既可以提高办案效率,又可以防止被处罚人逃避处罚。(3)询问查证的时间不能超过 24 小时。也就是说,在被传唤人到达指定地点以后,询问的时间最长可以持续 24 小时。而不是在询问 8 小时之后,再延长 24 小时。需要注意的是,对前面所述复杂情况在 24 小时内仍不能询问清楚的,也应当严格依照法律的规定结束询问,以后可以再到行为人的住所进行询问,或再次依法对其传唤询问。

第 1 款增加了询问应同步录音录像的规定。这一规定旨在加强对执法过程的监督,防止出现威胁、诱导等非法询问行为,保障被询问人的合法权益。公安机关在执法办案场所询问查证违反治安管理行为人时,必须对整个询问过程进行同步录音录像。这不仅包括询问时间,还包括查证时间,确保整个过程的完整性和真实性。除了常规询问查证外,对于当场检查场所、由一名人民警察作出治安管理处罚决定等情形,也应当全程同步录音录像,从而有效监督公安机关的询问过程,促使公安机关在询问查证过程中更加规范、严谨。

第2款是关于通知被传唤人家属的规定。传唤在一定时间内限制了被传唤人的人身自由,应当让其家属知道被传唤人的具体情况。在一些特殊情况下,如果不及时通知其家属,还可能会引发其他事件,给被传唤人及其家属和他人的生活、工作带来不便。因此,公安机关在传唤后应当及时将传唤的原因和处所通知被传唤人的家属。通知其家属,应当采用合理、及时的方式,使其家属尽快知道情况。

第3款是关于对违反治安管理行为人的人身保障规定。在传唤询问过程中,公安机关应为被传唤人留出适当的休息时间,满足被传唤人基本的生活需求,如进餐、饮水。公安机关和人民警察不应采用在传唤中限制这些生活需求的方式对被传唤人进行变相刑讯逼供。

规范索引

《公安机关执行〈中华人民共和国治安管理处罚法〉有关问题的解释》第8条;《公安机关办理行政案件程序规定》第70~72条

8. 询问笔录的制作要求

法律条文

《治安管理处罚法》第98条第1款、第2款 询问笔录应当交被询问人核对;对没有阅读能力的,应当向其宣读。记载有遗漏或者差错的,被询问人可以提出补充或者更正。被询问人确认笔录无误后,应当签名、盖章或者按指印,询问的人民警察也应当在笔录上签名。

被询问人要求就被询问事项自行提供书面材料的,应当准许;必要时,人民警察也可以要求被询问人自行书写。

条文解读

本条第1款和第2款是关于询问笔录的规定。询问笔录应当交由被询问人核对,对没有阅读能力的,应当向其宣读。记录有误或者遗漏的,应当允许被询问人更正或者补充,并要求其在修改处捺指印。被询问人确认笔录无误后,应当在询问笔录上逐页签名或者捺指印。拒绝签名和捺指印的,办案人民警察应当在询问笔录中注明。办案人民警察应当在询问笔录上签名,翻译人员应当在询问笔录的结尾处签名。询问时,可以全程录音、录像,并保持录音、录像资料的完整性。

为保障询问笔录客观、准确地记载询问的内容,在询问笔录制作完毕之后,应首先交由当事人进行核对。由被询问人核实是否客观、准确地记载对其的提问和回答。如果被询问人没有阅读能力,询问人应当向其完整、准确宣读。如果被询问人认为记载有遗漏或者差错,可提出补充或者更正要求,询问人应当补充或更正。记录人员一般应当忠实记录被询问人的回答,必须完整、准确体现被询问人的意思。如果确实属于应当记录而没有记录的,或者没有正确记录被询问人意思的,经被询问人提出,遗漏的应当补充,错误的应当更正。如果没有问题,被询问人核对后,应当在笔录上签名。如果被询问人不会写字,可以盖章,不会写字也没有印章的,可以在记录人员注明其名字的地方捺指印。询问的人民警察也应当在笔录上签名。对补充、更正的地方,应当由被询问人捺指印。这样,既表明了询问人、被询问人对记录内容负责的态度,又可以防止篡改、伪造询问笔录。此外,被询问人可以采用自行书写的方式提供书面材料。也就是说,被询问人可以自己选择采用书面或者口头的方式进行陈述。同时公安机关可以在必要的情况下要求被询问人自行书写相关材料。

规范索引

《公安机关办理行政案件程序规定》第 75~78 条;《公安机关执行〈中华人民共和国治安管理处罚法〉有关问题的解释》第 9 条

9. 询问不满十八周岁未成年人的通知要求

法律条文

《治安管理处罚法》第98条第3款 询问不满十八周岁的违反治安管理行为人，应当通知其父母或者其他监护人到场；其父母或者其他监护人不能到场的，也可以通知其他成年亲属，所在学校、单位、居住地基层组织或者未成年人保护组织的代表等合适成年人到场，并将有关情况记录在案。确实无法通知或者通知后未到场的，应当在笔录中注明。

条文解读

本条第3款是关于询问不满18周岁违反治安管理行为人的适当成年人在场制度的规定。询问不满18周岁的违反治安管理行为人、被侵害人或者其他证人，应当通知其父母或者其他监护人到场。上述人员父母双亡，又没有其他监护人的，因种种原因无法找到其父母或者其他监护人的，以及其父母或者其他监护人收到通知后拒不到场或者不能及时到场的，办案民警应当将有关情况在笔录中注明。为保证询问的合法性和证据的有效性，在被询问人的父母或者其他监护人不能到场时，可以通知办案地居（村）民委员会的人员，或者被询问人在办案地有完全行为能力的亲友亲属，所在学校、单位、居住地基层组织或者未成年人保护组织的代表等合适成年人到场，询问笔录应当由办案民警、被询问人、见证人签名或者盖章。有条件的地方，还可以对询问过程进行录音、录像。

该项制度是对未成年人权益进行特殊保护的举措，未满18周岁为未成年人，由于年龄小，对社会的了解、对事物的认识、思想的表达和控制自己行为的能力等，都受到一定的限制，心理承受能力也低于成年人，在面对执法机关的询问时会产生心理压力，容易在理解和回答询问时产生偏差。适当成年人在场有助于缓解未成年人的紧张心理，舒缓他们的压力，同时也有助于在询问过程中及时保障未成年人的合法权益。值得注意的是，询问不满18周岁的违反治安管理行为人时通知其父母、其他监护人或监护组织代表到场,是公安机关的法定义务,必须履行,否则将导致询问的违法。

10. 询问地点、方式及应当遵守的程序

法律条文

《治安管理处罚法》第99条 人民警察询问被侵害人或者其他证人,可以在现场进行,也可以到其所在单位、住处或者其提出的地点进行;必要时,也可以通知其到公安机关提供证言。

人民警察在公安机关以外询问被侵害人或者其他证人,应当出示人民警察证。

询问被侵害人或者其他证人,同时适用本法第九十八条的规定。

条文解读

本条是关于询问被侵害人以及其他证人的规定。本条第1款是关于对人民警察询问被侵害人或者其他证人地点的规定。询问被侵害人或者其他证人,可以在现场进行,也可以到其单位、学校、住所、其居住地居(村)民委员会或者其提出的地点进行。必要时,也可以书面、电话或者当场通知其到公安机关提供证言。

根据本条规定,人民警察询问被侵害人或者其他证人可以在其经历的现场、所在单位、住处或其提出的地点进行。这是相关人员熟悉的地方,容易减轻他们的心理压力。必要时,也可以请他们到公安机关提供证言。被侵害人或者其他证人因为特殊原因无法及时作证的,可以另行通知到公安机关进行询问,也可以另行确定时间到其所在单位或者住所进行询问。

第2款是关于人民警察在公安机关外询问被侵害人或者其他证人应当出示工作证件的规定。在现场询问的,办案人民警察应当出示人民警察证。人民警察证是其身份的证明。除了法律明确规定的可以不公开人民警察身份的执法情形以外,人民警察在执行职务时必须着装,佩戴警察标

志,持有工作证件并主动向有关人员出示,表明人民警察身份。人民警察在公安机关以外办案,表明身份的功能即在于证明其行为为公务行为,从而打消有关主体的疑虑,取得当事人的信任。根据本款的规定,人民警察如果在公安机关外询问被侵害人或者其他证人,在开始询问前,就应当主动出示人民警察证,证明自己的执法身份;被侵害人或者其他证人也可以要求人民警察出示人民警察证。在人民警察没有携带工作证件,或者没有出示人民警察证的情况下,被侵害人或者其他证人有权拒绝接受询问。

第3款是关于询问被侵害人或者其他证人时应当遵守的程序规定。人民警察在询问被侵害人或者其他证人的时候,除了在询问的时间、地点方面应当遵守本条的规定外,由于被侵害人或者其他证人所进行的陈述与违反治安管理行为人的陈述和申辩均属于言辞证据的范围,因此在询问的方式、内容、笔录的制作,以及其他应当遵守的程序事项等方面均无太大的差异,不再单独规定,而是规定参照本条第98条关于询问违反治安管理行为人的规定执行。这样既便于法律的统一执行,又便于公安机关以及公民理解和执行法律。

规范索引

《公安机关办理行政案件程序规定》第79条;《公安机关执行〈中华人民共和国治安管理处罚法〉有关问题的解释》第9条

11. 异地询问及远程询问规定

法律条文

《治安管理处罚法》第100条　违反治安管理行为人、被侵害人或者其他证人在异地的,公安机关可以委托异地公安机关代为询问,也可以通过公安机关的视频系统远程询问。

通过远程视频方式询问的,应当向被询问人宣读询问笔录,被询问人确认笔录无误后,询问的人民警察应当在笔录上注明。询问和宣读过程应当全程同步录音录像。

> **条文解读**

本条是关于异地询问违反治安管理行为人、被侵害人或者其他证人的相关方式。本条第1款是关于异地询问方式的选择。

(1)委托异地公安机关代为询问。当违反治安管理行为人、被侵害人或者其他证人处于异地时,公安机关考虑到时间、成本、地域限制等因素,可以选择委托当地公安机关代为开展询问工作。这种委托方式充分利用了当地公安机关的地域优势和资源,能够更及时、高效地获取相关人员的陈述和证言,确保案件调查工作的顺利进行。

(2)通过远程视频询问。随着信息技术的发展,远程视频询问成为一种便捷、高效的方式。公安机关可以通过网络技术,与身处异地的相关人员进行实时视频交流,完成询问过程。这种方式打破了地域限制,减少了人员流动和差旅成本,提高了办案效率,同时也为相关人员提供了便利,减少了他们因配合调查而带来的不便。

第2款第1句是关于异地远程询问的特殊规定。

(1)宣读询问笔录。在通过公安机关的视频系统远程询问结束后,询问的人民警察应当向被询问人宣读询问笔录。这一步骤至关重要,它确保了被询问人能够清楚地了解自己在询问过程中的陈述内容,避免因记录不准确或存在误解而导致证据瑕疵。通过宣读笔录,被询问人有机会对笔录内容进行核对和确认,保障了其合法权益。(2)注明笔录确认情况。被询问人确认笔录无误后,询问的人民警察应当在笔录上注明。这一注明行为是对被询问人确认过程的记录,具有法律效力,证明笔录内容已经得到被询问人的认可。这有助于增强笔录的真实性和可靠性,为后续的案件处理提供有力的证据支持。

第2款第2句是关于遵循询问和宣读过程的全程同步录音录像规定。

(1)保障程序合法性。全程同步录音录像可以完整记录询问和宣读过程,确保公安机关的询问工作严格依照法定程序进行。一旦在后续的案件审查或诉讼过程中出现争议，录音录像资料可以作为重要的证据，证明公安机关在询问过程中是否存在违法行为，如诱供、逼供等，从而保障被询问人的合法权益。(2) 固定证据。录音录像资料能够真实、客观地反映被询问人的陈述内容和询问过程，具有较高的证明力。它可以作为证据使用，与其他证据相互印证，形成完整的证据链，提高案件办理的质量和效率。同时，全程录音录像也有助于防止证据被篡改或伪造，确保证据的真实性和完整性。(3) 规范执法行为。对询问和宣读过程进行全程同步录音录像，对公安机关的人民警察提出了更高的执法要求。它促使人民警察在询问过程中严格遵守法律法规和执法程序，规范自己的言行举止，提高执法水平和公信力。

12. 询问中的语言帮助

法律条文

> 《治安管理处罚法》第 101 条　询问聋哑的违反治安管理行为人、被侵害人或者其他证人，应当有通晓手语等交流方式的人提供帮助，并在笔录上注明。
>
> 　　询问不通晓当地通用的语言文字的违反治安管理行为人、被侵害人或者其他证人，应当配备翻译人员，并在笔录上注明。

条文解读

本条是关于询问聋哑人以及不通晓当地通用语言文字的被询问人的规定。本条第 1 款是关于询问聋哑人应当有通晓手语等交流方式的人提供帮助的规定。询问聋哑人，应当有通晓手语等交流方式的人提供帮助，并在询问笔录中注明被询问人的聋哑情况以及翻译人员的姓名、住址、工作单位和联系方式。

在询问的过程中，被询问人只要具有聋或者哑任意一种状况，公安机关都应当提供通晓手语等交流方式的人对其进行帮助。虽然聋哑人生理上有缺陷,但是并不妨碍其通过其他方式对案件情况进行感知。因此,其能够对治安案件的办理起到一定的作用。为聋哑的被询问人提供通手语等交流方式的人进行翻译,是公安机关的法定义务,也是聋哑的被询问人依法享有的权利。对于该种情况,公安机关需要在笔录中注明。

第2款是关于为不通晓当地通用语言文字的被询问人提供翻译的规定。对不通晓当地通用的语言文字的被询问人,应当为其配备翻译人员,并在询问笔录中注明翻译人员的姓名、住址、工作单位和联系方式。

在实行多种通用语言文字的地区,应当由被询问人自己选择适用的语言文字种类。对于外国人,即使询问人通晓其使用的语言文字,或者外国人通晓当地通用的语言文字的,也应当根据其意愿为其提供翻译。为保障该项权利的落实,公安机关在办理治安案件的过程中,应当对被询问人是否通晓当地通用语言文字的情况进行调查。如果当地有两种以上通用语言文字,应当告知被询问人有权选择,并使用其选择的语言文字。对于上述情况,应当连同翻译人员的姓名、工作单位和职业等基本情况,一同记入询问笔录。翻译人员应当如实进行翻译,保证准确表达询问人和被询问人的意思。询问结束,翻译人员应当在笔录上签字。

规范索引

《公安机关办理行政案件程序规定》第76条

13. 人身检查及提取、采集生物样本规定

法律条文

《治安管理处罚法》第102条 为了查明案件事实,确定违反治安管理行为人、被侵害人的某些特征、伤害情况或者生理状态,需要对其人身进行检查,提取或者采集肖像、指纹信息和血液、尿液等生物样本的,经公安机关办案部门负责人批准后进行。对已经提取、采集的信息或者样本,不得重复提取、采集。提取或者采集被侵害人的信息或者样本,应当征得被侵害人或者其监护人同意。

条文解读

本条是关于对违反治安管理行为人、被侵害人进行人身检查和人体生物信息采集的相关规定,主要包括以下三个方面。

1.关于对人身检查条件、提取人体生物信息或样本的范围与条件的规定

(1)人身检查条件的规定。若要确定违反治安管理行为人、被侵害人的某些特征、伤害情况或者生理状态,需经公安机关办案部门负责人批准。这意味着进行人身检查不是随意为之,而是需要经过一定层级的审批程序,以确保检查的合法性和必要性。(2)提取人体生物信息或样本的范围与条件。在办理案件所必需的情况下,可以提取肖像、指纹信息,采集血液、尿液等生物样本。这些信息或样本对于确定案件事实、查明违法犯罪嫌疑人具有重要作用(如肖像信息可用于比对、识别违法犯罪嫌疑人;指纹信息具有唯一性,是确定个人身份的重要依据;血液、尿液等生物样本可用于检测是否含有毒品、酒精等物质,以及进行 DNA 鉴定等)。但这必须是确为办理案件所必需。这强调了对提取或采集信息、样本的严格限制,防止滥用权力,侵犯公民的合法权益。

2.关于对已提取、采集信息或样本的管理的规定

这一规定旨在避免对公民造成不必要的身体伤害和精神困扰,同时也体现了行政效率原则,避免资源的浪费。

3.关于对被侵害人信息或样本提取、采集的特殊规定

被侵害人作为案件的当事人之一,其人身权利和隐私权同样受到法律保护。在提取或采集其信息或样本时,必须尊重其意愿,保障其知情权和选择权。只有在被侵害人及其监护人同意的情况下,才能进行相关操作。

14. 检查程序规定

法律条文

《治安管理处罚法》第103条　公安机关对与违反治安管理行为有关的场所或者违反治安管理行为人的人身、物品可以进行检查。检查时，人民警察不得少于二人，并应当出示人民警察证。

对场所进行检查的，经县级以上人民政府公安机关负责人批准，使用检查证检查；对确有必要立即进行检查的，人民警察经出示人民警察证，可以当场检查，并应当全程同步录音录像。检查公民住所应当出示县级以上人民政府公安机关开具的检查证。

检查妇女的身体，应当由女性工作人员或者医师进行。

条文解读

本条是关于公安机关在办理治安案件中进行检查应当遵守的程序的规定。

本条第1款和第2款是关于检查的范围、人员数量、出示证件等重要事项的规定。对查获或者到案的违法嫌疑人应当进行安全检查，发现违禁品或者管制器具、武器、易燃易爆等危险品以及与案件有关的需要作为证据的物品的，应当立即扣押；对违法嫌疑人随身携带的与案件无关的物品，应当按照有关规定予以登记、保管、退还。安全检查不需要开具检查证。检查物品时，由人民警察2人以上，并应当出示人民警察证。

对与违法行为有关的场所进行检查时，人民警察不得少于2人，并应当出示人民警察证和县级以上公安机关开具的检查证。对确有必要立即进行检查的，人民警察经出示人民警察证，可以当场检查；但检查公民住所的，必须有证据表明或者有群众报警公民住所内正在发生危害公共安全或者公民人身安全的案（事）件，或者违法存放危险物质，不立即检查可能会对公共安全或者公民人身、财产安全造成重大危害。

(1)公安机关办理治安案件时,其检查的范围是与违反治安管理行为有关的场所、物品和人身。是否与违反治安管理行为有关,主要由公安机关及具体的办案人员根据实际情况进行判断。与违反治安管理行为有关的"场所",主要指违反治安管理行为发生现场及其他可能留有相关痕迹、物品等证据的地方。与违反治安管理行为有关的"物品",主要指实施违反治安管理行为的工具及现场遗留物。与违反治安管理行为有关的"人身",包括违反治安管理行为人和被侵害人的身体。对违反治安管理行为人、被侵害人的身体进行检查,主要目的在于确定某些身体特征、进行身份认证、确定伤害情况或者生理状态。(2)公安机关办理治安案件,行使检查权时,需要由人民警察进行,且人员数量不得少于2人,并应当出示工作证件和县级以上人民政府公安机关开具的检查证明文件,文件中需要载明具体检查的对象、时间、地点等能使检查特定化的文书。(3)公安机关日常处理的治安案件往往具有突发性和多变性的特征,如果一味要求人民警察出具公安机关的检查证明文件才能检查,则可能会贻误时机。因此,当遇有紧急情况时,为了节约时间、及时办案而确有需要的,也可以当场进行检查。但若离开现场回到公安机关后重返检查场所,就必须出示公安机关开具的检查证明文件。

第3款是检查妇女的身体,应当由女性工作人员或者医师进行的规定。对违法嫌疑人进行检查时,应当尊重被检查人的人格尊严,不得以有损人格尊严的方式进行检查。检查妇女的身体,应当由女性工作人员进行。依法对卖淫、嫖娼人员进行性病检查的,应当由医生进行。

其中女性工作人员或医师,是指女性警察,以及其他接受公安机关委托的女性工作人员或者指定的医师。这是对女性权益的尊重和保护。

规范索引

《公安机关办理行政案件程序规定》第53、82~84条;《公安机关执行〈中华人民共和国治安管理处罚法〉有关问题的解释(二)》第10条

15. 检查笔录的制作

法律条文

《治安管理处罚法》第 104 条　检查的情况应当制作检查笔录,由检查人、被检查人和见证人签名、盖章或者按指印;被检查人不在场或者被检查人、见证人拒绝签名的,人民警察应当在笔录上注明。

条文解读

本条是关于检查笔录的规定。检查笔录应由检查人员、被检查人和见证人签名;被检查人不在场或者拒绝签名的,办案人民警察应当在检查笔录中注明。检查时的全程录音录像可以替代书面检查笔录,但应当对视听资料的关键内容和相应时间段等作文字说明。

本条中明确规定检查情况需要有检查笔录。查笔录中需要写明检查的时间、地点、人员、被检查对象、过程等事项。为了确保检查笔录的真实性、合法性和客观性,检查笔录制作完毕后,需要由检查人、被检查人和见证人签名或者盖章。被检查人、见证人如果拒绝签名,检查的人民警察应当在笔录中将该种情况予以记载。

规范索引

《公安机关办理行政案件程序规定》第 86 条

16. 关于扣押物品的规定

法律条文

《治安管理处罚法》第 105 条　公安机关办理治安案件,对与案件有关的需要作为证据的物品,可以扣押;对被侵害人或者善意第三人合法占有的财产,不得扣押,应当予以登记,但是对其中与案件有关的必须鉴定的物品,可以扣押,鉴定后应当立即解除。对与案件无关的物品,不得扣押。

续表

对扣押的物品,应当会同在场见证人和被扣押物品持有人查点清楚,当场开列清单一式二份,由调查人员、见证人和持有人签名或者盖章,一份交给持有人,另一份附卷备查。

实施扣押前应当报经公安机关负责人批准;因情况紧急或者物品价值不大,当场实施扣押的,人民警察应当及时向其所属公安机关负责人报告,并补办批准手续。公安机关负责人认为不应当扣押的,应当立即解除。当场实施扣押的,应当全程同步录音录像。

对扣押的物品,应当妥善保管,不得挪作他用;对不宜长期保存的物品,按照有关规定处理。经查明与案件无关或者经核实属于被侵害人或者他人合法财产的,应当登记后立即退还;满六个月无人对该财产主张权利或者无法查清权利人的,应当公开拍卖或者按照国家有关规定处理,所得款项上缴国库。

条文解读

本条是关于公安机关办理治安案件时扣押物品的规定。本条第1款是关于公安机关办理治安案件扣押物品范围的一般性规定。

(1)公安机关办理治安案件扣押物品的范围以"与案件有关"且需要作为证据为主要的衡量标准。本条款中所说的"物品",主要是指由违反治安管理行为人占有的或者在违反治安管理行为发生的场所发现的与案件有关联,在办理治安案件中需要作为证据使用的任何实物。(2)公安机关扣押相关物品的主要目的在于证据保全,防止证据被隐匿或者毁损等情况发生。但对于被侵害人或者"善意第三人"合法占有的财产,一般不会存在隐匿、毁损的情况。因此,本条款规定,对被侵害人或者善意第三人合法占有的财产,不得扣押,只需要予以登记即可,以便保证在办理治安案件时可以随时进行查验。(3)公民的合法财产受到宪法和相关法律保护,公安机关不得对其进行无理扣押。

第2款是关于扣押物品的法律手续的规定。

公安机关办理治安案件,需要扣押相关物品时,需满足两点:一是对扣押物品进行清点;二是开列扣押物品清单。为了确保扣押的合法性和公平性、增强行政执法的透明度，扣押物品应当有见证人在场。扣押人员应当在见证人和被扣押物品持有人在场的情况下，共同对扣押的物品查点清楚，并当场开列清单一式二份。在清单中写明扣押物品的名称、规格、特征、质量、数量，以及物品发现的地点、扣押的时间等，并由调查人员、见证人和持有人签名或者盖章。扣押清单一份交给持有人或者其家属，另一份附卷备查。当场开列的清单，不得涂改，凡是必须更正的，须由调查人员、持有人和见证人共同签名或者盖章，或者重新开列清单。

第3款是关于物品实施扣押前报经批准的相关程序和当场扣押应同步录音录像的规定。

（1）常规程序。扣押是一项重要的行政强制措施，旨在防止证据损毁、灭失或者以后难以取得，对涉案物品、文件等进行暂时性控制。依据相关法律法规及执法规范，实施扣押前应当严格履行报批程序。具体而言，办案机关在提出扣押意见后，需将该意见报送至系统内部的法制处（室）进行审核。法制处（室）会从法律适用、程序合规性等多个方面对扣押意见进行全面审查。审核通过后，再由公安机关负责人进行最终批准。（2）情况紧急时当场实施扣押的特别规定。在实际执法过程中，常常会遇到情况紧急的情形。例如，在追捕违法嫌疑人的现场，如果嫌疑人可能随身携带重要证据，且这些证据存在被销毁或转移的风险，那么及时扣押这些证据就显得尤为重要，此时，为确保公共安全或防止证据灭失，人民警察就可以当场实施扣押措施。然而，这并不意味着可以忽视批准程序。在紧急情况下当场实施扣押后，人民警察应当及时向其所属公安机关负责人报告，并补办批准手续。这一规定可体现法律在保障执法效率与维护程序正义之间的平衡。（3）公安机关负责人对扣押决定的审查与解除。公安机关负责人在扣押程序中扮演着重要的监督和决策角色。当人民警察报告紧急扣押情况并补办批准手续后，或者对于常规报批的扣押申请，公安机关负责人会对扣押的必要性、合法性等进行全面审查。审查内容包括但不限于扣押的物品是否与案件相关、是否存在其他更合适的证据保全方式、扣押是否符合法定程序等。如果公安机关负责人经过审查,认为不应当扣押,应当立即解除扣押措施。这一规定充分体现了对公民合法权益的保护。(4)当场实施扣押的,应全程同步录音录像。

第4款是关于对扣押物品保管及处理的规定。

无论是从证据保全的角度,还是从尊重和爱护被扣押人财产权益的角度,都应当妥善保管扣押物品。将扣押的物品放置于安全设施比较完备的地方保管,以备随时核查,防止证据遗失、毁灭或者被偷换。对于扣押的物品,任何人不得挪作他用。扣押物品的目的是作为证据使用,不得将扣押物品用于其他目的。同时,对于不宜长期保存的物品,需要按照有关规定进行保全,如通过拍照、录像、清点登记等方式加以固定,然后依照国家有关规定予以处理。扣押物品的第一要务与案件有关,因此经过查明与案件无关的就应当及时退还。经核实属于他人合法财产的,应当登记后立即退还。如是从被侵害人处偷来、骗来或者通过其他非法手段得到的被侵害人的合法财产,有些在扣押时难以查清其所有人或者其他权利人,在扣押后查清其权利人的,虽然这些物品在扣押时不被认为是属于被侵害人的合法财产,但根据本条第1款关于"对被侵害人或者善意第三人合法占有的财产,不得扣押,应当予以登记"的规定的精神,这些物品经核实属于他人的,应当在进行登记后立即退还给被侵害人,以保障被侵害人的正常生产、生活需要。

规范索引

《公安机关办理行政案件程序规定》第110~112条

17. 鉴定

法律条文

《治安管理处罚法》第106条 为了查明案情,需要解决案件中有争议的专门性问题的,应当指派或者聘请具有专门知识的人员进行鉴定;鉴定人鉴定后,应当写出鉴定意见,并且签名。

条文解读

本条是关于鉴定的规定。公安机关应当为鉴定提供必要的条件,及时送交有关检material和比对样本等原始材料,介绍与鉴定有关的情况,并且明确提出要求鉴定解决的问题。受伤程度较重,可能构成轻伤以上伤害程度的;被侵害人要求作伤情鉴定的;违法嫌疑人、被侵害人对伤害程度有争议的,公安机关应当进行伤情鉴定。卫生行政主管部门许可的医疗机构具有执业资格的医生出具的诊断证明,可以作为公安机关认定人身伤害程度的依据。对精神病的鉴定,由有精神病鉴定资格的鉴定机构进行。

鉴定是公安机关在查处治安管理案件时为了解决案件的专门性问题,指派或者聘请具有专门知识的人进行鉴别和判断,并提供专门性意见的活动。这里的"专门性问题"在实践中范围较广,较为常见的是一些物证的真伪,或者伤情等级和成因,或者被扣押物品的价值。公安机关只能就上述专门性技术问题要求鉴定人或者鉴定机构作出鉴定意见,并根据鉴定意见对案件依法进行处理。故(1)公安机关办理治安案件,遇到案件中涉及有争议的专门性问题时,不能仅凭直观、直觉或者逻辑推理进行判断,而是要依靠和运用专门知识和技术手段进行甄别和鉴定。对于哪些事项属于专门性问题,则需根据案件的具体情况决定。(2)鉴定由鉴定人进行,鉴定人可以由公安机关指派或者聘请。鉴定人秉承中立、科学的精神进行鉴定,并给出书面的鉴定意见。

规范索引

《公安机关办理行政案件程序规定》第 87~100 条

18. 辨认及制作辨认笔录的规定

法律条文

《治安管理处罚法》第 107 条　为了查明案情,人民警察可以让违反治安管理行为人、被侵害人和其他证人对与违反治安管理行为有关的场所、物品进行辨认,

续表

> 也可以让被侵害人、其他证人对违反治安管理行为人进行辨认,或者让违反治安管理行为人对其他违反治安管理行为人进行辨认。
> 辨认应当制作辨认笔录,由人民警察和辨认人签名、盖章或者按指印。

条文解读

本条是关于治安管理案件中辨认程序实施的规定。

1. 本条第 1 款是关于辨认主体、对象及方式的规定

(1)对场所、物品的辨认。违反治安管理行为人、被侵害人以及其他证人可从各自角度参与辨认,为案件提供多维度信息。例如,违反治安管理行为人可能更清楚作案现场的布局、物品摆放等细节;被侵害人能直接指出被侵害时相关物品的状态;证人则可能从旁观者视角提供独特线索。而与违反治安管理行为有关的场所可能是案发地点,物品则可能是作案工具、被侵害的财物等。通过对这些场所和物品进行辨认,能够还原案件发生时的场景,确定关键证据。因此,人民警察组织相关人员进行辨认,可通过观察、描述等方式,让辨认人对场所和物品进行识别和确认。(2)对人的辨认。共分为两种情形:一是被侵害人、其他证人对违反治安管理行为人的辨认。被侵害人直接遭受侵害,对行为人的特征有深刻印象;其他证人可能目睹了部分行为过程。他们的辨认有助于确定行为人的身份,为案件定性提供重要依据。二是违反治安管理行为人对其他违反治安管理行为人的辨认。在共同违法或团伙违法案件中,行为人之间相互熟悉,他们的辨认可以帮助明确团伙成员构成、各自分工等情况,有助于全面查清案件事实。

2. 第 2 款是关于对辨认笔录制作的相关要求规定

(1)辨认笔录是辨认过程的重要记录,能够准确反映辨认的时间、地点、参与人员、辨认方法、辨认结果等关键信息。它是固定辨认证据、保障辨认程序合法性的重要手段,为案件后续处理提供客观依据。因此应详细

记录辨认的各个环节,包括辨认前对辨认人的询问、辨认过程中的指示和引导、辨认人的陈述和反应等。

(2)辨认笔录制作完成后,必须由人民警察和辨认人共同签名、盖章或者按指印。这一步骤确保了辨认笔录的真实性和有效性,防止辨认结果被篡改或伪造。同时,也明确了各方在辨认过程中的责任,一旦出现问题,可以依据签名等记录进行追溯和追责。

第3款是关于特殊情形下执法程序合法性保障及证据效力规则的规定。通过"全程同步录音录像+资料保管+证据排除"的规则链,构建了特殊情形下单警执法的程序合法性闭环和证据效力防火墙。其立法逻辑是:(1)在规范场所或调解等低风险场景中,以录音录像等技术手段弥补单警执法可能存在的监督缺失,防止权力滥用;(2)通过录音录像的客观记录,直接还原执法现场,解决"一对一"证据(如当事人陈述)的真实性争议,确保单警执法取得的证据符合"合法性、真实性、关联性"的证明标准;(3)通过录音录像保障当事人陈述自由,防止权力滥用。

19. 人民警察执法取证的规定人数

法律条文

《治安管理处罚法》第108条 公安机关进行询问、辨认、勘验,实施行政强制措施等调查取证工作时,人民警察不得少于二人。

公安机关在规范设置、严格管理的执法办案场所进行询问、扣押、辨认的,或者进行调解的,可以由一名人民警察进行。

依照前款规定由一名人民警察进行询问、扣押、辨认、调解的,应当全程同步录音录像。未按规定全程同步录音录像或者录音录像资料损毁、丢失的,相关证据不能作为处罚的根据。

条文解读

本条是关于明确公安机关在不同调查取证工作场景下对人民警察人

数要求的规定。本条第 1 款是关于在一般调查取证工作场景下对人民警察人数的要求。在涵盖询问、辨认、勘验以及实施行政强制措施等调查取证工作中,询问是获取案件相关信息的重要手段;辨认有助于确定涉案人员、物品等;勘验能对现场、物品等进行细致检查以收集证据;行政强制措施则是为保障调查取证顺利进行而采取的必要措施。这些工作对案件的侦破和处理至关重要,要求严谨规范。

规定人民警察不得少于二人,主要是出于多方面考虑。一方面,两名警察相互监督、相互配合,能有效防止执法过程中的违法行为,保障执法活动的合法性和公正性。例如,在询问证人或嫌疑人时,一名警察记录,另一名警察提问和观察,能够避免出现诱导性提问或记录不实等情况。另一方面,在面对突发状况时,两名警察可以更好地应对,保障自身和当事人的人身安全。如在实施行政强制措施时,可能会遇到当事人的反抗,两名警察能更有效地控制局面。

第 2 款是关于在特殊情形下对人民警察人数的要求。规范设置、严格管理的执法办案场所通常具备良好的安全设施和监控设备,能确保执法活动的安全性和规范性。如场所内可能配备有录音录像设备,对整个执法过程进行全程记录,这在一定程度上起到了监督和保障的作用。在这种特定环境下,允许一名人民警察进行相关工作,既考虑到了执法的实际需要,又兼顾了执法效率。在一些简单的询问、扣押、辨认或调解工作中,一名警察在有完善设施和制度保障的情况下,能够独立完成任务,避免了人力资源的浪费。但需要注意的是,即使在这种情况下,警察也必须严格遵守执法程序和规定,确保执法活动的合法性和公正性。

规范索引

《行政处罚法》第 47 条;《公安机关办理行政案件程序规定》第 52 条

（三）决　定

1. 处罚的决定机关

法律条文

《治安管理处罚法》第109条　治安管理处罚由县级以上地方人民政府公安机关决定；其中警告、一千元以下的罚款，可以由公安派出所决定。

条文解读

本条是关于治安管理处罚决定机关的规定。

通常情况下，治安管理处罚的作出机关为县级以上人民政府公安机关，即对治安管理处罚的权限由公安机关，且级别最低为县级。但倘若治安管理处罚全部由县级以上公安机关进行，可能会影响治安案件办理效率。为此，相对简单轻微的治安案件的处罚就交由公安派出所决定，且从处罚种类和数额上而言只包括警告和1000元以下罚款两种情况。值得注意的是，如果公安派出所对违反治安管理的外国人做出警告或者1000元以下的罚款决定，而且附加适用了限期出境或者驱逐出境处罚的，则应当逐级上报有处罚权的机关决定。

规范索引

《行政处罚法》第17条；《公安机关办理行政案件程序规定》第37~39条；《公安机关执行〈中华人民共和国治安管理处罚法〉有关问题的解释》

第 10 条

2. 行政拘留的折抵

法律条文

《治安管理处罚法》第 110 条 对决定给予行政拘留处罚的人,在处罚前已经采取强制措施限制人身自由的时间,应当折抵。限制人身自由一日,折抵行政拘留一日。

条文解读

本条是关于限制人身自由的时间折抵行政拘留的规定。《治安管理处罚法》规定:"对决定给予行政拘留处罚的人,在处罚前已经采取强制措施限制人身自由的时间,应当折抵。限制人身自由一日,折抵行政拘留一日。"这里的"强制措施限制人身自由的时间",包括被行政拘留人在被行政拘留前因同一行为被依法刑事拘留、逮捕时间。如果被行政拘留人被刑事拘留、逮捕的时间已超过被行政拘留的时间,则行政拘留不再执行,但办案部门必须将《治安管理处罚决定书》送达被处罚人。询问查证、继续盘问和采取约束措施的时间不予折抵。该规定的相关情形可见表 3-5。

表 3-5 行政拘留的折抵

情形规定	概念解读
只有被采取强制措施限制人身自由的时间可以折抵行政拘留,其他处罚不能折抵,更不能互相折抵	强制措施是为了保障查处案件的顺利进行而采取的临时限制被处罚人人身自由的保障措施。一般是指在刑事诉讼中的拘留、逮捕、取保候审和监视居住等强制措施。这些措施与刑罚中剥夺人身自由的刑罚、治安管理处罚中的行政拘留等,在执行方式上是相似的。根据《刑法》规定,在刑事诉讼中限制人身自由强制措施的时间,应在判决中予以折抵。在治安管理处罚中,同样存在限制人身自由的时间折抵行政拘留的问题。被处

续表

情形规定	概念解读
	罚人因为在被采取强制措施后受到治安管理处罚,不予折抵就会造成治安管理处罚与强制措施的简单累加,最后实际执行的剥夺人身自由的期限很可能超过与其行为严重程度相适应的处罚,或者因为一次违法行为而受到多次处罚,违反过罚相当原则
应当折抵的是行政拘留,其他处罚不能互相折抵或者折抵行政拘留	治安管理处罚有警告、罚款、行政拘留、吊销公安机关发放的许可证四种。其中,可以折抵的只有行政拘留一种。如果在处罚决定中,并处警告、罚款和吊销公安机关发放的许可证三种处罚的任意一种或数种,由于这三种处罚与限制人身自由的强制措施的性质不同,无法予以折抵。因此,与其他种类的处罚并处的,应当分别执行。多个警告的,只警告1次即可;多个罚款的,累计执行;多个拘留的,合并执行,但是最长不能超过20日。罚款和行政拘留等也不能互相折抵,严禁"以钱代拘""以拘代罚",以维护公安机关执法的公正性
折抵的计算方法	限制人身自由的强制措施和行政拘留虽然性质不同,但是执行的方式和强度是相同的。因此,对于行政拘留和强制措施的折抵,按照限制人身自由1日,折抵行政拘留1日的方法计算。折抵应当从行政拘留执行之日算起。例如,被处罚人因为违法行为被公安机关立案侦查,刑事拘留7日,后来公安机关认为行为不够刑事处罚,作出行政拘留15日的治安管理处罚。由于刑事拘留7日应当折抵行政拘留,按照限制人身自由1日折抵行政拘留1日计算,还应当执行行政拘留8日。公安机关在作出治安管理处罚决定的同时,就应当在处罚决定书中对行政拘留的折抵作出决定

规范索引

《行政处罚法》第 35 条;《刑事诉讼法》第 76 条;《公安机关执行〈中华人民共和国治安管理处罚法〉有关问题的解释》第 11 条;《公安机关办理行政案件程序规定》第 163 条

3. 行为人的陈述与其他证据关系

法律条文

《治安管理处罚法》第 111 条 公安机关查处治安案件,对没有本人陈述,但其他证据能够证明案件事实的,可以作出治安管理处罚决定。但是,只有本人陈述,没有其他证据证明的,不能作出治安管理处罚决定。

条文解读

本条既是关于治安案件中当事人陈述与其他相关证据关系的规定,也是刑事诉讼相关证据原则在公安机关查处治安案件中的延伸适用。

(1)公安机关办理和查处治安案件过程中,要对当事人的陈述进行认真地审查和核实,并通过其他证据对当事人的陈述进行验证。对有当事人陈述的,需要有其他的证据能够证明案件事实的才能定案,并作出治安管理处罚决定;只有当事人本人陈述,而没有其他证据加以证明的,则案件事实无法准确认定,公安机关不能作出治安管理处罚决定。

(2)此规定对共同违法的治安案件依然适用。在共同违法的治安管理案件中,只有共同违反治安管理行为人的陈述,没有其他证据印证,一般不能作出行政处罚决定;没有共同违反治安管理行为人的陈述,只要其他证据达到了确实充分的程度,并且能够互相印证,并形成有效的证据链的,就可以作出行政处罚。

规范索引

《行政处罚法》第 45 条;《公安机关办理行政案件程序规定》第 167 条

4. 告知、陈述与申辩

法律条文

《治安管理处罚法》第 112 条　公安机关作出治安管理处罚决定前,应当告知违反治安管理行为人拟作出治安管理处罚的内容及事实、理由、依据,并告知违反治安管理行为人依法享有的权利。

违反治安管理行为人有权陈述和申辩。公安机关必须充分听取违反治安管理行为人的意见,对违反治安管理行为人提出的事实、理由和证据,应当进行复核;违反治安管理行为人提出的事实、理由或者证据成立的,公安机关应当采纳。

违反治安管理行为人不满十八周岁的,还应当依照前两款的规定告知未成年人的父母或者其他监护人,充分听取其意见。

公安机关不得因违反治安管理行为人的陈述、申辩而加重处罚。

条文解读

本条是关于在治安管理处罚中公安机关的告知义务和当事人依法享有陈述权和申辩权的规定。

本条第 1 款是关于在作出治安管理处罚决定之前公安机关告知义务的规定。在作出行政处罚决定前,公安机关应当告知违法嫌疑人拟作出行政处罚决定的事实、理由及依据,并告知违法嫌疑人依法享有陈述权和申辩权。单位违法的,应当告知其法定代表人、主要负责人或者其授权的人员。适用一般程序作出行政处罚决定的,采用书面形式或者笔录形式告知。因违法行为人逃逸等原因无法履行告知义务的,公安机关可以采取公告方式予以告知。自公告之日起 7 日内,违法嫌疑人未提出申辩的,可以依法作出行政处罚决定。

公安机关的告知义务主要包括的内容:(1)即将要作出的治安管理处罚的内容及行政处罚所依据的事实、理由及依据;(2)违反治安管理行为人依法享有的权利。这些权利主要包括违反治安管理行为人依法享有的陈述权、申辩权以及不服治安管理处罚时依法申请行政复议或者行政诉讼的权利。若拟对违反治安管理行为人作出吊销许可证以及罚款2000元以上的，还需要告知有要求举行听证的权利。公安机关在履行该项告知义务时必须以违反治安管理处罚行为人为对象，旨在保障违反治安管理行为人的知情权。在实际工作中，无论是当场处罚还是按照一般程序进行的治安管理处罚，公安机关均须履行该项义务。也就是说，告知是公安机关在实施治安管理处罚决定作出前的必经程序。

第2款是关于违反治安管理行为人陈述权和申辩权利及公安机关的保障义务的规定。违法嫌疑人有权进行陈述和申辩。对违法嫌疑人提出的新的事实、理由和证据，公安机关应当进行复核。

陈述权和申辩权是拟被处罚人的重要权利，其旨在为被处罚人提供一个充分表达的机会，确保处罚的正确性和合法性。需要注意的是，陈述权和申辩权是违反治安管理行为人的权利，违反治安管理行为人可以行使，也可以放弃。但是，若是违反治安管理行为人行使了该项权利，公安机关就有义务充分听取违反治安管理行为人的意见，对违反治安管理行为人提出的事实、理由和证据，应当进行复核；违反治安管理行为人提出的事实、理由或者证据成立的，应当采纳。这是为保证违反治安管理行为人的陈述权和申辩权得以落实，任何不履行、拖延履行或者敷衍了事的行为均违法。

第3款是关于前两款情形下对未成年人特殊保护的规定。当违反治安管理行为人不满18周岁时，公安机关除了要按照前两款的规定向未成年人本人告知相关内容并听取其意见外，还应当依照规定告知未成年人的父母或者其他监护人，并充分听取他们的意见。这是因为未成年人在认知、判断和自我保护能力方面相对较弱，需要父母或监护人的参与和帮助，以保障其合法权益得到更好地维护。这一规定体现了法律对未成年人的特殊保护原则，强调了家庭在未成年人成长和教育过程中的重要作用，确保未成年人在面对治安管理处罚时能够得到充分的关心和指导。

第4款是关于公安机关不得因违反治安管理行为人的陈述和申辩而

加重处罚的规定。本款旨在鼓励违法行为人通过积极的方式保护自己的合法权益。公安机关不能因为当事人进行陈述和申辩,而认为其"态度恶劣"进而对其加重处罚。一方面,若是加重处罚无疑为违反治安管理行为人行使该项权利设置了障碍;另一方面,行政处罚依据的是违法事实,而违反治安管理行为人的陈述和申辩并非违法及违法事实,对违反治安管理行为人的陈述和申辩行为进行加重处罚是没有法律依据的,因而也是违法的。

规范索引

《行政处罚法》第 5 条;《行政强制法》第 35~37 条;《公安机关办理行政案件程序规定》第 167~169 条

5. 治安案件的不同处理

法律条文

《治安管理处罚法》第 113 条 治安案件调查结束后,公安机关应当根据不同情况,分别作出以下处理:

(一)确有依法应当给予治安管理处罚的违法行为的,根据情节轻重及具体情况,作出处罚决定;

(二)依法不予处罚的,或者违法事实不能成立的,作出不予处罚决定;

(三)违法行为已涉嫌犯罪的,移送有关主管机关依法追究刑事责任;

(四)发现违反治安管理行为人有其他违法行为的,在对违反治安管理行为作出处罚决定的同时,通知或者移送有关主管机关处理。

对情节复杂或者重大违法行为给予治安管理处罚,公安机关负责人应当集体讨论决定。

条文解读

本条是关于对治安案件调查结束后公安机关处理流程的详细规定。本条第 1 款是关于公安机关办理治安案件处理结果的规定。该规定的相关情形可见表 3-6。

表 3-6　治安案件处理结果

规定的条件	相关解读
作出处罚决定，其条件为"确有依法应当给予治安管理处罚的违法行为"	公安机关应根据情节、主体等案件的具体情况作出适当的处罚决定。对单位实施《治安管理处罚法》所规定的违反治安管理行为的，应当依法对其直接负责的主管人员和其他直接责任人员予以治安管理处罚；其他法律、行政法规对同一行为明确规定由公安机关给予单位警告、罚款、没收违法所得、没收非法财物等处罚，或者采取责令其限期停业整顿、停业整顿、取缔等强制措施的，应当依照其规定办理。对被依法吊销许可证的单位，应当同时依法收缴非法财物、追缴违法所得
作出不予处罚决定，其条件为依法不予处罚，或者违法事实根本不能成立的	根据《治安管理处罚法》的规定，法定不予处罚的情形包括：不满 14 周岁的人违反治安管理的；精神病人、智力残疾人在不能辨认或者不能控制自己的行为的时候违反治安管理的；盲人或者又聋又哑的人违反治安管理的；情节特别轻微的；主动消除或者减轻违法后果，并取得被害人谅解的；出于他人胁迫或者诱骗的；主动投案，向公安机关如实陈述自己违法行为的；有立功表现的等。公安机关对依法不予处罚的违反治安管理行为人，有违法所得的，应当依法予以追缴；有非法财物的，应当依法予以收缴。公安机关对超过追究时效的违反治安管理行为不再处罚，含有违禁品的，应当依法予以追缴
移送主管机关追究刑事责任，其前提是该违法行为已经涉嫌犯罪	当违法行为已涉嫌犯罪时，公安机关应移送主管机关依法追究刑事责任。确保犯罪行为得到应有的法律制裁，维护社会公平正义
其他违法行为的处理移送	各行政机关均在各自的职权范围内行使行政处理权和行政处罚权。"其他违法行为"是指违反除本法规定以外的其他行政管理法律法规的行为，如工商行政管理违法行为、税务管理违法行为，此时，公安机关应当通知有关行政主管部门对违反其他行政管理法律法规的行为进行处理

第 2 款是关于公安机关对于情节复杂或重大违法行为的处理规定。这是为确保处罚决定的公正性和合理性,避免个人主观判断对处罚结果产生不当影响。通过集体讨论,可以充分听取各方意见,综合考虑各种因素,作出更加科学、合理的处罚决定。

规范索引

《行政处罚法》第 57 条;《公安机关办理行政案件程序规定》第 172 条

6. 治安案件的法制审核

法律条文

《治安管理处罚法》第 114 条　有下列情形之一的,在公安机关作出治安管理处罚决定之前,应当由从事治安管理处罚决定法制审核的人员进行法制审核;未经法制审核或者审核未通过的,不得作出决定:

(一)涉及重大公共利益的;

(二)直接关系当事人或者第三人的重大权益,经过听证程序的;

(三)案件情况疑难复杂、涉及多个法律关系的。

公安机关中初次从事治安管理处罚决定法制审核的人员,应当通过国家统一法律职业资格考试取得法律职业资格。

条文解读

本条是关于治安管理处罚决定法制审核的相关规定。共分两款。第 1 款是关于法制审核的适用情形规定。该规定的相关情形可见表 3-7。

表 3-7　治安管理处罚决定法制审核的情形

规定情形	相关解读
涉及重大公共利益的	当治安管理处罚案件涉及社会公共利益,如影响公共安全、公共秩序或公共资源分配等重大问题时,需要进行法制审核。这是为确保处罚决定不会损害公共利益,维护社会稳定和公共利益

续表

规定情形	相关解读
直接关系当事人或者第三人重大权益,经过听证程序的	如果治安管理处罚决定直接关系当事人或第三人的重大权益,且已经经过听证程序,那么需要进行法制审核。这是为保障当事人或第三人的合法权益,确保处罚决定的公正性和合法性。听证程序为当事人提供了表达意见和申辩的机会,法制审核则进一步确保了处罚决定的法律合规性
案件情况疑难复杂、涉及多个法律关系的	当治安管理处罚案件涉及复杂的法律关系,或者案件事实难以查清、证据难以认定时,需要进行法制审核。这是为确保处罚决定在法律适用和事实认定上准确无误,避免因法律关系复杂或事实不清而导致处罚不当

第 2 款是关于对法制审核人员的资格要求规定。这意味着法制审核人员必须具备扎实的法律基础知识和较高水平的法律职业能力,能够准确理解和运用法律法规进行法制审核。其目的在于提高法制审核的质量和水平,确保处罚决定的合法性和公正性。

规范索引

《行政处罚法》第 58 条;《公安机关办理行政案件程序规定》第 172 条

7. 治安管理处罚决定书内容

法律条文

《治安管理处罚法》第 115 条　公安机关作出治安管理处罚决定的,应当制作治安管理处罚决定书。决定书应当载明下列内容:
(一)被处罚人的姓名、性别、年龄、身份证件的名称和号码、住址;
(二)违法事实和证据;
(三)处罚的种类和依据;
(四)处罚的执行方式和期限;
(五)对处罚决定不服,申请行政复议、提起行政诉讼的途径和期限;
(六)作出处罚决定的公安机关的名称和作出决定的日期。
决定书应当由作出处罚决定的公安机关加盖印章。

条文解读

本条是关于治安管理处罚决定书内容的规定。一人有两种以上违法行为的,分别决定、合并执行,可以制作一份决定书,分别写明对每种违法行为的处理内容和合并执行的内容。一个案件有多个违法行为人的,分别决定,可以制作一式多份决定书,写明给予每个人的处理决定,分别送达每一个违法行为人。

《治安管理处罚决定书》是公安机关进行行政处罚的法律文书。内容主要包括:被处罚人的姓名、性别、年龄、身份证件的名称和号码、住址;违法事实和证据;处罚的种类和依据;处罚的执行方式和期限;对处罚决定不服,申请行政复议、提起行政诉讼的途径和期限;作出处罚决定的公安机关的名称和作出决定的日期。公安机关作出的行政处罚决定书应当加盖其印章,不能只有执法人员的签名或者盖章。但值得注意的是,根据《治安管理处罚法》相关规定,当场处罚,且被处罚人对拟作出治安管理处罚的内容及事实、理由、依据没有异议的,可以由1名人民警察作出治安管理处罚决定,即由其签名或者盖章即可,并应同步录音录像。

规范索引

《行政处罚法》第59条;《公安机关办理行政案件程序规定》第161、175条

8. 宣告、送达

法律条文

《治安管理处罚法》第116条 公安机关应当向被处罚人宣告治安管理处罚决定书,并当场交付被处罚人;无法当场向被处罚人宣告的,应当在二日以内送达被处罚人。决定给予行政拘留处罚的,应当及时通知被处罚人的家属。

有被侵害人的,公安机关应当将决定书送达被侵害人。

条文解读

本条是关于公安机关实施的行政处罚决定宣告、送达的规定。送达法律文书,应当遵守的规定:(1)依照简易程序作出当场处罚决定的,应当将决定书当场交付被处罚人,并由被处罚人在备案的决定书上签名或者捺指印;被处罚人拒绝的,由办案人民警察在备案的决定书上注明;(2)除上述规定外,作出行政处罚决定和其他行政处理决定,应当在宣告后将决定书当场交付被处理人,并由被处理人在附卷的决定书上签名或者捺指印,即为送达;被处理人拒绝的,由办案人民警察在附卷的决定书上注明;被处理人不在场的,公安机关应当在作出决定起7日内将决定书送达被处理人,治安管理处罚决定应当在2日内送达。

送达法律文书应当首先采取直接送达方式,交给受送达人本人;受送达人不在的,可以交付其成年家属、所在单位的负责人员或者其居住地居(村)民委员会代收。受送达人本人或者代收人拒绝接收或者拒绝签名和捺指印的,送达人可以邀请其邻居或者其他见证人到场,说明情况,也可以对拒收情况进行录音录像,把文书留在受送达人处,在附卷的法律文书上注明拒绝的事由、送达日期,由送达人、见证人签名或者捺指印,即视为送达。无法直接送达的,委托其他公安机关代为送达,或者邮寄送达。经受送达人同意,可以采用传真、互联网通讯工具等能够确认其收悉的方式送达。经采取上述送达方式仍无法送达的,可以公告送达。公告的范围和方式应当便于公民知晓。

公安机关作出治安管理处罚决定后,应当向被处罚人宣告,并在宣告后当场交付被处罚人。这既是对被处罚人进行教育的过程,也是保障被处罚人知情权的过程。对于无法当场向被处罚人宣告的情况,应在行政处罚决定作出后2日内向被处罚人送达行政处罚决定书。对决定给予行政拘留处罚的,由于被处罚人可能已处于行政拘留的执行过程中,因此应将该情况及时通知被处罚人家属,以免其家里担心。治安案件中有被侵害人的,公安机关还应当将决定书送达被侵害人手中,确保其了解整个行政案件的处理结果。

> **规范索引**

《行政处罚法》第 61 条;《公安机关办理行政案件程序规定》第 36、176 条

9. 听证

> **法律条文**

《治安管理处罚法》第 117 条　公安机关作出吊销许可证件、处四千元以上罚款的治安管理处罚决定或者采取责令停业整顿措施前,应当告知违反治安管理行为人有权要求举行听证;违反治安管理行为人要求听证的,公安机关应当及时依法举行听证。

对依照本法第二十三条第二款规定可能执行行政拘留的未成年人,公安机关应当告知未成年人和其监护人有权要求举行听证;未成年人和其监护人要求听证的,公安机关应当及时依法举行听证。对未成年人案件的听证不公开举行。

前两款规定以外的案情复杂或者具有重大社会影响的案件,违反治安管理行为人要求听证,公安机关认为必要的,应当及时依法举行听证。

公安机关不得因违反治安管理行为人要求听证而加重其处罚。

> **条文解读**

本条是关于在各种情形下,公安机关在作出特定治安管理处罚决定前,对听证权利的告知及听证程序的启动进行规范的规定。

本条第 1 款是关于对吊销许可证件、处 4000 元以上罚款及责令停业整顿案件的听证告知与举行的规定。本款规定主要包括的内容:(1)治安管理处罚应当举行听证的范围为吊销许可证、处 4000 元以上罚款以及采取责令停业整顿措施的治安管理处罚。这样规定主要考虑公平与效率兼顾。首先只有在可能严重侵害相对人利益的情况下才适用听证程序,没有将所有的行政处罚都规定必须适用听证程序;其次治安案件的特点是危害

到社会秩序,且数量较大,违法事实比较简单,容易查清,对这些不构成犯罪的案件,应采取简便程序及时处理。因此,将应当听证的范围加以一定限制完全必要。(2)公安机关对符合听证范围的案件,在作出处罚前,有义务告知违反治安管理行为人有要求举行听证的权利。根据《行政处罚法》规定的精神,公安机关应当告知而没有告知的,属于程序违法,可导致行政处罚决定不能成立。(3)违反治安管理行为人要求听证的,公安机关应当及时依法举行听证。即是否听证由违反治安管理行为人决定,只要其要求听证的,公安机关都应当及时进行听证。

第2款是关于对未成年人行政拘留案件的听证告知与举行的规定。

未成年人违法治安管理情节严重、影响恶劣的,或已满14周岁不满16周岁的未成年人在1年以内2次以上违反治安管理的,公安机关对其作出行政拘留的治安管理处罚决定前,不仅要告知违反治安管理行为人(未成年人本人),还要告知其监护人有权要求举行听证。这一规定充分考虑了未成年人的身心特点和特殊保护需求,由于未成年人可能缺乏足够的法律意识和自我保护能力,监护人的参与能够更好地保障未成年人的合法权益。当违反治安管理行为人(未成年人)和监护人要求听证时,公安机关应及时依法举行听证。对未成年人案件的听证不公开举行,这体现了对未成年人案件的特殊关注和处理原则,确保在涉及未成年人重大权益的处罚决定作出前,能够充分听取各方的意见和理由,保障处罚决定的公正性和合理性。

第3款是关于其他特定案件的听证举行的规定。除了前两款规定的案件外,对于其他案情复杂或者具有重大社会影响的案件,若违反治安管理行为人要求听证,且公安机关认为必要的,应当及时依法举行听证。这一规定为公安机关处理复杂案件提供了灵活性,同时也保障了当事人在面对复杂或具有重大社会影响的案件时,有机会通过听证程序表达自己的观点和诉求。公安机关在判断是否举行听证时,具有一定的裁量权。这要求公安机关在处理案件时,要综合考虑案件的具体情况,包括情节的复杂程度、证据的充分性以及案件的社会影响等因素,以决定是否举行听证,确保听证程序的适用既能够保障当事人的合法权益,又能够提高行政效率。

第4款是关于公安机关不得因违反治安管理行为人要求听证而加重其处罚的规定。这一原则是保障当事人行使听证权利的重要保障措施,防止公安机关因当事人行使权利而对其进行报复性加重处罚,确保听证程序的公正性和中立性,让当事人能够放心地行使自己的权利,维护自身的合法权益。

规范索引

《行政处罚法》第63条;《公安机关办理行政案件程序规定》第123~153条

10. 办案期限

法律条文

《治安管理处罚法》第118条　公安机关办理治安案件的期限,自立案之日起不得超过三十日;案情重大、复杂的,经上一级公安机关批准,可以延长三十日。期限延长以二次为限。

公安派出所办理的案件需要延长期限的,由所属公安机关批准。

为了查明案情进行鉴定、听证的期间,不计入办理治安案件的期限。

条文解读

本条是关于公安机关办理治安案件期限的规定。

本条第1款和第2款是关于公安机关办理治安案件一般期限和公安派出所办理治安案件期限的批准权限的规定。公安机关办理治安案件的期限,自受理之日起不得超过30日;案情重大、复杂的,经上一级公安机关批准,可以延长30日,延长以2次为限。办理其他行政案件,有法定办案期限的,按照相关法律规定办理。

一般而言,公安机关办理治安案件的时限为30日,从案件受理之日起计算。如遇上案情重大、复杂的案件,办理案件的时间最长为90日。程序上,要经过上一级公安机关的批准,才能延长。公安派出所承办的案情重大、复杂的案件,需要延长办案期限的,应当报所属县级以上公安机关负责人批准。此外,对于因民间纠纷引起的打架斗殴或者损毁他人财物等违反治安管理行为,如果经过调解未达成协议,或者达成协议后不履行的,仍需要公安机关给予行政处罚的,办案期限从调解未达成协议或者达成协议后不履行之日起开始计算。

公安派出所作为公安机关的基层派出机构,承担着办理部分治安案件的职责。但与上级公安机关相比,派出所的行政级别较低,其办理案件的审批权限也相应受到一定限制。因此,对公安派出所办理的案件,如果需要延长办理期限,不能自行决定,而应由所属公安机关进行批准。这里的所属公安机关通常是指派出所所在地的县公安机关或其上级公安机关,具体根据案件的性质和管辖权限确定。

第3款是关于对不计入期限事项的规定。为了查明案情进行鉴定、听证的期间,不计入办案期限。

无论鉴定的期限多长,都应从办案期限内扣除。鉴定是由专门人员运用专门知识对某些事项进行的判定,这些问题不能由办案人员决定和左右,因此花费的时间不计入办案期限。这里的"鉴定期间",是指公安机关提交鉴定之日起至鉴定机构作出鉴定意见并送达公安机关的期间。

规范索引

《行政处罚法》第60条;《公安机关办理行政案件程序规定》第165条;《公安机关执行〈中华人民共和国治安管理处罚法〉有关问题的解释》第12条

11. 当场处罚

> **法律条文**

《治安管理处罚法》第 119 条 违反治安管理行为事实清楚,证据确凿,处警告或者五百元以下罚款的,可以当场作出治安管理处罚决定。

> **条文解读**

本条是关于对违反治安管理行为人当场处罚的适用范围的规定。该规定的相关情形可见表 3-8。

表 3-8 对违反治安管理行为人当场处罚

适用范围	相关解读
违反治安管理行为事实清楚,证据确凿	指在处理案件的现场就已经掌握了确凿、充分的证据,案件经过已经很清楚。案情比较简单,因果关系明确,证据确凿,不需要进行更多的查证,没有必要进行鉴定,也不涉及其他违法犯罪案件的
依法处警告或者 500 元以下罚款的	(1)当场处罚要依法进行,即需要有相关法律规范的明确授权,否则人民警察就没有处罚权。(2)当场处罚要符合法定的处罚种类和幅度。当场处罚的种类只限于警告和罚款。罚款的数额则限于 500 元以下。符合上述处罚种类和罚款幅度规定的治安案件,一般是处罚较轻、对当事人权益影响相对较小、社会影响也不大的案件
执法主体是人民警察	所谓当场处罚,必须是人民警察在依法执行职务时查处的违反治安管理行为,才可以行使当场处罚。人民警察在非工作时间发现有违反治安管理行为的,应当予以制止,并将违法行为人送交当地公安机关或者正在执勤的具有治安案件办案权限的人民警察处理

规范索引

《行政处罚法》第51条;《公安机关办理行政案件程序规定》第37条

12. 当场处罚决定程序

法律条文

《治安管理处罚法》第120条 当场作出治安管理处罚决定的,人民警察应当向违反治安管理行为人出示人民警察证,并填写处罚决定书。处罚决定书应当当场交付被处罚人;有被侵害人的,并应当将决定书送达被侵害人。

前款规定的处罚决定书,应当载明被处罚人的姓名、违法行为、处罚依据、罚款数额、时间、地点以及公安机关名称,并由经办的人民警察签名或者盖章。

适用当场处罚,被处罚人对拟作出治安管理处罚的内容及事实、理由、依据没有异议的,可以由一名人民警察作出治安管理处罚决定,并应当全程同步录音录像。

当场作出治安管理处罚决定的,经办的人民警察应当在二十四小时以内报所属公安机关备案。

条文解读

本条是关于人民警察当场作出治安管理处罚决定程序的规定。

第1款是关于对当场处罚程序的相关规定。当场处罚,应当向违法行为人表明执法身份;收集证据;口头告知违法行为人拟作出行政处罚决定的事实、理由和依据,并告知违法行为人依法享有的陈述权和申辩权;充分听取违法行为人的陈述和申辩。违法行为人提出的事实、理由或者证据成立的,应当采纳;填写当场处罚决定书并当场交付被处罚人;当场收缴罚款的,同时填写罚款收据,交付被处罚人;未当场收缴罚款的,应当告知被处罚人在规定期限内到指定的银行缴纳罚款。

值得注意的是,当场处罚虽具有快速便捷的特点,但不意味着随意处罚,需严格遵循法定程序。人民警察实施当场处罚时,应当向违反治安管理行为人出示人民警察证,这也是执行当场处罚程序的前提。这不仅表明处罚人是具有执法资格的主体,为更好地执法创造条件,而且也是对被处罚当事人的尊重。人民警察在进行当场处罚时,也要确认违法事实,告知违反治安管理行为人处罚理由以及陈述和申辩的权利,并填写《处罚决定书》。处罚决定书应当场交付被处罚人,并送达被侵害人。

第 2 款是关于当场处罚决定书应当载明事项的规定。当场处罚决定书是人民警察当场处罚的唯一书面证明材料,一般采用由公安机关预先统一制作好的格式文书,具有固定格式和编号。由人民警察在当场处罚时填写。应当载明被处罚人的姓名、违法行为、处罚依据、罚款数额、时间、地点以及公安机关名称,并由经办的人民警察签名或者盖章。

第 3 款是关于一名警察作出当场处罚程序的相关规定。适用当场处罚,被处罚人对拟作出治安管理处罚的内容及事实、理由、依据没有异议的,可以由人民警察一人作出行政处罚决定。人民警察当场作出行政处罚决定的,应当于作出决定后的 24 小时内将当场处罚决定书报所属公安机关备案,交通警察应当于作出决定后的 2 日内报所属公安机关交通管理部门备案。在旅客列车、民航飞机、水上作出行政处罚决定的,应当在返回后的 24 小时内报所属公安机关备案。

在适用当场处罚的情形下,可以由一名人民警察作出治安管理处罚决定。这意味着在一些符合当场处罚条件的简单治安案件中,无需多名警察共同参与,一名警察即可完成处罚决定,提高了执法效率。但值得注意的是,当由一名人民警察作出治安管理处罚决定时,应当全程同步录音录像。这一要求是为了确保执法过程的公正性、透明性和可追溯性,防止执法人员滥用职权,同时也有利于在后续可能出现的争议中,提供客观、真实的证据。

第 4 款是关于当场处罚决定报备的规定。首先,根据本条款,实施当场处罚的人民警察应将当场处罚的决定书向其所属的公安机关备案,以便其所属公安机关能够了解人民警察实施当场处罚情况提供依据,防止随意当场处罚;为公安机关在日后的行政复议或行政诉讼中提供资料。其次,这种报备行为应在作出当场处罚决定的24小时内进行,即在24小时内将当场处罚决定报所属公安机关备案。

规范索引

《行政处罚法》第52条;《公安机关办理行政案件程序规定》第38条

13. 不服处罚提起的复议或诉讼

法律条文

《治安管理处罚法》第121条 被处罚人、被侵害人对公安机关依照本法规定作出的治安管理处罚决定,作出的纠缴、追缴决定或者采取的有关限制性、禁止性措施等不服的,可以依法申请行政复议或者提起行政诉讼。

条文解读

本条是关于被处罚人的法律救济途径的规定。对当事人权利进行法律救济,是保障当事人权利的重要途径。在治安管理处罚中的被处罚人、被侵害人依法享有法律救济权,法律救济的途径为行政复议或者行政诉讼。被处罚人、被侵害人对救济途径享有选择权,他们在对公安机关所作出的治安管理处罚决定、采取的相关措施及作出的收缴、追缴决定不服时,可以先复议,仍不满意的,再进行诉讼;也可以不经复议,直接提起行政诉讼。行政复议和行政诉讼均属于对具体行政行为的事后救济方式,目的在于使行政管理相对人对其因具体行政行为遭受的损害给予及时的恢复和补偿。

规范索引

《行政处罚法》第7条;《公安机关办理行政案件程序规定》第199条

（四）执 行

1. 行政拘留处罚的执行或异地执行

法律条文

《治安管理处罚法》第 122 条　对被决定给予行政拘留处罚的人，由作出决定的公安机关送拘留所执行；执行期满，拘留所应当按时解除拘留，发给解除拘留证明书。

被决定给予行政拘留处罚的人在异地被抓获或者有其他有必要在异地拘留所执行情形的，经异地拘留所主管公安机关批准，可以在异地执行。

条文解读

本条是关于行政拘留如何执行的规定。本条第 1 款是关于对常规情形下行政拘留如何执行的规定。《治安管理处罚法》规定："对被决定给予行政拘留处罚的人，由作出决定的公安机关送达拘留所执行。"这里的"送达拘留所执行"是指作出行政拘留决定的公安机关将被决定行政拘留的人送到拘留所并交付执行，拘留所依法办理入所手续后即为送达。该规定的相关情形可见表 3-9。

表 3-9 常规行政拘留情形的执行

拘留执行的方式为强制执行	一般而言,对于行政机关作出的处罚决定,被处罚人应当主动履行,其不履行的由行政机关依法强制执行。但在当前的实际中,随着人口流动性的增加,社会基层组织对人员状况的掌握、控制能力减弱,被处罚人很少会自觉而主动地履行,对此公安机关要找到被处罚人并将其送到拘留所接受处罚,也会比较困难。因此,实践中公安机关办理治安案件时,通常都是在作出行政拘留处罚决定后,直接将被处罚人送到拘留所接受处罚
送达执行的机关为作出拘留决定的机关	"作出决定的公安机关"是指依法有权决定行政拘留处罚的公安机关,即县级以上人民政府公安机关。值得注意的是,公安派出所作为公安机关的派出机构,其行政权力较小。公安派出所无权自己决定行政拘留处罚,只能作出警告或者罚款的处罚
拘留执行场所为拘留所	拘留所是依法设立的执行行政拘留和司法拘留的专门场所,由县级以上地方人民政府根据需要设置。根据本条的规定,公安局机关执行行政拘留处罚的,应当派员将被处罚人送到拘留所执行
解除拘留	执行期满,拘留所应当按时解除拘留,发给解除拘留证明书

第 2 款是关于对异地情形下行政拘留如何执行的规定。对被决定行政拘留的人,在异地被抓获或者具有其他有必要在异地拘留所执行情形的,经异地拘留所主管公安机关批准,可以在异地执行。该规定的相关情形可见表 3-10。

表 3-10　异地行政拘留情形的执行

异地抓获	当被决定给予行政拘留处罚的人在异地被抓获时,为避免长途押解带来的安全风险和执法成本,提高执法效率,允许在异地执行拘留。例如,某人在甲地实施违法行为后逃窜至乙地,在乙地被警方抓获,此时经乙地拘留所主管公安机关批准,可在乙地拘留所执行行政拘留
其他有必要在异地拘留所执行的情形	除异地抓获外,还可能存在其他特殊情况需要异地执行拘留。例如,被处罚人在居住地有不良社会关系,在居住地执行拘留可能影响其改过自新,或者当地拘留所条件有限,无法满足特殊被处罚人的监管需求等。在这些情况下,经异地拘留所主管公安机关批准,也可在异地执行拘留

规范索引

《公安机关执行〈中华人民共和国治安管理处罚法〉有关问题的解释》第 13 条;《公安机关办理行政案件程序规定》第 164 条

2. 罚款的履行及当场收缴罚款的情形

法律条文

《治安管理处罚法》第 123 条　受到罚款处罚的人应当自收到处罚决定书之日起十五日以内,到指定的银行或者通过电子支付系统缴纳罚款。但是,有下列情形之一的,人民警察可以当场收缴罚款:

（一）被处二百元以下罚款,被处罚人对罚款无异议的;

（二）在边远、水上、交通不便地区,旅客列车上或者口岸,公安机关及其人民警察依照本法的规定作出罚款决定后,被处罚人到指定的银行或者通过电子支付系统缴纳罚款确有困难,经被处罚人提出的;

（三）被处罚人在当地没有固定住所,不当场收缴事后难以执行的。

条文解读

本条是关于如何执行罚款处罚的规定,包含了两方面的内容见表3-11。

表3-11 罚款处罚的执行

受到罚款处罚的人如何缴纳罚款、在什么期限内缴纳罚款	依据本条,受到罚款处罚的人应到指定的银行或者电子支付系统缴纳罚款。需要注意的是,当前公安机关执行罚款处罚以罚缴分离为一般原则,旨在克服自罚自收的弊端,促进公安机关廉政建设,防止腐败;避免公安机关罚款的随意性,避免滥用罚款的现象,从而促进公安机关依法行政。实行"罚缴两条线",有利于消除被处罚人的误解和抵触情绪	
特殊情形下可以当场收缴罚款。	被处200元以下罚款,被处罚人对罚款无异议的	人民警察当场收缴罚款必须同时具备两方面条件:罚款的数额在200元以下和被处罚人无异议。相对于《行政处罚法》而言,本法属于特别法,根据特别法的效力优于一般法的原则,应当适用本法规定
	在边远、水上、交通不便地区,旅客列车上或者口岸,公安机关及其人民警察依照本法的规定作出罚款决定后,被处罚人到指定的银行或者通过电子支付系统缴纳罚款确有困难,经被处罚人提出的	在这些地区有可能因为银行设置网点少、交通不便、信号较差等原因使被处罚人到指定的银行或电子支付系统缴纳罚款有实际困难,甚至给被处罚人造成不必要的负担。因而考虑到此类特殊地区的特殊情况,为方便被处罚人,如果被处罚人到指定银行或电子支付系统缴纳罚款确有困难,提出当场缴纳罚款要求的,人民警察可以当场收缴罚款
	被处罚人在当地没有固定住所,不当场收缴事后难以执行的	对于在当地没有固定住处的人员,如临时外来人员,其流动性较大,一旦其离开,很难再将其找到。因而对于此类人员如果不当场收缴罚款可能导致罚款决定事后难以执行

规范索引

《行政处罚法》第 66 条;《公安机关办理行政案件程序规定》第 214 条

3. 当场收缴罚款的缴付程序和期限

法律条文

《治安管理处罚法》第 124 条　人民警察当场收缴的罚款,应当自收缴罚款之日起二日以内,交至所属的公安机关;在水上、旅客列车上当场收缴的罚款,应当自抵岸或者到站之日起二日以内,交至所属的公安机关;公安机关应当自收到罚款之日起二日以内将罚款缴付指定的银行。

条文解读

本条是关于上交当场收缴的罚款的规定。人民警察应当自收缴罚款之日起 2 日内,将当场收缴的罚款交至其所属公安机关;在水上当场收缴的罚款,应当自抵岸之日起 2 日内将当场收缴的罚款交至其所属公安机关;在旅客列车上当场收缴的罚款,应当自返回之日起 2 日内将当场收缴的罚款交至其所属公安机关。公安机关应当自收到罚款之日起 2 日内将罚款缴付指定的银行。该规定的相关情形包括两方面内容。

1. 人民警察当场收缴的罚款何时上交公安机关

人民警察收缴的罚款应该即时交至所属公安机关。但有时候处于边远、交通不便地区等特殊情况下,当日将收缴的罚款上交所属公安机关确实有困难,因而本条对人民警察上交所收缴的罚款规定了一个比较合理的期限。一般情况下,人民警察应当自收缴罚款之日起两日内将收缴的罚款交至所属的公安机关。期间计算的一般规则是,期间开始的时和日不计算在期间内。期间届满之日为节假日的,节假日后的第一个工作日为期间届满之日。对于在水上、旅客列车上收缴的罚款,由于在水上或旅途中无法上交罚款,所以应当自抵岸或者到站之日起 2 日内将罚款上交。

2.公安机关何时将罚款缴付指定的银行

人民警察当场收缴罚款实际上是一种代收行为,是因为特殊情况下为了减少执法成本和方便当事人,不宜或不易由金融机构直接收取罚款而由公安机关及其人民警察代收。所以本条规定公安机关应当自收到罚款之日起2日内将罚款缴付指定的银行。在实践中,为确保当场收缴的罚款能够及时缴付银行,具有罚款权的公安机关应在辖区范围内确定收缴罚款的银行网点,并在银行建立罚款专户,将收缴的罚款存放专户,集中上交国库。公安机关及其人民警察不依法上缴罚款的,应当依法追究其责任。

规范索引

《行政处罚法》第69条;《公安机关办理行政案件程序规定》第216条

4.罚款收据

法律条文

《治安管理处罚法》第125条 人民警察当场收缴罚款的,应当向被处罚人出具省级以上人民政府财政部门统一制发的专用票据;不出具统一制发的专用票据的,被处罚人有权拒绝缴纳罚款。

条文解读

本条是关于对人民警察当场收缴罚款后应当出具省级以上人民政府财政部门统一制发的专用票据的规定。公安机关及其人民警察当场收缴罚款的,应当出具国务院财政部门或者省、自治区、直辖市人民政府财政部门统一制发的专用票据。对不出具国务院财政部门或者省、自治区、直辖市人民政府财政部门统一制发的专用票据的,被处罚人有权拒绝缴纳罚款。

罚款收据是被处罚人缴纳罚款和人民警察收缴罚款的凭证。要求人民警察当场收缴罚款时出具收据,有利于防止不开或乱开罚款票据从而导致罚款不入账或者不上缴国库,防止滥罚款以及截留、挪用、贪污罚款,从而实现对罚款的有效监督。罚款收据应当是由省级财政部门统一制作和发放的。由财政部门统一制发罚款收据，可以对罚款进行严格控制，防止滥罚款以及截留、挪用、贪污罚款，促进廉政建设。如果人民警察当场收缴罚款不出具统一制发的罚款收据的，被处罚人有权拒绝缴纳罚款。这包含两个方面：一是人民警察当场收缴罚款没有出具罚款收据的，被处罚人有权拒交罚款；二是人民警察当场收缴罚款虽然出具了罚款收据，但该罚款收据不是由省级财政部门统一制发的，被处罚人有权拒交罚款。

此外，人民警察办理治安案件，当场收缴罚款不出具罚款收据或者不如实填写罚款数额的，依法给予行政处分；构成犯罪的，依法追究刑事责任。办理治安案件的公安机关有上述行为的，对直接负责的主管人员和其他直接责任人员给予相应的行政处分。

规范索引

《行政处罚法》第 53 条；《公安机关办理行政案件程序规定》第 215 条

5. 暂缓执行行政拘留

法律条文

《治安管理处罚法》第 126 条　被处罚人不服行政拘留处罚决定，申请行政复议、提起行政诉讼的，遇有参加升学考试、子女出生或者近亲属病危、死亡等情形的，可以向公安机关提出暂缓执行行政拘留的申请。公安机关认为暂缓执行行政拘留不致发生社会危险的，由被处罚人或其近亲属提出符合本法第一百二十七条规定条件的担保人，或者按每日行政拘留二百元的标准交纳保证金，行政拘留的处罚决定暂缓执行。

正在被执行行政拘留处罚的人遇有参加升学考试、子女出生或者近亲属病危、死亡等情形，被拘留人或者其近亲属申请出所的，由公安机关依照前款规定执行。被拘留人出所的时间不计入拘留期限。

条文解读

本条是关于暂缓执行拘留的规定。本条第 1 款是关于对申请暂缓执行行政拘留的规定。被处罚人不服行政拘留处罚决定，申请行政复议或者提起行政诉讼的，可以向作出行政拘留决定的公安机关提出暂缓执行行政拘留的申请；口头提出申请的，公安机关人民警察应当予以记录，并由申请人签名或者捺指印。被处罚人在行政拘留执行期间，提出暂缓执行行政拘留申请的，拘留所应当立即将申请转交作出行政拘留决定的公安机关。

公安机关暂缓执行行政拘留须具备的条件：

（1）被处罚人依法申请复议或提起行政诉讼或遇有参加升学考试、子女出生或者近亲属病危、死亡等情形的，即暂缓执行拘留只能适用于这两种情况。如果被处罚人没有申请复议或提起行政诉讼，又或是没有遇有参加升学考试、子女出生或者近亲属病危、死亡等情形的，则不能适用暂缓执行。

（2）被处罚人提出暂缓执行行政拘留的申请，即只有被处罚人在复议或诉讼的期间或遇有参加升学考试、子女出生或者近亲属病危、死亡等情形提出暂缓执行行政拘留的申请，公安机关才能依法决定是否暂缓执行。被处罚人没有申请暂缓执行行政拘留的，即使其申请了复议或提起了行政诉讼，公安机关也不能自行决定暂缓执行行政拘留。

（3）公安机关认为暂缓执行行政拘留不致发生社会危险。即公安机关需根据被处罚人违反治安管理行为的性质、社会危害、一贯表现、与所居住区域的联系等各方面情况综合考虑，作出判断。

（4）被处罚人依法提供了一定的保证。被处罚人申请暂缓执行行政拘留必须提供担保人或保证金作为保证，否则公安机关不能决定暂缓执行。①提供担保人。被处罚人或者其近亲属可以提出符合本法规定条件即第 127 条规定的担保人来保证被处罚人不阻碍、逃避公安机关、行政复议机关或人民法院的传唤、复议、审理和执行。②提供保证金。被处罚人或者其近亲属选择交纳保证金的，应当按照每日行政拘留 200 元的标准交纳。

第 2 款是关于正在执行行政拘留处罚人员申请出所的特殊规定。即正在执行行政拘留处罚的人,若遇到参加升学考试、子女出生或近亲属病危、死亡等情形,被拘留人或其近亲属可申请出所,公安机关需依照前述规定处理此类申请,被拘留人出所时间不计入拘留期限。这充分保障了被处罚人在面临重大人身事件时的合法权益。

规范索引

《行政处罚法》第66、73条;《公安机关办理行政案件程序规定》第222~226条

6. 暂缓执行行政拘留的担保人的条件

法律条文

《治安管理处罚法》第127条　担保人应当符合下列条件:
（一）与本案无牵连;
（二）享有政治权利,人身自由未受到限制;
（三）在当地有常住户口和固定住所;
（四）有能力履行担保义务。

条文解读

本条是关于担保人资格的规定。公安机关经过审查认为暂缓执行行政拘留的担保人符合条件的,由担保人出具保证书,并到公安机关将被担保人领回。该规定的相关情形可见表3-12。

表3-12　担保人的条件

符合的条件	相关解读
与本案无牵连	即担保人既不是被处罚人所涉及的治安案件的其他当事人,也不是该案件的证人、办案人员或其他工作人员。担保人与该案件没有任何利害关系,既不涉及其利益,案件处理结果也与其无关

续表

符合的条件	相关解读
享有政治权利，人身自由未受到限制	政治权利是根据宪法、法律的规定公民参与国家政治生活的权利。人身自由未受到限制，是指没有因违法而受到任何限制人身自由的行政强制措施或行政处罚如行政拘留；没有因违法而受到任何限制人身自由的民事诉讼、行政诉讼强制措施如拘留；没有因涉嫌犯罪受刑事追诉而被采取拘传、取保候审、监视居住、拘留、逮捕的刑事诉讼强制措施；没有因犯罪而被判处管制、拘役或者有期徒刑以上的刑罚处罚并正在服刑的。但是担保人曾经被剥夺政治权利或被限制人身自由，而在为行政拘留的被处罚人提供担保期间已经恢复政治权利或人身自由的，则不能认为担保人不具备本条所规定的条件
在当地有常住户口和固定住所	担保人必须在当地有常住户口和固定住所。即担保人在办理该治安案件的公安机关所在地有常住户口并有固定住所，这便于公安机关与担保人之间的联系，监督其履行担保义务。暂住人口或其他流动人口不能作为担保人
有能力履行担保义务	即担保人必须达到一定年龄并具有民事行为能力，而且担保人对被处罚人有一定的影响力，以及担保人的身体状况、工作状况能使其完成监督被处罚人行为的任务

规范索引

《公安机关办理行政案件程序规定》第 227 条

7. 暂缓执行行政拘留的担保人的义务

法律条文

《治安管理处罚法》第 128 条　担保人应当保证被担保人不逃避行政拘留处罚的执行。

担保人不履行担保义务，致使被担保人逃避行政拘留处罚的执行的，处三千元以下罚款。

> **条文解读**

本条是关于担保人义务及其法律责任的规定。

本条第1款是关于担保人义务的规定。担保人的义务是保证被担保人不逃避行政拘留的执行。这里的"被担保人"是指由担保人提供保证的被处罚人。"不逃避行政拘留的执行",是指被处罚人在对行政拘留决定的复议或诉讼期间没有逃跑、躲避等行为。经行政复议后维持行政拘留处罚决定且被处罚人未提起行政诉讼的,或经行政诉讼后维持行政拘留处罚决定的,被处罚人应接受执行该行政拘留处罚决定。

本条第2款是关于担保人不履行法定义务时应当承担的法律责任的规定。即担保人因为不积极履行担保义务致使被保证人逃脱的,处3000元以下罚款。但有两点需要注意:(1)担保人不履行担保义务,被处罚人有干扰复议、诉讼的其他违法行为,但被担保人没有逃脱,对经复议或诉讼后维持的行政拘留决定接受执行的,公安机关不能对担保人进行处罚;(2)担保人积极履行了法定义务,已经尽力对被担保人进行了适当的监督,但被担保人还是通过逃跑或者躲避等逃避行政拘留处罚的执行的,公安机关是否能对担保人进行处罚、进行怎样的处罚,该规定没有予以明确。

> **规范索引**

《公安机关办理行政案件程序规定》第229、230条

8. 没收保证金

> **法律条文**

《治安管理处罚法》第129条 被决定给予行政拘留处罚的人缴纳保证金,暂缓行政拘留或者出所后,逃避行政拘留处罚的执行的,保证金予以没收并上缴国库,已经作出的行政拘留决定仍应执行。

条文解读

本条是关于没收保证金的规定,包括三方面的内容。

1. 没收保证金的条件

保证金的作用在于保证被处罚人在暂缓执行行政拘留期间不逃避将来可能恢复执行的拘留决定,并等待复议或诉讼的结果。但是,一旦被处罚人有逃避行政拘留处罚行为,公安机关就有权没收其已缴纳的保证金。值得注意的是,不论被处罚人逃脱成功与否,只要其有逃避行政拘留处罚执行的行为,保证金就应予以没收。

2. 保证金的上缴

没收的保证金应上缴国库。没收保证金在性质上与罚款处罚相类似,故应遵循罚缴分离的原则,由银行收取并上缴国库,严禁有任何形式的提留、分成和收支挂钩。

3. 没收保证金后行政拘留决定仍应执行

没收保证金只是对被处罚人逃避执行行政拘留决定行为的一种处罚,并不能代替其行政拘留决定的执行。因而没收保证金后,公安机关仍要对被处罚人进行查找,在找到被处罚人后仍然要将其送达拘留所执行行政拘留处罚。

规范索引

《公安机关办理行政案件程序规定》第232条

9. 退还保证金

法律条文

《治安管理处罚法》第130条 行政拘留的处罚决定被撤销,行政拘留处罚开始执行,或者出所后继续执行的,公安机关收取的保证金应当及时退还交纳人。

条文解读

本条是关于退还保证金的规定。当行政拘留处罚被撤销或者开始执行时,公安机关应将保证金退还给交纳人。

保证金应当退还交纳人的情况分为两点:

1. 经过复议或诉讼行政拘留处罚决定被撤销

《行政复议法》规定,行政行为有下列情形之一的,行政复议机关决定撤销或者部分撤销该行政行为,并可以责令被申请人在一定期限内重新作出行政行为:(1)主要事实不清、证据不足;(2)违反法定程序;(3)适用的依据不合法;(4)超越职权或者滥用职权。被申请人未依法提出书面答复、提交当初作出具体行政行为的证据、依据和其他有关材料的,视为该具体行政行为没有证据、依据,行政复议机关决定撤销该处罚决定。《行政诉讼法》规定,行政行为有下列情形之一的,人民法院判决撤销或者部分撤销,并可以判决被告重新作出行政行为:(1)主要证据不足的;(2)适用法律、法规错误的;(3)违反法定程序的;(4)超越职权的;(5)滥用职权的;(6)明显不当的。因而,经过复议,复议机关撤销行政拘留决定,被处罚人未起诉的,或经过行政诉讼人民法院通过判决撤销行政拘留决定的,该行政拘留决定都不需再执行,保证金也应当退还。

2. 经过复议或诉讼维持行政拘留决定,行政拘留开始执行

《行政复议法》规定,行政行为认定事实清楚,证据确凿,适用依据正确,程序合法,内容适当的,决定维持。《行政诉讼法》规定,行政行为证据确凿,适用法律、法规正确,符合法定程序的,或者原告申请被告履行法定职责或者给付义务理由不成立的,人民法院判决驳回原告的诉讼请求。因而,经过复议或诉讼,复议机关维持行政拘留决定或人民法院驳回原告诉讼请求的,公安机关应当依据本法第122条之规定将被处罚人送达拘留所执行。在这种情况下保证金的收取也已无必要,因而应该退还给交纳人。

规范索引

《拘留所条例实施办法》第57条;《公安机关办理行政案件程序规定》第232条

四

监督篇

四

罗贯中

1. 执法原则

法律条文

《治安管理处罚法》第 131 条　公安机关及其人民警察应当依法、公正、严格、高效办理治安案件，文明执法，不得徇私舞弊、玩忽职守、滥用职权。

条文解读

本条是关于公安机关及其人民警察在办理治安案件过程中应该遵循的执法原则的规定。人民警察必须做到：秉公执法，办事公道；模范遵守社会公德；礼貌待人，文明执勤；尊重人民群众的风俗习惯。该规定的相关情形可见表 4-1。

表 4-1　执法原则及解读

执法原则	相关解读
依法	公安机关及其人民警察在办理治安案件时要依法进行，切实尊重法律，正确理解立法宗旨、立法原意，维护法律的尊严和权威。既要符合实体法的要求，也要符合程序法的规定
公正	公安机关及其人民警察在办理治安案件时，应该平等地对待各方当事人，不偏袒、歧视任何人
严格	公安机关及其人民警察在办理治安案件时，能够严格依法办事，坚持做到不枉不纵，坚决防止和纠正执法的"不作为""乱作为"
高效	公安机关及其人民警察在办理治安案件时，通过提高自身业务素质和办案能力，能够做到工作效率高、处理问题迅速
文明	(1) 人民警察在办理治安案件时，要尊重当事人的人格，以理、以法服人，讲究语言、行为方式及工作方法，切忌简单粗暴、举止不端。(2) 在着装上要规范，警容风纪严整，充分体现执法机关和人民警察的精神面貌和良好风范

续表

执法原则	相关解读
不得徇私舞弊	公安机关及其人民警察在办理治安案件时,要秉公执法,不徇私情
不得玩忽职守	公安机关要认真履行职责,不得对工作敷衍塞责、消极怠工。不得在执法过程中擅离职守、失职渎职,导致严重后果
不得滥用职权	公安机关要严格按照法律规定的权限和程序行使职权,不得超越职权范围,滥用强制措施。不得以权谋私,对当事人进行打击报复

规范索引

《人民警察法》第20~23条

2. 禁止行为

法律条文

《治安管理处罚法》第132条　公安机关及其人民警察办理治安案件,禁止对违反治安管理行为人打骂、虐待或者侮辱。

条文解读

本条是关于公安机关及其人民警察办理治安案件中的禁止性行为的规定。该规定的相关情形可见表4-2。

表4-2　人民警察办理治安案件的禁止性行为

禁止性行为	相关解读
禁止对违反治安管理行为人打骂	公安机关及其人民警察不得利用手、脚等人体肢体,或者木棒器具对违反治安管理行为人进行撞击;不得用粗野或者恶意的语言对违反治安管理行为人进行侮辱

续表

禁止性行为	相关解读
禁止对违反治安管理行为人虐待	公安机关及其人民警察不得以打骂、冻饿、捆、强迫超体力劳动、限制自由、凌辱人格等各种方法,对违反治安管理行为人进行从肉体、精神上进行迫害、折磨、摧残的行为
禁止对违反治安管理行为人侮辱	公安机关及其人民警察不得以辱骂或其他方法(如当众剥光他人衣服、当众嘲笑),公然贬低他人人格,破坏他人名誉

规范索引

《人民警察法》第22条;《公职人员政务处分法》第40条

3. 监督方式

法律条文

《治安管理处罚法》第133条 公安机关及其人民警察办理治安案件,应当自觉接受社会和公民的监督。

公安机关及其人民警察办理治安案件,不严格执法或者有违法违纪行为的,任何单位和个人都有权向公安机关或者人民检察院、监察机关检举、控告;收到检举、控告的机关,应当依据职责及时处理。

条文解读

本条是关于公安机关及其人民警察在办理治安案件行使行政职权行为时,应当接受社会监督以及监督方式的规定。本条第1款是关于公安机关及其人民警察办理治安案件应当接受社会和公众监督的规定。人民警察执行职务,必须自觉地接受社会和公民的监督。人民警察机关作出的与公众利益直接有关的规定,应当向公众公布。

依据我国宪法的规定,中华人民共和国公民对于任何国家机关和国家工作人员,有提出批评和建议的权利;对于任何国家机关和国家工作人员的违法失职行为,有向有关国家机关提出申诉、控告或者检举的权利。因此,对公安机关及其人民警察的执法监督是公民行使宪法权利的表现之一,也是规范治安管理行为的需要。监督的方式既可以通过个人向有关机关提出建议、意见、控告申诉或者检举,也可以通过报纸杂志、新闻媒体等社会舆论来监督。本款中的"自觉接受"是指公安机关及其人民警察对社会和公民的监督应当采取积极配合、虚心接受的态度,不得采取打击或者报复的行为,这是一种义务性的规定。

第2款是关于单位和个人有权对公安机关及其人民警察不严格执法或者就违纪行为向公安机关或者人民检察院、行政监察机关进行检举、控告和有关部门及时处理的规定。公民或者组织对人民警察的违法、违纪行为,有权向人民警察机关或者人民检察院、行政监察机关检举、控告。受理检举、控告的机关应当及时查处,并将查处结果告知检举人、控告人。对依法检举、控告的公民或者组织,任何人不得压制和打击报复。

检举控告权是宪法赋予公民和组织的一项基本权利,检举、控告制度是发扬群众路线的一种监督制度。通过由社会组织和公民个人启动专门机关的监督程序而实现监督监察,既发挥了群众的作用,又发挥了专门机关的作用;既可以反映民情、释放民怨,又可以形成监督制约,改善公安机关治安管理部门与人民警察的执法行为。

本款有三层意思:(1)检举、控告的主体可以是任何组织和公民。(2)必须是对公安机关及其人民警察执行职务的行为进行监督,包括不严格执法或者违法违纪行为。不严格执法是一种怠于行使职权的表现,而执法违纪则是不当行使职权的表现。(3)收到检举、控告的机关,应当依据职责及时处理,并将处理的结果告知检举人、控告人。对于不属于本机关职责范围的,应及时转交有权机关查处。

规范索引

《宪法》第41条;《行政处罚法》第75条;《人民警察法》第42~47条

4. 被处罚人是需给予政务处分的公职人员的处理

法律条文

《治安管理处罚法》第134条　公安机关作出治安管理处罚决定,发现被处罚人是公职人员,依照《中华人民共和国公职人员政务处分法》的规定需要给予政务处分的,应当依照有关规定及时通报监察机关等有关单位。

条文解读

本条是关于明确公安机关在作出治安管理处罚决定时,若发现被处罚人为公职人员且需给予政务处分,应依照规定及时通报监察机关等有关单位的规定。

公安机关在作出治安管理处罚决定的过程中,若明确发现被处罚人具有公职人员身份且需依照《公职人员政务处分法》的规定,对该公职人员的行为需要给予政务处分时,就表明该公职人员的违法违纪行为不仅违反了治安管理规定,还触犯了公职人员应遵守的纪律规范,需要通过政务处分来进一步追究其责任。在通报要求方面,公安机关有依照有关规定及时通报监察机关等有关单位的义务。这一规定体现了法律对公职人员违法违纪行为处理的严肃性和规范性,确保不同部门之间能够形成有效的监督合力,共同维护公职人员队伍的廉洁性和纪律性。"及时通报"则强调了通报的时间要求,即公安机关应在发现相关情况后尽快完成通报工作,避免因拖延而导致信息传递不畅或处理不及时,影响对公职人员违法违纪行为的处理效果。从实际操作来看,公安机关在发现被处罚人为公职人员后,会按照规定的程序和时限,将处罚决定的内容,如处罚事由、处罚种类、处罚依据等,通报给监察机关和其所在单位。

通过及时通报,监察机关等有关单位能够及时掌握公职人员的违法违纪情况,与公安机关形成协同监督的机制。不同部门可依据各自的职责和权限,对公职人员的违法违纪行为进行全面、深入的处理,确保公职人员受到应有的惩处。

规范索引

《行政复议法》第86条;《监察法》第11条

5. 罚缴分离原则

法律条文

《治安管理处罚法》第135条 公安机关依法实施罚款处罚,应当依照有关法律、行政法规的规定,实行罚款决定与罚款收缴分离;收缴的罚款应当全部上缴国库,不得返还、变相返还,不得与经费保障挂钩。

条文解读

本条是关于公安机关依法实行罚款决定与罚款收缴相分离以及收缴的罚款应当上缴国库的规定。该规定的相关情形可见表4-3。

表4-3 罚缴分离解读

罚缴分离的内容	内容解读
收缴罚款的机关	根据1997年11月17日国务院颁布的《罚款决定与罚款收缴分离实施办法》的规定,经中国人民银行批准有代理收付款项业务的商业银行、信用合作社(以下简称代收机构)可以开办代收罚款业务。具体代收机构由县级以上地方人民政府组织本级财政部门、中国人民银行当地分支机构和依法具有行政处罚权的行政机关共同研究,统一确定。海关、外汇管理等实行垂直领导的依法具有行政处罚权的行政机关作出罚款决定的,具体代收机构由财政部、中国人民银行会同国务院有关部门确定。依法具有行政处罚权的国务院有关部门作出罚款决定的,具体代收机构由财政部、中国人民银行确定

续表

罚缴分离的内容	内容解读
罚缴分离的例外性规定	被处 50 元以下罚款,当事人对罚款无异议的;在边远、水上、交通不便地区,公安机关及其人民警察依照本法的规定作出处罚决定以后,被处罚人向指定的银行缴纳罚款确有困难,经被处罚人提出的;以及在当地没有固定住所,不当场收缴事后难以执行的,人民警察可以当场收缴罚款
专门机构收缴罚款的条件	(1)被处罚人自动履行。如果被处罚人拒不履行罚款决定,金融机构不能强迫其履行,应当由法律法规规定享有强制执行权的机关负责收缴。(2)给付的内容为金钱。如果被罚没的是实物时,则对实物的处理不应当由负责收缴罚没款的金融机构进行应当由作出处罚决定的行政机关按照法律的规定处理。(3)不需要当场执行
专门机构收缴罚款的程序	(1)通知送达。送达治安管理处罚决定书是治安罚决定机关的最后一项程序,同时又是当事人缴纳罚款的第一项程序。行政机关在作出处罚决定后,一方面要把处罚决定送达被处罚人,并在其中载明指定的银行另一方面将处罚决定书副本及收缴罚没款通知函送达指定的机关。被处罚人应当自收到处罚决定书之日起 15 日内到指定银行缴纳罚款。(2)收缴。专门的收缴机关可以根据处罚决定书,对其限定的当事人在法定的收缴期限内发出催缴通知书,敦促其履行缴纳义务。(3)收受罚款。当事人应当按照治安管理处罚决定书确定的期限,自收到处罚决定书之日起 15 日内,到指定的银行足额缴纳罚款。当事人逾期缴纳的,行政处罚决定书明确需要加处罚款的,金融机构应当按照行政处罚决定书加收罚款。当事人有异议的,应当先缴纳罚款和加收的罚款,再依法申请行政复议。当事人向专门机构缴纳罚款的,专门机构应当向缴纳人开具省自治区辖市人民政府统一制发的罚款收据。不出具统一制发的罚款收据的,被处罚人有权拒绝缴纳罚款。(4)通知处罚机关并将罚没款项及时上缴国库。金融机构应当按照代收罚款协议规定的方式和期限,将当事人缴纳罚款的情况书面告知作出行政处罚决定的行政机关。金融机构应

续表

罚缴分离的内容	内容解读
专门机构收缴罚款的程序	当按照法律和国家的有关规定,将代收的罚没款项上缴国库。被处罚人逾期未向金融机构缴纳罚款的,金融机构应当及时通知作出处罚决定的机关

规范索引

《刑事诉讼法》第 277 条

6. 违反治安管理记录(封存)的规定

法律条文

《治安管理处罚法》第 136 条 违反治安管理的记录应当予以封存,不得向任何单位和个人提供或者公开,但有关国家机关为办案需要或者有关单位根据国家规定进行查询的除外。依法进行查询的单位,应当对被封存的违法记录的情况予以保密。

条文解读

本条是关于治安违法记录封存制度的规定。即公安机关对违反治安管理的记录(如处罚决定书、询问笔录等)必须予以封存,禁止向任何单位或个人提供或公开;而依法查询的单位必须对封存记录的内容保密,不得泄露或用于非法定用途。

治安管理处罚记录属于个人隐私范畴,封存制度可避免因轻微违法行为对个别人名誉、就业、社会评价造成长期负面影响,体现了对个人权益的特殊保护,这可避免个别人因一时过错留下长期污点,保障其改过自新的机会;同时,对已接受处罚且改过自新的人,封存记录有助于此类个别人重新融入社会,减少"标签效应",体现司法的人文关怀。因此,公安机关需严格执行封存程序,确保记录不随意泄露;司法机关等执法部门需加强协作,共同落实封存制度,加大对制度落实情况的监督,防止执行走样。

7. 录音录像运行安全管理的规定

法律条文

《治安管理处罚法》第137条　公安机关应当履行同步录音录像运行安全管理职责,完善技术措施,定期维护设施设备,保障录音录像设备运行连续、稳定、安全。

条文解读

本条是关于公安机关保障同步录音录像设备运行连续、稳定、安全的规定。该规定的相关情形可见表4-4。

表4-4　录音录像运行安全管理的规定

履行职责	相关解读
保障录音录像设备运行连续	公安机关在讯问、询问、现场处置等执法活动中,需确保录音录像设备从启动至结束全程运行,避免人为中断或出现技术故障。设备应配备不间断电源和冗余存储介质,防止因断电或存储空间不足导致录制中断
保障录音录像设备运行稳定性	公安机关需建立设备维护制度,定期检查设备性能,确保图像清晰、声音可辨。制定设备故障应急处理流程,如设备故障时需立即启用备用设备,并记录故障原因及修复情况
保障录音录像设备运行安全性	公安机关应对录音录像资料加密存储,防止数据泄露或篡改,并定期进行异地备份。严格限制录音录像资料的访问权限,仅允许授权人员查阅,防止信息滥用

规范索引

《行政处罚法》第47条;《反间谍法》第31条

8. 办案过程中获取的个人信息、生物样本信息保护规定

法律条文

《治安管理处罚法》第138条 公安机关及其人民警察不得将在办理治安案件过程中获得的个人信息、依法提取、采集的相关信息、样本用于与治安管理、查处犯罪无关的用途，不得出售、提供给其他单位或者个人。

条文解读

本条是关于公安机关及其人民警察非法提供个人信息，依法追究其有关责任的规定。

本条包括两个方面：

1. 信息使用范围限制

公安机关仅能将个人信息、生物识别信息等相关信息及样本用于治安管理或打击犯罪的法定职责，禁止用于其他无关用途（如商业开发、学术研究等）；明确禁止出售、提供给他人，包括其他单位或个人，切断信息泄露的非法链条，从而防止公安机关滥用职权，确保个人信息仅用于法定目的，提升执法公信力。

2. 对相关信息、样本的特殊保护

生物识别信息（如指纹、DNA、面部特征等）属于敏感个人信息，一旦泄露或滥用，可能对公民人身、财产安全造成严重危害。因此，公安机关需遵循"必要性原则"，仅在法定职责范围内提取、采集，并采取严格保护措施，从而降低个人信息泄露风险，减少因信息滥用导致的诈骗、骚扰等次生危害。

规范索引

《个人信息保护法》第1、2条

9. 人民警察受到行政处分、刑事处罚的情形

法律条文

《治安管理处罚法》第139条 人民警察办理治安案件，有下列行为之一的，依法给予处分；构成犯罪的，依法追究刑事责任：

（一）刑讯逼供、体罚、打骂、虐待、侮辱他人的；

（二）超过询问查证的时间限制人身自由的；

（三）不执行罚款决定与罚款收缴分离制度或者不按规定将罚没的财物上缴国库或者依法处理的；

（四）私分、侵占、挪用、故意损毁所收缴、追缴、扣押的财物的；

（五）违反规定使用或者不及时返还被侵害人财物的；

（六）违反规定不及时退还保证金的；

（七）利用职务上的便利收受他人财物或者谋取其他利益的；

（八）当场收缴罚款不出具专用票据或者不如实填写罚款数额的；

（九）接到要求制止违反治安管理行为的报警后，不及时出警的；

（十）在查处违反治安管理活动时，为违法犯罪行为人通风报信的；

（十一）泄露办理治安案件过程中的工作秘密或者其他依法应当保密的信息的；

（十二）将在办理治安案件过程中获得的个人信息，依法提取、采集的相关信息、样本用于与治安管理、查处犯罪无关的用途，或者出售、提供给其他单位或者个人的；

（十三）剪接、删改、损毁、丢失办理治安案件的同步录音录像资料的；

（十四）有徇私舞弊、玩忽职守、滥用职权，不依法履行法定职责的其他情形的。

办理治安案件的公安机关有前款所列行为的，对负有责任的领导人员和直接责任人员，依法给予处分。

条文解读

本条是关于人民警察在办理治安案件中的违法违纪行为所应承担的法律责任的规定。

本条第1款是关于人民警察在办理治安案件中的违法违纪行为及其

行政处分、刑事处罚的规定。该规定的相关情形可见表4-5。

表4-5 人民警察受到行政处分、刑事处罚的情形

禁止行为	相关解读
刑讯逼供、体罚、打骂、虐待、侮辱他人的	公安机关在办理治安案件时,应当依法严格进行,必须尊重违反治安管理行为人或嫌疑人的人身权利,不得对违反治安管理行为人或嫌疑人实施刑讯逼供、体罚、打骂、虐待及侮辱他们的人格尊严。违反此款的规定,办理治安案件的公安机关工作人员要承担相应的法律责任
超过询问查证的时间限制人身自由的	公安机关办案人员询问相关人员不得超过法律规定的时间。被传唤人到达公安机关后,公安机关应当及时询问,调查了解案件情况。询问查证的时间一般不超过8个小时;对情况复杂的,依照本法规定可能适用行政拘留处罚的,询问查证的时间不得超过24个小时。治安案件总体上情节简单、社会危害性较轻,容易调查取证,一般采用现场询问、到违法行为人的住处或所在单位进行询问的方法,不应以限制人身自由作为主要的调查方法
不执行罚款决定与罚款收缴分离制度或者不按规定将罚没的财物上缴国库或者依法处理的	公安机关收受罚款须执行罚款收缴分离制度,开具罚款单以后告知被罚款人到指定的银行或单位缴纳罚款。公安机关收到的全部罚款或财物必须全部上缴国库,任何人不得以任何名义加以截留分成或据为己有;对于巧立名目挪用、截留罚款的,依法予以处分。这里的"罚没财物"指的是对违反治安管理的行为人处以的罚款、没收的保证金、收缴的违禁品,收缴违反治安管理所得的财物收缴直接用于实施违反治安管理行为的工具等财物。对于这些罚没的财物应当上缴国库或按有关规定处理,若是违禁品应当予以销毁

续表

禁止行为	相关解读
私分、侵占、挪用、故意损毁所收缴、追缴、扣押的财物的	公安机关收缴、追缴、扣押财物应当给被收缴人、被追缴人、被扣押人开具收据。没收的物品应全部上缴国库，不得以任何理由私分、侵占、挪用。但是，如果这些财物是属于偷窃、抢夺、骗取或者敲诈勒索他人的，从没收之日起，在规定的时间内查明原主的，应退还给原主；不能确定原主的，则全部上缴国库。属于违禁物品的，如毒品、淫秽物品、枪支弹药、管制刀具，应依法没收上缴，不得退还
违反规定使用或者不及时返还被侵害人财物的	违反规定使用或者不及时返还被侵害人财物的。扣押物品必须依法进行，不得违反法律规定的程序。对扣押的物品，应当妥善保管或者按照有关规定处理，不得挪作他用。经查明与案件无关的物品，应当及时退还原主。经核实属于他人合法财产的，应当登记后立即退还；属于被侵害人的财物应当及时返还，以免因办案时间的拖而影响和损害被侵害人的合法权益。6个月内无法查清合法持有人的，应当公开拍卖或者变卖，所得款项上缴国库
违反规定不及时退还保证金的	公安机关在收取了违反治安管理行为人或嫌疑人的暂缓执行行政拘留保证金以后，如果发现违反治安管理行为人或嫌疑人能够履行义务，不逃避处罚，行政拘留的处罚决定被撤销，或者行政拘留处罚开始执行的，公安机关应当及时将保证金退还给违反治安管理行为人或嫌疑人
利用职务上的便利收受他人财物或者谋取其他利益的	"利用职务上的便利"主要是指利用与履行职务有关的方便条件。"收受他人财物或者谋取其他利益"，包括收受金钱、有价证券、礼品，或者接受他人提供的旅游、装修或其他服务等

续表

禁止行为	相关解读
当场收缴罚款不出具专用票据或者不如实填写罚款数额的	对于为简化办案手续，提高办案效率，节约办案成本，方便当事人的可以当场收缴罚款的情形的，应当给被罚款人开具国务院财政部门或者省、自治区、直辖市人民政府财政部门统一制发的罚款收据。如果执法人员不开具收据或者不如实开具，被罚款人有权要求开具，执法人员不得以任何理由予以拒绝，否则被罚款人有权拒绝缴纳罚款
接到要求制止违反治安管理行为的报警后，不及时出警的	违反治安管理案件具有突发性，如果不及时查处，很可能因错过时机而导致案件不了了之。因此，人民警察在查处治安案件时必须及时，这是人民警察应当履行的一项重要职责
在查处违反治安管理活动时，为违法犯罪行为人通风报信的	通风报信包括采用各种传递消息的方法和手段，如打电话、发送短信、邮件或事先约定的各种联系方式。本款是对严肃公安队伍本身的忠诚纪律的要求，对通风报信的行为要追究相应的法律责任
泄露办理治安案件过程中的工作秘密或者其他依法应当保密的信息的	公安机关在办理治安案件过程中，为保障执法活动顺利进行而产生的、不属于国家秘密但需严格保密的信息，包括案件细节、调查手段、内部工作流程；依法应当保密的信息包括国家机密、商业机密、个人隐私。公安机关应严禁故意向无关人员透露保密信息，严格遵守保密规定，切实履行保密义务，确保信息安全
将在办理治安案件过程中获得的个人信息，依法提取、采集的相关信息、样本用于与治安管理、打击犯罪无关的用途，或者出售、提供给其他单位或个人的	公安机关及工作人员在治安案件办理中，不得将依法采集的公民个人信息（如身份信息、生物识别信息、行踪轨迹等）用于与治安管理、打击犯罪无关的用途（例如商业推广、私人调查等）；不得将信息出售或非法提供给其他单位或个人（如大数据公司、第三方机构等），无论是否牟利

续表

禁止行为	相关解读
剪接、删改、损毁、丢失办理治安案件的同步录音录像资料的	同步录音录像是监督执法公正的核心证据,公安机关对治安案件的询问、检查、扣押等关键环节应当进行同步录音录像,且必须严格规范保存和使用;不得对录音录像内容进行选择性剪辑、删减或拼接,导致无法真实反映案件办理过程;不得物理破坏存储介质(如损坏硬盘、删除文件),致使录音录像无法恢复;不得将录音录像资料无故丢失或因重大过失导致丢失,且不能证明系意外或不可抗力
有徇私舞弊、玩忽职守、滥用职权,不依法履行法定职责的其他情形的	公安机关及其人民警察应当依法履行其职责,不得徇私舞弊,滥用职权,必须严格依照法律规定的权限和程序办案。在现实生活中根据具体情况来具体适用。 人民警察有上述违法行为之一的,应当依法给予其行政处分;对于情节严重或危害后果严重,构成犯罪的,还应当依法追究其刑事责任

第 2 款是关于公安机关有第 1 款所列违法行为应如何处理的规定。公安机关不是自然人,对其追究法律责任,是对直接负责的主管人员和其他直接责任人员追究责任,即对实施该违法行为负有直接责任的主管人员和其他直接责任人员给予相应的行政处分。

规范索引

《刑法》第 247、397、402 条;《行政处罚法》第 8、81 条;《行政强制法》第 61、62 条

10. 公安机关及其人民警察的赔偿责任

法律条文

《治安管理处罚法》第 140 条 公安机关及其人民警察违法行使职权,侵犯公民、法人和其他组织合法权益的,应当赔礼道歉;造成损害的,应当依法承担赔偿责任。

条文解读

本条是关于公安机关及其人民警察违法行使职权,造成公民、法人和其他组织合法权益损害的,应当承担赔偿责任的规定。行政机关及其工作人员在行使行政职权时有下列侵犯人身权情形之一的,受害人有取得赔偿的权利,即:违法拘留或者违法采取限制公民人身自由的行政强制措施的;非法拘禁或以其他方法非法剥夺公民人身自由的;以殴打、虐待等行为或者唆使、放纵他人以殴打、虐待等行为造成公民身体伤害或者死亡的;违法使用武器、警械造成公民身体伤害或者死亡的;造成公民身体伤害或者死亡的其他违法行为。

公安机关及其人民警察违法行使职权,侵犯公民、法人和其他组织合法权益造成损害的,应当依法承担赔偿责任,这是一种行政赔偿责任,属于国家赔偿。值得注意的是,必须是现实的、直接的损害,将来可能受到的损害不包括在国家赔偿内。

公民、法人和其他组织提出赔偿请求的途径:(1)直接向作出具体决定的有关公安机关提出,公安机关经核查后,认为其请求合理的,应当对本部门及其人民警察因违法行为造成公民、法人和其他组织的损失予以赔偿。(2)在依法向有关行政机关提起行政复议的同时,提出赔偿请求。行政复议机关经复议认为原行政机关作出的决定是错误的或有违法情形的,在作出撤销、变更原行政决定或确认原行政决定违法的同时,决定原作出行政决定的公安机关予以赔偿。(3)在依法向人民法院提起行政诉讼时,提起赔偿请求;也可在行政机关不予赔偿时,单独就损害赔偿问题向人民法院提起诉讼,由人民法院判决原行政机关予以赔偿。

规范索引

《国家赔偿法》第6~16、32~37条;《行政复议法》;《行政诉讼法》

附录

公安机关治安调解工作流程图

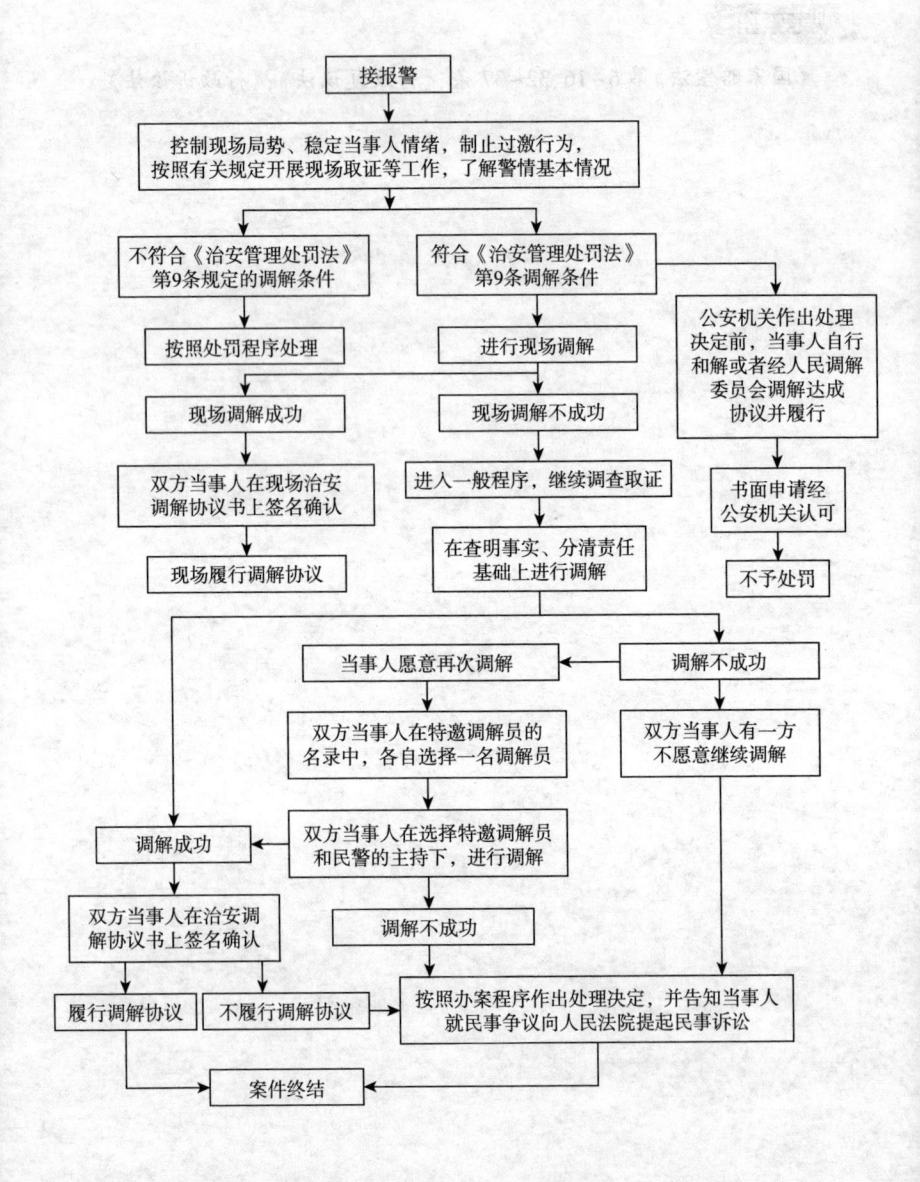

```
                          接报警
                            │
                            ▼
            控制现场局势、稳定当事人情绪，制止过激行为，
            按照有关规定开展现场取证等工作，了解警情基本情况
                            │
          ┌─────────────────┼─────────────────────┐
          ▼                 ▼                     ▼
   不符合《治安管理处罚法》  符合《治安管理处罚法》    公安机关作出处理
   第9条规定的调解条件      第9条调解条件           决定前，当事人自行
          │                 │                    和解或者经人民调解
          ▼                 ▼                    委员会调解达成
   按照处罚程序处理        进行现场调解              协议并履行
                            │                         │
              ┌─────────────┼─────────────┐          ▼
              ▼                           ▼    书面申请经
        现场调解成功                 现场调解不成功   公安机关认可
              │                           │          │
              ▼                           ▼          ▼
      双方当事人在现场治安           进入一般程序，继续调查取证   不予处罚
      调解协议书上签名确认                │
              │                           ▼
              ▼                    在查明事实、分清责任
        现场履行调解协议              基础上进行调解
              │                           │
              │            ┌──────────────┼──────────────┐
              │            ▼                             ▼
              │     当事人愿意再次调解  ◄──────      调解不成功
              │            │                             │
              │            ▼                             ▼
              │     双方当事人在特邀调解员的        双方当事人有一方
              │     名录中，各自选择一名调解员      不愿意继续调解
              │            │
              ▼            ▼
         调解成功   双方当事人在选择特邀调解员
              │     和民警的主持下，进行调解
              │            │
              ▼            ▼
      双方当事人在治安    调解不成功
      调解协议书上签名确认
              │            │
      ┌───────┴──────┐     ▼
      ▼              ▼   按照办案程序作出处理决定，并告知当事人
   履行调解协议  不履行调解协议  就民事争议向人民法院提起民事诉讼
      │              │              │
      └──────────────┴──► 案件终结 ◄┘
```

公安机关办理治安案件流程图

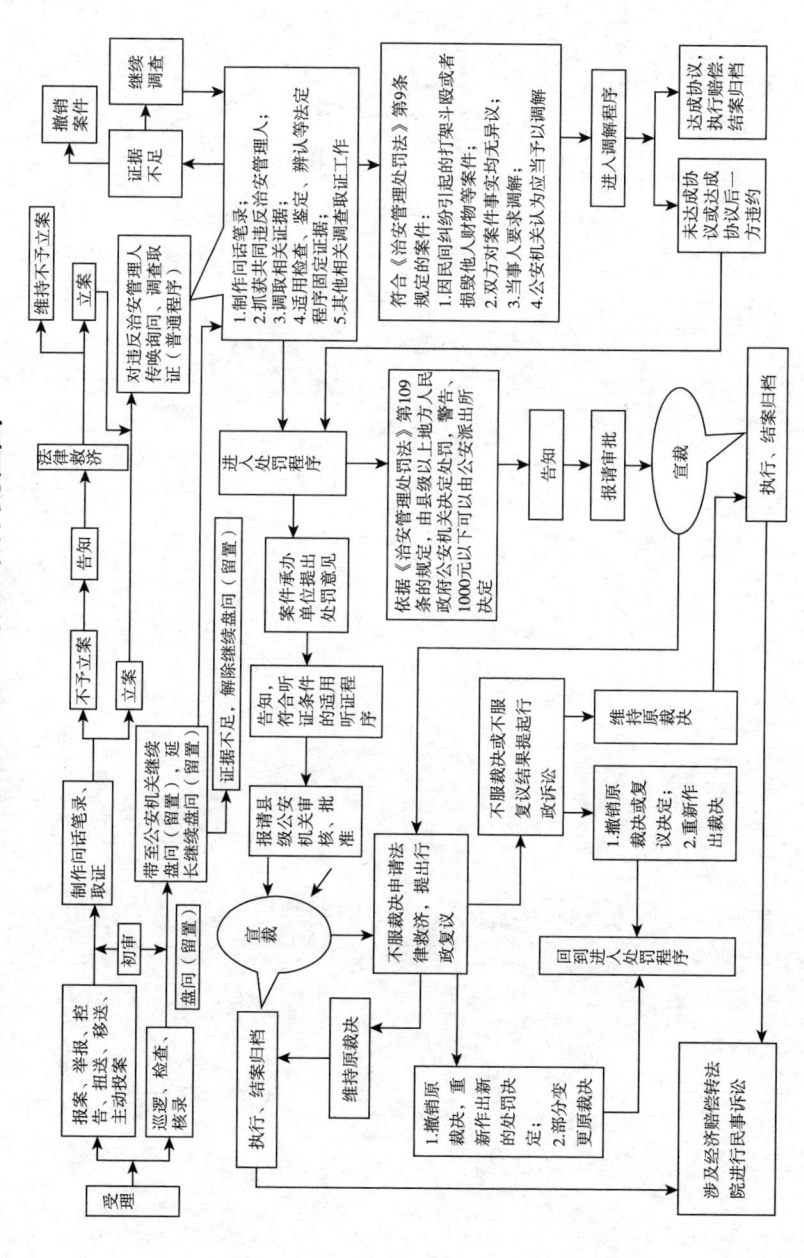